给未来教师的心理学(下册)

# 青少年心理与辅导
## ——理论和实践（第三版）

卢家楣 ◎ 主编　贺 雯 ◎ 副主编

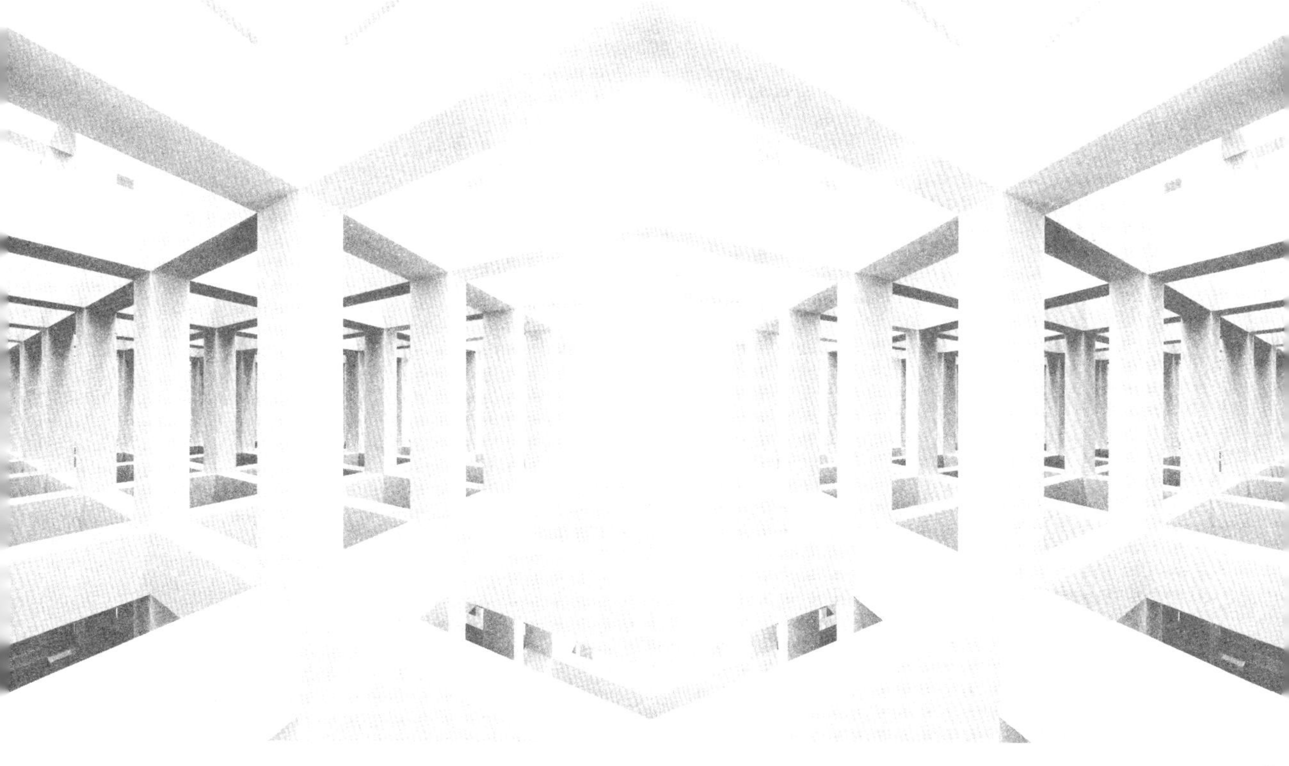

图书在版编目（CIP）数据

青少年心理与辅导：理论和实践 / 卢家楣主编. — 3版. — 上海：
上海教育出版社，2016.12(2018.9重印)
（给未来教师的心理学）
ISBN 978-7-5444-7385-9

Ⅰ.①青… Ⅱ.①卢… Ⅲ.①青少年心理学-教材
Ⅳ.①B844.2

中国版本图书馆CIP数据核字(2016)第322786号

责任编辑　谢冬华
助理编辑　徐凤娇
封面设计　王　捷

给未来教师的心理学（下册）
青少年心理与辅导
——理论和实践（第三版）
卢家楣　主编

出版发行　上海教育出版社有限公司
官　　网　www.seph.com.cn
地　　址　上海市永福路123号
邮　　编　200031
印　　刷　启东市人民印刷有限公司
开　　本　787×1092　1/16　印张 25.75　插页 3
版　　次　2016年12月第3版
印　　次　2018年9月第2次印刷
印　　数　5001~10000
书　　号　ISBN 978-7-5444-7385-9/G·6085
定　　价　55.00元

如发现质量问题，读者可向本社调换　　电话：021-64377165

# 前 言

自德国哲学家、心理学家和教育家赫尔巴特首次提出将心理学原理应用于教育理论和实践以来,心理学在教育中的作用越来越受到重视。被誉为世界最著名教育家之一的俄国"教师的教师"乌申斯基甚至这样强调:"对于教育学和教育工作者而言,心理学当然站在一切科学的首位。"今天,心理学知识已成为教师知识结构中必要的组成部分,心理学也就成为教师教育中的必修课程。但是,在我国高等师范教育实践中,为师范生开设的心理学课程所占的比重不高,以至于长期以来在大多数高等师范院校中只设置一门心理学公共课程,这与心理学在教育特别是教师教育中的学科地位很不相称。

为扭转这一状况,更好地发挥心理学在教师教育中重要而独特的作用,加大心理学学科在教师教育课程体系中的分量,我们突破了传统的教师教育职前培养阶段的课程局限,从未来教师的实际需要出发组织有关的心理学学科内容,形成由三部分组成的内容体系,并撰写了三册教材——《心理学与教育——理论和实践》《学习心理与教学——理论和实践》《青少年心理与辅导——理论和实践》。这三册教材首次出版于1999年,修订出版于2011年,获2011年上海普通高校优秀教材一等奖,并于2014年入选"十二五"普通高等教育本科国家级规划教材。这是专家和使用者对这三册教材给予的充分肯定和高度评价,但我们没有因此而满足,而是本着教育部提出的对优秀教材也要不断修改完善的精神,针对教育部师范教育司在《中小学和幼儿园教师资格考试标准(试行)》和《高级中学教师资格考试大纲(试行·笔试部分)》中提出的有关"教育知识与能力"的内容模块与要求(简称"教师资格证考试的内容模块与要求")、基础教育一线教师的建议以及使用中的学生反馈意见,从2015年起又开始了新一轮的修订,出版第三版。这次修订做了以下四方面的工作。

一、强调面向未来教师,将教材定名为"给未来教师的心理学"。这一总书名蕴含三层寓意:其一,本教材虽属心理学学科内容,但具有明确的教师教育导向,即它不过分强调心理学学科自身的学科体系,而以满足教师教书育人工作的需要为宗旨,融合心理学各有关分支学科的内容,形成以教师为使用对象,具有鲜明教师教育特色的心理学综合教材,而不是单一的"心理学"或"教育心理学"教材;其二,本教材使用者不局限于高等师范院校的师范生,而是适用于所有有志于走上教师岗位的大学生——未来教师,其中包括综合性大学的学生,以适应师资来源多元化的发展趋势;其三,本教材面向教师教育未来发展的需要,既具继承性又有发展性,体现与时俱进的精神,可服务于渴望专业成长、适应未来教育挑战的在职教师,作为他们职后培训或自学进修的教材或案头随时翻阅的教育指南。本教材中提到的"未来教师",主要是指高等师范院校的师范生和就读于非师范类高等院校但有志于成为中学教师的大学生。

二、强调教材整体性,将教材整合为三册一体的框架体系。传统的高等师范院校心理学公共课程的教学内容较为单薄,不能满足教师教育发展的需要。为此,我们从心理学与教育、学习心理与教学、青少年心理与辅导等三方面扩充教材内容,形成三册教材。这次修订用"给未来教师的心理学"这一总书名统摄三册教材,形成三册一体的框架体系,以更好地体现本教材的整体性。也就是说,《给未来教师的心理学》由上、中、下三册组成:上册为《心理学与教育——理论和实践(第三版)》,主要由普通心理学内容组成,将人的心理活动的一般规律和心理学的基本理论应用于教书育人实践,以构筑未来教师从事教书育人工作重要的心理学基础;中册为《学习心理与教学——理论和实践(第三版)》,以学习心理学为基础,将教学心理学融入学习原理的教学应用之中,形成从学到教、学教结合的新颖内容,以提供给未来教师从事中学教学工作必需的学习与教学心理学知识;下册为《青少年心理与辅导——理论和实践(第三版)》,以青少年心理学为基础,融入心理辅导的内容,形成青少年心理学与心理辅导相结合的新颖内容,以拓展未来教师从事中学教育工作必需的青少年发展与健康心理学知识。这样,本教材实现了由隐性联系到显性合一的演进。

三、秉承修订宗旨和原则,扎实修订教材内容。这次修订的宗旨是与时俱进,进一步凸显心理学理论与教育实践的结合,充分发挥心理学教材对未来教师专业成长的积极作用,同时也更切合教育部提出的教师资格证考试的内容模块与要求。从这一修订宗旨出发,确立了执行性、实践性、前沿性和匡正性四条操作性原则,以规范这次修订工作,更好地对教材内容进行增补、更新、删除、完善和纠错。

执行性原则体现在,修订时根据教育部提出的教师资格证考试的内容模块与要求增补内容,使增补后的教材能够涵盖心理学考试模块涉及的内容。如,中册增加了第十三章"教师心理";下册在第六章"青少年心理辅导的基本方法"中的心理咨询的操作原则方面增加了价值中立原则,在第八章"青少年情感生活问题与辅导"中增加了"青少年情感生活问题现象的特点和现状"以及"嫉妒"和"强迫"两种情感问题及其辅导的内容,在第十一章"青少年行为适应不良问题与辅导"中增加了过激行为问题及其辅导等。

实践性原则体现在,修订时根据教育实践反馈的信息调整内容,使调整后的教材内容能更好地联系学校教育实践。如,在各册中大量增加"实践探索"专栏;更新章后的"问题探索"题目,使之更贴近中学教育实际,其中下册全部更新了各章后面的"问题探索"题目,更换了章前的案例引入和章后的案例分析;上册在第十章"性格与教育"中有关影响性格形成和发展的因素方面,修改了"学校教育环境因素"内容,更新了第六章"智力与教育"、第九章"气质与教育"等章中脱离教学实际的案例,另外在有关章节增补了课堂教学实例,如教学中教师的形象性比喻、课堂讨论的课题等;中册在第四章"认知策略的学习与教学"中完善了认知策略分类和时间管理策略等内容,在第六章"创造的学习与教学"中整合了与创造性人格相关的研究,并补充了家庭环境与创造性关系方面的内容;下册在第七章"青少年发育中的身心问题与辅导"中,针对青少年的性意识发展特点提出并界定了青春恋,还删除了与中学生尚有一定距离的"青少年职业选择与辅导"一章。

前沿性原则体现在,修订时根据心理学新近的研究成果更新内容,使更新后的内容尽可能反映最新的研究成果。如:各册大幅更新了"学术研究""热点聚焦""知识小窗"等专栏,达50多个。上册更新了第九章"气质与教育",增加了气质对认知的影响、气质对意志的影响、气质对心理健康的影响、气质与职业活动的关系等内容。中册增加了概念和规则习得的一些最新实证研究成果的引用,在学习理论新发展的内容中,用联结主义学习理论的介绍(2014)更新了冯忠良(1991)的学习理论介绍,用"慕课"这一新型课程形式内容(2014)更新了计算机辅助教学内容(1991)等。下册在第一章"导论"用李支勇(2013)有关青少年同伴交往的研究更新了关中文(1982)的研究;在第二章"青少年认知发展"有关内容中,用陈蔓莉(2015)的研究更新了沈德立和阴国恩(1990)的研究,用侯东风(2006)的研究更新了李红曾等人(1987)以及刘景全和姜涛(1993)的研究,用林崇德和李庆安(2005)的研究更新了吴凤岗(1984)的内容,用曹晓君和陈旭(2009)关于青少年元记忆分类及发展规律的研究更新了李景杰(1989)的研究;在第三章"青少年情感发展"有关内容中,用王细燕(2011)的研究更新了黄煜峰等人(1986)关于青少年儿童表情识别模式发展趋势的研究,用纪林芹和张文新(2015)有关青少年社会性情绪发展的研究更新了余强基等人(1985)的研究,用张文渊和卢家楣(2012)关于我国青少年理智情感发展特征的研究更新了郑和钧等人(1993)的研究,用王立花(2011)有关青少年亲密感发展趋势特征的研究更新了方晓义(1997)的研究;在第四章"青少年自我意识发展"有关内容中,用聂衍刚等人(2014)的研究更新了韩进之(1985,1987)的研究,用张建人和杨喜英(2010)关于青少年自我同一性的年龄发展特征研究更新了张春兴(1998)的研究,用张索玲(2009)以及邱秀娟(2012)关于中小学生自尊发展的年级差异研究更新了张文新(1997)的研究,用孟欢欢(2014)的研究更新了张文新(1998)的研究;在第七章青少年体型发育个体差异的内容中,用2000—2014年国民体质监测结果更新了1995—2000年的国民体质监测结果;在各章有关专栏部分,用徐辉(2015)关于心理健康内涵的定义更新了麦克宁的定义,用冯忠良和冯姬(2002)有关心理健康的定义以及心理健康标准确立的内容更新了严和骏(1987)的心理健康标准,用沈汪兵和刘昌等人(2015)关于两大思维分类在两性中的差异特征更新了郑日昌和肖蓓玲(1983)的研究,用竺培梁和卢家楣等人(2010)有关全国范围青少年情感能力的研究更新了舒特(1998)的研究等。三册合计更新和增加了近五年中的研究资料及相应参考文献300余条。

匡正性原则体现在,修订时针对原教材中发现的不足或错误,纠正和完善教材内容。在这次修订中,我们对插图、表格、语句、字词、标点等都进行了纠错和完善,以冀精益求精。

四、尝试创新教材编写模式,诚邀中学教师参与教材修订。这是本次教材修订的一项重要举措,也是打破长期以来高等师范院校封闭式教材编写模式的一个开拓性尝试。我们组织了一批既具有丰富教育经验(一般具有10年以上教龄),又拥有一定理论功底(具有教育硕士学位)的在中学一线年富力强的学科教师(本教材主要用于步入中学教育岗位的未来教师),直接参与本教材的修订工作,请他们以当年的未来教师、教育新手,现在的在职教师、教育能手这样的"过来人"身份,从自己的切身体会出发,针对中学教师教书育人工作的实践,对本教材的修订提出详尽的修改意见,并三次征集他们的建议。此举是高等师范院校心理学公共课程教材编写改革中的首创,为编写队伍引入了新鲜血液,使教材在切合未来教师现时的学习特点,满足今后工作需要方面,特别是提高教材在心理学理论联系教育教学实际方面的实效性上发挥了十分积极的作用。例如,他们发现有的内容不适合中学教育实际,有的内容不利于未来教师学习时的理解,有的例子缺乏时代感,有的专栏太学术化,有的句子有歧义,有的文字有错误,等等,并本着高度的社会责任性和教育使命感,一一提出修改意见和建议,甚至还无私地拿出自己教案中的内容和教学中的案例供我们参考。可以说,上述提到的对教材的大量修改,在很大程度上正是得益于这些中学一线教师的无私帮助,这使我们编写者在编写过程中深受启发,深得其益。

通过上述一系列修订,本教材经过多年积淀而形成的特点更加鲜明,具体体现在以下七个方面。

一、在目标导向上,本教材具有明确的目标定位,那就是为满足未来教师对青少年学生进行教书育人工作的需要提供心理学学科方面的知识支撑。这一强烈的目标意识明确体现在本教材的"给未来教师的心理学"这一总书名上,并贯穿三册教材,起着纲举目张的全局导向作用。

二、在整体布局上,本教材突破我国长期以来高等师范院校师范专业心理学公共课程单册教材内容薄弱的局面,形成三册一体的框架体系。也就是说,本教材整合了普通心理学、学习心理学、教学心理学、青少年发展心理学、健康心理学等五方面的分支学科内容,形成上、中、下三册一体的框架体系,为未来教师教育发展新时期所需的教师专业素养提供较全面充实的心理学知识体系,以发挥心理学在教师教育中重要而独特的作用。

三、在编写理念上,本教材在确定自己在教师教育中的角色地位时,不以心理学学科自身为中心,而是围绕未来教师教书育人工作的需要来组织各分支学科的内容。因此,三册教材的书名并不是单纯地用心理学学科名称,如"普通心理学""学习心理学""青少年心理学",而是与学校教师岗位的工作相联系,分别冠名为"心理学与教育""学习心理与教学""青少年心理与辅导",以进一步强化本教材在教师教育中的服务取向,并充分体现在每册教材中。

四、在内容框架上,呈现更科学合理的内在结构。本教材是未来教师从事教书育人工作所必需的最基本的心理学学科内容,内分两个层次:第一层次体现在上册中,涉及心理学的基础性内容,与学校总体教育相联系;第二层次体现在中册和下册中,两册分别涉及学习心理和教学心理内容、青少年心理和心理健康内容,又分别与学校教育两大方面——教学活动和辅导活动相联系。每册都由导论和上下两编组成。上册按认知因素和情感因素分两部分(传统上分心理过程和个性心理两部分,但联系教育实际不便。如,智力属个性心理,应与性格、气质相挨,但性格、气质多与德育相关,智力挨着反而不妥,而与感知觉、思维、记忆放一起,更易联系智育。又如,注意既不属心理过程也不属个性心理,若如传统那样放在心理过程欠合理,归到认知因素则更顺。再如,同属认知,感知觉和思维分别是对客观事物的直接和间接的反映,记忆是反映留下的痕迹,因此将记忆放在感知觉和思维之后更合理):上编包括注意与教育、感知觉与教育、思维与教育、记忆与教育、智力与教育等内容,更多地与学校智育活动相联系;下编包括情感与教育、意志与教育、气质与教育、性格与教育等内容,更多地与学校德育活动相联系。中册按学习过程和影响因素分两部分:上编从学习内容的学习过程来论述心理规律与教学应用,内含概念的学习与教学、规则的学习与教学、认知策略的学习与教学、元认知的学习与教学、创造的学习与教学、动作技能的学习与教学以及社会规范的学习与教学等内容;下编从影响学生学习的内外因素来论述心理规律与教学应用,内含学习的迁移与教学、学习的动机与教学、学习的个体差异与教学、学习的环境与教学以及教师心理等内容。下册按基础知识与具体实施分两部分:上编论述青少年心理发展最重要的三个方面(认知、情感和自我意识)和心理辅导最重要的四大理论(精神分析治疗理论、行为主义治疗理论、认知主义治疗理论和人本主义治疗理论)以及操作方式、原则、步骤和技术等基础知识,内含青少年认知发展、青少年情感发展、青少年自我意识发展以及青少年心理辅导的基本理论和青少年心理辅导的基本方法等内容;下编围绕青少年期个体易遇到的问题(包括发展性问题),结合上编的有关内容和青少年学校生活实际展开辅导,内含青少年发育中的身心问题与辅导、青少年情感生活问题与辅导、青少年学习心理问题与辅导、青少年社会交往与辅导、青少年行为适应不良问题与辅导等内容。

　　五、在内容组织上,摆脱传统心理学教材的窠臼,采用适应教师教育特点的"三段法"(现象—规律—应用)模式。也就是,每章内分三或四节,分述某"心理现象"(内涵、种类等)、"内在规律"(心理现象的特点、机制和影响因素等)和"实践应用"(联系教书育人实践,在上册中还联系自我教育实践,以提高学生自身素质)。教学实践表明,对于非心理学专业的学习者——未来教师来说,学习重点不是心理学研究,而是心理学应用,内含"是什么——为什么——如何用"三段认知逻辑的"三段法"模式,符合学习者的认知学习特点,更受欢迎。

六、在内容选取上,凸显丰富性、针对性和操作性。本教材从普通心理学、学习心理学、教学心理学、青少年发展心理学、健康心理学这五个心理学分支学科引入大量有关的内容和最新资料,截至这次修订,引用文献1 300多条,呈现出丰富的心理学内容。这些丰富的心理学内容,都是有针对性地通过收集、筛选和发掘获得的:一方面,在大量文献资料中收集有关内容的基础上,筛选出与教师教育相关的信息,即便是一般心理学书籍中经常会提到的内容,但若与教师教育相去甚远,也予以删除;另一方面,对以往心理学教材中论述较少,但又是教师教育所需要的心理学内容,予以发掘并积极引入,包括一些最新研究成果。例如,在教育实践中,情感因素的作用日益受到重视,但对教学中情感因素的研究相对匮乏,为此我们将自己在这方面发表于权威刊物的最新研究成果及时引入教材。本教材阐述心理学有关理论知识的同时,又十分重视实践应用,通过各种形式为未来教师实践应用提供切实可行的方法,并尽可能使有关学习内容具有操作性。例如,每章都设专节阐述有关心理学理论在教育实践中应用的内容,还设有一个或一个以上的"实践探索"专栏进一步作为个案加以介绍,每章还设置了鼓励学生到实践中操作的"问题探索"题,等等。正是鉴于这个特点,本教材的三册书名中都以"理论和实践"作为副书名,充分凸显本教材高度重视心理学理论及其实践应用的特点。

七、在内容呈现上,既形式多样,又规范统一,有助于引导读者阅读并激发阅读兴趣。本教材以十余种不同的形式来呈现内容,并以不同的功能来引导学生阅读,既有利于学生把握主次,理解导读,也有助于学生产生学习兴趣,维持阅读动机。除每册教材的目录之外,每章还有"本章细目",这有利于把握该章细目内容。除章内根据需要放置照片外,每章在开头都有一张切合章主题的照片,而且大多是到学校现场拍摄的,以增添学校教育的现实感,缩短心理学理论与教育现实的心理距离。"本章要点"归纳出每一章五个左右的知识要点,帮助学生分清主次,把握重点。"想试着回答一下吗……"针对每章的主题,写出一些在日常生活中与该主题有关的现象的趣味性问题,不求答案,目的是激发学生对该章内容的学习兴趣。每章都有图片和表格,以求图文并茂、展示要点、活跃版面的效果。对教材中的主要概念都给予字体加粗、定义表述,并附以外文术语,以引起学生重视,并方便学习。正文阐述教材的主要内容,涉及概念、种类、理论、实践等,是教材的主要部分。"学术研究"专栏丰富和延伸教材正文的有关理论内容,补充介绍新的研究成果等,以开阔学生的学术眼界。"实践探索"专栏将教材正文的有关理论内容在教育实践中加以拓展,为学生的实践应用提供借鉴。"热点聚焦"专栏反映与教材正文提到的理论和实践知识有关的,在教育界或心理学界引起关注的热点问题,以引发学生的思考或探讨。"知识小窗"专栏从知识性、背景性角度进一步介绍教材正文中提到的有关内容,丰富学生相关的认知结构。人物专栏非常简要地介绍教材正文中提到的一些著名学者,增进学生对有关学科领域的了解和亲和感。章前开始处针对每章主要内容设置导入性案例,由案例引发问题,创设问题情境,激发学生对该章内容的学习兴趣和动机。正文结束前的案例分析对该章开首引入的案例,结合该章的有关理论知识予以分析,使案例形成前后呼应的完整结构,使学生产生"原来是这样啊!"的感受,不仅有助于理解,而且有助于体验心理学在教育中的魅力。"本章小结"概要总结该章内容,以利于学生把握和记忆。"思考题"针对每章的内容,提出有关问题,这些问题的答案都在该章内容中,起到复习的作用。"问题探索"针对每章的内容,提出探究性、实践性的问题,鼓励学生运用该章内容在实践中进行探索。每册书末都有采用规范通用的文献标注方式收录的大量中外文参考文献,使文中引用皆可查阅,以便学生进一步学习参考,也有利于学生获得严谨治学的学术氛围的熏陶。上述各种形式在具体安排上做到规范统一、科学合理:每章开篇由章首照片、"本章细目""本章要点""想试着回答一下吗……"和导入性案例引发兴趣,导出正文;每章正文穿插"学术研究""实践探索""热点聚焦""知识小窗""人物介绍"等专栏(每章至少一个)以拓展内容,又有图表配合形式;每章结束由案例分析(运用该章理论解释该章开篇案例)、"本章小结""思考题""问题探索"等帮助学生理解该章内容、复习巩固和实践拓展。

  本教材由卢家楣主编,孙圣涛、刘伟和贺雯分别担任上册、中册和下册的副主编。上册各章的执笔人员是:第一章,卢家楣;第二章,贺雯;第三章,刘伟;第四章,卢家楣、张敏;第五章,卢家楣、陈宁;第六章,竺培梁;第七章,卢家楣、张萍;第八章,孙圣涛、常倩倩;第九章,孙圣涛;第十章,孙圣涛、常倩倩。中册各章的执笔人员是:第一章,卢家楣;第二章,贺雯、谭贤政;第三章,贺雯、张庆;第四章,卢家楣、张敏;第五章,卢家楣、张文海;第六章,卢家楣、张敏;第七章,刘伟;第八章,卢盛华、沈艳平;第九章,孙圣涛;第十章,卢家楣、张文海;第十一章,孙圣涛;第十二章,刘伟;第十三章,贺雯、刘伟、王怀勇。下册各章的执笔人员是:第一章,卢家楣;第二章,贺雯;第三章,卢家楣、陈宁;第四章,卢家楣、孙圣涛、胡霞;第五章,沈勇强;第六章,张志刚、卢家楣;第七章,卢家楣、贺雯;第八章,卢家楣、张敏;第九章,卢家楣、闫志英、张萍、张文海;第十章,卢盛华、刘伟;第十一章,沈勇强、苏生。蔡丹、罗俊龙和王怀勇三位副教授积极参加本次教材修订工作,发挥了很大作用。

本次第三版教材的修订出版,首先要感谢来自中学教育第一线的学科教师的积极参与,他们既有丰富的教育教学实践经验,又具有较高教育理论水平,并接受了教育专业硕士学位教育,他们以主人翁的态度,结合自己的教育实践经验,提出了大量宝贵意见和建议。他们是:丁聪灵、包遵锋、周宇、程琦、杜彬彬、龙琼、蒋艺茜、李俊、李正毅、王娜、苏治芳、黄晔、龚嘉佳、秦晴、张根余、易君、殷小慧、余淼淼等。还要感谢徐璐璐、李冬梅、任智、邹夏、周璇、蔡海娟、周淑金、张娜、刘河舟、张雅、王愚、管凯、仰惠茹、朱美侠等研究生对稿件的修改和校阅。感谢上海高校高峰高原学科建设项目的支持、上海教育出版社袁彬副总编和心理学编辑室主任谢冬华的支持以及上海师范大学对教学创新团队的支持。本书还大量采用了国内外许多专家、同仁的研究成果和资料,在付梓之际,一并表示感谢。

本次教材修订虽力求与时俱进、精益求精,但限于能力和水平,仍难免有不足乃至谬误之处,敬请同行专家、学者,特别是未来教师不吝赐教,我们将不断改进,不断探索,以求臻于至善。

**卢家楣**

**2016 年 12 月于上海师范大学**

# 目 录

第一章 导论 ·················································································· 1
本章要点 ···················································································· 2
第一节 青少年期概述 ····································································· 3
　一、青少年期的内涵 ································································· 3
　二、青春期与青少年期 ······························································ 4
　三、青少年期的年龄界定 ··························································· 6
第二节 青少年心理发展的实质 ························································ 9
　一、生物发生论 ······································································· 9
　二、社会发生论 ····································································· 10
　三、心理发生论 ····································································· 13
　四、综合发生论 ····································································· 15
第三节 青少年心理健康 ································································ 18
　一、心理健康的概念 ······························································· 19
　二、心理健康的标准 ······························································· 22
　三、影响青少年心理健康的因素 ················································ 24
　四、青少年心理健康的意义 ······················································ 26
第四节 青少年心理辅导 ································································ 28
　一、青少年心理辅导的概念 ······················································ 28
　二、青少年心理辅导的内容 ······················································ 31
　三、青少年心理辅导的目标 ······················································ 32

四、青少年心理辅导的原则 ················································· 32
本章小结 ································································································ 35
思考题 ···································································································· 36
问题探索 ································································································ 36

# 上　编

## 第二章　青少年认知发展 ································································· 39
本章要点 ································································································ 40
第一节　认知发展概述 ············································································ 41
　　一、认知发展的内涵 ········································································· 41
　　二、认知发展的机制 ········································································· 42
　　三、认知发展的进程 ········································································· 43
第二节　青少年认知发展的特点 ······························································ 45
　　一、青少年注意发展的特点 ······························································ 45
　　二、青少年观察发展的特点 ······························································ 48
　　三、青少年记忆发展的特点 ······························································ 48
　　四、青少年思维发展的特点 ······························································ 51
　　五、青少年元认知发展的特点 ··························································· 54
第三节　青少年智力和创造力发展的特点 ················································ 57
　　一、青少年智力发展的特点 ······························································ 57
　　二、青少年创造力发展的特点 ··························································· 58
本章小结 ································································································ 62
思考题 ···································································································· 62
问题探索 ································································································ 62

## 第三章　青少年情感发展 ································································· 63
本章要点 ································································································ 64
第一节　青少年情绪的发展 ····································································· 66
　　一、青少年情绪体验的发展 ······························································ 66

二、青少年情绪表现的发展 ········································ 70
　　三、青少年情绪社会化程度逐渐提高 ······························ 72
第二节　青少年情感的发展 ············································ 73
　　一、青少年道德情感 ·············································· 74
　　二、青少年理智情感 ·············································· 77
　　三、青少年审美情感 ·············································· 80
　　四、青少年人际情感 ·············································· 83
　　五、青少年生活情感 ·············································· 87
第三节　青少年情感能力的发展 ········································ 90
　　一、情感能力概述 ················································ 90
　　二、青少年情感能力发展的特点 ···································· 93
本章小结 ······························································ 97
思考题 ································································ 98
问题探索 ······························································ 98

# 第四章　青少年自我意识发展 ········································ 99

本章要点 ······························································ 100
第一节　自我意识概述 ················································ 101
　　一、自我意识的内涵 ·············································· 102
　　二、自我意识的结构 ·············································· 102
　　三、自我意识的发生 ·············································· 104
　　四、自我意识发展对青少年成长的作用 ····························· 104
第二节　青少年自我意识发展的过程 ···································· 105
　　一、青少年自我意识总体发展的状况 ······························· 106
　　二、青少年自我意识发展的机制 ··································· 111
第三节　青少年自我意识发展的特点 ···································· 112
　　一、青少年自我认识发展的特点 ··································· 113
　　二、青少年自我体验发展的特点 ··································· 119
　　三、青少年自我调控发展的特点 ··································· 122
本章小结 ······························································ 124
思考题 ································································ 124

问题探索 …… 124

## 第五章 青少年心理辅导的基本理论 …… 125
本章要点 …… 126
第一节 精神分析治疗理论 …… 127
 一、心理层次与结构 …… 127
 二、心理性欲发展论 …… 131
 三、心理防御机制 …… 133
第二节 行为主义治疗理论 …… 136
 一、经典性条件作用原理 …… 136
 二、操作性条件作用原理 …… 139
第三节 认知主义治疗理论 …… 142
 一、贝克的认知模式 …… 143
 二、埃利斯的ABC理论 …… 145
 三、认知行为治疗理论 …… 147
第四节 人本主义治疗理论 …… 149
 一、罗杰斯的人本主义治疗理论 …… 149
 二、马斯洛的人本主义治疗理论 …… 152
本章小结 …… 154
思考题 …… 155
问题探索 …… 155

## 第六章 青少年心理辅导的基本方法 …… 156
本章要点 …… 157
第一节 心理辅导的基本途径 …… 158
 一、通过课程教学进行心理辅导 …… 158
 二、通过课外活动进行心理辅导 …… 158
 三、通过班主任工作进行心理辅导 …… 160
 四、通过学科教学进行心理辅导 …… 160
 五、通过小组活动进行心理辅导 …… 161
 六、通过个别咨询进行心理辅导 …… 162

　　　　七、通过校园文化渗透进行心理辅导 ················ 163
　　　　八、通过校内外网络进行心理辅导 ················ 163
　　第二节　心理咨询的操作原则 ···················· 164
　　　　一、同感来访者 ························ 165
　　　　二、接纳来访者 ························ 166
　　　　三、助来访者自助 ······················ 166
　　　　四、为来访者保密 ······················ 167
　　　　五、价值中立原则 ······················ 167
　　第三节　心理咨询的五大步骤 ···················· 168
　　　　一、建立关系 ·························· 168
　　　　二、探讨问题 ·························· 171
　　　　三、确定目标 ·························· 172
　　　　四、解决问题 ·························· 173
　　　　五、延续性结束 ························ 174
　　第四节　心理咨询的具体技术 ···················· 174
　　　　一、全心倾听 ·························· 175
　　　　二、敏锐观察 ·························· 176
　　　　三、巧妙提问 ·························· 178
　　　　四、解除阻抗 ·························· 182
　　　　五、深层解释 ·························· 184
　　　　六、行动建议 ·························· 185
　本章小结 ································ 186
　思考题 ································· 187
　问题探索 ································ 187

# 下　编

## 第七章　青少年发育中的身心问题与辅导 ················ 191
　本章要点 ································ 192
　第一节　青少年身心发展概述 ······················ 193
　　　　一、青少年发育中身心问题的含义 ················ 193

　　　　二、身体发育的个体差异 ······················································ 194
　　　　三、性发育 ·········································································· 197
　第二节　青少年发育中的身心问题 ··················································· 199
　　　　一、发育的体形差异对青少年心理的影响 ······························· 199
　　　　二、发育时间的早晚对青少年心理的影响 ······························· 203
　　　　三、性发育对青少年心理的影响 ············································ 207
　第三节　青少年发育中身心问题的辅导 ············································ 214
　　　　一、对青少年体形发育差异方面的辅导 ·································· 214
　　　　二、对青少年发育早晚方面的辅导 ········································· 215
　　　　三、对青少年性发育方面的辅导 ············································ 216
　　　　四、对青少年性意识发展方面的辅导 ······································ 218
　本章小结 ······················································································ 221
　思考题 ·························································································· 221
　问题探索 ······················································································ 222

## 第八章　青少年情感生活问题与辅导 ············································ 223

　本章要点 ······················································································ 224
　第一节　青少年情感生活概述 ························································ 225
　　　　一、情感生活辅导的含义 ····················································· 225
　　　　二、青少年的情感生活问题 ·················································· 226
　　　　三、青少年不良情感的危害 ·················································· 228
　第二节　青少年常见的情感生活问题 ·············································· 229
　　　　一、焦虑 ············································································ 229
　　　　二、孤独 ············································································ 231
　　　　三、抑郁 ············································································ 234
　　　　四、暴躁 ············································································ 237
　　　　五、自卑 ············································································ 238
　　　　六、嫉妒 ············································································ 241
　　　　七、强迫 ············································································ 242
　第三节　青少年情感生活问题的辅导 ·············································· 244
　　　　一、克服焦虑的辅导 ···························································· 244

二、克服孤独的辅导 ·········································· 249
　　三、克服抑郁的辅导 ·········································· 251
　　四、克服暴躁的辅导 ·········································· 255
　　五、克服自卑的辅导 ·········································· 258
　　六、克服嫉妒的辅导 ·········································· 261
　　七、克服强迫的辅导 ·········································· 265
本章小结 ······················································· 268
思考题 ························································· 268
问题探索 ······················································· 269

## 第九章　青少年学习心理问题与辅导　270
本章要点 ······················································· 271
第一节　青少年学习心理概述 ····································· 272
　　一、青少年学习的重要性 ······································ 272
　　二、青少年学习心理的概念 ···································· 273
　　三、青少年学习心理的作用 ···································· 275
第二节　青少年常见的学习心理问题 ······························· 277
　　一、学习动机问题 ············································ 277
　　二、学习情绪问题 ············································ 280
　　三、学习意志问题 ············································ 282
　　四、学习策略问题 ············································ 283
第三节　青少年学习心理问题辅导 ································· 285
　　一、学习动机辅导 ············································ 285
　　二、学习情绪辅导 ············································ 288
　　三、学习意志辅导 ············································ 292
　　四、学习策略辅导 ············································ 294
本章小结 ······················································· 300
思考题 ························································· 301
问题探索 ······················································· 301

## 第十章　青少年社会交往与辅导 ································ 302
   本章要点 ················································· 303
   第一节　社会交往概述 ····································· 304
      一、社会交往的内涵 ····································· 304
      二、社会交往中的人际关系 ······························· 305
      三、社会交往对青少年心理发展的意义 ····················· 309
   第二节　青少年社会交往的特点 ····························· 311
      一、青少年社会交往的一般特点 ··························· 311
      二、青少年社会交往中的人际吸引因素 ····················· 314
      三、青少年社会交往中的心理效应 ························· 317
      四、青少年社会交往中的团体心理 ························· 321
   第三节　青少年社会交往的辅导 ····························· 322
      一、帮助青少年正确树立交往观念 ························· 323
      二、指导青少年适宜选择交往对象 ························· 324
      三、协助青少年妥善处理交往关系 ························· 325
      四、教授青少年必要的交往技巧 ··························· 326
   本章小结 ················································· 329
   思考题 ··················································· 329
   问题探索 ················································· 329

## 第十一章　青少年行为适应不良问题与辅导 ······················ 330
   本章要点 ················································· 331
   第一节　青少年行为适应不良问题概述 ······················· 332
      一、青少年行为适应不良问题的界定 ······················· 332
      二、青少年行为适应不良问题的分类 ······················· 333
      三、临床常见行为适应不良问题的评估诊断 ················· 335
   第二节　青少年行为适应不良问题的表现和原因 ··············· 341
      一、拒学 ··············································· 341
      二、注意缺陷与多动障碍 ································· 343
      三、学习困难 ··········································· 345
      四、网络使用过度行为 ··································· 347

五、过激行为 …………………………………………………………… 349
第三节　青少年行为适应不良问题的辅导 …………………………………… 352
　　　一、拒学的辅导 ………………………………………………………… 352
　　　二、注意缺陷与多动障碍的辅导 ……………………………………… 353
　　　三、学习困难的辅导 …………………………………………………… 354
　　　四、网络使用过度行为的辅导 ………………………………………… 355
　　　五、过激行为的辅导 …………………………………………………… 356
本章小结 ………………………………………………………………………… 358
思考题 …………………………………………………………………………… 358
问题探索 ………………………………………………………………………… 359

**参考文献** …………………………………………………………………… 360

# 第一章 导 论

―――― 本章细目 ――――

**本章要点**

**第一节 青少年期概述**
一、青少年期的内涵
1. 青少年期是个体生理快速发展而趋成熟的时期
2. 青少年期是个体心理由依赖走向独立的过渡时期
3. 青少年期是个体社会化面临众多矛盾冲突的时期
二、青春期与青少年期
三、青少年期的年龄界定

**第二节 青少年心理发展的实质**
一、生物发生论
二、社会发生论
三、心理发生论
四、综合发生论
1. 推动青少年心理发展的动力
2. 导致青少年期众多心理矛盾的根源
3. 加剧现代青少年心理矛盾的原因

**第三节 青少年心理健康**
一、心理健康的概念
1. 健康的含义
2. 心理健康的含义
3. 心理健康的动态性和相对性
二、心理健康的标准
三、影响青少年心理健康的因素
1. 生物因素
2. 心理因素
3. 环境因素
四、青少年心理健康的意义
1. 有利于身体发育
2. 有利于人格发展
3. 有利于社会性发展
4. 有利于成才立业
5. 有利于素质的全面发展

**第四节 青少年心理辅导**
一、青少年心理辅导的概念
1. 青少年心理辅导的含义
2. 与心理辅导相关的概念辨析

二、青少年心理辅导的内容
1. 学习辅导
2. 人格辅导
3. 生活辅导
三、青少年心理辅导的目标
1. 防治性目标和发展性目标
2. 认知目标、情感目标、意志目标和个性目标
3. 不同年龄阶段的辅导目标
四、青少年心理辅导的原则
1. 面向全体学生原则
2. 个别化对待原则
3. 学生主体性原则
4. 尊重学生原则
5. 理解学生原则
6. 整体发展原则
7. 预防性原则

**本章小结**
**思考题**
**问题探索**

## 本章要点

- 青少年期的内涵和年龄界限
- 青少年心理发展的实质
- 心理健康的含义和标准
- 青少年心理辅导的含义、内容及目标
- 青少年心理辅导的原则

---

**想试着回答一下吗……**

- 王雷,男,28岁,未婚。目前在一所高校读研,曾发表的一篇论文荣获某地区"青少年优秀论文奖",但因此也引来了非议,他是青少年吗?
- "青春没有什么不可以"这句话经常为很多青少年挂在嘴上,那么青春期就是青少年期吗?
- 随着社会的发展,处于亚健康状态的人越来越多,为什么会出现亚健康状态呢?它的起因是什么?
- 常听到周围人说"×××心理有问题",你认为完全没有心理问题的人存在吗?
- 有人喜欢将心理问题与精神病联系起来,这两者能等同吗?它们有何区别?
- 在接受心理辅导的过程中,有的人担心自己过去的某些经历会引起辅导老师的嘲笑或不齿,甚至可能被他们当作日常生活中的谈资。他们的担心有必要吗?这样的问题又该怎样解决呢?
- 在心理健康工作领域,我们经常提到心理辅导、心理咨询、心理治疗这三个概念,这三者之间是一种什么样的关系呢?你知道它们分别适合在什么样的情况下使用吗?
- 诸多因素使得青少年期充满了矛盾与冲突,也最易出现各种各样的问题,为了促进他们健康成长,作为教师和心理工作者,我们应该做些什么?

---

赵某,男,16岁,高一学生。学习成绩处于下游,智力一般,性格倔强,自尊心特强,逆反心理很重。他经常和老师发生冲突、顶撞,有很强的抵触情绪。你越是反对的事情,他就越和你对着干。在课堂上时不时地插科打诨,还经常发表一些奇谈怪论,与老师唱反调。每当老师批评他时,他总是盯着老师,一副不服气的样子,甚至和老师顶嘴。如果你是他的班主任,你将怎样应对?如果你是他的心理老师呢?

青少年期是一个既充满生机、活力,又充满矛盾、困惑的时期,是个体一生发展历程中的一个特殊的过渡时期。这一时期既为青少年心理发展提供了动力和机遇,也使青少年心理发展面临挑战与挫折。因此,如何使青少年心理在这一特殊时期克服成长中的各种困惑与烦恼,获得健康发展,并针对青少年心理发展特点因材施教,使其潜能得到充分发挥,也就成为学校教师十分关心的问题。为了更好地认识青少年心理发展的状况和特点,给发展中的青少年个体以应有的帮助与指导,我们有必要首先了解青少年期的概况、青少年心理发展的实质以及对青少年进行心理辅导的一些基本知识。

# 第一节 青少年期概述

青少年期究竟是一个怎样的时期?它与我们通常所说的青春期是什么关系?它又有着什么样的年龄界定?在本节我们将围绕这三个问题逐一进行阐述。

## 一、青少年期的内涵

**青少年期**(adolescence)是青少年个体所处的人生发展阶段。它是少年期和狭义的青年期的总称,也多被学术界视为广义的青年期的早期,简称为青年早期。为进一步加深对青少年期及其在个体发展中的重要性的理解,我们从青少年的生理发展、心理发展和社会化发展三个方面来进行学习。

**1. 青少年期是个体生理快速发展而趋成熟的时期**

青少年正处于个体生理发展的第二次突变期,其生理发展主要凸显出三个方面的特征:骨骼肌肉的发展变化、第二性征的出现和神经系统的日臻完善。这些变化不仅仅表现为量的变化,而且是建立在长期量变基础上的质的变化,这些变化最终促成了青少年生理发展的成熟,即青少年各项生理指标在青少年期末几乎达到了其最高水平。这种发展变化是个体进入到一个崭新的发展阶段——青少年期的标志。因此,生理成熟是界定青少年期的重要指标和内容。近年来,随着人们生活水平的不断提高,个体生理的发展速度越来越快,青少年期的起始年龄被提早了,其生理成熟期也不断提前。有学者(如日本学者依田新)甚至把10岁作为青少年期的开始,这比一般对青少年期的界定年龄提前了约两年。

**2. 青少年期是个体心理由依赖走向独立的过渡时期**

心理发展主要指个体的认知、情感、人格、自我意识等方面的发展。它是个体发展的一个重要方面,不少研究者将个体的心理发展状况作为划分个体发展阶段的指标。青少年时期,个体开始告别儿童时代的认知方式和生活方式,改变自身与外界的联系方式,力图实现自我觉醒:一方面旧的自我尚未完全被颠覆,另一方面新的自我正在形成过程中;一方面还无法摆脱对父母心理上的依恋,另一方面又强烈要求自己在心理上的独立,因此个体此时处于强烈的心理冲突和焦虑之中。正是从这个意义上说,心理学家形象地将这一发展时期称为心理断乳期。埃里克森所说的"自我同一性危机"就发生在这一时期,也是青少年期心理断乳的典型表现。这一时期,个体为了摆脱对亲近者的依赖,建立新的关系世界,青少年会表现出较多的逆反心理和对抗行为。

**3. 青少年期是个体社会化面临众多矛盾冲突的时期**

个体在与社会环境密切互动的过程中,逐渐由自然人向社会人转变的过程就是实现社会化的过程。**社会化**(socialization)是个体获得知识、语言、社会行为规范、价值观、交往技能等,从而能使个体与社会融为一体,以社会允许的方式自如行动,从一个生物的个体转变为合格的社会成员的过程。它是理解人的生命本质及发展历程最核心的要素。青少年期的社会化任务主要是掌握必要的社会知识文化,学习男性或女性的社会角色规范,建立与他人和社会合理的关系,能够同朋友和异性正当交往,选择和准备从事的职业,确立人生观和价值观,计划未来的生活,等等。显而易见,青少年时期的社会化任务十分繁重,从而使青少年个体面临各种矛盾冲突。要在这样一个充满矛盾冲突的人生阶段完成如此重要的社会化发展任务,对青少年个体来说无疑是一个极大的挑战,同时也从一个侧面说明青少年时期是个体社会化发展的关键时期。

## 二、青春期与青少年期

讲到青少年期,人们往往会提到青春期,而且一般会将这两种概念相提并论。其实,青少年期与青春期是两个相互联系又相互区别的概念。明确辨别这两个概念,将会进一步加强我们对青少年期本质的认识。

**青春期**(puberty),又称思春期、青春发育期,是指个体在生理上迅速发育直至成熟的时期。它是一个生物学上的概念。该术语在西方源于拉丁语"pubertas",意为"具有生殖能力"。个体在青春期,生殖功能发育、成熟,第二性征出现、成型,身体各方面从加速生长直至基本稳定。人作为一种生物有机体,与动物一样,都具有一个从出生、成长、发育、成熟直至衰老、死亡的过程,青春期仅为这一过程中客观存在的一个阶段,而且是自人类诞生起便存在的一种自然现象。因此,学术界对该时期的界定也比较明确且一致:一般以男女个体第二性征的出现为青春期的开端,以其身高、骨骼等身体发育的基本停止为青春期的终结。

青少年期,是指个体在社会中从童年向成年的过渡时期。青少年期的英文"adolescence"源于拉丁语的"adolescere",意为长大、成长或趋向成熟。它虽内含一定的生物学含义,却是一个社会学上的概念。从社会学来看,青少年期是从"依赖性"的儿童进入"自立性"的成人的过渡阶段;从心理学来看,青少年期是在特定的社会环境下,从"儿童行为"转变到"成人行为"过程中,谋求重新调适的边界人的状态(Hurlock,1968)。因此,青少年期是个体在生物性成熟基础上达到社会性成熟的时期。

如果说青春期是以生物性成熟为基本特征的话,那么青少年期则是以生物性成熟和社会性成熟为基本特征的,其中尤以社会性成熟为根本。正如苏联心理学家科恩(1983)所说:"在人类社会中,由童年向成年的过渡不仅以生理成熟为前提,而且必须先吸收文化,掌握一定系统的知识、规范和习惯,因为一个人不如此就不能参加劳动,不能完成一定的社会职能并承担由此而引起的社会责任。可见,成熟的前提是社会化,离开社会化就不可能有成熟。所以,与其将过渡时期看作是机体发展的一个阶段,不如看作是个性发展的一个阶段。"美国心理学家奥苏贝尔(Ausubel,1958)也指出,青少年期是"在生物性和社会性的成熟方面,由儿童向成人的过渡期"。因此,青少年期是一种特殊的生物社会现象,其强调的是个体社会化的成熟过程,与以生物成熟过程为基本特征的青春期有着本质区别。也正因为如此,它也不像青春期那样作为一种自然现象,自人类诞生起便客观存在,而是当人类社会生活和生产水平发展到一定的阶段,有条件也有需要让个体在进入成人行列之前集中一段时间学习大量必要的生产劳动技术、社会行为规范,以继承父辈、延续社会时,它才得以形成和发展的。有人进行大量的文献资料分析研究后指出,在美国和欧洲,青少年期这一术语大致形成于1900—1920年间(Katt,1977)。可以说,青少年期这一术语并非自古就有,而是近代人类文明社会的产物,它的出现也恰反映了青少年期是以个体的社会性成熟为标志的这一基本特征。

### 知识小窗 1-1　　青少年期的历史见证——成人礼

在古老而又漫长的人类原始社会中,并不存在我们今天所说的青少年期。从历史考证和对迄今残存的原始部落的观察研究发现,在原始社会里,一个人从童年进入成年只需要经过一个仪式就完成了。这种仪式在我国古代称为冠礼(男子20岁时举行加冠礼)和笄礼(女子15岁时举行加笄礼),后称为成人礼,也可称成丁礼、入世礼等。

成人礼一般在儿童第二性征明显出现后举行。男的多在公开场合集体进行,而女的多以个别方式进

我国古代的成人仪式

行。仪式的形式各部落各具特色,持续时间也长短不一,有的仅数天,有的长达数月,但内容大多可归纳为三个方面:一是传授部落的生产和生活知识,实施道德规范和社会职责教育。例如,让受礼者学习筑房、狩猎、格斗的技能或理家、生育、哺幼的经验,懂得从今以后要承担对部落的责任,遵守其道德规范和风俗习惯。二是锻炼作为成人的必备的诸如勇敢、坚强、吃苦耐劳等品质。例如,让男性受礼者集体长途跋涉,以累其筋骨;远离父母,单身入林风餐露宿,以锻炼其胆略;忍受断食、鞭笞、赤脚走炽炭等折磨,以锻炼其意志等。三是在受礼者肉体上留下标记,以志纪念。例如,文身、刺脸、穿鼻、折断门牙等,其中又以割礼最为典型,即割除男女生殖器上的一部分作为成人标记。它曾普遍存在于世界各地的人类社会之中,直至现代在非洲某些地区仍十分盛行。此三项内容中以首项最富有意义,反映了成人礼的本质——完成从儿童到成人的社会化过程。然而,随着人类社会生产和生活方式在漫长的岁月中逐渐变得日益复杂,以致在短短数日乃至数月的成人礼中难以向儿童传授完必要而丰富的知识、技能、规范、习俗,而导致青少年期有不断延长的趋势。

有趣的是,在现代文明社会中也仍能看到这种象征性的成人仪式。我国一般组织年满18岁的男女中学生参加成人仪式,开展宣誓和主题教育活动。有的地方还让学生穿着汉服参加仪式,以强调对中国传统文化的传承与发展。日本、韩国受中华汉唐文化影响,也有成人礼。日本自1948年起正式确定成年节,由年满20岁的青年男女参加盛典。德国法律规定,成年节宣誓仪式后,男女青年可以和成人一样领取公民身份证,并参加10次有教育意义的主题活动:"公民权利和义务""社会需要你的劳动""科学技术进步对你提出的要求",等等。可以说,这类仪式在现代文明社会中已失去其原先的本质特征,只是作为一种教育形式被沿袭下来,但它却恰是原始社会成人礼的历史残迹与见证。

2006年我国某市500多名18~20岁男女中学生身着汉代服饰参加成人仪式。

## 三、青少年期的年龄界定

对青少年期年龄,学术界尚未有统一的界定。我国学者一般把青少年期界定为11、12岁至17、18岁,日本学者则将它界定为12、13岁至21、22岁,这比中国学者界定的年龄要稍靠后几年。西方学者从性别上对青少年期进行了区分,认为男性青少年期为12~21岁,女性青少年期为10~21岁,女性比男性青少年期略长。有人(黄志坚,2003)则认为青少年期年龄阶段的界定应该综合考虑个体的生理成熟、心理成熟和社会成熟三个方面。

一般认为从 11、12 岁开始,个体的生理各方面开始加速发展,至 18、19 岁达到发展的高峰,标志着个体生理上的成熟;个体心理的成熟略滞后于生理的成熟,其年龄上限要延长至 25 岁左右;个体的社会发展更是一个复杂的过程,一直要到 28、29 岁才臻于成熟,这是个体社会成熟的年龄上限。从这种观点出发,可以依据生理学理论将青少年的年龄下限定为 11 岁,而依据社会学理论将青年的年龄上限定为 30 岁(30 岁为青年和中年的临界点,30 岁以前还是青年,到达 30 岁即进入中年)。

> **学术研究 1-1　　　　　不同的青年年龄界定**
>
> 多年来,我们基本上没有对青年年龄概念形成比较完整和统一的界定。
>
> **1. 国际组织的有关界定**
>
> 　A. 联合国教科文组织的界定:14~34 岁为青年人口(1982 年)
>
> 　B. 世界卫生组织的界定:14~44 岁为青年人口(1992 年)
>
> 　C. 联合国人口基金的界定:14~24 岁为青年人口(1998 年)
>
> **2. 我国的有关界定**
>
> 　A. 国家统计局的界定:15~34 岁为青年人口(人口普查)
>
> 　B. 共青团的相关界定:14~28 岁为青年人口(《团章》)
>
> 　C. 青联的相关界定:18~40 岁为青年人口(《青联章程》)
>
> 　D. 港、澳、台地区的界定:10~24 岁为青年人口(香港青年事务委员会、澳门人口暨普查司、台湾青年辅导委员会)
>
> 目前,中国内地基本采用国家统计局的有关人口普查的统计口径,即 15~34 岁为青年的年龄界限。
>
> (吴烨宇,2002)

由于青少年期是一个兼有生物学且更具社会学含义的复杂概念,因此它的界定也就不像青春期那样简单了。一般说,它是用两把尺度来确定其起讫时间的。起始时间主要由生物性指标确定,以男女第二性征出现为标志,与青春期一致,比较明确、清晰;终止时间则主要由社会指标确定,以男女社会性成熟为标志,相对比较模糊,难以把握。为此,学术界把注意力集中于寻求比较合理、客观的社会性成熟的外部标志,并有不同的观点。其中,法国心理学家扎佐认为,社会性成熟的内心体验是"成人感",而"成人感"产生的主要外部事件是就业、生活独立、结婚和生孩子。这与《联合国教科文组织 23 届大会关于 1984—1989 年中期规划的青年工作的说明》文件中指出的以"经济独立、有单独的住所、建立小家"这三个标准来确定青少年结束期限的精神是相符的。而在这几项事件中,我们认为尤以结婚最富有代表性(卢家楣,1989),因为当代国内外青年大多是先立业后成家,一旦结婚也就同时意味着参加工作、经济独立、组织小家庭、有单独住所等;在我国的传统观念上也都把结婚成家作为社会性成熟的第一标志。因此,青少年期是指从第二性征的出现到结婚为止的那一段人生发展的过渡时期。

当然,这一过渡时期并不是静态概念,而是随着人类社会文明的发展而呈现不断延长的趋势。这是因为一方面,人类生物性成熟在世界范围内有提前倾向,例如,100多年来,女子月经初潮年龄平均每10年提前3~4个月,1610年奥地利农家女子初潮年龄为18~20岁,而现时我国女子初潮年龄已提前至11~12岁;另一方面,人类社会性成熟在世界范围内有延后倾向。由于学习过程延长,经济自立、结婚成家年龄普遍推迟,例如,在工业革命初期,接受初小教育已能满足社会要求,而现在接受中、高等教育已成为工业发达国家广大青年必要的职前训练。因此,就我国现阶段而论,青少年期大约始于11、12岁,止于25、26岁。

现代社会的整个青少年期的跨度达十多年,其间个体在生理、心理和社会各方面的发展也是不匀速、不同质的,而且表现出一定的阶段特征。为了便于研究,也为了更好地针对处于不同发展阶段中的青少年特点实施教育,有必要对青少年期作进一步划分。与青少年期的终结时限的确定一样,青少年期的内部划分也存在着因不同的社会文化背景和学术派别而导致的不同观点:在苏联分少年期(11~15、16岁)、青年期(15、16~17、18岁)和自主青年期(17、18~23、25岁);在美国一般分前青年期(10、12~13、14岁)、青年前期(13、14~17岁)和青年后期(20~22岁)。事实上,划分阶段的关键不仅在于具体时间的确定性,更主要的是在于划分依据的合理性。我国发展心理学家朱智贤(1979)把儿童心理年龄阶段划分标准规定为:"在一定的社会和教育条件下,儿童心理发展的各个不同时期内的特殊矛盾或质的特点。这些特殊矛盾或质的特点主要表现在儿童的主导活动上(儿童在社会生活中所处的地位、他们的活动形式),表现在智力(或思维)水平和个性特征上,同时也表现在他们的生理发展(特别是高级神经活动发展)和言语发展水平等上面。"这一颇具我国特色的年龄阶段划分标准,对青少年期内部的阶段划分也有重要的参考

**朱智贤**(1908—1991)

中国心理学家,专长儿童心理学,坚持用辩证唯物主义的观点研究儿童心理学中重大的理论问题,尤其探讨儿童心理发展中关于先天与后天的关系、内因与外因的关系、教育与发展的关系,以及年龄特点与个别特点的关系等问题。其主要著作有《儿童心理学》《心理学大词典》(主编)等。

价值。为此,我们综合生理发展、思维水平和主导活动三个方面,将青少年期划分为四个阶段,如表 1-1 所示(卢家楣,1989)。本教材涉及的青少年主要是初高中阶段 11、12~18、19 岁的青少年学生,相当于表 1-1 中的青年前期和青年早期的个体。

表 1-1 青少年期的阶段划分

| 阶段 | 青年前期(少年期)<br>11、12~15、16 岁 | 青年早期<br>15、16~18、19 岁 | 青年中期<br>18、19~22、23 岁 | 青年晚期(延长期)<br>22、23~25、26 岁 |
| --- | --- | --- | --- | --- |
| 生理发展 | 身体加速发育 | 身体减速发育 | 身体缓慢发育 | 身体基本停止发育 |
| 思维发展 | 初步掌握抽象逻辑思维 | 抽象逻辑思维基本成熟,初步掌握辩证逻辑思维 | 进一步发展辩证逻辑思维 | 在社会实践中提高了解决各种实际问题的思维能力 |
| 主导活动 | 学习基本科学文化知识 | 学习中等科学文化知识,接受中等职业训练 | 参加社会工作,接受高等职业训练 | 以一定的专业知识从事社会工作,获得初步适应、胜任能力 |

# 第二节 青少年心理发展的实质

个体的心理各方面在青少年期都获得了很大的发展,并表现出一系列的特点,构成青少年心理发展的独特风貌。青少年期的个体心理为何出现这一特点呢?青少年心理发展的实质何在呢?围绕着这些问题,出现了各种理论观点,归纳起来有生物发生论、社会发生论和心理发生论三类。我们将分别予以简述,然后再论述一下我们的综合发生论。

## 一、生物发生论

这种理论观点的基本含义是,青少年心理发展的实质是生物成熟的自然结果。

美国心理学家、青少年心理学之父霍尔著有世界上第一部,也是最有影响的一部青少年心理学书籍《青年期》(1904)。该书从各方面进行研究和揭示青少年期个体的种种现

**霍尔**(Granville Stanley Hall, 1844—1924)

美国心理学会的创立者,发展心理学的创始人,教育心理学的先驱。受达尔文进化论的影响,认为儿童心理的发展反映着人类发展的历史。1915 年当选为国家科学院院士,1924 年当选为美国心理学会主席。主要著作有《青年期:它的心理学及其与生理学、人类学、社会学、性、犯罪、宗教和教育的关系》《衰老》《一个心理学家的生平和自白》等。

象,因而附以涉及广泛内容的副标题:它的心理学及其与生理学、人类学、社会学、性、犯罪、宗教和教育的关系。他运用达尔文的进化论思想,构建自己庞大的理论体系,提出个体发展是复演物种进化过程的**复演论**(theory of psychological recapitulation)。他认为,个体出生前(胎儿)的生理发展复演了动物进化的过程,如胎儿在一个阶段是腮裂的,就是重复鱼类阶段;个体出生后的心理发展复演了人类进化的过程,如婴儿阶段相应于动物时期,儿童阶段相应于类人猿时期,少年阶段相应于人类未开化时期(几千年前农业生活时期),青年阶段相应于人类开化时期(两千年前人类历史所处的时期)。由于人类进化到这一时期,是充满暴风骤雨、富有浪漫主义色彩的,因此,青年期也是个体充满各种冲突和骚乱的时期。个体经过青年期的动荡,才最终复演成人类文明社会的一员。

嗣后,美国另一位心理学家格塞尔(Gesell,1880—1961)运用18世纪胚胎学的研究成果,并在自己观察研究的基础上提出了**成熟论**(theory of maturation)。他认为,成熟是个体通过基因指导发展过程的机制。虽然发展也需要个体在出生前的内环境(胚内环境)和出生后的外环境的作用,但并不导致发展的根本变化,而按特殊的顺序展开遗传潜能的成熟过程,才是支配个体成长和心理发展各个方面的决定因素。例如"(儿童的)神经系统是按阶段和自然的程序成熟的。坐先于站;喃喃自语先于说话;先说真话,后说假话;先画圆圈,后画方形;先利己然后利他;先依靠别人然后依靠自己。所有的能力,包括道德都受成长规律支配"(转引自格莱因,1983)。他也正是用这一观点来看待青少年心理发展的实质,并把它视为个体走向成熟的一个过渡状态。由于个体在这一时期机体迅速发育,性机能也随之成熟,从而引起心理上的一系列变化,其中11~16岁是心理发展最关键的阶段。

德国心理学家泽勒(Zeller)受克雷奇默(Kretschmer)人格体质类型论的影响,提出个体心理功能的发展变化与其身体的生长发育密切相关的观点。他认为,在个体心理发展的每一阶段,都有一个独特的体质格式塔与之相对应。所谓**体质格式塔**(body gestalt)是指身体的整个结构和成分。虽然身体生长和发育往往在某些部分(器官或功能上)特别明显,但他强调的仍是身体整体上的变化。他也用这一观点分析青少年心理发展。例如,他认为早期青年之所以主观冲动、紧张和持批判性态度,其实是体质格式塔的不协调性增加所致,而这种不协调性又是由个体进入青少年期身体结构的变化和激素突增造成的。他的这种观点被称为**体质格式塔论**(theory of body gestalt),这是德国心理学家对青少年心理发展实质的一个主要的生物学观点之一。

## 二、社会发生论

这种理论观点的基本含义是,青少年期心理发展的实质是社会因素作用的结果。

德国心理学家勒温受物理学中的场概念和心理学中的格式塔理论的直接影响,提出独特的心理发展观——心理场论。他指出,人的行为是在**心理生活空间**(psychological life space)——心理场中发生的,这个场包括人和环境两个系统。这里的人包含由心理、生理形成的各种特性,实为个性,可分成两类：与环境直接接触的知觉运动类；与环境非直接接触的由思想、愿望等组成的个体内部类。这里的环境不是真实环境的原貌,而是被主体感受的甚至想象到的东西,实为心理环境。它又可分成接近环境、障碍环境和背景环境三类。接近环境对人有引力作用,障碍环境对人有斥力作用。人的行为正是由个性与心理环境相互作用形成的各种引力、斥力和合力所决定。他认为,个体心理发展取决于心理场的变化：一是无论个人内部还是环境都将不断分化,成人比儿童能意识到更多的区分内部经验和社会事件的各种概念范畴；二是心理场内的各种界线更加明确,成人比儿童更少混淆现实与非现实、自己与他人之间的区别。青少年期恰是儿童心理场向成人心理场的过渡期,处在两个心理场的边缘上,所以青少年也被称为**边缘人**(marginal man)。这个阶段的特点：一是在从儿童活动范围到成人活动范围的运动中,整个心理场在扩大,从而使青少年接触到更多关于环境和自身内部的消息；二是扩大心理场导致对每一个新范围的性质有更大的不确定性。而正是这些使青少年表现出一系列心理和行为特点,诸如情绪不稳定、价值观冲突、理想上的根本变化等。因此,事实上勒温是把青少年期心理发展的实质看作是环境和心理相互作用的结果,强调环境对青少年心理发展的影响。

**勒温**(Kurt Lewin,1890—1947)

德国心理学家,场论的创始人,社会心理学的先驱,以研究人类动机和群体动力学而著名。勒温在他的著作中提出了向量、动力场、拓扑心理学和生活空间等许多新概念,形成了他独创的心理学理论,并以此理论来分析青少年的发展实质。群体动力学和场论是他对心理学理论的杰出贡献。其主要著作有《人格的动力理论》《拓扑心理学原理》《解决社会冲突》《社会科学中的场论》等。

美国心理学家哈维格斯特(Havighurst,1972)更明确指出社会环境对个体发展的影响,他把人的发展视作学习他生活的那个社会所要求的各种任务的过程。他认为人必须学习的任务,即**发展任务**(developmental tasks),规定了一个人在特定社会中,在不同年龄阶段健康、正常的发展。这些发展任务是有一定顺序的,"在个人生活中某一阶段产生的一个任务,它的成功完成将导致个人的幸运和后续任务的顺利,而他的失败则将导致他的不幸、社会非难和后续任务的困难"(Havighurst,1972)。因而他认为,青少年期心理发展的实质就是学习个体在青少年期必须完成的八项发展任务及相应目标(见表1-2)。他的观点也就被称为**社会发展任务论**(theory of social developmental tasks)。

表1-2 哈维格斯特关于青少年期的发展任务与目标

| 发 展 任 务 | 发 展 目 标 |
| --- | --- |
| 1. 与同性和异性同龄伙伴建立更成熟的关系<br>2. 获得具有男子气质或女子气质的社会角色<br>3. 接受自己的体格并有效地运用自己的身体<br>4. 达到与父母和其他成年人情感上的独立<br>5. 准备结婚和家庭生活<br>6. 为职业谋生做准备<br>7. 获得一整套价值观和道德观体系以指导自己的行为<br>8. 有愿望并且实际作出富有社会责任性的行为 | 1. 学会把女孩看作女子,把男孩看作男子;自己要成为成人中的一员<br>2. 接受和学会为社会所赞赏的、具有成年男子或成年女子气质的社会角色<br>3. 为自己的身体自豪,或至少容忍自己的身体<br>4. 摆脱儿童期对父母的依赖,发展对父母非依赖性的情感<br>5. 形成对家庭生活、对孩子的积极态度<br>6. 为开始适当的职业安排自己的计划和精力;要感到有能力谋生<br>7. 形成社会、政治、道德理想<br>8. 发展社会理想,作为一个有责任心的成人参加社区生活;在个人行为中考虑到社会价值观 |

(Havighurst,1972)

美国心理学家布里姆(Brim,1965)则从个体掌握社会角色的角度来认识个体的心理发展,提出社会角色论。他认为,个体心理发展是参与需要日益复杂的技能的许多社会角色的结果,"个性能够被视为一整套习得的自我—他人关系或自我—他人系统"。一个人遇到的各种社会角色和角色的各种关系远比与成熟相联系的因素重要。当个人同时承担的社会角色增多,他们就必然要学会角色承担、角色区别和角色整合的新技能,这是每一个新的社会角色对个人提出的新的挑战和刺激,个人也就在这个过程中得到发展。他指出,在青少年期,个体的发展与他在这期间社会角色多样性的增加密切相关。作为进入青少年期的个体,除承担家庭成员、同龄伙伴成员和学生这三个社会角色外,还要增加劳动者、政治活动参加者、宗教信徒、异性伙伴、恋人等角色,这就促进了青少年心理的相应发展,而种种角色冲突,也就使青少年心理产生种种矛盾以及相应的心理和行为表现。

美国心理学家戴维斯(Davis)把青少年心理发展看作个体不断接受社会强化和社会惩罚之连续过程中的一个特定阶段,从而形成他的社会化论。社会通过对个体强化确立为社会所接受的行为,通过惩罚来确定社会不接受的行为。个体预知或担心惩罚会导致社会化焦虑,这种焦虑便成为社会化过程中的关键因素。随着个体进入青少年期,这种社会化焦虑会增加,因为青少年面临日益增多的社会职责,需延迟日益强烈的性需要和压抑攻击行为。同时,青少年也从中习得使这种焦虑减缓或减少的行为。当然,社会化焦虑强度过大,也会产生抑制和瓦解适应性行为的作用,使青少年出现种种偏常的表现。

## 三、心理发生论

这种理论观点并不否认生物和社会因素在青少年心理发展中的作用,但更着重从心理内部寻求发展的规律,并强调青少年心理发展的某一方面,作为青少年期心理发展的实质。

**弗洛伊德**(Sigmund Freud,1856—1939)

奥地利医生兼心理学家,精神分析学派的创始人。1895 年与人合作发表《癔症研究》,提出一个假设,认为患者把曾经有的情绪经验排除到意识之外,由此阻碍了许多心理能力,通过催眠回忆后,情绪发泄了,病就痊愈了。在此基础上,逐渐发展了精神分析技术和理论。主要著作有《性学三论》《梦的解释》《日常生活的心理病理学》《自我与本我》《自我和防御机制》《精神分析引论》等。

奥地利精神病医生、精神分析派创始人弗洛伊德从性欲角度来看待个体的心理发展,提出**心理性欲发展论**(theory of psychosexual development)。当然,他关于性的含义极为广泛,不仅包括两性关系,而且包括使身体直接或间接产生快感的一切事物,而驱使人去寻求快感的潜能就是**力比多**(libido),它属于本能性的心理能量。他认为个体心理发展是力比多集中点在身体不同区域变动的结果,并由此把心理发展分为与力比多集中点相对应的几个阶段:口唇阶段(0~1.5 岁)、肛门阶段(1.5~3 岁)、性器阶段(3~6 岁)、潜伏阶段(6~12 岁)和生殖阶段(12~18 岁)。他认为,青少年期是个性发展的最后阶段,在这一阶段满足力比多冲动的基本模式是正当的性行为,如不行就以社会所能接受的形式发泄至别的活动中,发挥升华这一防御机制的作用。青少年期个体之所以体验到心理冲突,主要归结于不能正确解决力比多冲动。嗣后,弗洛伊德的小女儿、精神分析派成员安娜·弗洛伊德(Anna Freud)进一步指出,青少年期是力比多大大增强的时期。力比多往往引起性心理冲突而导致两个极端后果:一是使青少年生活具有冲动性特点,挫折的耐受力降低,不断要求欲望满足;二是与之相反,压抑力比多的任何合理性,采取禁欲主义和理智化态度,但青少年期的威胁主要是前者而不是后者。

埃里克森是新精神分析派成员,他抛弃了弗洛伊德的以力比多为核心的泛性论,而是抓住个体发展过程中每一阶段中带有特征性的矛盾冲突来揭示心理发展的规律,提出**心理社会发展论**(theory of psychosocial development)。其理论认为人的心理发展是"个体为适应社会文化要求而斗争的每一个人生阶段上一定程度的冲突或紧张的结果"(Erikson,1966)。他将人生按不变的顺序划分为八个阶段,并指出每一阶段个体都面临一个具有特

**埃里克森**（Erik Homburger Erikson, 1902—1994）

美国神经病学家、发展心理学家、青年心理学家和精神分析学家。其主要贡献是提出人格的心理社会发展理论，他把心理发展划分为八个阶段，指出每一阶段特殊的心理社会任务；并认为每一阶段都有一个特殊矛盾，矛盾的顺利解决是人格健康发展的前提。其主要著作有《童年与社会》《少年路德：精神分析和历史的研究》《同一性：青少年与危机》《同一性与生命周期：一种新观点》等。

征性的矛盾冲突，即心理危机（见表1-3）。他认为，生物成熟和社会期望迫使每一个人依次通过每一阶段，但前面阶段成功与否，直接影响后续各阶段的成功。他认为青少年期是极为重要的阶段，对人生前后各阶段起着枢纽作用。在这一阶段，青少年面临的是同一性与同一性混乱的矛盾。所谓**同一性**（identity）是指一个人对自己的认识、信仰和人生意义等存在一种过去、现在和将来之间的内在一致的连续感。同一性问题在人生的其他阶段也会遇到，但在青少年期由于身体发育的巨大变化，新的感情和欲求的出现，新的社会任务的挑战，迫切需要重新认识自己，认识自己在社会中的地位和作用，认识他人对自己的看法，因而问题尤为突出，处于危机阶段。如果家庭、学校和社会提供的经验使青少年能发展他们明确而一致的自我意识、社会意识，则有利于其同一性的实现；反之则会引起混乱，如角色混乱（不能整合自己承担的各种角色）、性别混乱（产生种种变态性心理）、时间混乱（缺乏时间观念、拖拉或急躁）、权威混乱（乱反领导或盲目服从）、观念混乱（不能在文化、哲学方面找到真实的意义）等。其中，角色混乱是青少年最易出现的状况。

表1-3 埃里克森的发展阶段划分

| 人 生 阶 段 | 心 理 危 机 |
| --- | --- |
| 1. 婴儿 0～1.5 岁 | 1. 信任与不信任 |
| 2. 学步儿童 1.5～3 岁 | 2. 自主与羞耻、疑惑 |
| 3. 学龄早期 3～5 岁 | 3. 主动与内疚 |
| 4. 学龄中期 5～12 岁 | 4. 勤奋与自卑 |
| 5. 青年期 12～18 岁 | 5. 同一性与同一性混乱 |
| 6. 成人早期 18～25 岁 | 6. 亲密与孤独 |
| 7. 成人期 25～65 岁 | 7. 繁殖与自我专注 |
| 8. 成熟期 65 岁～ | 8. 完美与绝望 |

(Erikson, 1959)

瑞士心理学家皮亚杰把认知发展作为个体心理发展的主线加以研究，并提出**认识发生论**（genetic epistemology）。他认为个体心理发展不是由内部成熟或外部环境支配的，而是在成熟的基础上个体与环境的相互作用中积极构建的过程。为阐明其发展的机理,他运用四个相互联系的概念:图式——个体内部的心理结构或行为结构;同化——把环境中的现实材料吸收到图式中去以丰富和发展图式;顺应——改变图式以适应环境变化;平衡——通过同化和顺应达到内部图式与外部环境的吻合。因此,个体心理发展的过程其实就是原有的图式在环境影响下,通过同化、顺应不断实现平衡—不平衡—重建平衡的过程。

**皮亚杰**(Jean Piaget,1896—1980)

瑞士儿童心理学家,因研究儿童智力和认知发展而闻名,提出了发生认识论、认知发展阶段理论等。他通过儿童心理学把生物学与认识论、逻辑学沟通结合起来,从而将传统的认识论改造成为一门实证的实验科学。曾任瑞士心理学会主席、法语国家心理学联合会主席和第十四届国际心理科学联盟主席。主要著作有《结构主义》《儿童逻辑的早期形成》《发生认识论》等。

在此基础上,他把个体的认知发展分为四个阶段:感觉运算阶段(0～2岁)、前运算阶段(2～7岁)、具体运算阶段(7～12岁)和形式运算阶段(12岁以上)。他认为青少年期正处于认知发展的第四个阶段。在这之前,在具体运算阶段,个体虽然发展了逻辑思维能力,但离不开具体或形象材料的支持。而到形式运算阶段,则能摆脱这种局限,进行抽象思维、假设推理,能操纵多种变量进行思维活动,这就使青少年能以新的思维方式来重新认识世界,这不仅对青少年知识信息的掌握、道德观念的发展有着直接的影响,而且还使青少年跳出关注自身发展的狭小圈子,放眼更广阔背景上的人生、政治、社会方面的重大问题,并常对传统习俗提出挑战。在皮亚杰看来,青少年心理发展的实质就是认知方式进入一个崭新的阶段——形式运算阶段。

## 四、综合发生论

上述各种理论,无论是生物发生论,还是社会发生论、心理发生论,大多以实验、观察或调查材料为依据,从各自强调的方面在不同程度上揭示了青少年期心理发展的某些规律,是近代西方在这方面探索留下的足迹,为我们进一步探索提供不少启示和借鉴。但上述理论也暴露出两方面的问题:一是过分强调某一方面因素对青少年期个体心理发展的影响,往往失之偏颇;二是从各自总体理论框架出发来推演有关青少年期心理发展理论,而缺乏对青少年期这一特殊人生阶段心理发展的有针对性的理论构建。为使我们对青少年期心理发展的实质问题有一个更为清晰的、符合辩证唯物主义观点的认识,有必要作一个综合各因素的较为系统的论述,我们把这一理论阐述称为综合发生论。

**1. 推动青少年心理发展的动力**

生物系统、环境系统、原有心理系统和自我调节系统在青少年实践活动中的相互作用是推动青少年心理发展的动力。

青少年心理发展的动力问题,是探索青少年心理发展实质的重要方面,以前往往是套用个体心理发展动力的解释,而我们认为,这两者是整体与局部、一般与特殊的关系。在这一关系中,一方面作为个体心理发展的动力,自然也是青少年心理发展的根本动力;另一方面,青少年心理发展还应有其特定阶段所规定的某些动力结构上的特点。这也是整体与局部、一般与特殊关系在心理发展动力上的反映。

那么,个体心理发展的动力究竟是什么呢?有人(邓京华,彭祖智,1987)从系统论的角度作了如下分析:个体心理作为一个开放系统,必然包含双重联系,即系统与其构成要素的联系以及系统与影响它的环境的联系。因此,心理发展动力也必须来自这双重关系之中。从系统的内部联系上看,心理内部矛盾是心理发展的必然条件。推动心理发展的动力,既不是根据,也不是条件,因为任何一种都不可能单独决定心理发展,而只有在根据和条件的相互作用下才能导致心理发展。正如恩格斯所说:"相互作用是事物真正的终极原因,我们不能追溯到比这个相互作用的认识更远的地方,因为正是在它背后没有什么要认识的事。"因此,推动个体心理发展的动力是一定的生物系统、适宜的环境系统和已有的心理系统在个体活动中相互作用所构成的矛盾运动。我们认为这样的分析符合辩证唯物主义观点和科学系统论的基本原理。若要进一步指出这种矛盾运动的表现形式,我们认为,这里也存在着矛盾运动的双向作用的过程:一是外部要求如何在外部条件作用下通过个体反映,内化为个体内部新的需要;二是内部已有的心理水平又如何凭借外部提供的条件,通过个体活动外化,达到内部要求。这里心理内部矛盾就表现为这种新的需要与已有的心理水平的矛盾(朱智贤,1979),而外部矛盾集中表现为外部要求能否内化为内部新的需要,以及内部已有的心理水平能否外化而达到外部要求的活动。个体正是在已有心理系统基础上,在与生物系统和环境系统这两个外部系统围绕着新需要的产生和满足问题相互作用的过程中获得心理发展的(见图1-1)。

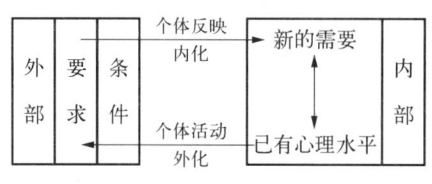

图1-1 个体心理发展的动力

这一观点虽也同样适用于对青少年心理发展动力的解释,然而它并未揭示出在青少年期个体心理发展动力上的某种特殊性。当我们要建立青少年心理发展的理论,以便更好地指导实践时,就有必要作进一步的探索。我们知道,当个体进入青少年期,在生物系统、环境系统和原有心理系统的相互作用下,自我意识发生了分化。它使个体第一次出现主体自我对客体自我的认识、体验和控制,从此使个体心理发展置于自我意识系统的调节之下。这是个体心理发展史上具有重大意义的质变事件,德国心理学家斯普兰格(Spranger)把这称为人生的"第二次诞生"。从整体上说,自我意识系统仍是心理系统中的一部分,它对心理发展的动力作用仍可在原有心理系统中得到体现,因而关于个体心理发展动力的观点也适用于对青少年心理发展的解释。不过,自我意识分化导致的对心理活动本身的强调作用,表现出巨大的主观能动性,无疑使个体心理发展的动力结构发生变化,形成了不同于儿童心理发展动力的某种特殊性。青少年正是通过自我意识自觉地改造和完善着自己的个性,青少年期也因此被美国心理学家奥苏贝尔称为"人格重建"时期。同时,青少年也通过自我意识系统对自己正在进行的认知活动予以监督、调整,发挥元认知作用,自觉改进认知策略。因而,在青少年心理发展动力方面,强调自我意识的作用,使我们能更清醒地认识到,在促进青少年心理发展的问题上,除考虑生物因素、环境因素外,还要充分注意青少年自身的主观能动性。这将有利于我们更好地解释为什么在同样的环境和相似的生物作用下,青少年会表现出个性发展上的巨大差异,有的甚至会出现犯罪和心理障碍等偏常心理、行为的原因,从而更好地调动青少年的主观能动性,促使青少年健康发展。

**2. 导致青少年期众多心理矛盾的根源**

生物成熟、心理成熟和社会成熟的异时性是导致青少年期众多心理矛盾的根源。

如何解释青少年期心理发展的基本特点是探索青少年期心理发展实质的又一重要方面。青少年个体心理发展中出现众多的矛盾现象,如独立性与依赖性的矛盾、闭锁性与交友意向的矛盾、求知欲与认识水平的矛盾、性冲动与自控力的矛盾、要求理解与难为他人理解的矛盾、理想与现实的矛盾等,构成过渡期青少年心理特征的总貌。虽然从根本上说,个体心理发展的各个阶段上都存在着这样或那样的矛盾,但没有哪一个人生阶段具有像青少年期那样多的矛盾。这种种矛盾既为青少年心理发展提供了契机和动力,也给青少年发展潜伏了危机和隐患,从而使青少年期充满了动荡和冲突。那么究竟如何来认识青少年期这一独特的现象呢?造成这种现象的根本原因又是什么呢?我们认为,由于青少年在各方面都进入由儿童时期的不成熟向成人时期的成熟的过渡期,面临身体方面的生长发育、社会化方面的学习训练、个性方面的形成和发展等一系列加速成熟的过程,而这些成熟进程又是很不一致的,造成发展成熟上明显的异时性。正如苏联心理学家安纳耶夫(1968)所说:"人作为个体达到成熟期(身体成熟),人作为有一定身份的人达到成熟期(具有公民资格),人作为认识主体达到成熟期(智力成熟)和人作为劳动主体达到成熟期(具有劳动能力),在时间上是不同的。"而正是这种明显的异时性,造成青少年期心理的种种矛盾。例如,在学校教育实践中有这么一种说法,叫"危险的初二年级"。这从异时性角度上说,主要是由于个体刚进入青少年期遇到的身心成熟方面突出的不平衡造成的。对于大学生而言,这种不平衡现象同样存在,一方面大学生活要求个体有较强的自我管理能力、自学和科研能力以及社会活动能力,以完成繁重而高能的社会化训练任务;另一方面,青少年心理发展水平还往往滞留于中学阶段,对巨大变化不适应,从而容易造成种种心理障碍。因此,认识发展中的异时性问题,能使教育者和青少年更现实地对待在过渡时期发生的种种现象,并从根本上寻求缓解矛盾、有利于青少年顺利通过青少年期的途径和方法。

**3. 加剧现代青少年心理矛盾的原因**

自身发展和时代发展的双重负荷是加剧现代青少年心理矛盾的原因。

青少年在整个过渡时期面临自身发展的一系列任务,其中社会化任务是青少年期最本质的任务,它包括学习知识、掌握劳动技能、内化各种社会观念系统、养成社会行为习惯、发展各种社会角色、承担社会职责和义务,等等。每项任务都是对青少年的一种挑战,并促使青少年各方面的成熟。这种自身发展的任务,在青少年期形成之初就已确定,只是由于当时社会发展水平相对低下,发展速度相对缓慢,使青少年发展任务相对简易而已。然而在青少年期形成至今的百年中,时代在不断发展,尤其是近几十年来,发展更为迅速,从而迫使青少年去适应正在加速变化中的时代,使其社会化任务大大加重。这一方面导致青少年期的延长,加大了生物成熟、心理成熟和社会成熟的时间差距,使成熟的异时性造成的各种矛盾日益加剧;另一方面,青少年面对各种社会观念、社会现象的急速更新、变革,更加感到困惑、茫然而把握不定,从而也使某些矛盾突出。西方社会在20世纪60年代出现青年运动和由此引发青少年心理研究的热潮,也都与时代发展造成的青少年心理矛盾激化有着直接的关系。既然青少年期是人类社会文明的产物,青少年心理矛盾的加剧也就成为人类文明社会高度发展的必然。从理论上认识这一点,也同样有助于我们更好地从总体上理解现代青少年心理发展方面出现的种种现象,并予以正确引导。

## 第三节 青少年心理健康

随着社会发展速度的加快,竞争激烈程度的不断增加,青少年的心理问题日益凸显出来,青少年心理健康教育也随之进入人们尤其是教育者的视野。那么,什么是心理健康?它有着什么样的标准?为什么有的青少年能够健康成长,而有的个体却易产生心理问题乃至心理疾病？心理健康的意义又是什么？我们将对这些问题逐一进行探讨。

## 一、心理健康的概念

人们对心理健康的认识与对健康的认识紧密相关，心理健康概念的发展是在健康概念演变的过程中逐渐形成的。

**1. 健康的含义**

相当长的一段时期内，人们对健康的理解主要囿于机体的生理方面。无论是学校教师，还是青少年本人，对健康的关心也都集中在青少年身体发育方面的一些生理指标上，如身高、体重是否标准，眼睛是否近视，身体是否患疾等。《辞海》对健康的概念所下的定义是："人体各器官系统发育良好、功能正常、体质健壮、精力充沛并具有良好劳动效能的状态。"这就是健康的纯生物的医学模式。然而，事实上，健康的真正含义不只是生理性的，还包含心理性的，并且后者在健康中的地位越来越重要，以至于成为健康最核心的要素。世界卫生组织早在1948年就明确指出："**健康**（health），不仅是指没有疾病或虚弱，而且指包括身体、心理和社会适应在内的健全状态。"这就是健康的生物—心理—社会医学模式。它包含了三个基本要素：躯体健康，心理健康，具有社会适应能力。其中，具有社会适应能力是国际上公认的心理健康首要标准，因此这三个基本要素构成的仍是全面健康的两大部分——躯体健康和心理健康，两者相辅相成、紧密相关、缺一不可。1962年世界卫生组织还确定了个体健康的十项标准：有充沛的精力，能从容不迫地应对日常生活和工作的压力而不感到过分紧张；处事乐观，态度积极，乐于承担责任，事无巨细，不挑剔；善于休息，睡眠良好；应变能力强，能适应环境的各种变化；能够抵抗一般性感冒和传染病；体重适当，身材匀称，站立时头、臂、臀位置协调；眼睛发亮，反应敏锐，眼睑不发炎；牙齿清洁，无空洞，无痛感，齿龈颜色正常，无出血现象；头发光泽，无头屑；肌肉、皮肤富有弹性，走路感觉轻松。1989年世界卫生组织进一步指出，一个人只有在躯体健康、心理健康、社会适应良好和道德健康四方面都健全，才算是完全健康的人。这里又增加了道德健康要素，而这仍属于心理范畴。可见，心理健康在整个健康概念中的地位在不断提高，可以说躯体健康是健康概念的基础，而心理健康是整个健康概念的核心。

---

**学术研究 1-2　　　　　　　　　健康的七个维度**

1. 躯体维度：身体器官、组织、结构和生理功能特征，如体重、视力、听力、体能、协调性、耐力、免疫力和康复能力等，这一维度是七个维度中最重要的，也是较基础的，它又称生理维度或生物维度。

2. 情绪维度：心理应激能力、灵活性、解决冲突能力、忍耐力以及基本情绪特征。

3. 理智维度：处理信息，并根据自己的价值观和信念对信息判断的能力，它对形成生活、工作、经验和个体发展起重要作用。

4. 社会维度：人际交往、社会适应、生活行为、社会化和取得社会支持的能力。

5. 心灵维度：信仰（指宗教信仰、道德、伦理等，是健康的支柱）、信念（指健康信念，是健康保持的支柱）、信心（是克服困难、促进健康的动力）、信任（包括自信和对他人的信任，是保持健康心态所必需的）。

6. 职业维度：对受雇佣和谋生手段的满意度，对健康有直接影响。

7. 环境维度：家庭、社区、学校、工作单位、城市、国家、国际争端、战争、秩序、饥荒、污染、臭氧层破坏、生态环境等均可能影响人的健康。

(Brylinsky & Hoadley, 1991)

特别需要指出的是，健康是一个相对的概念，健康与不健康之间并没有清晰的界限，不可能有一个人绝对健康，也不可能有一个人绝对不健康，它是一个连续的、动态的过程（见图1-2）。

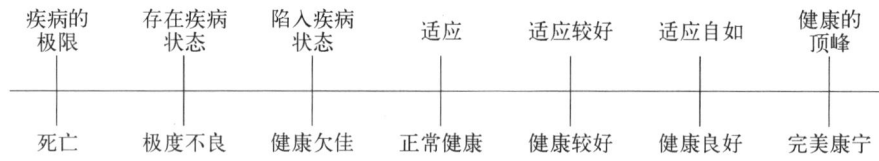

图1-2 健康与疾病示意图

**2. 心理健康的含义**

关于心理健康的定义，国内外学者由于所处的社会文化背景不同、研究问题的立场、观点和方法迥异，迄今没有达成统一的意见（见学术研究1-3）。综合来看，我们认为**心理健康**(mental health)是指个体具有良好的适应，有利于充分发挥自身潜能的一种持续的、积极发展的心理状态。

### 学术研究1-3　　关于心理健康的不同含义

《简明不列颠百科全书》指出："心理健康是指个体心理在本身及环境条件许可范围内能达到的最佳功能状态，但不是十全十美的绝对状态。"

徐辉(2015)指出，心理健康的含义是指个体调节自身的心理与行为、自己与他人、自己与社会的关系达到和谐的心理状态，其重点在关系的和谐，不宜过分强调适应。

> 冯忠良和冯姬(2002)认为,心理健康从狭义方面来说,就是心理健康运动初期提出的,指对心理疾病的防治,使心理健康功能得以维护和发挥。从广义方面来说,心理健康泛指个体对社会的良好适应。
>
> 钱苹(1980)认为:"心理健康应有满意的心境,和谐的人际关系,人格完整,个人与社会协调,情绪稳定。"
>
> 《心理学大辞典》(林崇德,等,2003)指出:心理健康是指"个体的各种心理状态(如一般适应能力、人格的健全状况等)保持正常或良好水平,且自我内部(如自我意识、自我控制、自我体验等)以及自我与环境之间保持和谐一致的良好状态"。

这里至少包含两层含义:一是指没有心理疾病,这是心理健康内涵的下限,如同没有身体疾病是身体健康的最基本条件一样;二是指具有积极发展的心理状态,这是心理健康更为本质的内涵,意味着个体有追求自我发展的能力和潜能,能够不断自我完善,这一层强调积极的、发展的因素。因此,可以说,没有心理疾病是心理健康的基础,积极发展是心理健康的核心。

**3. 心理健康的动态性和相对性**

与身体健康一样,心理健康也不是一个绝对的概念,它具有动态性和相对性的特点。

① 心理健康的动态性主要体现在:从社会层面而言,在不同的历史时期,心理健康会有不同的表现形式和要求,如在某个社会和国家是健康的心理,在另一个社会、国家中却可能被视为不健康;从个体层面而言,个体的心理状态具有可变性,如某一段时间心情抑郁并不意味着心理不健康。

② 心理健康的相对性主要体现在:正常心理与异常心理之间没有一条明确的分界线。为此,一些学者曾提出心理健康"灰色区"概念。具体说,就是将心理健康比作白色,心理疾病比作黑色,在白色与黑色之间存在着一个巨大的缓冲区域——灰色区,有人称这一灰色区域为**亚健康状态**(subhealth condition),也就是非疾病又非健康的中间状态。大多数人都散落在这一灰色区域内。

---

**热点聚焦 1-1　　　　关注青少年心理亚健康**

少男少女由于处在身体发育、知识和生活经验尚不丰富的特定时期,心理不稳定易出现心理不健康的表现,一旦发现,应当及时纠正,以免加重。其表现主要有以下七个方面。

1. 抑郁,由于种种原因,青少年会出现闷闷不乐、愁眉苦脸、沉默寡言的现象;如果长时期处于这种状态,就应当予以充分重视。

> 2. 狭隘，即斤斤计较，心胸狭窄，不能容人，对小事耿耿于怀，爱钻牛角尖。
> 3. 嫉妒，当别人比自己好时，表现出不自然、不舒服甚至怀有敌意，更有甚者竟用打击、中伤等手段来发泄内心的嫉妒。
> 4. 惊恐，对环境和事物有恐怖感，如怕针、怕暗、怕鬼怪。轻者心跳厉害、手发抖，重者睡不着觉、失眠、梦中惊叫等。
> 5. 残暴，有点小事自己不快，便向别人发泄，摔摔打打骂骂咧咧，有的则以戏弄别人来愉悦自己，对别人冷嘲热讽，没有温暖之心。
> 6. 敏感，神经过敏，多疑，常常把别人无意中的话、不相干的动作当成对自己的轻视或嘲笑，为此而喜怒无常，情绪变化很大。
> 7. 自卑，对自己缺乏信心，以为在各方面都不如人家，无论在学习上，还是在生活中，总把自己看得比别人低一等，抬不起头来。这种自卑严重影响了自己的情绪，对自己缺乏情趣，压抑感太强。

## 二、心理健康的标准

由于心理健康的定义尚未统一，直接导致心理健康标准的多样性，仅国内就有30多种关于心理健康标准的不同看法。这方面虽已有不少学者作出了努力（见学术研究1-4），但至今未取得共识。归纳起来，这些不同标准的确定遵循两条原则：一是众数原则，即假定社会成员中多数人的心理行为是正常的，偏离这一正常范围的心理行为可视为异常。该原则强调为了生存，个体必须无条件适应环境，绝对服从社会世俗，因此我们称之为生存标准。二是精英原则，即以内在本性和潜能都得到充分发挥的自我实现者的共有特点作为心理健康的标准。该原则强调个体要充分发挥自己的主观能动性，最大限度地发挥出人的潜能，积极地适应和改造环境，以满足个人和社会发展的需要，因此我们称之为发展标准。一个完善的心理健康标准应该是生存标准和发展标准的结合。

对于我国青少年来说，其心理健康的标准又应在一般的心理健康标准的基础上反映出青少年个体心理发展的年龄特征，其心理健康判断标准的参照系应该是青少年的同龄人，舍此将失去标准的实际意义。林崇德将中小学心理健康概括为敬业、乐群和自我修养三个方面。

① 学习方面的心理健康：时时处处表现出自己是学习活动的主人和积极的探索者；从学习中获得满足感，并从中增强对自己的信心，充分相信自己具有学习的能力；能合理使用体脑，顺应大脑兴奋和抑制的活动规律，注重一定的运动调节，能借助体脑获得智力

与能力的更好发展;从学习中保持与现实环境的接触,幻想有一定的现实基础且在时间上比较短暂,不会妨碍其学习和人际交往;能摆脱消极情绪的困扰,进行合理的调节;会制订学习计划,独立思考,按时完成作业,经常复习、预习功课,长期坚持努力学习,逐渐形成良好的学习习惯。

② 人际关系方面的心理健康:能了解彼此的权利和义务,既重视对方的要求,又能适当满足自己的需要,使人际关系健康发展;不会以表面印象来评价他人,不将自己的好恶强加于人,而是客观公正地了解和评价他人;知道良好的人际关系只有在相互信任、尊重和关心中才能获得发展;不是虚伪地恭维别人,而是诚心诚意地称赞别人的优点,对于对方的缺点也不迁就,而是以合理的方式加以批评,并帮助其改正;对沟通采取积极主动的态度,在沟通中明确地表达自己的想法,并认真听取别人的意见,其沟通方式是直接的,而不是含糊其辞,在积极的沟通中增进人与人之间的感情和友谊;能与人和谐相处,亲密合作,但不放弃自己的原则和人格。

③ 自我方面的心理健康:学会正确地评价自我,不为他人的议论所左右,能够一分为二地看问题,从而逐渐成为自信、自尊、自爱、自重的人;会把别人当成自己的一面镜子,能虚心地、批判地接受别人的评价,从中认识自我;能及时而正确地归因;不断扩展自己的生活范围,从中不断地充实自我,超越自我,悦纳新的自我;善于根据自己的能力水平和目标的难易程度,把抱负水平定在既有一定的实现把握,又有可能冒失败风险的层次,以此激发自己努力进取;善于为既定的目标克服困难,迫使自己去完成应当完成的任务,抑制自己的不良行为和冲动,遇到挫折不抑郁、不悲愤,镇定对待,分析根源,保持乐观态度。

**学术研究 1-4**           **心理健康的各种标准**

第三届国际心理卫生大会关于心理健康的标准:身体、智力、情绪十分协调;适应环境,人际关系中能彼此谦让;有幸福感;在工作和职业中,能充分发挥自己的能力,过有效率的生活。

美国心理健康协会(NAMH)关于心理健康的标准:经常感到快慰、舒适;不为恐惧、愤怒、爱、妒忌、罪恶或者忧愁等情绪所捆绑;能坦然接受不如意的事;能以容忍、开放的心胸,面对自己、面对他人,必要时还能自我解嘲;能不高估也不低估自己的能力;能接受自己的缺失;能保持高度的自尊心;能善于处理所面临的各种情境;能从每日生活的点点滴滴中汲取生活乐趣;经常感受人际关系的乐趣;能经常关怀他人、热爱他人;拥有永久的、非常良好的友谊;相信别人,由衷地喜欢别人,也渴望人家爱自己、信任自己;尊重别人的思想与意念,尽管这些思想和意念与自己有分歧;不强迫他人接受自己的意见,也不随便接受别人的看法;乐于参与各种团体的活动;对左邻右舍,甚至接触的任何人,都具有高度的责任心;胜任并愉快地面对生活中的各种需求;能自行处理所有的问题;勇于负责;尽可能谋求与环境的良好相处;乐于接受新经验与新观念;能充分运用自己的天赋;能确立合理的人生目标;能自我思索、自我抉择;能全力投入工作,从而寻求乐趣。

美国心理学家奥尔波特(Allport)提出关于心理健康的6条标准:力争自我成长;能客观地看待自己;人生观的统一;具有与别人建立亲睦关系的能力;人生所需要的能力、知识和技能的获得;具有同情心和对一切有生命的事物的爱心。

美国心理学家马斯洛和米特尔曼(Maslow & Mittelman)提出关于心理健康的10条标准:有足够的自我安全感;能充分地了解自己,并对自己的能力作适当的估价;生活理想切合实际;不脱离周围现实环境;能保持人格的完整与和谐;善于从经验中学习;能保持良好的人际关系;能适度地发泄情绪和控制情绪;在符合集体要求的条件下,能有限度地发挥个性;在不违背社会规范的前提下,能恰当地满足个人的基本需求。

确立心理健康的标准,必须以良好的社会适应为根据。从浅层的显性表现来说,心理健康应有六项特征:敬业,对待生活与工作兢兢业业、认真负责、全心全意;乐群,具有乐于与人共事相处的乐群意识,才能立身处世;好学,只有勤于乐于和善于学习的人,才能跟上时代发展,对社会生活良好适应;创新,只有刻意求新、永不墨守成规的人,才能对川流不息的历史潮流,作出良好的适应;坚忍,只有在困难面前永不畏惧、毫不动摇、顽强拼搏、坚忍不拔的人,才能事业有成,才能对社会生活良好适应;自制,自我克制能力是节制欲念、良好适应社会不可缺少的特性(冯忠良,冯姬,2002)。

我国学者陈仲舜(1989)对青少年学生提出心理健康的10条标准:能正常地学习、工作和生活,并保持在一定的能力水平上;能与他人保持良好的人际关系,与人为善,团结互助;情绪基本稳定,对事物反应敏捷,心境持久地保持轻松和愉快状态;行为符合社会群体要求,与学生的角色身份相称;人格完整,能客观地评价个人及外界,意志坚强,言行一致;与大多数人的心理意向一致,热爱集体,有浓厚的社会交往欲望;有良好的适应能力及对紧急事件的应变能力;有一定的安全感、信心和自主感,而不是逆反状态;心理符合其年龄水平,自居及定向能力强,个人理想与现实的可能性之间的距离是可望可及的;能适应快节奏的时代变化,高效率的学习质量,精力充沛,自我感觉良好。

心理健康的标准与心理健康的内涵一样,不是不变的、绝对的,而是具有动态性和相对性。因此,对心理健康标准的把握也要有一定的灵活性和发展性。

## 三、影响青少年心理健康的因素

人的心理是内隐的、动态的而又具有个体差异,因而影响心理健康的因素也是极其复杂的,大概可分为生物因素、心理因素、环境因素三大方面。

**1. 生物因素**

影响心理健康的生物因素主要有神经系统的类型特点和内分泌系统的分泌活动。神经系统的类型特点不会直接导致心理健康,但在一定条件下易引发某种类型的心理问题。国外曾对双生子的研究证实,与生俱有的神经系统的特点对心理障碍的易感作用(Slater &

Shields,1969)。例如,神经系统强而不平衡的兴奋型的人(属胆汁质气质)易发生冲动性、激惹性方面的心理问题;神经系统弱型的人(抑郁质气质)则易发生孤独、自卑的心理问题。内分泌系统的分泌活动对青少年心理也有明显影响。如甲状腺亢进(分泌过多)则会导致神经系统兴奋性高,容易造成激动、紧张、烦躁、多语等心理和行为表现,而甲状腺分泌不足可能导致个体智力低下、记忆力减退、联想和言语减少、条件反射活动迟缓等;肾上腺功能发达的人易于兴奋、激动,而功能不足,则易抑郁、疲劳、缺乏工作兴趣;脑垂体的功能过盛,会表现出淡漠无情、注意力易分散、语言迂缓、健忘等,而功能不足则会延缓身心发展。

此外,青春期的身体发育也会引发青少年心理问题,如性发育给青少年带来最初的性冲击(女生的月经和男生的遗精),发育过早或过晚、体格发育的过矮或过胖等都会对青少年产生较大较持久的影响。关于这方面的情况,可详见本书第七章。

**2. 心理因素**

在过渡时期,青少年心理由不成熟向成熟发展过程中出现的尚未完全成熟的一面往往成为诱发青少年心理问题的心理因素。这里包括青少年辩证思维相对薄弱,看待问题易片面化、绝对化;自我中心的思维倾向尚未完全克服,自我评价缺乏客观性,易过高或过低;情绪的自我调节能力不强,易激动引起冲动,遇事易情绪波动;生活经历少,对挫折缺乏思想准备,对挫折的耐受力低;人生观尚在形成之中,对生活、人生缺乏深刻的认识和正确的理解等。这些是青少年发生心理问题的易感因素,对青少年个体来说,之所以发生心理问题,还往往有具体的心理因素作用,而且从不同的心理学理论出发会有不同的解释:有的认为心理问题是个体人格结构中的本我、自我和超我三种力量不能保持动态平衡所致;有的认为是由于不适当的强化通过条件作用导致心理问题;有的认为是由于对挫折的不正确的认知评价引起心理问题;心理问题主要是由于在自我实现的追求中受阻而导致等。关于这方面的详细论述可见本书第五章的内容。

**3. 环境因素**

这里的环境因素包括家庭环境、学校环境、社会环境。

家庭是青少年成长的摇篮,父母的教育和引导对青少年的一生发展起着始终无法消除的影响作用。健全的家庭,温馨的氛围,良好的教养,使青少年身心愉悦,健康成长;家庭自然结构破坏或长期分离,成员关系疏远或对立甚至敌对,疏于管教或溺爱等,则会直接影响青少年身心健康。家庭的变故、突发事件等也会给青少年心理带来意想不到的负面影响。

学校是青少年学生学习、生活的主要场所,他们的大部分时间是在学校中度过的。因此,学校生活对学生身心健康影响极大。学校教师的管教方式、校风班风、师生关系和同学关系等,都会对青少年学生身心健康的正常发展造成直接或潜移默化的影响:民主的管教方式、良好的校风和班风、和谐的师生关系和同学关系有利于青少年学生保持良好的心态,形成积极上进的健康心理;反之则可能使学生产生冷漠、逆反、焦虑、畏惧、自卑、孤独、敌对等不良心理。此外,过重的学业负担、考试压力已经成为学校对青少年产生不良心理的负面诱因,应引起教育者高度重视。

宏观的社会环境,包括社会风气、媒体报道、社区活动等也会影响正在走向社会的青少年,尤其是随着时代的发展,社会信息化程度的提高,网络传播、影视观赏、走秀活动等对青少年的影响日益增大。良好的社会环境是青少年以健康的心理完成社会化任务的重要条件,而不良的社会环境是导致青少年心理不健康的重要外因。如电脑游戏、歌舞厅、酒吧等会让辨别能力和自控能力不强的青少年沉迷于其中而不能自拔;一些成年人扭曲的价值观、消极的人生观也会使青少年感到迷茫、困惑、浮躁与不安,给青少年的成长带来负面影响。政府部门不允许在学校周边地区开设不宜青少年接触的商场店铺,明令禁止某些活动场所对青少年开放,也都是出于尽可能净化青少年社会环境的一种举措。

## 四、青少年心理健康的意义

心理健康对处于身心迅速发展和社会化重要阶段的青少年来说,有着更为特殊的重要意义。

**1. 有利于身体发育**

心理对身体的影响,在我国古代医学经典《黄帝内经》中已有揭示,更为现代医学科学所证实,并由此引出心身医学(psychosomatic medicine)概念。青少年正处于长身体时期,心理对身体的影响尤为突出。已有研究发现,不良的情绪会抑制青少年生长激素的分泌而影响身高;紧张、焦虑会加重青春期高血压倾向和粉刺、痤疮的发病率。神经性厌食症不仅会引起女青年闭经,而且还会导致其骨质疏松,更有甚者,即使以后恢复正常食欲,仍会留下种种后遗症。因此,增进心理健康,将减少青少年患病率,促进生长发育,提高他们的身体素质。

**2. 有利于人格发展**

青少年心理健康状况对人格发展有极大影响,并且是通过两个途径发生作用的。首先,青少年心理健康状况一开始反映的是一段时间的心理状态,但久而久之就会形成相对稳定的人格特点。例如,青少年在学校生活中心情愉悦地学习、活动、与同学交往,时间长了就容易形成乐观、积极的人格倾向;受同伴欺负、排挤的青少年,经常担惊受怕、情绪压抑,日积月累就容易导致抑郁、消极的人格倾向(朱新宇,2014)。一项对小学生一年级到高中二年级的 54 名中小学生心理健康问题的研究表明,有心理健康问题的学生与普通学生相比,性格特点有明显差异:前者表现出更多的粗心、冲动、急躁、孤僻、任性和不听话等一系列不良的性格特点(骆伯巍,陈家麟,1986;金凤仙,程灶火,刘新民,周晓琴,王国强,2016)。其次,青少年某方面的心理健康问题,还会对其他方面的人格发展产生影响。例如青少年有严重的压抑情绪,还会影响其学习上的认知活动,进而就会影响其智力发展。美国临床心理学家埃利斯(Ellis)甚至认为,认知障碍是一切人格障碍的根源。

**3. 有利于社会性发展**

心理健康的个体本身就乐于交往、善于合群,容易为他人所悦纳,形成好朋友圈,这对社会化进程中的青少年来说,意义十分重大。这是因为与同龄人团体的交往在青少年社会化进程中占有极为重要的地位。研究表明,初中建立良好的同伴关系和发展积极的友谊质量不仅有利于增强信心,而且有助于提高青少年适应社会的能力(李支勇,2013;周冬华,2015)。正是在这样的场所里,在与同龄人交往的过程中,青少年个体可以学到许多社会知识、社会行为规范、社会交往技能、社会活动的经验、体验情感和表达情感的能力,从而有利于青少年人格的和谐发展,提高其社会适应能力。

**4. 有利于成才立业**

过去的人们总有这样的认识:身体是革命的本钱。现在看来,这一观念也需要改变。确切地说,健康是革命的本钱。这里的健康,不仅是身体的健康,也包括心理健康。从某种意义上说,甚至心理健康居于更不可忽视的地位。孰不见,有不少青年,纵有强健的体魄、发达的四肢,但由于种种不健康的心理因素,如自卑、缺乏毅力,终落得个庸庸碌碌、虚度一生的结局。而另有些青少年,即使病魔缠身,严重残疾,但由于心理健康,终以乐观的态度笑对人生,以惊人的毅力顽强拼搏,以智慧和勤奋赢得个人的发展和事业的辉煌。可以说,心理健康使人的智力因素与非智力因素有可能获得完美的结合,从而为成才立业提供了三个最基本的条件:智能活动的高效率、不畏艰难的精神和锲而不舍的耐力。正如张海迪所说:"残疾并不可怕,可怕的是失去了进取的勇气和自信。"心理健康的残疾青少年顽强拼搏的事迹,能够更为充分地体现出心理健康具有的深度发掘个体内在潜能的功能以及促进青少年成才立业的巨大作用。

**5. 有利于素质的全面发展**

在前面几点的论述中,我们事实上已经看到,心理健康对青少年各方面素质发展的促进作用。这里还要指出的是,心理健康不仅是一种促进青少年各种素质发展的重要中介,而且它本身就是面向21世纪的现代学校教育强调的青少年全面发展的各种素质中的一个重要组成部分。也就是说,心理健康本身就是未来青少年必备的一个重要素质。因而,心理健康对于青少年素质发展具有双重意义:作为中介,作为手段,心理健康有助于其他各种素质的发展;作为对象,作为目标,它充实了素质体系,丰富了素质的内涵。

## 第四节 青少年心理辅导

青少年正处于长身体、学知识、增才能、育情感、树理想的关键阶段,也是充满各种矛盾、冲突的时期。他们在学校生活中需要得到教师更多的关爱和指导。心理辅导正是现代学校教育中教师借以帮助学生心理健康发展、顺利度过过渡时期的最为有效的手段之一。

### 一、青少年心理辅导的概念

这里需要阐明青少年心理辅导概念的内涵及与其相关概念之间的区别和联系,以便能更好地把握学校心理辅导的实质。

**1. 青少年心理辅导的含义**

**青少年心理辅导**(psychological guidance for adolescents)是指运用心理学为主的多种学科的理论与技术,通过诱发青少年学生自我教育的力量,充分发掘内在潜能,促进其心理健康发展的过程。这一表述包含以下五方面的要义。

① 青少年心理辅导是在学校教育背景下,以青少年学生为对象的心理辅导。它是学校心理辅导的主要组成部分,同时学校心理辅导还包括教师心理辅导和家长心理辅导等。

② 青少年心理辅导的目标是促进青少年学生的心理健康。如前所述,心理健康有两个层面上的含义:一是指没有心理疾病;二是指具有一种积极发展的心理状况。因此,青少年心理辅导的目标也可以细分为防治性目标和发展性目标,青少年心理健康辅导的重点在于发展性目标,这与心理健康的重点在于第二层面上的含义是相应的。

③ 青少年心理辅导是一种助人自助活动。教师通过帮助青少年自我认识、自我接纳、自我调节来调动他们自我教育的力量,自己解决问题,而不是代替学生解决问题。

④ 青少年心理辅导是以青少年学生成长和发展为中心的,这是青少年心理辅导与其他辅导的重要区别。它着重帮助青少年学生解决身体急速发育和社会化加快进程的成长过程中发生的各种心理问题,如性成熟带来的困惑、人际交往中产生的烦恼、行为不当引起的痛苦、就业选择中遇到的迷惘等;使各种心理机能及其有关的活动都能得到充分的发展和优化,如认知、情感、自我意识、价值观等都在青少年期进入发展的关键时期,易出现心理上的各种矛盾和冲突,针对青少年这些方面予以相应辅导,有利于促进他们健康发展。

⑤ 青少年心理辅导需要运用学科专业知识和技能,它将涉及心理学、教育学、社会学、行为科学等多种学科,其中尤以心理学特别是发展心理学和咨询心理学为主。

**2. 与心理辅导相关的概念辨析**

为更好把握心理辅导概念,有些与之相关的概念需加以辨析:从问题角度出发,有心理问题、心理障碍与心理疾病等;从辅导角度出发,有心理辅导、心理咨询和心理治疗等。

(1) 心理问题、心理障碍与心理疾病

心理健康与不健康只是一个相对的概念,它们之间没有严格的界线,在现实生活中,任何人都可能因为这样或那样的原因,使心理功能失调,出现不够健康的心理状态。不健康的心理状态依据心理功能受阻的程度,可以分为心理问题、心理障碍和心理疾病三个层次。

① **心理问题**(mental problem)是一种暂时性的心理失衡状态。如受一时的挫折、失败的打击而出现的困惑、沮丧、郁闷等。心理问题经过自我调节或别人的帮助一般会较快得到解决。

② **心理障碍**(mental disorder)是一种持续时间较长,反应较剧烈,患者自身难以克服的,并已明显影响个体正常生活的局部心理功能失调。如社交恐惧等都属于心理障碍。该情况须借助一定的外力,通过心理辅导或咨询来解决。

③ **心理疾病**(mental disease)是多种心理障碍的集中或综合表现,或者说是心理障碍的长期稳定反应的结果。心理疾病一般分为两类:一是非精神病性心理疾病(如人格障碍、恐惧症、焦虑症等);二是精神病性的心理疾病(如精神分裂症等)。心理疾病患者的自我调节和控制能力极其低下,从事各项活动的能力已部分或完全丧失,基本上无法维持正常的学习、工作和生活。心理疾病已超出了学校心理辅导的范围,需要精神科医生采用药物治疗,再辅以相应的心理治疗方法才能逐步缓解或解决。

在现实的学校生活中,常见的是青少年心理问题,有心理障碍的青少年毕竟只是少数,至于患心理疾病的更是极少数。

(2) 心理辅导、心理咨询和心理治疗

在一些书中,并没有对心理辅导、心理咨询和心理治疗加以严格区分,其实它们之间还是有所不同的,特别是在青少年的学校教育背景下来谈,更有必要加以辨析,以便更好地了解学校背景下心理辅导涉及的方面。我国学者一般认为心理咨询是介于心理辅导与心理治疗之间的,心理辅导、心理咨询与心理治疗之间有其一贯性和连续性(陈麒,2006)。

① **心理辅导**(psychological guidance)是运用心理学为主的多种学科的理论与技术,通过诱发被辅导者自我教育的力量,充分发掘内在潜能,促进其心理健康发展的过程。心理辅导的对象主要是心理健康状况良好的群体,目标在于预防心理问题的发生,发掘内在潜能,促进良好心理素质的形成。辅导形式为主动面向群体,随时进行。

② **心理咨询**(psychological counseling)是运用心理学为主的多种学科的理论与技术,

帮助当事人消解心理问题与障碍，增进心理健康的过程。心理咨询的对象主要是有心理困惑或有强烈的心理冲突与矛盾的个体，目标在于改善个体的心理机能，提高心理健康水平。辅导形式往往在当事人提出咨询要求时，以个别形式定时或不定时进行。

③ **心理治疗**(psychotherapy)是运用心理学为主的多种学科的理论与技术，必要时配以一定的药物，帮助当事人消除或缓解较严重的心理障碍，恢复心理健康的过程。心理治疗的对象主要是有较严重的心理障碍的个体，目标在于矫正心理与行为失常，恢复心理健康。辅导形式往往是在当事人提出治疗要求时，以个别形式定时进行。

在学校教育中，青少年心理辅导往往是一个总称，既包括心理辅导，也带有心理咨询。也就是说，青少年心理辅导主要针对心理健康状态正常的广大青少年群体，起到防患于未然，促进其积极发展的作用；也对已出现心理问题或心理障碍的青少年个体，起到矫正于已然，恢复其健康的作用；对出现严重心理障碍的青少年个体，要及时发现并转介有关专业机构。因此，学校教师既要初步掌握心理辅导和心理咨询的知识，也要了解一点心理治疗的情况。

---

**实践探索 1-1　　青少年心理辅导的三层次介入理论**

青少年心理辅导是对青少年的一种积极的心理援助，或是对青少年心理问题的一种积极干预，使青少年在正常轨道上发展。这种辅导可包括以下三个层次。

第一层次，发展性心理辅导。面对青少年学生开展心理保健工作，提高全体学生的心理素质。主要是学校生活指导、适应指导、学习方法指导、同学人际关系指导等。实施者主要为学校的校长、教师、专职的心理健康教育教师、社会工作者和科学专业人员。

第二层次，预防性心理辅导。面对的是部分在学习上、心理上及心理适应上有可能发生问题或问题刚出现苗头的学生。主要是提高学生的适应能力，培养学习兴趣。实施者主要为心理咨询师和专职的学校心理健康教育人员。

第三层次，治疗性心理辅导。面对的是在心理、学习、社会适应方面产生重大问题或不正常状态，性格出现偏差，非常需要心理指导的学生。主要是针对特定学生的心理障碍和精神卫生问题采取适当的方法给予矫治。实施者主要为精神卫生工作者、身心医学的医生和护士等。根据上述理论，可以将三层次介入理论列图如左。

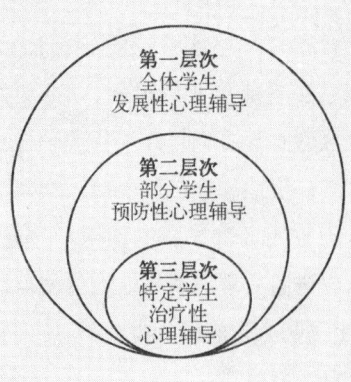

上述三个层次之间具有相辅相成的辩证关系。忽视了第一层次的辅导，会使第二层次或第三层次的特殊学生增加；忽视第二、三层次的辅导和介入，将使有问题或心理障碍的学生范围扩大，影响到全体学生的发展。三个层次之间的心理辅导必须有机结合。

(徐光兴，2000)

## 二、青少年心理辅导的内容

在学校背景下,青少年心理辅导的内容可以归纳为学习辅导、人格辅导、生活辅导三个主要方面。

**1. 学习辅导**

① 学习能力辅导。这是学习辅导的核心内容,它涉及观察力、记忆力、思维力等各种认知能力以及元认知能力的培养。

② 学习心向辅导。帮助青少年学生解决学习的动机问题、兴趣问题等。

③ 学习习惯辅导。帮助青少年学生掌握有效的学习策略,其中包括一般学习策略和各学科学习策略,学会学习。

④ 学习管理辅导。帮助青少年学生制订学习计划、科学安排学习时间、实施自我监控措施等。

**2. 人格辅导**

① 情意辅导。帮助青少年学生认识和接纳自己的情感,学会恰当表达情感、适度控制情感;从小事做起,培养自己的意志品质。

② 自我意识辅导。帮助青少年学生学会正确的自我认识、自我评价、自我监控和自我教育。

③ 价值观辅导。帮助青少年学生形成正确的价值观,其中包括人生价值观。

④ 需要辅导。帮助青少年学生正确认识自己的需要,学会发展积极、高尚的需要和抑制消极、低俗的需要,形成合理的需要结构。

**3. 生活辅导**

① 成长发育辅导。帮助青少年学生接受性成熟过程中的一系列生理、心理变化,正确认识并对待青少年期的性问题,养成促进生长发育的卫生习惯。

② 社会交往辅导。帮助青少年学生养成社会交往的兴趣,学会正确认识他人、接纳他人,敢于表达自己的正当要求和不一致意见,掌握人际沟通的技术,能与异性朋友建立友谊关系。

③ 休闲娱乐辅导。帮助青少年学生树立正确的休闲娱乐观念,认识休闲娱乐的意义和作用,学会恰当地安排时间,掌握休闲娱乐的知识技能,培养张弛结合的生活方式。

④ 行为规范辅导。帮助青少年学生形成各种良好的行为规范、文明举止和生活习惯,克服各种问题行为。

### 三、青少年心理辅导的目标

青少年心理辅导的目标,可以从不同层面进行划分。基于心理健康的两个层面,从心理辅导的功能出发可分为防治性目标和发展性目标两大类;从个体心理素质结构层面来考虑,可将心理辅导的目标分为认知目标、情感目标、意志目标和个性目标四个方面(陈家麟,2002;任胜涛,2016);在心理健康两个层面的基础上,从年龄特点来加以分析,可提出不同年龄段的心理辅导目标(郑雪,2004)。

**1. 防治性目标和发展性目标**

防治性目标,旨在预防和矫治青少年各种心理方面的不良表现,包括心理问题、心理障碍和轻度的心理疾病,即出现问题之后的干预、处理,表现为问题取向,与第一层面上的心理健康含义相对应;发展性目标,旨在充分发掘青少年内在潜能,形成完美、和谐的人格,即注重个体的发展,表现为发展取向,与第二个层面上的心理健康含义相对应。我们认为,青少年心理辅导目标的重点为发展性目标。

**2. 认知目标、情感目标、意志目标和个性目标**

青少年的主导活动是学习,青少年心理辅导的首要目标就是认知目标。青少年心理辅导的认知目标,主要包括培养青少年学生细致、敏锐的观察力,快捷、准确的记忆力,深刻、严密的思维力,持续、勃发的创造力等;青少年心理辅导的情感目标主要包括培养学生高尚情感的深刻性、稳定性、效能性品质和各种情绪的调控能力;意志目标是培养青少年意志的独立性、果断性、自制性和坚持性品质;个性目标主要是培养学生独立自主、乐观助人、合作进取、富有社会责任等良好品质,促进青少年自我和谐及其与环境之间的和谐。

**3. 不同年龄阶段的辅导目标**

对于年龄较小的初中生来说,辅导目标主要是培养他们养成良好的学习习惯,掌握一定的学习方法,学习交往技巧,了解青春期特点,能够识别并控制情绪等;而对于年龄较长的高中生而言,辅导目标主要是促使他们正确认识自我、悦纳自我,训练他们的思维能力,激发他们的创造能力,掌握学习策略,培养其优良的意志品质和社会责任心。

### 四、青少年心理辅导的原则

教师对青少年学生进行心理辅导时应遵循一些基本的原则,以进一步体现心理辅导的指导思想,确保正确的实施方向。

**1. 面向全体学生原则**

在现代教育观念下,青少年心理辅导与教学工作并列,被喻为现代学校的两个轮子,它已成为现代学校教育的一大组成部分。因此,从本质上说,青少年心理辅导就像日常教育工作一样,是面向全体学生的。这就要求我们在制定心理辅导计划时要着眼于全体学生,要根据大多数学生的共同需要来组织心理辅导活动的内容,尽量采取能使尽可能多的学生参与其中的心理辅导活动形式。

**2. 个别化对待原则**

面向全体学生原则是就心理辅导的对象范围而言的,而这里提出的个别化原则是就心理辅导的对象而言的。青少年学生是一个个独立的个体,他们的个性心理、已有的生活经历、家庭环境、身体素质都存在着广泛的差异,他们在青少年期反映出的各自成长中的问题和发展上的潜能也有着各种区别。青少年心理辅导正是要在正视这些个体差异的基础上,实施有针对性的指导、协助和服务,使每个青少年学生的独特性、独创性得到最充分、最完美的体现,使每个有可能存在的问题得到最切实、最有效的解决,这就要求我们平时注意了解每个学生的情况,加强与学生个体的接触与沟通,并且在集体辅导时也要注意团体与团体之间的差异,以及团体内在的个体差异。

**3. 学生主体性原则**

在素质教育中,我们强调学生的主体地位。在现代心理辅导中,也同样要把充分发挥学生在辅导活动中的主体作用作为实施心理辅导的又一重要原则。这是出于这样一种观念:一方面,心理辅导是一种具有启发性和发展性的过程,只有从根本上调动学生成长和发展的自觉性与主动性,才能达到预期的目的和效果;另一方面,青少年期是个体自我意识处于一个新的觉醒、新的发展阶段,它为青少年个体自我认识、自我评价、自我监控、自我教育提供了有利条件,也就是说,为个体的自助提供了可能性。这就要求我们在开展心理辅导活动中要切实确立青少年学生的主体地位,让其在活动中有充分发表看法、表现自我、宣泄情感、施展想象、探索问题等机会,发挥"唱主角"的作用,并在辅导中改变传统的"你听我说""我告诉你""照我说的做"之类的命令式、说教式口吻,采用商量式、探讨式语气,以更好地促进学生强化主体意识。

**4. 尊重学生原则**

这里的尊重,是尊重学生的人格与权利,承认辅导者与被辅导者之间的平等地位。这是青少年心理辅导中对待学生态度的一条基本原则。只有当辅导者教师尊重被辅导学生时,学生才会因满足尊重的需要而获得良好的情绪体验,师生关系才能融洽,从而为心理辅导过程营造良好的氛围。同时,只有当辅导者教师尊重被辅导学生时,学生才会更好地尊重自己,体验到自己的尊严,珍惜自身的进步,而这正是心理健康、人格健康的重要标志之一。这就要求我们在进行心理辅导时要以平等、民主的态度与学生接触,不可粗暴、强制、羞辱、挖苦、讽刺等。

**5. 理解学生原则**

理解学生是以尊重学生为前提的,但与尊重不同,它要求辅导者教师在尊重的基础上,能进入被辅导者的精神世界去认识和感受,去融入和共情,如同进入自己的精神世界一样。这样才能消除被辅导者的疑虑和不安,取得他们的信任,更好地与被辅导者进行沟通和交流,使之能倾吐内心所思、所想、所感,大大提高辅导的有效性。

**6. 整体发展原则**

这条原则体现了心理辅导的基本宗旨,即追求青少年学生个性的整体、和谐发展。不论从哪一个具体方面对学生进行心理辅导,都不能就事论事,只及一点不涉其余,而要从学生个性的整体发展背景来加以考虑,要关心学生整体素质的发展。因此,在选择辅导形式时,要注意多样化、丰富性;在选择辅导的具体方法时,也要注意各种方法的综合、交叉使用,这都有助于学生的全面、整体发展。

**7. 预防性原则**

心理辅导除了要帮助辅导对象有效地应对生活中的困扰和成长中的危机外,还要强调其积极发展的任务,预防心理问题、心理障碍、精神疾病的产生,促进个体心理健康的全面提升。观察到某一个体或群体可能出现某一(类)问题,要积极采取措施,尽量避免问题的出现。如针对处于青春期的青少年,早恋问题具有一定的普遍性,那么可以以班级为单位,开展有针对性的团体辅导活动,帮助青少年正确认识青春期,正确认识和对待早恋现象。

---

让我们回到本章开头提到的那个案例。赵某的行为是青少年叛逆性的典型表现。叛逆心理是处于青少年期的学生成长过程中出现的一种常见心理状态,是该年龄阶段青少年的一个突出的心理特点。青少年具有极强的独立意识,他们迫切希望摆脱成人的监护,他们反对成人把自己当"小孩"而以成人自居,由于担心外界忽视自己的独立存在,他们往往采用各种手段、方法来确立自己与外界的平等地位。他们甚至把家长和老师的批评及帮助理解为与自己过不去,进而表现出敌对倾向。同时,自我意识比较强烈也是青少年的一个心理特点,其中个性意识表现尤为突出,为了显示自己与众不同,他们常喜欢表现自己,说一些令人吃惊的话,做一些引人注目、与众不同的事,以引起同学和老师的关注,证明自己的独立地位。

面对这种情况,教师对待学生的叛逆应持宽容的态度,摒弃高高在上的权威姿态,把自己放在与学生平等的位置,采取对话的方式与学生进行积极的沟通、交流。只有这样,教师与学生的心灵才能彼此敞开、彼此接纳,学生的叛逆心理才会往正面的方向迁移。具体来说,可以从四个方面展开辅导:(1) 肯定优点,发挥"叛逆"的正面效应。让他们明白叛逆的面具下实际蕴藏的是自己的自强、独立和勇于抗争的品质,是勇于展示个性、主动探求真理的标志,是走向成熟、追求成长的印记,是求索人生、完善生命的足迹……(2) 引导自省,认识"叛逆"的负面性。在肯定闪光点的同时,指出叛逆行为的盲目性及其可能带来的危害,引导学生反省自己的叛逆行为。在辅导过程中,我们要真诚地理解和尊重他们,在同感的基础上引导他们认识到什么是真正的"独立"。(3) 与家长取得联系,争取家长的配合。如让父母加强与孩子的思想和情感交流,理解、尊重孩子的思想和体验,营造民主的家庭氛围,正确对待孩子的叛逆。(4) 加强与其老师、同学的沟通,争取他们的配合。个别的老师不懂得学生的心理特点,对学生所犯错误处理不当,也是导致学生叛逆性强的一个重要原因。老师应该充分理解青少年期这个特殊时期特有的心理特点,信任学生、爱护和尊重学生的自尊心,以平和、客观、公正的心态去正视、理解、宽容和接纳学生的每一次"叛逆",同时可以对其所在班级的同学进行团体心理辅导,促使他们正确认识叛逆心理,引导他们追求正确的个性表现,树立正确的时尚意识,改变盲目支持叛逆的心理氛围。

## 本章小结

- 青少年期是个体在生物性成熟基础上达到社会性成熟的时期。就我国现阶段而论,青少年期大约始于11、12岁,止于25、26岁。本教材涉及的青少年主要是初高中阶段11、12~18、19岁青少年学生。
- 青少年心理发展的实质应该综合考虑其特殊的生物、社会和心理原因。生物系统、环境系统、原有心理系统和自我调节系统在青少年实践活动中的相互作用是推动青少年心理发展的动力;生物成熟、心理成熟和社会成熟的异时性是导致青少年期众多心理矛盾的根源;自身发展和时代发展的双重负荷是加剧现代青少年心理矛盾的原因。
- 心理健康是指个体具有良好的适应,有利于充分发挥自身潜能的一种持续的、积极发展的心理状态。它包含两层含义:一是指没有心理疾病;二是指具有积极发展的心理状态。没有心理疾病是心理健康的基础,积极发展是心理健康的核心。
- 心理辅导是运用心理学为主的多种学科的理论与技术,通过诱发被辅导者自我教育的力量,充分发掘内在潜能,促进其心理健康发展的过程。心理辅导、心理咨询与心理治疗之间有其一贯性和连续性。在学校教育中的青少年心理辅导往往是一个总称,既包括心理辅导,也带有心理咨询,对心理治疗也要有所涉及。

- 由于青少年所处人生发展阶段的特殊性,青少年心理辅导有其独特的辅导内容,它们主要是学习辅导、人格辅导、生活辅导等。
- 从心理辅导的功能出发,心理辅导的目标可分为防治性目标和发展性目标两大类;从个体心理素质结构层面来考虑,心理辅导的目标可分为认知目标、情感目标、意志目标和个性目标四个方面;从年龄特点来加以分析,可提出不同年龄段的心理辅导目标。
- 为进一步体现心理辅导的指导思想,确保其正确的实施方向,对青少年学生进行心理辅导时应遵循面向全体学生原则、个别化对待原则、学生主体性原则、尊重学生原则、理解学生原则、整体发展原则、预防性原则等。

## 思考题

- 为什么说青少年期是现代文明的产物?它与青春期有何区别?
- 有关青少年期心理发展的三种理论的基本观点分别是什么?你对综合发生论有何看法?
- 何为心理健康?其标准如何把握?
- 心理健康对青少年有何特殊意义?
- 心理辅导与心理咨询、心理治疗有何区别?
- 心理辅导有哪些原则?其核心精神是什么?

## 问题探索

- 学校拟开展"拥有健康心理"主题心理月活动,请你设计以中学生为对象的主题活动。
- 到附近中学调查学校开展青少年心理辅导工作的现状,写一份调查报告。

# 上 编

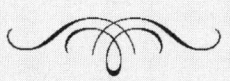

青少年认知发展
青少年情感发展
青少年自我意识发展
青少年心理辅导的基本理论
青少年心理辅导的基本方法

# 第二章　青少年认知发展

## 本章细目

**本章要点**

**第一节　认知发展概述**
一、认知发展的内涵
二、认知发展的机制
三、认知发展的进程

**第二节　青少年认知发展的特点**
一、青少年注意发展的特点
1. 注意逐渐向高级形态发展和深化
2. 注意的品质得以全面发展
二、青少年观察发展的特点
1. 观察更具目的性
2. 观察更具持久性
3. 观察更具精确性
4. 观察更具系统性
三、青少年记忆发展的特点
1. 记忆的整体水平处于人生的最佳时期
2. 有意识记日益占主导地位

3. 意义识记明显占优势
4. 抽象材料的记忆水平显著提高
5. 记忆训练能获得更佳效果
四、青少年思维发展的特点
1. 抽象逻辑思维占优势,并由经验型向理论型过渡
2. 辩证逻辑思维迅速发展,但仍明显滞后形式逻辑思维
3. 对问题情境的思维比儿童有质的飞跃
4. 出现思维中的元认知现象
五、青少年元认知发展的特点
1. 青少年元记忆的发展
2. 青少年元理解的发展
3. 青少年元学习的发展

**第三节　青少年智力和创造力发展的特点**
一、青少年智力发展的特点

1. 青少年的智力随着年龄的增长而不断变化
2. 智力中的各种成分发展趋势不一致
3. 青少年各方面特殊能力的发展处于不稳定状态
二、青少年创造力发展的特点
1. 青少年的创造力发展总体趋势上升,但具有起伏波动性
2. 创造性思维发展进入关键期,且具有明显的差异性、不平衡性
3. 青少年的创造力带有较多的现实性
4. 青少年的创造力具有更多的主动性、有意性
5. 青少年的创造性思维敏捷,创造热情较高

**本章小结**
**思考题**
**问题探索**

## 本章要点

- 认知发展的内涵
- 认知发展的内在机制和进程
- 青少年认知发展方面的特点
- 青少年智力发展的特点
- 青少年创造力发展的特点

---

**想试着回答一下吗……**

- 幼儿往往不加理解就能熟背唐诗,而青少年则要在理解的基础上才能背诵,为什么会有这样的差异呢?
- 青少年各种认知能力的发展是同步的吗?
- 小学每节课的课时是35分钟,中学每节课的课时是40分钟,这样的安排有什么道理吗?
- 向儿童和青少年提出一个问题:所有三条腿的蛇都是紫色的,我藏有一条三条腿的蛇,请猜它的颜色。你知道儿童和青少年可能会作出怎样的回答吗?
- 为什么年龄较小的儿童无法做到边记笔记边听课,而中学生则能做到呢?

---

刘老师是一位初一年级的数学老师,为了更好地教学,她希望了解自己学生的思维特点,一次她看见了这样一项思维研究实验:"研究者让不同年龄的被试看动画片,并要求考虑两种情境:一是'思考一下正在吃冰淇淋的威廉';二是'思考一下正在思考玛丽关于跳绳时所思考的东西的威廉'。结果发现,年幼被试只能完成第一种情境的任务,而年长被试也能较好完成第二种情境的任务。"刘老师很想知道:年长被试为什么会比年幼被试更好地完成第二种情境任务呢?他们的思维各具有怎样的特征呢?自己的学生是否能够完成第二种情境的任务呢?

认知是个体认识世界的复杂心理活动,认知能力则是个体最重要的心理能力之一。认知发展将直接影响青少年的学习、事业乃至成才,因此深入探索青少年的认知问题具有重要意义。

# 第一节 认知发展概述

认知发展不仅是青少年心理发展的重要方面,而且还会对其他心理发展产生巨大的影响。那么,如何对认知发展进行科学的界定?认知发展的机制是什么?认知发展的进程又是怎样的?我们不妨一起来揭开问题的答案。

## 一、认知发展的内涵

要揭示认知发展的内涵,我们先要对"认知"这一概念作一明确的界定。认知可以说是心理学中最复杂的概念之一,因而对于它的界定也多种多样。认知心理学之父——奈瑟尔(Neisser)在《认知心理学》(1967)一书中指出,认知是指感觉输入的信息受到转换、简约、加工、存储、提取和使用的全部过程。里德(Reed)根据上述定义于1982年进一步提出,认知通常被简单地定义为对知识的获得,它包括许多心理技能,如模式识别、注意、记忆、视觉表象、言语、问题解决、决策等。此后,格拉斯(Glass)在《认知》(1985)一书中又指出,我们的所有心理能力(知觉、记忆、推理及其他)组成为一个复杂的系统,它们的综合功能就叫认知。由此可见,心理学家对认知的解释各不相同,但总的来看,他们倾向于把认知看作是心理活动,它的基本作用是使个体获得外部世界的信息,把外部信息转化为自身的知识结构,然后应用这种知识结构去指导自己的行为。而为了使概念清晰、明确,我们将认知(cognition)界定为:个体在实践活动中对认知信息进行接收、编码、储存、提取和使用的心理活动。而完成这些心理活动的能力,称为认知能力。主要的认知活动包括注意、观察、记忆、思维和元认知等。

认知系统是人的复杂心理系统中的一个最重要的子系统,与其他任何系统一样,认知系统具有自己的结构、功能和过程。

**发展**(development)是指个体在较长一段时间内持续的身心方面的变化。由此,我们可以把**认知发展**(cognitive development)完整地定义为:个体接收信息、加工信息和运用信息的心理活动水平随时间的推移而发生变化的过程。

认知发展体现在两个方面:一方面,构成认知系统的各个心理成分由简单向复杂,由低级向高级不断发展;另一方面,构成认知系统的各个心理成分的关系逐渐趋于和谐。

## 二、认知发展的机制

关于认知发展的机制,研究儿童认知发展的先驱人物皮亚杰和现代认知心理学家都提出了各自的观点。

皮亚杰和英海尔德(Piaget & Inhelder,1969)认为,儿童认知发展的实质是认知结构的变化和转换。皮亚杰指出,认知发展是主体通过动作对客体的适应,而适应的本质在于主体能取得自身与环境的平衡。达到平衡的具体途径是同化和顺应。

**同化**(assimilation)是指主体将作用于其的外界信息纳入已有的认知结构的过程。在这一过程中,主体对外界信息可能要进行某些调整和转换,以使其与主体的认知结构相匹配。

**顺应**(accommodation)是指主体通过调节自己的认知结构,以使其与外界信息相适应的过程。在这一过程中,主体会根据外界信息情况主动修正自身的认知结构。

个体是通过同化和顺应两种形式来达到自身和环境的平衡。**平衡**(equilibrium)是指主体保持认知结构处于一种稳定状态的内在倾向性,这种倾向性具有动力作用。当外界信息与主体的已有认知结构不能匹配时,就会产生不平衡状态,主体的内部感受是一种不协调及不满足感,因此主体会积极努力消除这种感受,以求得平衡。一般来说,在遇到新的刺激,主体首先试图以原有的认知结构同化刺激,如果成功,便达到了平衡,如果原有的认知结构无法同化刺激,主体则会通过顺应,即调节认知结构,直到达到认知上的新的平衡。个体在寻求平衡的过程中实现了认知的发展。

皮亚杰从宏观的角度对儿童认知发展的内在机制进行了分析和解释。而现代认知心理学家则侧重从微观的层面上对个体认知发展的机制进行分析,这种分析有利于揭示个体认知发展的内部变化过程。其中以斯腾伯格的认知成分理论和凯斯的心理空间变化模式最具代表性。

斯腾伯格(Sternberg,1985)认为,个体的认知发展是认知成分相互作用和发展的结果。他把构成认知结构的三种认知成分称为元成分、操作成分和知识获得成分。他通过研究指出,儿童和成人在解决问题时同样要用到这三种认知成分,而差别仅在于他们在各成分上分配的时间及各成分的整合速度不同。由此他推论,认知能力的发展不是认知结构在本质上的飞跃性变化,而是构成认知结构的各成分之间不断协调的渐进过程。

凯斯(Case,1985)提出了空间变化模式,他把个体的认知发展归结为心理空间的变化。他把个体心理区域分为储存空间和操作空间。**储存空间**(storage space)指的是用以储存信息的空间范围及所储存的信息容量;**操作空间**(operating space)指的是在进行具体的认知操作时所需要的空间范围及所投入的心理能量。两者相加则构成整个心理加工空间(total processing space)。凯斯认为,随着操作空间的心智能量向储存空间的不断转换,储存空间不断增加,操作空间不断减少,儿童的认知结构会越来越巩固,认知策略会越来越丰富,相应的认知能力就得到了发展。

由此可见,现代认知心理学家对于儿童认知发展的分析更为具体,可以说,是在皮亚杰宏观理论基础上所作的微观补充。

如果说皮亚杰和现代认知心理学家更多的是从个体内在角度阐述认知发展,那么苏联心理学家维果茨基(Vygotsky,1978,1981)则从个体与社会互动的角度阐述了个体的心理发展,包括认知发展。维果茨基认为,个体的心理发展是在环境与文化的影响下,由低级的心理机能逐渐向高级的心理机能转化的过程。他的文化历史发展理论特别强调个体心理发展过程中社会文化历史的作用,尤其是强调活动和社会交往在人的高级心理机能发展中的突出作用。此外,维果茨基认为符号系统是促进心理发展的工具,强调符号系统,如语言等心理工具的重要性。

## 三、认知发展的进程

关于儿童认知发展的进程问题是认知发展心理学家探讨了多年的问题,其中有代表性的理论为阶段论和连续论。

认知发展的阶段论是由皮亚杰提出的。在这个理论中,皮亚杰将儿童认知发展划分为四个连续发展的阶段:感知运动阶段(出生~2岁)、前运算阶段(2~7岁)、具体运算阶段(7~11、12岁)和形式运算阶段(11、12~15、16岁)。在感知运动阶段,儿童主要是靠感觉和动作来认识周围世界的;在前运算阶段,儿童的认知开始出现象征(或符号)功能(如能凭借语言和各种示意手段来表征事物),这一阶段的特点是儿童还缺乏守恒概念,思维是不可逆和自我中心的;在具体运算阶段,儿童的思维已具有真正的运演性质,并具有可逆性和守恒性;在形式运算阶段,儿童能对抽象的和表征性的材料进行逻辑运演。皮亚杰认为,认知发展的每个阶段都存在着质的差别,并且阶段间的顺序是不能改变的,任何个体都将按固定次序经历这四个阶段。而在同一发展阶段中,各种认知能力的发展水平是平衡的,而且有相应的认知结构(图式)来标志认知发展的阶段。

**学术研究 2-1　　　　　　皮亚杰的著名实验**

皮亚杰的著名实验包括"守恒实验""三座山""类包含"等。

在"三座山"的实验中,研究者先构筑一座山的模型,实验者从 A、B、C、D 四个角度拍摄照片。让儿童从四个方面进行观察,而后交给他们四张侧景照片。孩子站在上述四位置之一。给他看拍摄照片,要求其挑选出对面位置上的人所看到的是哪张照片。结果发现,较小年龄儿童取出的照片是他自己面对的那座山的照片,说明他们的思维是自我中心的,他们从自己的角度出发看待整个世界,不知道可以变换角度或者意识到他人有不同的观点。

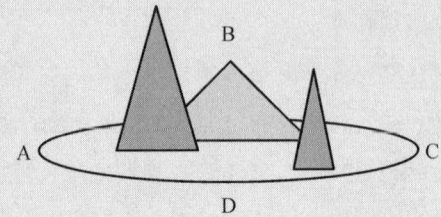

另一个"数目守恒"的实验中,研究者将同样颜色、大小、数目的珠子排成两行,当儿童承认它们的数目一样多时,将下面一行的珠子拉开。问儿童下面一行珠子的距离拉开后,两行珠子的数目还是一样多吗?年龄较小的儿童可能会回答下面一行珠子数量多,他们可能会因为珠子空间距离的改变而认为数目也改变,在思维中尚不具有数目守恒。

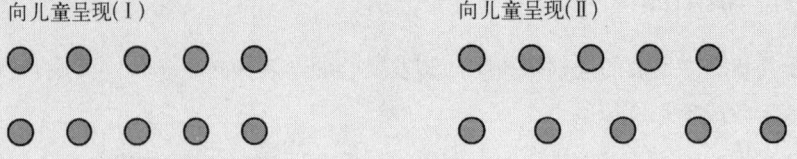

持连续论观点的认知心理学家(Gelman, 1972; Sternberg, 1985)则认为,认知发展是由个体的认知结构内部各元素之间不断进行重新组合而得以实现的,因此认知发展是一个渐进的过程,而且呈现出各元素间彼此紧密相连的水平递进的趋势。

然而大量的实验证明,儿童认知发展是阶段性和连续性的统一,是量变和质变的统一(方富熹,等,1988;杨庆举,2014),例如,斯腾伯格和奥卡加基(Sternberg & Okagaki, 1989),撒切尔(Thatcher, 1991)认为认知发展的连续性和非连续性在整个生命过程中是共存的;范迪吉克和范吉尔特(Van Dijk & Van Geert, 2007)认为,发展不是只有连续性和非连续性两种类别,连续性和非连续性是一个连续体的两个极端,在这个连续体上,中间的位置也是可能的。维果茨基明确地指出,儿童心理发展是通过稳定期和转变期的交替来实现的。儿童成长过程的大部分时间处于稳定期,在稳定期内儿童心理会发生不易觉察的微小变化,当变化积累到一定限度就会出现一个转变期,儿童的活动和心理在短期内(如数月,一年)发生深刻的质变。三岁、七岁和十一二岁就是这种转变年龄。目前越来越多的心理学家倾向于采纳第三种观点,即两种理论的综合。这种观点认为,个体在认知发展的过程中,量变和质变交替进行,既有水平上的递进,又有阶段间的更换。

# 第二节 青少年认知发展的特点

认知发展在不同的年龄阶段具有不同的特点。下面我们就认知的主要方面,即注意、观察、记忆、思维和元认知来阐释青少年时期认知发展的特点。

## 一、青少年注意发展的特点

### 1. 注意逐渐向高级形态发展和深化

注意的发展起始于无意注意,然而,最初无意注意的产生主要依靠外部刺激物的作用,随着儿童自身兴趣、爱好的逐渐稳定,无意注意的产生主要会受到兴趣、爱好的影响,这是无意注意发展和深化的具体表现。

无意注意的发展曲线如图2-1所示,在初二以前,无意注意的发展随年龄增长而递增,至初二达到峰值,之后出现缓慢下降的趋势(黄煜峰,雷雳,1993;王称丽,贺雯,莫琼琼,2012)。

张学民等人(2008)研究了新异刺激对不同年级小学生注意的影响,结果发现,随着年级的提高,儿童对新异目标和非新异目标的反应时均呈现下降趋势,而且,对新异目标的反应速度明显快于非新异目标的加工速度。

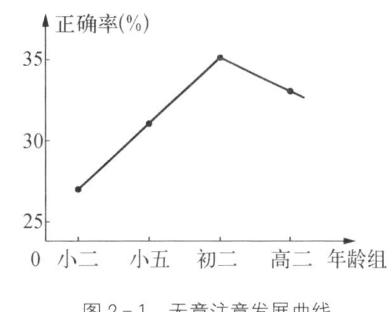

图2-1 无意注意发展曲线

在无意注意逐渐深化的同时,有意注意也得到了发展,并且逐渐取代了无意注意的优势地位。具体表现为学生在学习活动中的目的性、自觉性和计划性得以加强,注意逐渐具有自我组织、自我调节、自我控制的性质,注意的稳定性和集中性有了长足的发展。随着有意注意的逐渐稳定,还出现了更加高级的注意形态——有意后注意。

### 2. 注意的品质得以全面发展

注意稳定性不良在年龄较小的学生中是比较普遍的现象,这是由于他们的注意还不够内化,容易受外界刺激和自身兴趣的左右。而随着意志力的发展,青少年控制自己注意的能力显著增强,注意稳定性得到了迅速提高。陈蔓莉(2015)的研究指出,在注意稳定性方面,儿童的注意稳定性一直在发展,小学阶段的发展速度很快。林镜秋(1988)的研究发现,中学生无干扰注意稳定性是随年龄增长而上升的,而且女生优于男生,但到了高中,女生与男生相比,优势不再显著,与初中女生的差异也不大,说明女生注意稳定性从初中到高中发展缓慢。侯东风(2006)和司琪(2016)的研究发现,小学阶段的注意稳定性是逐渐发展的,初高中阶段是注意力稳定性的快速发展期。男女生注意稳定性在小学阶段不存在显著差异,但在中学阶段表现存在显著差异,女生比男生的注意稳定性快速发展期早一年。

注意的广度除了与知觉对象的特点和性质有关,主要取决于个人的知识经验。青少年时期是知识经验迅速积累的时期,因此注意的广度也有了长足的提高。有关不同年龄群体注意广度的研究表明,随着年龄增长,注意广度日益扩大,13岁儿童的注意广度已接近成年人水平(见表2-1)(陶惠芳,等,1989;姜运秋,杨海燕,莫运坤,等,2015)。

表2-1 不同年龄群体注意广度成绩比较

| 年　龄 | 4岁 | 6岁 | 7岁 | 9岁 | 11岁 | 13岁 |
|---|---|---|---|---|---|---|
| 成绩(点) | 4.74 | 5.77 | 6.50 | 6.97 | 7.99 | 8.26 |

个体的注意分配发生较早但发展较为缓慢。侯东风(2006)指出,中小学生的注意力分配发展呈现:缓慢增长——快速增长——缓慢增长。小学一年级至四年级是注意力分配能力发展的缓慢增长期;小学五六年级是快速增长期;而初中、高中则是注意力分配能力发展的缓慢增长期。林镜秋的研究也有类似的结果,小学二年级注意分配能力已经达到0.5833,初中二年级为0.6087,而高中二年级也只有0.6201。注意分配能力发展缓慢主要与注意的分配必须具备一定的条件有关。最初,学生只能在那些关系密切、形式相近的动作之间进行注意分配,稍不留心,还会出现顾此失彼的现象。只有当各种技能逐渐熟练,并加以严格训练之后,他们才可能在比较复杂的动作之间建立反应系统,使注意进行合理分配,而这种技能熟练化和协调化的发展进程是比较缓慢的。基于对学生注意分配发展的考虑,老师对年龄较小的学生不提记笔记的要求,对高中生只是要求记讲课要点,只有当学生进入大学以后老师才会要求他们记详细的课堂笔记。

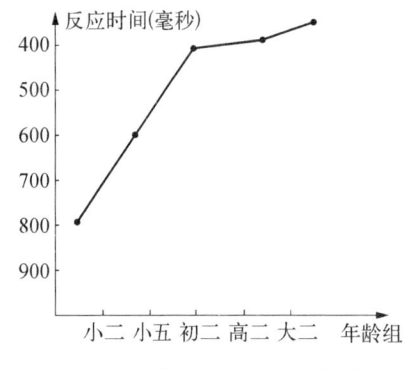

图2-2 大中小学生注意转移发展的年龄曲线

注意转移是随个体大脑神经系统内抑制能力、第二信号系统的发展而得以迅速发展的。研究表明,注意转移发展的趋势如图2-2所示:随着年龄增长,注意转移的反应时逐渐缩短,而且注意转移能力在小学二年级至初中二年级是迅速增长时期,初中二年级至高中二年级是发展的停滞期,高中二年级到大学二年级是缓慢增长期(林镜秋,1996)。

总体来看,高中阶段的学生,由于大脑神经系统功能已基本发育成熟,内抑制能力加强,兴奋—抑制之间的相互转换能主动灵活地调节,因此可以说注意转移能力已基本具备。但实际上,学生在注意转移方面表现出的个体差异较大,有的学生在注意转移方面表现得主动及时,而有的学生在教学活动中则不够自觉,不能及时转移注意,具体表现为思想开小差,或还惦记着前一项活动,从而跟不上教学变化的节奏。

虽然青少年的注意有了长足的发展,但有关调查表明,青少年的注意状况不容乐观,原因是多方面的,具体见热点聚焦2-1。

### 热点聚焦2-1　　注意力缺失足以影响青少年认知发展

在《2006中国青少年注意力调查报告》中,专家明确指出,注意力长期不集中,不是暂时性问题,而是与智力相关的认知问题,对青少年的发展有着举足轻重的作用。

**1. 青少年注意力状况不容乐观**

此次调查覆盖北京、上海、南京、沈阳、西安、成都、武汉和广州8个城市的2 000多名大中学生,采用的是问卷调查形式。结果显示:仅58.8%的青少年上课时能集中注意力;39.7%的人能坚持听课30分钟以上。即使是自习课,也只有48.6%的人能集中注意力,超过20%的人"经常走神"。这说明,大部分学生上课都会开小差。

那么,他们认为自己不能集中注意力的原因是什么呢？30.4%的人认为课堂趣味性不够(这在大学生中反应尤其强烈),26.6%的人认为课堂干扰因素太多(年纪越小越容易受影响),21.4%的人认为是睡眠不足导致的(初、高中和大学数字接近),其余还有想心事、放松、心烦等原因。该调查第一次客观详实地描述了中国青少年学生的注意力状况。

**2. 注意力不集中的背后**

主持本次调查的中国社会心理学会第五届理事会会长冯伯麟教授指出,注意力是智力行为的本质特征之一,提高注意力,培养良好的学习习惯,对维护青少年身心健康、落实素质教育具有重要意义。他将青少年注意力难以集中的原因分为:内因——睡眠不足、疲劳;外因——课堂趣味性差和环境干扰。

**3. 提高注意力,专家提建议**

梅建教授针对学习时注意力不集中的5种情况,给出了具体建议。一、容易受干扰。选择通风、安静、舒适的场所,远离干扰源,最好选择专供学习的场所;放些熟悉而轻缓的音乐。二、容易打瞌睡。课前预习,带着思考听课,接收信息更主动;积极参与课堂互动;以垂直方式轻轻揉捏大拇指指甲两侧的凹陷处,此穴位是脑部反射区;利用课间时间进行活动或稍作休息。三、熬夜。寻找状态最佳的学习时段;每50~90分钟休息10~15分钟;不要吃得过饱,肠胃负担太重会加重困意。四、容易走神。文理科穿插学,让左右脑交替休息;进行适量运动;做些感兴趣的事;选择通风且光线充足的地方学习。五、考试临场。考前保持充足睡眠,早餐适量增加蛋白质含量高的食品,如豆制品、鸡蛋等。提前到场,舒缓片刻,深细、均匀呼吸3~5次。

2006年11月22日《生命时报》

## 二、青少年观察发展的特点

**1. 观察更具目的性**

在初中阶段,不少学生的感知活动还带有一定的偶然性和盲目性,他们的观察活动主要是根据成人的要求进行的,由于自身缺乏明确的观察目的,又没有观察计划作指导,因此观察难免会陷入消极被动,结果往往是走马观花或眉毛胡子一把抓。到了高中阶段,多数学生的独立性、自觉性明显增强,他们学会了有目的地进行观察,并会根据观察目的制订相应的观察计划。有了观察计划,他们就可以把握观察的重点和观察的范围,使观察的有效性提高。

**2. 观察更具持久性**

随着年龄的增长,青少年的意志力和自我调控能力有了明显的增强,他们在观察时逐渐能保持集中和稳定的注意,并主动排除各种干扰刺激,使观察活动维持较长的时间。一项对飞机模型故障的观察研究表明,初二学生观察飞机故障时平均坚持时间为 1 小时 35 分钟,而高一学生平均能坚持 3 小时(郑和钧,邓京华,1993)。

**3. 观察更具精确性**

在儿童时期,个体的感知活动还比较模糊、粗糙、片面,进入青少年时期后,个体在观察的精确性和正确率方面有了长足的提高。他们在观察整体的基础上,逐渐学会了辨认细节,而且在观察的正确率方面也不断提高。而这些与青少年感受性的迅速发展有着密切的关系。研究表明,初中生的视觉感受性比小学生提高了 60% 以上,青少年的某些感知觉的精确性甚至超过了成人(许政援,1994)。

**4. 观察更具系统性**

由于知识经验的积累和观察方法的掌握,青少年的观察活动逐渐变得有章有法,严谨周密,在这种系统观察的基础上获取的材料便不再是杂乱无章、零散不全的,而是井然有序、全面完整的。

以上四个方面可以看出,青少年的观察品质有了实质性的发展。尽管初中低年级学生的观察品质还存在缺陷,但到了初中高年级和高中阶段,学生的观察品质已发展得比较完善。青少年的观察发展水平既具有明显的年龄特征,同时也存在着较大的个体差异。

## 三、青少年记忆发展的特点

**1. 记忆的整体水平处于人生的最佳时期**

如果说感知觉发展的高峰在儿童期,思维进入成人期后日臻成熟,那么记忆的全盛时期则在青少年。据我国台湾学者的有关研究,在不同年龄阶段对不同类型的记忆状况的分析、测查中,青少年记忆表现出最佳水平。以记忆再现成绩最高为10分,9～18岁各年龄阶段在各项测试中的平均成绩如表2-2所示。在另一项更大年龄跨度的研究中(杨治良,叶奕乾,等,1981),采用具体图形、抽象图形和词三种材料,进行信号检测的再认实验,也发现青少年成绩最佳(见表2-3)。周世杰和龚耀先(2004)的研究发现,理解记忆、联想记忆、听觉记忆等分测验成绩在整个学龄期持续上升,于13岁左右达到峰值;图片记忆、空间记忆等测验成绩在7～11岁之间上升较快,再认测验成绩在整个学龄期阶段有上升,但上升趋势缓慢,幅度小。

表2-2 不同年龄对各种不同材料记忆的成绩

| 年龄(岁) | 9 | 10 | 11 | 12 | 13 | 14 | 15 | 16 | 17 | 18 |
|---|---|---|---|---|---|---|---|---|---|---|
| 物理刺激 | 6.4 | 6.6 | 7.2 | 8.6 | 8.6 | 9 | 9.1 | 9.5 | 9.8 | 9.7 |
| 声音 | 4.9 | 4.9 | 5.3 | 5.6 | 5.8 | 6.5 | 6.8 | 7 | 7.5 | 7.1 |
| 数字与数学 | 4.4 | 4.7 | 4.8 | 4.8 | 5.2 | 5.7 | 5.3 | 5.9 | 5.2 | 5.3 |
| 语言(视觉) | 6.2 | 6.8 | 6.9 | 6.9 | 7.0 | 7.5 | 8.1 | 8.1 | 8.1 | 7.6 |
| 语言(听觉) | 5.2 | 4.7 | 5.5 | 6.2 | 6.3 | 6.8 | 6.7 | 7.2 | 7 | 7 |
| 语言(触觉) | 4.1 | 4.6 | 5.5 | 5.9 | 6.1 | 6.6 | 6.9 | 7.2 | 7.6 | 6.9 |
| 语言(情感的) | 3 | 3.1 | 4.1 | 4.8 | 5.6 | 5.9 | 6 | 6.6 | 6.3 | 6.3 |
| 语言(抽象的) | 4.2 | 4.6 | 5 | 5.1 | 5.2 | 5.7 | 5.7 | 6 | 5.9 | 5.5 |

表2-3 各年龄组再认能力的实验结果

|  | 幼儿 | 初小 | 高小 | 初中 | 大学 | 中年 | 壮年 | 老年 |
|---|---|---|---|---|---|---|---|---|
| 具体图形 | 3.40 | 4.60 | 4.82 | 4.65 | 3.82 | 3.76 | 3.64 | 3.30 |
| 抽象图形 | 1.81 | 1.88 | 2.77 | 3.08 | 2.22 | 1.46 | 1.32 | 1.12 |
| 词 |  | 3.49 | 4.20 | 4.49 | 4.12 | 3.96 | 3.62 | 3.48 |

**2. 有意识记日益占主导地位**

在儿童早期,个体的无意识记占主导地位,到小学中年级后有意识记有了明显发展,但常常是被动的,其识记任务往往由教师或家长提出。进入青少年期,随着学习任务的加重,学习动机的不断加强,学习目的性和兴趣性不断提高,个体的有意识记日益占主导地位。虽然初中低年级学生的无意识记以及有意识记的被动性还较明显,但到高中阶段,学生能逐渐自觉地确定目的来支配自己的识记活动。苏联心理学家曾用实验研究,比较这两种识记的发展趋势。实验人员分别让不同年龄被试均采用两种方法(有意识记和无意识记)识记15张图片,以后检查识记的效果,得到如表2-4所示的结果。

表2-4 不同年龄阶段有意识记和无意识记效果的比较

|  | 幼儿 | 小学生 | 中学生 | 成人 |
|---|---|---|---|---|
| 有意识记 | 11.1 | 12.4 | 13.4 | 13.2 |
| 无意识记 | 8.7 | 13 | 14.3 | 14.1 |

### 3. 意义识记明显占优势

在儿童识记中,机械识记的成分占主要地位,而进入青少年期后有意识记成分逐渐加大,两者比重逐渐发生逆变,尤其是进入高中阶段,意义识记占明显优势(见图2-3)。在一项对中小学记忆组织的发展研究中(杨宁,等,1994)进一步发现,高中生无论在对无关联的记忆材料的主观组织,还是对本身有明显的类包含关系的记忆材料的客观组织上,都明显优于初中生。这表明高中生的意义组织明显优于初中生。

不过,从意义识记和机械识记的发展水平上看,高中生意义识记的能力高于初中生,而其机械识记能力则落后于初中生。在一项研究中发现(陈辉,1988),在识记材料便于意义组织时,初中学生正确回忆的项目数平均为4.43,而高二学生则为5.80;在识记材料只适宜机械识记时,初二学生正确回忆的项目数平均为3.19,而高二学生仅为2.80。可见,在中学阶段,意义识记能力随年龄提高,机械识记能力随年龄下降。

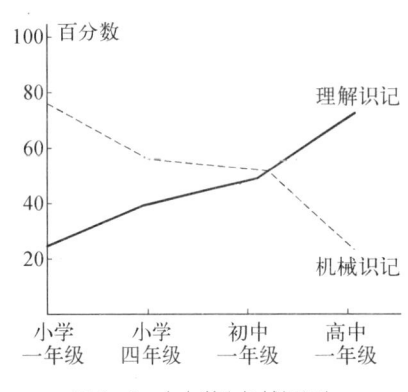

图2-3 中小学生机械识记与理解识记成分的变化

### 4. 抽象材料的记忆水平显著提高

从记忆内容上看,随着个体的发展,对抽象材料的记忆能力也不断增强,进入青少年期后,更有明显的提高。在我国的一项研究中,向中小学生读一遍具体的词,如房子、杯子等,让其再现记忆内容,之后又读一遍抽象的词,如运动、关系等,也让其再现记忆内容。若以小学一年级的再现量为100,其他年级被试的再现增量如表2-5。

表2-5 形象识记与抽象识记增加量比较

| 年　　级 | 记忆数量增加的百分比 | |
|---|---|---|
| | 具　体　的 | 抽　象　的 |
| 小学二年级 | 28 | 68 |
| 小学四年级 | 50 | 68 |
| 初中一年级 | 84 | 192 |
| 初中三年级 | 99 | 192 |
| 高中二年级 | 77 | 195 |

### 5. 记忆训练能获得更佳效果

青少年不仅本身记忆处于人生的最佳时期,而且对记忆训练产生的效果,也在人生各时期中为最佳。在一项对少年、青年和老年进行记忆训练的研究中(吴振云,等,1992),让被试学会运用位置法这一高效记忆法,结果发现所有各组的被试平均再认分数都有了明显提高。这说明记忆能力是可以通过训练来促进的,但是各组提高的幅度不一样,其中少年组和青年组差异不大,而与老年组相比有显著提高,从而使青少年组与老年组的记忆差距进一步拉大(见图2-4)。

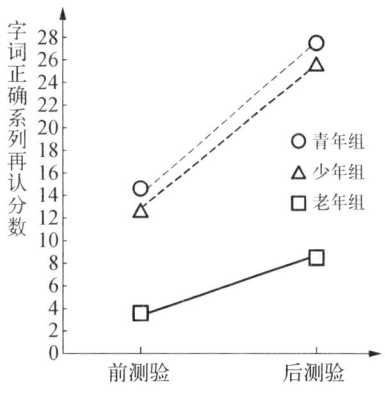

图2-4 各年龄组前、后测验的成绩

> **知识小窗 2-1    大脑的记忆高峰期**
>
> 人的大脑每天有四个记忆高峰期。第一个是早晨起床后,大脑在睡眠过程中对头一天输入的信息进行整理编码,没有新的记忆干扰,认记印象清晰;第二个是上午8时到10时,这时精力上升到旺盛期,处理认记效率高、认记量大;第三个是下午6时到8时,这是一天中记忆最佳时;第四个是临睡前1小时左右,因为认记材料后就入睡,不存在倒摄抑制的影响。除了记忆能力外,研究还发现上午8时大脑具有严谨周密的思考能力,下午2时思考能力最敏捷,但推理能力则在白天12小时内减弱。根据这种测试,早晨最好做一些比较严谨周密的工作,晚上做些需要加深记忆的工作。
>
> 《今日科技》2001年7月

## 四、青少年思维发展的特点

**1. 抽象逻辑思维占优势,并由经验型向理论型过渡**

首先,从总体上看,进入青少年期,个体的抽象逻辑思维水平迅速提高,并占据优势地位。青少年抽象逻辑思维的发展有一个过程,少年期(初中生)和青年初期(高中生)的思维是不同的。在少年期的思维中,抽象逻辑思维虽然开始占优势,可是在很大程度上还属于经验型(experience type),他们的抽象逻辑思维需要感性经验的直接支持。例如,对于抽象、概括而缺乏经验支持的概念——哲学中的"物质",不能正确理解,常与生活中或物理学中见得着、摸得着的"物质"混为一谈。而青年初期的抽象逻辑思维,则属于理论型(theoretical type),他们已经能够用理论作指导来分析综合各种事实材料,从而不断扩大自己的知识领域。在青年初期的思维过程中,它既包括从特殊到一般的归纳过程,也包括从一般到特殊的演绎过程,也就是从具体提升到理论,又用理论指导去获得知识的过程。

从中可以看出青少年思维的过渡型,即处于由经验型向理论型的转化,于是,抽象与具体获得了高度的统一,抽象逻辑思维也获得高度的发展。这种转化的关键期在初中二年级,约十三四岁。从初二开始,青少年的抽象逻辑思维由经验型水平向理论型水平转化。到了高中二年级,约十六七岁,这种转化初步完成。这意味着青少年的思维或认知趋向成熟。所谓思维成熟,主要表现在三个方面:(1)各种思维成分或认知成分基本上趋于稳定状态,基本上达到理论型抽象逻辑思维的水平;(2)个体差异水平,包括认知风格、思维方式等,都趋于定型;(3)成熟前,思维或认知发展变化的可塑性大,成熟后则可塑性小,与其成年期的思维或认知水平基本上保持一致,尽管也有一些进步(林崇德、李庆安,2005)。

这也正如皮亚杰所认为的,到了11岁至15岁,青少年思维进入形式运算阶段,即可以在头脑中把形式和内容分开,脱离具体事物进行逻辑推演。我们知道,抽象逻辑思维的凭借物是概念,因此,青少年这一思维特点便在概念发展上表现出与儿童的明显区别。第一,在概念掌握的种类上,逐步由前科学概念(日常生活概念)转向科学概念。第二,在概念分类能力上,逐步由不自觉的、非本质的划分依据转向自觉的、本质的划分依据。第三,在获得概念的途径上,逐步由概念形成扩展到概念同化。概念形成是个体通过对大量同类事物的不同例证的辨别进行的,而概念同化是个体利用自己认知结构中原有的有关概念去理解新概念。这两者的心理过程是不同的。儿童已有的认知结构简单,思维偏于形象类型,因而主要通过概念形成来获得概念,即需要大量直观、具体的例证。而青少年认知结构复杂了,抽象思维能力强了,因而主要通过概念同化来获得概念,只需要适当定义(附上必要的一两个例证)便可,大大提高了概念获得的精确性和速度,为青少年大量扩充知识创造了有利条件。

关于儿童青少年几何思维的发展,卢英(2014)的研究发现,八年级学生的几何思维水平最高,其次是九年级,最后是七年级。初中生对于几何图形的观察处于直观水平,但仍然存在年级差异,八年级最好;七年级学生对于几何图形的分解、组合、想象基本达到直观水平,八年级、九年级基本达到了描述水平。

**2. 辩证逻辑思维迅速发展,但仍明显滞后形式逻辑思维**

首先,抽象思维中的辩证逻辑思维在整个中学阶段得到了迅速发展。小学儿童只有辩证逻辑思维的萌芽,到了青少年期,由于学习活动、社会生活、人际交往等都发生本质的变化,促使他们辩证思维的发展。在一项对892名中学生的辩证思维的发展的实验研究中(邓京华,等,1984),将学生发展水平分为5个等级:第一级,能按辩证逻辑进行思维;第二级,基本能但不深刻、完善;第三级,能初步进行但有较大片面性和个人情绪色彩;第四级,虽然区分正误,但说不清理由;第五级,完全不能。结果发现,初一学生处在第四级最多(43%),初三学生处在第三级最多(44%),高二处在第二级最多(42%)。可见,中学阶段是辩证逻辑思维从迅速到初步掌握的关键期。在一项对全国23个省市43 798人次的调查中发现,青少年的辩证思维在整个中学阶段的发展增量(15.44%)甚至超过形式思维(13.31%)(吴凤岗,1991)。

其次,从发展的绝对水平上看,在整个中学阶段辩证思维仍明显滞后于形式逻辑思维。而且进一步分析可知,在辩证概念、辩证判断和辩证推理三个方面,辩证推理的发展水平最低。也就是说,青少年在说明一般道理时,似乎也能侃侃而谈,说些"一分为二""具体问题具体分析"之类颇有辩证味的用语(这往往仅涉及辩证概念、辩证判断),但一接触实际问题和某些社会现象时,则常失之偏颇,暴露出许多缺乏辩证观念造成的思想方法上的弊端(这仅涉及辩证推理)。研究表明,初一学生已开始掌握辩证思维的概念判断、推理等形式,但水平较低;初三学生处于迅速发展的重要转折期;高二学生的辩证思维已处于优势地位,但谈不上成熟。辩证思维是认知发展的高级阶段,因而青少年辩证思维发展仍有滞后性(林崇德,李庆安,2005;张平平,2014)。

**3. 对问题情境的思维比儿童有质的飞跃**

首先在提问方面,与儿童相比,具有三个质的飞跃。第一,提问趋于探究性,儿童好问,但提问的作用主要在于扩充知识,因而问题偏重"是什么";青少年也善于提问但作用主要转向寻求真谛,探究事物的内在联系和本质特征,因而问题偏重"为什么"。尤其到了高中阶段,提问更富有思辨性、哲理性,耐人寻味,发人深省。第二,提问具有开拓性。儿童提问范围较狭窄,主要围绕自身周围所能直接接触到的事物,富有直观性。而青少年由于社会生活领域的扩大,学习内容的增多,加之自我意识发展导致的内心世界的打开,提问的范围大大扩展,从而涉及诸多社会现象直至人生意义。尤其到了高中阶段,更以其丰富的想象和抽象的思维,摆脱时空的束缚,在更广阔的背景上思考社会与人类、历史与未来、宗教与信仰、存在与人生等一系列问题,使问题范围获得空前的开拓。第三,提问富有逆反性。儿童提问往往满足于成人的现成答案,多持接受的态度,青少年则不囿于成人的现成答案,多持怀疑、批判的态度,甚至对书本上的"金科玉律",也敢质疑、辩驳,从而使问题富有逆反性和挑战性。因而,青少年也就更会从习以为常、约定俗成的现象中发现问题、提出问题。

其次,在求解方面,与儿童相比,也具有三个质的飞跃。第一,能运用假设。儿童求解问题,要么向成人直接索取答案,要么经验性地归纳,缺乏假设过程。而青少年能撇开具体事物,只用以概念支撑的假设进行思维,使问题解决过程合乎科学性。例如,在钟摆实验中(Piaget & Inhelder,1959),要求被试找出影响钟摆速度的变量。6、7岁~11、12岁年龄组被试倾向于径直认为四个变量(摆绳长度、摆锤重量、起始高度、首次推力)都可以引起摆速变化,而缺乏对每一变量的假设与检验。11、12岁~14、15岁被试则倾向于假设某个变量会起作用,并依次保持三个变量恒定而检验某个变量,终于找出答案(摆绳长度)。更有趣的是,在"所有三条腿的蛇都是紫色的,我藏有一条三条腿的蛇,请猜它的颜色"一题中,青少年都能撇开大前提的真实性与否而顺利进行假设推理,而儿童则会纠缠于"蛇怎么会有三条腿的"问题上不能自拔(Kagan & Cole,1972)。第二,具有预计性。解决问题缺乏步骤、方法上的预先考虑,想到哪里做到哪里,而青少年则有预计性,会撰写计划,思考步骤,有条理地求解问题。在一项化学试剂混合实验里(Piaget & Inhelder,1958),有7瓶不同颜色的化学试剂,研究者告诉被试,其中1瓶是由其他4瓶中的某2瓶混合而成的,要求被试找出哪2瓶。6、7岁~11、12岁被试往往盲目进行配对尝试,而11、12岁~14、15岁被试倾向于先撰写几种可能的配对组合,然后逐一尝试。

#### 4. 出现思维中的元认知现象

在一般情况下,儿童只能对外界客体进行思维,而不能对自己正在进行的思维过程本身进行思维。但青少年由于自我意识的发展出现新质,主体和客体自我发生分化,能做到对思维的思维(thinking about thoughts),即反省思维,也被皮亚杰称为对运算的运算(the performing of operations upon operations)。这使青少年对自己的思维活动能进行自我监控、调节,以改进思维策略,也就是思维中的元认知现象。

---

**实践探索 2-1    网络对青少年思维方式的影响**

网络对青少年思维方式的积极影响主要有:

1. 能强化青少年的逻辑思维能力;
2. 能培养青少年某些非智力因素中的优良品质,如耐心、细心、专心和恒心等;
3. 能培养青少年养成利用现代工具去分析、解决问题的意识和能力。

网络对青少年思维方式的消极影响主要有:

1. 电脑单向度的工作方式不利于培养青少年多层次的逆向思维能力和随机思维能力;
2. 电脑程式化的工作模式有时会抑制青少年丰富的想象力和灵活的创造力;
3. 从大脑左右两半球功能的开发来看,电脑主要开发了人脑左半球逻辑思维能力,而对右半球的形象思维能力的开发影响较小。

(傅荣,2002)

---

## 五、青少年元认知发展的特点

**元认知**(metacognition)是指个体对自身的认知活动进行认识和监控,即对认知的认知。

元认知由三种成分构成,即元认知知识、元认知体验和元认知监控。元认知知识是指个体关于自己或他人的认识活动过程、结果、影响因素等方面的知识;元认知体验是指伴随着认知活动而产生的认知体验和情感体验;元认知监控是指个体在认知活动进行的过程中,对自己的认知活动进行各级监控和调节,以迅速达到预定目标。

下面我们主要从元记忆、元理解和元学习三个方面揭示青少年元认知的发展特点。

**1. 青少年元记忆的发展**

元记忆是指个体对自己进行的记忆活动的认识和监控。青少年在元记忆方面的发展具有以下两个特点。

首先,元记忆知识在学龄前发展较为缓慢,进入学龄期后则发展较快,尤其到了青少年期,发展更为迅速。这主要是由于学校学习需要大量的记忆活动,从而促使他们扩展有关记忆的经验。同时,小学高年级儿童和中学生的辩证逻辑思维能力开始发展,从经验型(初中阶段)到理论型(高中阶段)。这种认知发展为他们对越来越丰富的记忆活动体验进行概括以形成并积累元记忆策略知识提供了心理条件(邓铸,张庆林,2000;马芳芳,2012)。杜晓新(1992)对元记忆组织策略发展中年龄和教育训练的影响进行了比较研究,结果发现,从初中到高中,学生在策略知识方面的发展是明显的。但是参与干预实验的15岁学生,其元记忆策略分数与教育程度相当的17岁重点中学高中学生的分数一致,这说明在元记忆策略知识的习得与发展中教育训练的影响作用比年龄更为重要。

其次,元记忆监控的发展要晚于元记忆知识。在小学阶段,学生还未发展起较好的记忆监控,进入中学以后,学生的记忆监控有较大的发展。元记忆监控可分为难度判断(easy of learning judgment, EOJ)、学习判断(judgment of learning, JOL)、知晓感(feeling of knowing, FOK)以及自信判断(judgment of confidence, JOC)四种。国内研究认为,这四种元记忆监测判断的发展几乎都遵循着同样的规律,即小学阶段是儿童元记忆监测发展的飞跃期,到初中阶段逐渐趋于成熟(曹晓君,陈旭,2009;姜英杰,严燕,2013)。总的来看,青少年元记忆监控是随年龄的增长而发展的。在小学低年级阶段,儿童的记忆监测比较简单和外显,需要依靠尝试回忆来估计学习的程度或进行知晓感判断(元记忆监测性判断),特别是他们还不能根据预测结果调整学习策略和重新分配学习时间,小学高年级学生已开始依靠直觉意识进行监测判断,但还不能有效地依此进行记忆控制,表明他们在记忆活动中的主体意识还处于低水平。到了中学,特别是大学阶段,学生监测性判断的精确性虽有下降趋势,但这恰恰说明他们的监测判断能够依靠直觉意识快速进行,不需借助尝试回忆,并且能够自觉而迅速地从知晓感判断中获得学习结果的自我反馈,有意识地对学习材料进行组织和学习时间的分配,形成新的学习计划,他们的记忆监控发展已经基本完成(邓铸,张庆林,2000)。

**2. 青少年元理解的发展**

元理解是指个体对自己进行的理解活动的认识和监控。个体的元理解知识和元理解监控都会随年龄的发展而发展,但相比之下,个体在儿童和青少年期的元理解知识发展速度较快,而元理解监控的发展与个体实际理解行为的发展密切相关。

一项关于我国10～17岁儿童和青少年元理解发展的研究结果表明:(1) 在10～17岁期间,元理解知识和元理解监控都得到发展,其中元理解知识发展得非常迅速;(2) 被试的元理解知识与元理解监控之间存在显著的相关;(3) 被试阅读能力的各种品质(敏捷性、灵活性、深刻性、批判性、独创性)与元理解知识、元理解监控的发展存在十分密切的关系(董奇,1989)。

另一项研究针对初中生的元理解,结果表明:(1) 有无明确阅读目的对初中生的阅读理解监控具有显著的影响。有明确阅读目的的要比没有明确阅读目的的要好;(2) 学生的阅读理解监控从初一到初二有一个明显的发展过程,而从初二到初三,则依阅读条件的不同而有所差异;(3) 初中生的阅读理解监控与阅读理解之间有着紧密的内在关系;(4) 无论是从阅读前的计划性,还是阅读中的监控性,以及阅读(后)的评价性来看,初中生都已具备一定的阅读理解监控能力;(5) 造成阅读遗忘现象(理解监控失败)的原因,主要有:没有良好的阅读习惯;缺乏必要的阅读技巧;缺乏必要的背景知识及缺乏明确的阅读目的(余建华,2002)。

**3. 青少年元学习的发展**

元学习主要是指个体对自己进行的学习活动的认识和监控。董奇等人(1996)把元学习的自我监控动态结构划分为三个方面八个环节,具体表现为学习者对学习活动的不同过程、阶段上的反馈和控制,包括学习活动之前所作的计划和准备,学习活动中的意识、执行和控制,学习活动后的反馈、修正、补救以及更高层次的反省和总结。

青少年元学习的发展呈现先慢后快的趋势,并在发展中表现出不平衡性。元学习在幼儿身上就有所表现,在学龄儿童和青少年期,个体的元学习随年龄增长而不断发展,速度呈现先慢后快的趋势,在10～13岁之间发展较慢,13～16岁之间发展较快,并在元学习的不同方面表现出不平衡性,在有的方面(如补救性)一直发展很快,在有的方面(如意识性、执行性、总结性)一直发展较慢,在有的方面(如计划性、准备性、方法性、反馈性)的发展是先慢后快(董奇,周勇,1995)。

> **学术研究 2-2    初中生的数学估计能力及其与元认知监控的关系**
>
> 刘效贞、张影侠和司继伟(2009)考察了数学估计表现与元认知四个维度之间的关系。结果发现,除自我检查与估数任务相关不显著外,自我意识、认知策略、计划和自我检查与初中生的各种估计表现均存在显著的正相关;自我意识对估计表现有很好的预测力。此外,元认知对估算的预测效果较估数、估测任务更为明显。估计表现与元认知能力的关系是在个体的估计过程中表现出来的,是个体意识、体验、调整估计认知过程与结果的认知活动。在估计过程中,元认知中的自我意识、认知策略、计划与自我检查相互独立,但又相互联系、相互制约。元认知知识的多寡制约着估计元认知监控的能力;估计元认知监控是体验和调节估计认知过程与结果的实际活动,它离不开元认知知识的主导,同时它又是新的估计元认知知识产生的源泉及检验的标准。
>
> (刘效贞,张影侠,司继伟,2009)

# 第三节 青少年智力和创造力发展的特点

智力和创造力是最为重要的认知能力,两者的发展在整个认知发展中也占据着特殊的地位。下面我们将重点阐述青少年智力和创造力的发展特点。

## 一、青少年智力发展的特点

青少年的智力正处于发展时期,总体来说,具有三个方面的特点(卢家楣,等,2004)。

### 1. 青少年的智力随着年龄的增长而不断变化

根据美国心理学家贝利(Bayley,1970)的研究,智力整体发展趋势呈现一种负加速状态:从出生到10岁左右是智力发展较快的时期,之后逐渐缓慢,20岁后进入高峰,并一直延续到30岁左右,40岁开始下降,60岁之后下降更快(见图2-5)。韦氏智力量表的创始人韦克斯勒(Wechsler,1955)就智力量表的标准化问题对16~64岁的被试进行了研究,结果发现智力发展的顶峰是22岁,智力发展的高峰期在20~34岁之间,以后缓慢下降,60岁以后则迅速下降。一般说来,青少年的智力随着年龄的增长而发展

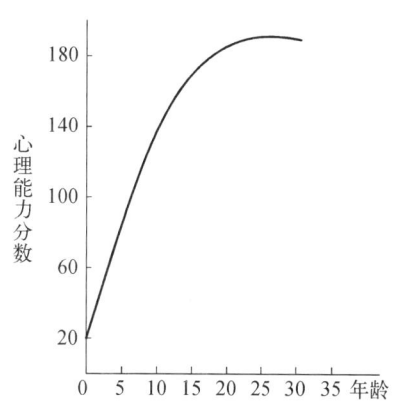

图2-5 智力成长曲线(Bayley,1970)

着。初中二年级是智力发展的一个关键年龄,智力水平加速上升(见图2-5上表现为斜线上升,斜率较大),高中二年级是智力发展的成熟期,之后智力发展趋于负加速上升。从智力发展的内容上看,青少年主动的、有意的逻辑思维不断发展,抽象逻辑思维逐渐占有优势,智力的深刻性越来越明显,青少年时期既是长身体的时候,也是智力发展的关键时期。

**2. 智力中的各种成分发展趋势不一致**

若按瑟斯顿(L. Thurstone)的智力群因素论进行考察,可发现人的知觉速度发展最快,词的流畅性发展最慢(见图2-6)。12岁时知觉速度已发展到成人水平的80%,而推理、词的意义和词的流畅性等到14岁、18岁和20岁以后才能分别达到同一水平。有人对流体智力和晶体智力做过纵向研究,发现流体智力在中年以后开始下降,而晶体智力则在人的一生中几乎一直都处于不断上升的状态,甚至60岁后,晶体智力还处于较高状态。青少年期是推理能力、理解能力迅速发展的时期,可以运用抽象思维进行复杂的思考,并能有计划地安排问题解决的过程,为此,这一阶段的学生应该得到充分的锻炼机会,发展各方面能力;同时教师也应给予他们

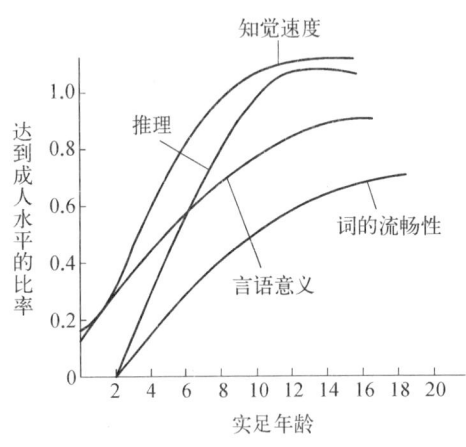

图2-6 智力中不同因素发展曲线(Thurstone,1955)

更多的自主性,任其发挥特长,获取各种必要的知识。这样,才能保证两种智力协调发展。

迈尔斯(Miles,1943)的研究认为,知觉能力发展的最佳年龄为10~17岁,70岁后丧失一半以上;记忆发展的最佳年龄为18~29岁,70岁后还保持55%;动作技能和反应速度发展的最佳年龄为18~29岁,70岁后保持71%;比较和判断能力发展的最佳年龄为30~49岁,70岁后还保持69%。

**3. 青少年各方面特殊能力的发展处于不稳定状态**

青少年智力的发展为特殊能力的发展创造了有利条件,不少青少年的特殊能力开始逐渐显露出来,如音乐能力、绘画能力等。但大多数人都是在某些时候表现出特殊才能,这种表现有的可能是昙花一现式的,因此尤其需要教师给予充分而及时的注意。

## 二、青少年创造力发展的特点

**1. 青少年的创造力发展总体趋势上升,但具有起伏波动性**

不少研究发现,青少年创造力的发展总体趋势是向上的。比如,沃建中和王烨晖等人

(2009)的研究结果表明,我国青少年创造力从小学四年级起呈上升发展趋势,六年级到初一时水平明显提升,到初三时达到最高峰,进入高中后,其水平有所下降并呈稳定状态。六年级到初一这段时间创造力发展的飞跃起主要是由青少年先天发展加上后天环境影响形成的。从生理上看,六年级学生正进入青春期,其身心的迅速发展为创造力提供了进一步发展的生理和心理基础;从小学进入初中,其主要环境起了巨大变化,从小学完全以教师为主导的学习模式转换为自主学习模式,从被管理者转换为自我管理者,使其思维、行为上都获得巨大空间的自由,为创造力的发展提供了有利条件。托兰斯(Torrance,1962)等人认为,青少年创造力、创造性想象的发展,在初一、初二年级处于下降期,此后一直稳步发展到高中毕业,高中结束时又有一个稍小的低落期,即在中学阶段有13岁、17岁两个低落期。克罗普利和克拉普森(Cropley & Clapson,1971)对儿童青少年创造性思维的发展进行了追踪测查,他们对同一组被试在七年级和十二年级时进行了有关的测验。结果发现,创造性思维跨年龄间的相关为$r=0.27\sim0.58$,男孩组的相关比女孩高,这说明男生在创造性思维上的发展比女生稳定。张景焕和张广斌(2004)研究了初一到高三学生的创造性思维,结果发现,中学生创造性思维水平总的趋势是向前发展的,随着年龄增长中学生创造性思维发展先快后慢,高二是创造性思维发展的高潮,高三和初一是创造性思维发展的低潮。胡卫平等人(2006)研究了青少年的语文创造力,结果发现,语文创造力随年级升高呈持续发展的趋势,但并不是直线上升,而是波浪式前进的。初二到初三(大约14岁)时发展减缓,高二到高三(大约17岁)则出现了下降。

根据托兰斯的解释,初中一年级思维水平较低的原因是由于儿童升入初中表现出对行为规范的一致性趋向,而思维变得较为稳健、平常,具体到我国基础教育,课程设置及学生认知结构重组也是重要原因,在我国中学过多的课程设置使得初中一年级的学生疲于应付,其原有的认知结构已远远不适应于初中。高中二年级学生创造性思维发生质的飞跃,就中学阶段来看,中学生基本上完成了知识的学习任务,已经积累了在中学阶段较为完备的创造性思维所要求的有关领域的技能;从生理的角度讲,这一阶段的学生发育已经成熟,接近成年人,高三创造性思维发展下降与高考有一定的联系(张景焕,张广斌,2004;李倩,2015)。

**2. 创造性思维发展进入关键期,且具有明显的差异性、不平衡性**

维果茨基认为,青少年期间个体控制抽象概念的能力得到了发展,他们开始发展出更积极、更旺盛的创造力。儿童在象征性游戏中的行为主要是模仿性的,或者是受他人暗示的,而成熟的创造力是有目的的、受自身控制的。这种创造力的发展受内部语言、正规教育和概念性思维的影响。

虽说创造性思维是人类的高级思维过程,但我国一系列研究表明,早在儿童晚期(10、

11岁)就已具有初步发展水平。在1980年召开的第十二届国际心理学大会上,匈牙利心理学家卡尔梅甚至在报告中指出,5.5岁~6岁多的儿童在创造性思维测验中已能表现出一定水准。但创造性思维发展的关键期则在青少年期。青少年虽然还未到一生创造力的最高峰时期,但已经处在创造力最佳发展年龄的前端。历史上无数发明家在青少年时期就表现出卓越的创造才华。如伽利略17岁就发现钟摆原理,伽罗华17岁创立群论,爱迪生21岁取得第一项发明专利,马可尼21岁进行了第一次无线电通讯实验,27岁实现了横跨大西洋的远距离无线通信,牛顿23岁创立微积分,王勃14岁已写成《滕王阁序》等。

在青少年中创造性思维的个体差异十分显著。有的发散快,灵活多变,富有创见,有的则平平庸庸。在"请你根据下面图形,想象它和什么东西相似或近似,想象出的东西越多越好"一题里(见图2-7),被试中发散最高者为38个,且有不少新意,而最差的仅发散2个:"远处的小山头、两个山洞"。同时,青少年创造性思维内部发展也不均衡。低年级中学生聚合思维优于发散思维,到高年级才倒过来,并随年级增大差距(张德秀,1985)。这表明青少年思维变得日益富有独创性。而在发散思维内部三个特征指标上的发展也表现出不平衡,其发展水平依次是:流畅性＞变通性＞独特性。因此,培养青少年发散思维的重点是独特性和变通性。

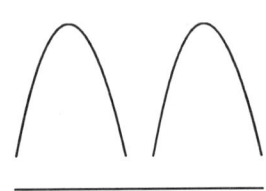

图2-7

### 学术研究2-3　　创造性思维中存在性别差异吗?

创造性思维在性别方面的差异,一直以来受到人们关注,而研究结论却不尽相同。沈汪兵和刘昌等人(2015)认为,人类两性分别在创造性思维的聚合思维和发散思维方面表现出显著的行为和神经活动差异。在发散思维方面,女性优势相对明显,但在聚合思维方面,男性具有一定优势。两性在不同类型创造性思维方面的相对优势与大脑两半球的加工优势有密切联系,且受到包括性别作用等因素的调节。有一项关于中学生创造性思维能力的研究结果表明,年级愈高,创造性思维成绩愈好,男女生在总体上没有差异(张德秀,1984)。另一项研究也发现高中男女生的创造性思维几乎没有显著的性别差异(童秀英,沃建中,2002)。而沃建中等人(2009)考察了中小学生的发散思维后发现,小学阶段男生水平略好于女生,进入初中后,女生好于男生且两者间差异增大,高中阶段两者差距减小,但女生水平仍高于男生。

不少研究者从社会文化的角度解释了创造性思维的性别差异。胡塞因(Hussain)认为,男女之所以在创造性思维方面表现出性别差异主要是因为社会文化的影响作用,其中明显的就是社会对男女有着不同的角色期待,尤其是传统的性别角色观念有利于男孩的创造性发展而抑制了女孩的发展。在传统的性别角色观念中,男性被认为应当是积极进取、果断、独立、喜欢冒险、竞争性强、自信、不怕打击、善于解决复杂的和带有创造性的问题;女性则被认为应当是文静的并且竞争性弱、依赖性强、易受暗示、富有情感,成就动机弱、推理能力差,较适合解决一般的和非创造性的问题。一些跨文化研究指出,社会在性别平等方面的进步是减少性别差异的一个重要原因。瑞纳(Raina)等人研究得出的结论是:在主张男女平等的社会中,男女在创造性思维方面的差异较少,即使有,也只不过是在创造方式上各具特色而已。

童秀英和沃建中(2002)认为,他们的研究中之所以发现我国高中男女生的创造性思维几乎没有显著的性别差异,主要原因是随着现代社会的进步,性别平等观念日益深入人心,我国自实行计划生育制度以来,生男生女都一样的观念得以加强和普及,父母对独生子女的要求更具有现代意识、适应意识和竞争意识,父母的性别角色期望和对孩子的成就期望比以往更加平等,人们不再因为是女孩子就希望她们服从、乖顺,而是同样有意识地培养大胆、独立、自信、敢于表现自我的个性,这些品质十分有利于创造性地解决问题。教师对儿童的性别角色要求和期待也越来越趋于平等。消除传统性别角色观对青少年的消极影响,使男女儿童不受性别角色标准的局限,从而更加自由地发展他们与生俱来的创造潜力。

### 3. 青少年的创造力带有较多的现实性

儿童的创造力不受现实生活的约束,带有较多的幻想性,并且由无意注意引起的无意想象较多,而到了青少年期,学生的思维则趋于理性,创造活动常常由现实生活中的问题或困难情境激发,因而创造力更多指向于现实。

### 4. 青少年的创造力具有更多的主动性、有意性

儿童在遇到问题时往往要依赖成人的帮助,比较被动,而青少年和儿童相比,独立意识增强,思维的深刻性、批判性和独创性有很大发展,独立分析和解决问题的能力大大增强。青少年的创造力也具有更大的主动性和有意性,他们能够主动地提出新的问题,并试图用创造性的方法予以解决。

### 5. 青少年的创造性思维敏捷,创造热情较高

虽然青少年的知识经验还不够丰富,思维也不如成人深刻、全面,但他们的思维受经验的束缚也较少,思路较为开阔、敏捷、灵活。青少年思维的敏捷性从初二开始明显发展起来,到了高中阶段,由于高中生的抽象逻辑思维基本成熟,辩证思维迅速发展,抽象概括能力有很大提高,思维更加敏捷。同时,青少年具有较强的创造意识和创造热情,喜欢标新立异,刨根问底,充满了对新事物的好奇和探究的欲望。他们主动地从课外各种途径获取知识,对各类知识表现出广泛的兴趣。

让我们回到本章开头提到的那个案例。刘老师想知道的问题答案:在这项思维研究实验中,年幼被试之所以只能完成第一种情境的任务,即"思考一下正在吃冰淇淋的威廉";而年长被试也能较好完成第二种情境的任务,即"思考一下正在思考玛丽关

于跳绳时所思考的东西的威廉",是因为儿童只能对外界客体进行思维,而不能对自己正在进行的思维过程本身进行思维。但青少年由于自我意识的发展出现新质,主体和客体自我发生分化,能做到对思维的思维,即反省思维,这使青少年对自己思维活动能进行自我监控、调节,以改进思维策略,也就是思维中的元认知现象。不少研究发现,初中学生的元认知能力有了快速的发展,这意味着刘老师班上的学生应该能够较好地完成第二种情境的任务了。

## 本章小结

认知发展是指个体接收信息、加工信息和运用信息的心理活动随时间的推移而发生变化的过程。认知发展体现在两个方面：一方面,构成认知系统的各个心理成分由简单向复杂,由低级向高级不断发展;另一方面,构成认知系统的各个心理成分的关系逐渐趋于和谐。青少年的认知发展(注意、观察、记忆、思维、元认知)具有这一阶段的独特特点,尤其体现在元认知发展上。此外,青少年的智力和创造力发展也处于人生中的重要时期。学校教育中,教师要促进学生各种认知能力全面协调地发展,了解青少年认知发展的特点是十分必要的。

## 思考题

- 皮亚杰、斯腾伯格和凯斯的认知发展理论各有何特点?
- 记忆整体水平的最佳期是在儿童期还是在青少年期?
- 青少年元认知发展有何特点?
- 青少年的智力随着年龄的增长呈现出怎样的变化?
- 为什么说青少年的创造性思维发展进入了关键期?

## 问题探索

- 试分析学生的英语阅读活动：如何分配阅读时间？如何分析阅读材料的特点、难易？采用了哪些阅读策略等?
- 某学校举行"我的创造我做主"主题科技节,需对学生的创意作品进行打分,请你设计评分表,考虑制定哪些评分指标?

# 第三章 青少年情感发展

---

## 本章细目

**本章要点**

**第一节 青少年情绪的发展**

一、青少年情绪体验的发展

1. 情绪兴奋性高
2. 情绪波动性大
3. 情绪心境化

二、青少年情绪表现的发展

1. 出现情绪文饰现象
2. 表情更加成熟

三、青少年情绪社会化程度逐渐提高

1. 社会性情绪逐渐占据主导地位
2. 情绪的表达逐渐符合社会规则

**第二节 青少年情感的发展**

一、青少年道德情感

1. 青少年道德情感概述
2. 青少年爱国感
3. 青少年关爱感
4. 青少年责任感

二、青少年理智情感

1. 青少年理智情感概述
2. 青少年乐学感
3. 青少年探究感
4. 青少年好奇感

三、青少年审美情感

1. 青少年审美情感概述
2. 青少年自然美感
3. 青少年艺术美感
4. 青少年科学美感

四、青少年人际情感

1. 青少年人际情感概述
2. 青少年合作感
3. 青少年乐群感
4. 青少年归属感
5. 青少年亲密感
6. 青少年信用感

五、青少年生活情感

1. 青少年生活情感概述
2. 青少年幸福感
3. 青少年珍爱感

**第三节 青少年情感能力的发展**

一、情感能力概述

1. 情感能力的概念
2. 情感能力理论

二、青少年情感能力发展的特点

1. 青少年的情绪认知能力
2. 青少年的情绪表达能力
3. 青少年的情绪调控能力

**本章小结**

**思考题**

**问题探索**

## 本章要点

- 情感的含义
- 青少年情绪发展的表现及特点
- 青少年道德情感的内涵及特点
- 青少年理智情感的内涵及特点
- 青少年审美情感的内涵及特点
- 青少年人际情感的内涵及特点
- 青少年生活情感的内涵及特点
- 青少年情感能力的内涵及特点

---

**想试着回答一下吗……**

- 为什么柏拉图要告诫世人,18岁的男子饮酒犹如"火上浇油"?
- 你知道青少年的情绪波动周期吗? 为何青少年容易表现出蓝色星期一效应?
- 明明心里喜欢某个异性,可表面上却装作若无其事,甚至不愿搭理对方,这反映出青少年什么样的心理呢?
- 青少年可能会为争抢一个座位而口角相争甚至大打出手,也会因我国奥运健儿勇夺金牌而激动得热泪盈眶,这是为什么?
- 青少年思想道德到底是"爬坡"还是"滑坡"?
- 男女青少年的情感发展水平究竟是趋同还是相异?
- 自己的情感,自己能做主吗?

---

小宋,初二女生,14岁,学习成绩较好,自称"三爱":爱看漫画书,爱上语文课,爱上网写QQ日志。进入初二下学期,一向比较活泼、开朗的小宋常感到心烦,情绪不好。这种烦恼自然反映在她的日记之中,下面是她某天的日记:

最近有些情况使我感到苦恼。和同学们一起聊天时兴高采烈,那份高兴劲无法形容。可是如果谁说了一句不好听的话,情绪就马上低沉,心里特别不痛快,有时能郁闷好几天。可是事后想一想,别人说的话没有什么很得罪人的地方,更不是故意冲着我说的。不过我真的不明白,有的同学整天不声不响,"三锥子扎不出血来",对什么事都无动于衷,我都替他感到闷得慌。到底是我不正常呢,还是别人不正常?谁能告诉我是怎么回事?看电影、电视的时候,经常会为故事中的一些情节感动得热泪盈眶,有时候却很生气,埋怨起主人公的所作所为,恨不得把电视机砸了,搞得晚上都没有心情做作业,躺在床上左思右想,半天都难以入睡。以至于老妈都不敢让我看了,说我是"小林黛玉"。和同学讨论问题时,往往因为激动而吵起嘴来,有时都忘记了自己的淑女形象,争得面红耳赤,恨不得打她几下才解气。可是很快又与同学好得不得了,就像小学作文里常写到的"形影不离"。每次我都告诫自己,以后讨论问题可不许发小姐脾气了,讨论问题嘛,自己的观点未必都是正确的,派别之间还允许"百家争鸣"呢。可别说,这样想还真管点用,与同学争吵的现象慢慢少了。还有件闹心的事,为什么自己对数学学习不那么感兴趣了呢?要知道,我小学里还当过数学课代表呢。现在看到那些数学符号和几何图形,心里就发怵。不行,不行,得转变!数学可是中考的重点科目啊,听说那些没有考上自己心仪的高中的同学都是栽在了数学考试上。语文可是我的强项,刚调来的语文老师是师范大学的高才生,上课就是符合我们的口味,听他朗读课文简直就是一种享受,有时激情四溢,有时深情款款,总能带着我们进入境界……

读了上述日记,你有何感想?你能否帮助小宋分析她的烦恼?

我们可以把区别于认识活动并同人的需要相联系的感情性反映称为感情(affection)(孟昭兰,1994)。但鉴于目前使用上的习惯,本章标题以及文中仍主要用"情感"术语,但严格地说,这一广义上的情感现象应称为感情。人的感情现象十分丰富,我们这里主要涉及情绪(emotion)和狭义的情感(feeling)。情感是个体对客观事物是否符合其需要和预期而产生的一种体验。青少年的情感是构成青少年心理发展总貌的重要组成部分,它以其生动、独特、丰富的色彩,描绘出这段最具青春活力的人生历程的精彩画卷。探索青少年的情感世界是了解青少年心理、促进青少年发展的重要方面。

青少年的情感是青少年发展中的一个重要方面,它与青少年其他方面的发展形成一种双向影响、相互促进的关系。青少年良好的情感会促进其各方面的发展:增进青少年的身体健康,优化青少年的认知、意志和个性,加快青少年的人际交往、品德发展等社会化进程。同时,青少年各方面的发展又会使其情感品质提升,并表现出青少年期的一系列特色:青春期生理上的急剧变化,使青少年的情绪体验更加丰富也更显波动;青少年认知能力的提高、意志品质的改善、个性的成熟和自我意识的觉醒,是情感发展的心理基础,而青少年学习内容的丰富、交往对象的变化、活动范围的扩大、社会接触的频繁等,是情感发展的外部原因。正确认识到情感与发展的这种互动关系,有助于我们更好地把握青少年情感发展的特征。

# 第一节　青少年情绪的发展

**情绪**(emotion)是最基本的感情现象,着重体现在感情的过程方面。当一个人情绪发生后,内心有主观体验,外部有表情行为,体内有生理变化,且持续的时间比较短。它常以心境、激情、应激的状态表现出一个人的喜怒哀乐,是个体从事各种活动的心理背景。青少年既有明显的激情冲动,又有缠绵的心境体验,既有日益丰富的社会性情绪的发展,又有迷惑他人的情绪文饰现象的出现。教师只有尽可能了解青少年情绪的种种特点,才能更好地认识青少年的情绪表现,并在与青少年的交往过程中加以注意和引导。青少年情绪发展主要包括情绪体验、情绪表现和情绪的社会化程度三个方面。

## 一、青少年情绪体验的发展

所谓情绪体验,是指主体对自身情绪状态的感受,如愉快、悲伤、恐惧、愤怒等。与小学儿童和成年人相比,青少年情绪体验的特点主要体现在以下三个方面。

**1. 情绪兴奋性高**

在情绪方面,青少年给人们留下的最鲜明的特点就是容易兴奋激动。有实验表明,对于同等事件,青少年可能比成人多 5 倍的报告感觉"非常开心",多 3 倍的报告感觉"非常难过"。用心理学术语表示,就是情绪兴奋性高。这种情绪兴奋性高的特点表现在两个方面。一是青少年的情绪敏感度高,同样的刺激情境,在青少年身上容易引起情绪反应:一个很小的刺激,青少年会因此脸红、窘迫;一句不怎么好笑的话,也会使青少年咯咯地笑个不停;在联欢会上最会作出情绪反应的,也往往是青少年。二是青少年的情绪强度大,一旦青少年产生强烈情绪,容易进入激情或应激状态。**激情**(passion)是一种短暂而猛烈的情绪状态。诸如欣喜若狂、悲痛欲绝、暴跳如雷、惊恐万状等都是激情的不同表现。激情具有爆发性和冲动性的特点,并伴以剧烈的生理反应和明显的表情行为。所谓爆发性,是指整个激情的发生过程十分迅猛,大量心理能量在极短时间内喷薄而出,强度极大。所谓冲动性,是指个体处于激情状态时,往往失去意识对行为的控制,甚至不考虑行为后果。青少年会因在人际交往过程中受到莫大羞辱、参加比赛时遭遇严重挫折、学习过程中取得巨大成功等进入激情状态。这时他们会有一种"情不自禁""身不由己"的感受。激情作用有积极和消极之分。积极作用使青少年情感完全卷入当前的活动,产生相应的情感效应,并能成为动员个体的潜能投入行为的巨大动力。消极作用则使青少年当时的行为,具有破坏性和危害性。若处理不当,会造成不良后果,甚至会酿成悲剧。有些青少年正是在激情中,因一时的冲动失去理智而导致"一失足成千古恨"的结局。"激情性犯罪"就是青少年犯罪中常见的一种犯罪情况,案发前没有预谋,当场一阵激动导致不堪回首的后果。青少年的这种情绪特点自古就受到人们的注意。孔子称之为"血气方刚"。古希腊哲学家柏拉图进而告诫说,18 岁以前的青年是不允许饮酒的,因为他们容易兴奋,"不能再火上浇油"。

另一种强烈情绪表现就是应激。**应激**(stress)是一种高度紧张的情绪状态。它往往伴随发生于出乎意料的危险情境或紧要关头之下,例如,突然遇到火灾、碰到地震、遭到歹徒袭击、参加重大比赛、进行至关重要的考试等,都有可能使人处于应激状态之中。应激具有超压性和超荷性。所谓超压性,是指在应激状态下,个体往往会在心理上感觉到超乎寻常的压力,并集中反映在情绪的紧张维度上。所谓超荷性,是指在应激状态下,个体必然会在生理上承受超乎平常的负荷,以充分调动体内的各种机能资源去应付刺激。青少年由于情绪兴奋性高,易进入应激状态。在应激状态下青少年的反应也有积极和消极两种情况。积极反应表现为急中生智、力量倍增,使体力和智力都得到充分调动以获得"超水平发挥"。消极反应表现为惊慌失措、四肢瘫痪、意识狭窄、动作反复出错。有的学生平时成绩尚好,但参加关键性的考试或比赛,往往会临场发挥不佳,出现本不该出现的低级错误,这可能就是应激的消极反应所致。

导致青少年情绪兴奋性高的原因主要是两个方面。首先,是生理因素。保加利亚心理学家皮罗夫等人研究 5~17 岁个体的情绪反应时发现,神经活动的兴奋型多见于 5 岁儿童,随着年龄渐增,兴奋型的比例下降,平衡型比例上升,但到了青少年期(女子 11~13 岁,男子 13~15 岁),兴奋型重新增多,到青春期结束再次减少。现代生理学研究发现,个体的肾上腺发育也经历类似的变化过程:2 岁时,肾上腺重量降到出生时的一半,然后迅速增加至 5 岁。在 5~11 岁之间增加缓慢,接着在 11~20 岁之间又重新加速增加。而与情绪兴奋性直接有关的肾上腺激素的分泌与肾上腺本身的重量是有关的。

其次,是心理因素。研究发现,情绪发生不仅与个体的需要有关,也与个体的预期有关。客观事物是否符合个体预期与个体情绪产生的强度有关系:客观事物越是超出个体预期,产生的情绪越是强烈(卢家楣,1986;魏萍,康冠兰,丁锦红,郭春彦,2014)。进入青少年期的个体,社会活动的范围不断扩大,接触新鲜的事物也越来越多,超出预期的情况也就更易发生。表现为青少年凡事易大惊小怪,其实是少见多怪所致。到了成年,社会生活经验丰富了,遇事也就见多不怪了。这与青少年情绪敏感性高有着更直接的关系。另外,随着青少年自我意识的觉醒,以及社会性认知发展的相对滞后,青少年自尊感越来越强烈,敏感而脆弱,常常为一些在成人看来是微不足道的小事而激情爆发,因为在青少年看来这些都是涉及自尊感的"重大事情",不能等闲视之,必当全力以赴,意想不到的各种后果也就由此酿成了。因此,当代青少年常常被形象地称为"草莓族①"。可以说,这往往是青少年情绪易进入激情状态、应激状态的心理上的原因。

**2. 情绪波动性大**

青少年情绪不仅兴奋性高,而且波动性大,具体表现在两个方面。

一是青少年往往会因一时成功,欣喜若狂、激动不已,又会因一点挫折,垂头丧气、懊恼不已,表现为情绪在两极间的明显跌宕。二是青少年还常出现莫明其妙的情绪波动、交替。有研究者曾对高中生情绪波动的情况进行过调查(沈家鲜,1984),结果见表3-1。

表3-1 高中生情绪波动的特点

| | |
|---|---|
| 对生活充满憧憬,始终沉浸在一种开朗的心境中 | 15% |
| 经常脸挂愁容,无缘无故地抑郁 | 15% |
| 上面两种心境交替出现像条曲线,忽儿愉快,忽儿愁闷 | 70% |
| 没有激烈变化 | 0 |

国外曾进行过一项有趣的研究。被试分高中生和成人两组,每人身上带有一架遥控信号发生器和一本情绪记录表,该仪器在上午七点半至午夜这段时间里,随机发出信号。当被试一听到信号,便在情绪记录表上记下自己当时正在进行的活动以及心境。结果发现,青少年的情绪与成年人相比,显得变幻多端、反复无常。他们的情绪往往在不同的时间、地点,从一个极端跨到另一个极端。

有研究(李冬梅,2005;梁艳,2011)发现,青少年的心境主基调是稍微偏向积极的状态,随年龄增长,这个主基调呈现下降趋势。在心境波动动态属性方面,初中生的心境波动幅度高于大学生,女生的心境波动频率高于男生。青少年的心境波动周期为7天和28天,在一天内的心境波动中,积极心境在中午某个时段达到最高点,然后逐渐下降,而消极心境一天内的波动

---

① 草莓族:这是流行于台湾的说法,是指出生于1980年以后的人。这群人的特性犹如草莓这种水果,外表光鲜夺目,其实质地绵软,稍一施压就会抵抗不住变成一团稀泥,但是它的表层又疙疙瘩瘩挺有个性,和他们相处要十分小心。

趋势则是从早上到晚上呈现递增趋势。从周一到周日,心境波动呈现出类似正弦波的趋势,此外,初中生明显表现出蓝色星期一效应①,而大学生则没有这种明显的现象(见图3-1)。

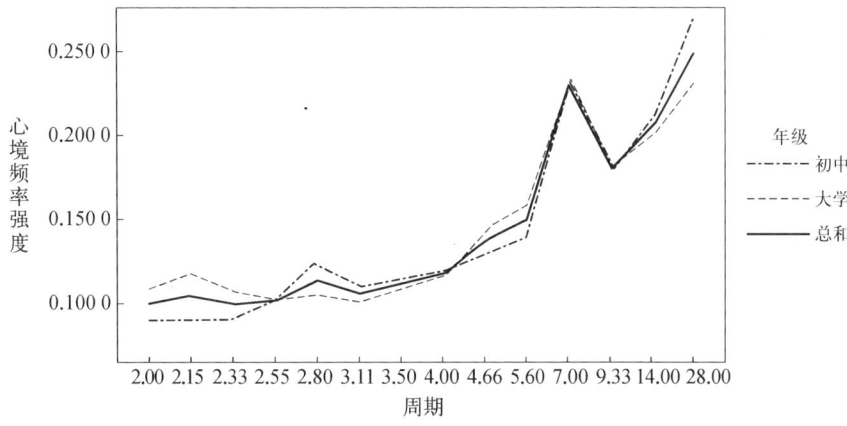

图 3-1 青少年心境波动周期

造成青少年情绪这一特点的原因主要有两个:其一,个体进入青少年期后,影响情绪的各种社会因素和生物因素大量出现,如学习成绩、交往情况、与父母关系、发育带来的身体变化等。有些因素被清晰意识到,有些因素则未被自己意识到。例如,女生的月经引起的焦虑、烦恼,便是常被忽视的一个因素。其二,青少年期是充满各种矛盾的时期,生物、社会和心理上发展不平衡引起的矛盾冲突,常在青少年内心得以体验。而青少年的辩证思维发展水平不高,对待矛盾易产生偏激,从而引起情绪上的两极反应。

**3. 情绪心境化**

**心境**(mood)是一种比较微弱而持续时间比较长的情绪状态。如果把激情描绘成"狂风暴雨"式的情绪现象,那么心境就是"和风细雨"式的了。个体进入青少年期,会出现情绪反应时间明显延长的心境化现象。这种延长表现在两个方面:一是延缓作出情绪反应。例如,有的青少年学生在班上受到老师的批评,心里不愉快,但当场并没有立即作出反应,老师也不在意,谁知之后他越想越不是滋味,脑子里老是想着刚才发生的事,处在郁闷的心境之中,连随后的课也没有听好。这种情况在儿童时期是没有的,儿童的情绪反应快,如果要求没有得到满足,马上就会又哭又闹,绝不会等过了一会儿时间再有情绪反应。二是延长情绪反应过程。当一个青少年学生在与同学交往过程中发生矛盾,会为此感到

---

① 蓝色星期一效应(blue monday effect),是指一个人经过周末连续两天的假日之后,星期一返回学习或工作岗位时,产生了许多适应不良的现象。

不快,几天甚至几个星期闷闷不乐,表现为一种缠绵不断的压抑心境。这种情况在儿童时期也是少见的。儿童情绪发生快,延续的时间也往往不长。一阵情绪发生后就结束了,注意力又转向别的地方去了。正因为这样,做父母的有经验,小的孩子只要哄一下,就可以控制住他的情绪了,孩子越大,这种控制就越难。青少年的情绪一旦发生,就不能一下子改变,往往需要有一个较长的情绪过程,从而表现出心境化的特点。

## 二、青少年情绪表现的发展

情绪的外在表现和情绪的内心体验一样,也是情绪现象的三大主要成分之一,两者是密切联系的。由于情绪显露于外,情绪具有了社会性功能,会直接影响青少年的人际交往和社会适应。但由于青少年期的情感特点,导致情绪的表现有其特殊性。因此,这里有必要阐述青少年的情绪表现。

**1. 出现情绪文饰现象**

情绪文饰现象是个体有意识地用外部显露的某种情绪表现来掩饰其内在真实的情绪体验,从而出现表里不一的情绪现象。儿童的情绪表现是明显而真实的,高兴就是高兴的样子,不高兴就是不高兴的神态,甚至笑则捧腹不已,哭则泪流满面,外部的情绪表现与内部的情绪体验不仅性质上一致,甚至在强度上也是相应的。因此,根据儿童外部的情绪表现,很容易知道他们内在的情绪体验。但进入青少年期的个体则会出现内外不一致的情绪文饰现象。明明内心很难过脸上却还露出微笑;明明感到很窘迫,却又装出若无其事的坦然神态;明明心里对班里的某位异性同学十分爱慕,却又在公开场合表现得十分冷漠……凡此种种,让周围人摸不清他的真实情绪。

造成情绪文饰现象的原因主要有两个:一是青少年社会意识的觉醒和自我意识的发展,使他们开始注意到自己情绪在特定的社会情境中表达的适当性,以保持自己在他人心目中的良好形象;二是青少年的情感能力逐渐增强,其中包括对自己情绪的调控能力,使对自己情绪的强度和极性以及外部表情的控制和调节成为可能,从而为情绪文饰提供了内在的条件。其实,情绪文饰现象也是进入青少年期的个体所具有的心理闭锁性特点在情绪生活中的表现。他们不愿把自己复杂的内心体验流露出来,而用情绪文饰手段来加以遮掩。情绪文饰现象使得青少年的情绪生活变得复杂化,更令人难以捉摸。

**2. 表情更加成熟**

**表情**(expression of emotion)是各种情绪体验的外在表露,包括言语表情和非言语表情。言语表情就是个体通过伴随言语活动发生的语音的音响、音高、节奏、快慢、停顿等变化表达情绪。非言语表情包括面部表情和体态表情。前者通过个体面部肌肉的活动表达情绪;后者通过个体身体姿势的变化表达情绪。作为情绪特有的外部表现形式,表情具有独特而重要的社会交往功能。有研究(王细燕,2011;马啸,2012;李仲平,2015)表明,随着年级的升高,儿童识别表情的能力逐步提高;表情识别能力不存在显著的性别差异。具体来看,在表情识别总分上,四、六年级都显著高于二年级,六年级显著高于四年级。在面部表情、身段表情和语调表情三种模式中,前两种模式中表情识别的平均正确率要高于第三种模式;情绪词汇量随着年级的升高而逐步扩大,女生掌握的情绪词汇量显著大于男生掌握的。还有研究(周秀章,等,1986)发现,对人类六种基本表情正确认知达到75%的年龄段为:高兴和愤怒4~5岁,轻蔑9~10岁,厌恶11~12岁,惊讶和恐惧13~14岁。这就是说,到了青少年期个体基本的表情认知初步成熟。但是某些复杂的表情,如苦笑、尴尬、谄媚等,还需在青少年期进一步发展,其中谄媚表情认知最为困难(彭聃龄,等,1985)。

由于研究方法的改进,表情研究的成果愈加丰富。一项对早期青少年表情认知的研究表明,13~15岁的少年对愤怒表情的觉察的特点与成年人对愤怒表情的觉察的特点基本一致(葛吉艳,郭德俊,王峥,2005)。有人(蒋长好,等,2007)通过事件相关电位(ERP)研究发现,初中生、高中生和大学生在对悲伤和愉快面孔进行区分时引发同样的效应,有着同样的时间进程和类似的脑区分布。但是三个年龄段的ERP波幅大小不同,年龄越小青少年的N2波幅越大,年龄越大青少年的P3波幅越大。其中,N2表示青少年对负性情绪控制的认知努力发展差异,P3则反映了大脑高级功能的发育过程,这就说明随着年龄的增长,青少年的情绪调节能力逐步增强,大脑高级功能的发育日趋完善。

---

**热点聚焦3-1　　有关青少年情绪现状的几个调查**

**1. 大多数中学生的情绪状态积极健康**

2005年,"国内五城市未成年人发展联合调查"课题组调查发现,有6.9%的中学生报告自己经常或每天都处于消极情绪中。在五级评分的量表中,积极情绪的平均得分为3.52分,消极情绪的平均得分为2.78分。这说明,大部分中学生的情绪状况是积极的。

**2. 中学生消极情绪随年龄增长呈上升趋势**

2005年,"国内五城市未成年人发展联合调查"课题组调查发现,初一学生的积极情绪平均分最高(3.70分),高二平均得分最低(3.40分);初一学生的消极情绪平均分最低(2.59分),而高二平均得分最高(2.93分)。随着年级的升高,中学生的情绪状态呈消极情绪上升、积极情绪下降的趋势,年级间的显著差异表现在初中和高中之间,在高中趋于稳定。

**3. "学习压力大"占据中小学生烦恼的首位**

2005年,中国青少年研究中心"中国青少年学习和生活的现状与期望"课题组调查发现,中小学生普遍

> 体验到苦恼的事情主要是:学习压力大(57.6%),不被人理解(53.9%),成绩不好(38.7%),没时间玩(33.9%),遭受不公平对待(28.2%),家庭不和(24.0%),有困难没人帮助(23.8%),同学间关系不好(21.7%)。其中,"学习压力大"占据中小学生烦恼的首位,近六成学生因为学习问题而烦恼。
>
> **4. 近半数青少年儿童感受到孤独**
>
> 全国少工委办公室、中国青少年研究中心2005年"当代中国少年儿童发展状况"调查数据显示,23.7%的少年儿童感到孤独,14.7%的少年儿童感到没有人和自己一起,23.1%的少年儿童没有知心朋友,39.5%的少年儿童认为同学中没有多少人喜欢自己。与1999年的调查数据相比,感到孤独的少年儿童略有增多。
>
> 2007年,北京大学儿童青少年卫生研究所公布了来自全国13个省约1.5万名10~24岁的初中、高中和大学生的大型调查报告。其公布的《中学生自杀现象调查分析报告》显示,在过去12个月中,分别有50.1%的男生和56.9%的女生报告感到孤独;分别有64.6%的男生和72.6%的女生经常或是因学习压力或成绩问题感到心情不愉快;分别有37.1%和39.9%的男女生经常或总是因担心某事而失眠;分别有17.0%的男女学生连续两周或更长时间感到非常伤心或绝望而停止日常活动。
>
> (中国青少年研究中心,2008)

## 三、青少年情绪社会化程度逐渐提高

与青少年的社会化进程相一致的是,他们的情绪社会化程度也逐渐提高,这突出表现在两个方面。

**1. 社会性情绪逐渐占据主导地位**

人类的情绪可以分为生物性情绪和社会性情绪。生物性情绪与生物性需要满足与否相联系,在个体发展中最早出现。国内外心理学研究发现,在人类婴儿出生后4个月已能观察到快乐、厌恶、愤怒、痛苦、惊奇等不同的情绪,恐惧的情绪出现稍晚些,在6个月左右才出现(Izard,1977)。社会性情绪是在人类个体与养育者交往过程中获得最初发展的,是与个体社会性需要满足与否相联系的情绪,在个体社会化不断发展的过程中,这类情绪又与社会评价相联系,从而使情绪反应的社会性越来越强(刘金花,1997)。当个体形成情感后,它又是情感在具体情境中的情绪性表现形式。苏联心理学家谷夫等曾对700名9~15岁的学生实验研究表明,10岁学生的主导需要开始由生物性转变为社会性。纪林芹和张文新(2015)的研究发现,青少年早期是儿童社会性情绪发展的重要时期。在这一时期,青春发育开始,生理上逐渐发育成熟,同时在生态环境方面面临着从小学升入初中的过渡,从而使得个体经历同伴群体的变化,即儿童从原先较小、较熟悉的同伴群体过渡至较大的、较陌生的同伴群体,这意味着儿童需要建立新的同伴关系、拥有新的同伴地位。而且,随着年级的升高,青少年的学业压力也越来越大。青少年早期的生理发育以及生态过渡等为青少年的社会性情绪发展提供了重要的条件和基础。这都意味着，社会性情绪在个体进入青少年期时才逐渐上升为主导地位，并且社会性情绪的水平不断提高。我们可以看到，儿童的喜怒哀乐多与吃喝玩乐有关，而青少年的悲欢忧喜则多与学习、交往、社会活动、职业准备、生涯规划等相联系。有的家长往往不理解，为什么有时家里丰盛美味的菜肴并未能引起孩子的喜悦，而有时粗菜淡饭孩子却吃得津津有味呢？其实，这是孩子进入青少年期后社会性情绪发展并占主导地位的表现，而这种发展是与个体的社会成熟水平相一致的，是个体在实现一系列社会化任务过程中精神生活得到不断丰富的结果。

**2. 情绪的表达逐渐符合社会规则**

情绪本质上是社会的，情绪表达的合适性会影响到人与人之间的关系。但是，幼小的儿童在表达自己的情绪时却很少顾及他人，想笑就笑，想哭就哭，生气时便嘟着嘴甚至一走了之，愤怒时就大吵大闹甚至踢桌子摔盘子，留下大人在一旁瞠目结舌。青少年早期能初步认识到情绪表达的适当性，但依然带有自我中心的痕迹。有人（顾石生，2004）曾对初二一个44人的班级进行过调查，结果显示，22位男生几乎都与家长发生过情绪冲突，20位男生只知道自己的情绪反应，根本没想过家长的情绪，不知道也不想知道家长的情绪状况，只顾发泄自己的不满情绪，有10位男生产生过情绪激化、恶化现象；22位女生中，几乎都有过与家长顶嘴、哭闹、埋怨家长、不理睬家长的情况，有10位女生截然不知家长的情绪状况，而只顾发泄自己的不满情绪。22位男生中，几乎每个人都曾为一句话、一点小事而发生过争吵，有16位男生因情绪失控而打架，并都认为是对方的差错，只顾自己发作宣泄情绪，全然不顾对方的情绪状况。进入青少年中后期，由于观点采择能力的提高，他们开始逐渐考虑到周围人的感受，并自觉地从社会规则的角度表达情绪，即情绪的表达适合当时的社会场合，满足社会习俗的要求。一个人能理解和应用情绪表达的社会规则意味着他能用一种更合适的情绪去适应社会，维持良好的人际关系，这本身就是青少年社会化的重要内容之一。

# 第二节　青少年情感的发展

**情感**(feeling)与个体的社会性需要相联系，着重体现在感情的内容方面，具有内隐、稳定的特点。人类的情感现象非常丰富、复杂，并会随着时代的发展、社会的演进、生活的多元化而得到相应的发展。个体进入青少年期，道德情感、理智情感、审美情感、人际情感和生活情感等都获得了重要的发展，并呈现出鲜明的特色。较全面地了解青少年情感的发展，将有助于教师更好地理解青少年学生，为针对性地培养和提高青少年情感创造有利条件。

## 一、青少年道德情感

道德情感是传统情感分类体系中的一大类,是我国学校教育最为强调要加以培养的一类情感,集中体现了我们社会主义学校公民教育的情感特色。了解青少年道德情感的发展水平和特点,对提升德育实效、推进素质教育有重大意义。

**1. 青少年道德情感概述**

青少年**道德情感**(moral feeling)是指青少年根据一定的社会道德规范评价自己和他人的行为时产生的一种内心体验。道德情感是人的情感过程在品德上的表现,一般称为品德的情感特征(林崇德,1989)。当其行为符合社会道德规范时,就产生肯定性的情感体验,如自悦、欣慰、赞赏、敬佩等,反之,则产生否定性的情感体验,如自责、羞愧、厌恶、憎恨等。

青少年道德情感是一个由爱国感、关爱感、正直感和责任感等因子组成的有机结构。其中,爱国感是指对国家、民族的忠诚、热爱的情感;关爱感是指对他人的挫折、不幸等遭遇的怜悯或同情的情感;正直感是指勇于坚持原则、主张公正的情感;责任感是指对自己分内的事勇于承担并尽力完成的情感。

道德情感是青少年品德结构中的重要组成部分,是道德认识和道德行为的中介变量,道德认识只有与道德情感相结合,才会产生道德动机,从而推动、控制和调节道德行为。缺乏道德情感是造成青少年知行脱节、言行不一的主要原因。道德情感水平的提升,不仅是其品德发展的内在保证,而且有助于其高尚人格的形成。无数实践证明,具有良好道德情感的人,往往都具有健全的人格(刘海燕,2002;彭虹斌,2013)。此外,道德情感还是影响青少年道德教育效果的重要变量,正如苏霍姆林斯基所说:"没有情感的道德就变成了干枯的、苍白的语句,这语句只能培养伪君子。"又恰如朱小蔓(2000)所言:"教育把育德作为核心和灵魂,是其健康发展的根本保证;而德育把情感培养作为其核心追求目标,则是构建有魅力德育的关键所在。"

道德情感的心理学研究至少可以追溯到19世纪末。在心理学的经典著作《心理学原理》中,詹姆斯(James,1890)将情绪分为粗糙的情绪和精细的情绪,这里的精细的情绪中就包括道德情感。国内外心理学界对道德情感进行了多方面的研究,其中相当一部分就涉及青少年的道德情感。

**热点聚焦 3-2　　　　"滑坡"?"爬坡"?**
　　　　　　　　——揭开我国当代青少年思想道德的神秘面纱

《中共中央国务院关于进一步加强和改进未成年人思想道德建设的若干意见》(2014)中明确指出:

青少年思想道德状况如何,直接关系到中华民族的整体素质,关系到国家前途和民族命运。高度重视对下一代的教育培养,努力提高未成年人思想道德素质,是我们党的优良传统,是党和国家事业后继有人的重要保证。但由于缺乏对我国青少年道德情感现状进行全面的、客观的实证调查,导致社会上在"我国当代青少年的思想道德现状如何"这一问题上长期以来众说纷纭、莫衷一是:有"爬坡说"(认为青少年主流思想道德较好,同时承认目前青少年思想道德方面存在不足),有"滑坡说"(虽认同目前青少年思想道德整体较好,但强调青少年存在的问题极其严重),也有"中间说"(认为目前青少年思想道德状况喜忧参半)(龚超,2007)。

为揭开"青少年思想道德究竟如何"这一神秘面纱,以卢家楣教授领衔的上海师范大学科研团队历时数载,首次对我国 3 类地区 9 大城市及其郊县的 117 所学校的 25 485 名 11~19 岁青少年学生进行道德情感调查(卢家楣,2010)。结果发现,我国青少年道德情感总平均得分为 4.50 分,正处于我们问卷中设定的 1~6 级评分中"有点符合"(4 分)和"基本符合"(5 分)之间的中界线上,说明我国青少年道德情感总体上处于正向、积极状态。这是当代青少年道德情感的基调,我们从汶川地震、玉树地震以及舟曲山洪泥石流灾害中涌现的大批勇敢施救、关爱他人的抗震救灾英雄少年和北京奥运会、北京残奥会、上海世博会和广州亚运会期间活跃的无数志愿奉献、服务他人的青少年志愿者身上,完全可以看到这种情感。可见,胸中有爱、关注社会、关注人生是当今青少年展现的总体风貌,尽管他们个性张扬、思想开放、价值多元,但爱祖国、爱人民、乐善好施、敢于担当、追求公正、崇尚和谐等传统道德观念和价值取向仍然根深蒂固。

上述结果具有重大的社会意义。当前,我国社会的深刻转型、信息时代的日新月异、社会思潮的日益多元等时代发展特点,以及独生子女、物质优越、青春发育等个体成长特征,使得青少年的发展问题格外引人注目。近年来,大众传媒上充斥着各种各样"90 后炫富女""烧钱男""非主流"、各种"门"事件、熊姐等关于青少年的新闻事件,导致前文中提到的"社会各界对当代青少年价值观和思想道德的议论、评价甚至失望、忧虑和指责"等社会舆论。然而,这些议论、担忧甚至指责,或者仅凭主观臆测,或者仅基于个案,多缺乏客观实证依据。这次全国范围内的大样本调查,从第一线获得了鲜活数据,客观地勾勒出当代青少年道德情感的现状,揭开了青少年道德情感究竟如何的神秘面纱,这对于引导全社会对青少年的客观认知和公允评价,促进新时期新一代的健康成长,具有重大的社会现实意义。

**2. 青少年爱国感**

爱国感是对国家、民族的忠诚、热爱的情感。它在本质上是个体对民族对国家的一种心理上的依恋、归属和态度上的认同、倾向。它主要表现为个体从幼年起逐步形成对自己祖国的山山水水的依恋,对自己同胞和亲人的热爱,对自己民族的优良传统和共同语言的酷爱和尊重,对自己民族光荣历史和本民族对人类所作贡献的珍惜和自豪;在深切感受国家兴衰荣辱和个人利益息息相关的基础上,把祖国的生存发展、繁荣富强作为自己的责任、应尽的义务和神圣的使命(顾海根,梅仲荪,1999)。顾海根和梅仲荪(1999)对 1 142 名中小学生问卷调查发现,爱国情感发展水平随年级升高而提高,各年级间都有明显的差异,特别在小学三年级至五年级和初一至初三两个阶段爱国情感发展尤为迅速。陈会昌(2004)运用情境故事法,也发现不同年级青少年爱国情感存在差异。以对祖国山河领土的情感为例,小学一、三年级中的多数人,是从了解祖国山河具体形象的角度表达他们的爱国情感;小学五年级以后,学生对祖国山河的热爱开始带有感情色彩,并能表达出明确的爱国观念;从初中一年级开始,学生的判断又有了本质的发展,他们已能把爱祖国的河山同热爱祖国、为祖国忘我劳动等爱国主义精神相联系。

一次全国范围内的大规模调查显示,青少年爱国感发展呈现出积极正向的态势,是青少年道德情感中发展较好的一个方面,这在多个方面均有所体现,如在国际比赛中,每当升起我国国旗、奏响我国国歌时,青少年会油然产生一种神圣感;再如中国古代的四大发明,今天仍然让大多数青少年觉得自豪(卢家楣,2009)。这是一个十分可喜的现象,说明我国青少年拂去令人炫目的华丽时尚,内心涌动着的依然是民族的自豪感与自尊感以及对祖国的忠诚与热爱。正如《"90后":谁说我们不爱国》一文所述:我们是过圣诞节比过元旦节更来劲的一代,是可以把英语说得比汉语更顺溜的一代,是摆弄鼠标比握毛笔多的一代……我们也许一头黄头发,能说一口流利英语,但胸中的一颗中国心永远不变。

**3. 青少年关爱感**

关爱感是对他人的挫折、不幸等遭遇的怜悯或同情的情感。关爱是人类最基本的情感之一,也是一个人成长成才不可或缺的重要条件。要成为一个德才兼备的人,其首要条件就是需具备关爱的情感,即关爱他人、关爱集体、关爱社会。当人人都存博爱之心,以友善的态度对待周围的人,那人与人之间的隔阂也会逐渐消除,误会可以冰释,世界也会变得更加美好。正如心理学家弗洛姆(Fromm,1956)所言:"爱是人的身心中最为强劲、最为有力地奋争着的欲望。它是最基本的情感,是维系人类、民族、家庭和社会生存的力量。"

有研究(卢家楣,2009;王俊山,卢家楣,解登峰,周炎根,刘林艳,李晓娟,许鹏,刘啸莳,2016)表明,青少年关爱感发展令人欣喜,处于青少年道德情感水平的最高层次,说明当他人遇到挫折或不幸时,青少年多有同情之心、援助之情,表现出高尚的利他情感。这一可喜的现实似乎与我国自古崇尚"仁爱""善良""同情心",主张"凡是人,皆须爱;天同复,地同载"的传统文化对青少年影响有关,也与中小学校结合各种赈灾活动进行有效的关爱教育以及社会、媒体的宣传、鼓动有着密切的联系。此外,女性青少年较之男性青少年,更懂得关爱他人,更有同情心,恰如美国道德心理学家吉利根(Gilligan,1982)所指出的,公正、关爱的道德价值取向分别与男女性别有关,即女性的关爱取向占优势,男生的公正取向占优势,且贯穿于个体的整个一生并表现于各种道德情境。

**4. 青少年责任感**

责任感是指对自己分内的事勇于承担并尽力完成的情感。责任感是一切美德的基础和出发点,是人类理性与良知的集中表现,是社会得以存续的基石。西塞罗(Cicero,

1998)指出:"任何一种生活,无论是公共的还是私人的,事业的还是家庭的,所作所为只关系到个人的还是牵涉他人的,都不可能没有其道德责任;因为生活中一切有德之事均由履行这种责任而出,而一切无德之事皆因忽视这种责任所致。"1972年联合国教科文组织在《学会生存》的报告中所确定的教育方向之一,就是使每一个人承担起包括道德责任在内的一切责任。而在中小学阶段,牢固打下一个人的社会责任意识和履行社会责任的能力基础,不仅对一个人的全面发展具有重要意义,也是构建和谐社会的重要的、基础性的建设(陆士桢,2009;马国勋,2013)。由此可见,提高青少年责任感是多么重要。

刘世保(2007)研究发现,青少年公民责任感发展是随着学业的升高而逐步递减的,即小学时期最高,初中次之,在高中和大学阶段继续呈下降趋势,在大四明显回升。冯源(2008)研究发现,中学生道德责任感各年级呈现出U形发展趋势,具体表现为初一＞高三,初二＞高二＞高一＞初三的变化趋势。卢家楣(2009)的全国调查显示,在青少年道德情感中,责任感水平处于较低层次,换句话说,青少年对自己分内的事勇于承担并尽力完成的情感不高。究其原因,可能有这么三点:一是在家庭中,当代青少年独生子女比例占多数,家长过度照顾甚至越俎代庖,导致一些青少年缺乏责任感;二是在学校里,部分中小学一味追求应试教育,忽略甚至缺乏责任感教育;三是在社会上,受利己主义思想的影响,部分青少年责任意识淡薄。

## 二、青少年理智情感

理智情感是传统情感分类体系中的另一大类,它不仅会影响青少年现时学习生活的状况,而且会影响他们今后踏上社会继续学习乃至终身学习的态度,因而其本身就应该是学校素质教育的重要目标之一。了解青少年理智情感发展水平和特点,是促进智育、提高教学质量的需要。

**1. 青少年理智情感概述**

青少年**理智情感**(rational feeling)产生于青少年获取知识的活动之中,是指青少年对认识活动及其成就进行评价时产生的一种内心体验。人们在探索未知事物时表现出的兴趣、好奇心和求知欲,科学研究中面临新问题时的惊讶、怀疑、困惑和对真理的确信,问题得以解决并有新的发现时的喜悦,创造活动中体验到的幸福,乃至对研究中未证实结果的怀疑,对偏见和谬误的鄙视和排斥,都是人们在探索活动和求知过程中产生的理智感。人们越积极地参与智力活动,就越能体验到更强烈的理智感。

青少年理智情感是一个由乐学感、探究感、自信感、好奇感和成就感等因子组成的有机结构。其中,乐学感是指乐于学习的情感;探究感是指乐于对事物的特性、机制、规律等进行研究的情感;自信感是指对自己学习能力确信的情感;好奇感是指易于对新事物产生兴趣的情感;成就感是指在学习中追求成功的情感。

理智情感是人们从事学习活动和探索活动的动力。当一个人认识到知识的价值和意义,感到获得知识的乐趣以及追求真理过程中的幸福感时,他就会不计名利得失,以一种忘我的奉献精神投入到学习中。如生物进化论的创始人达尔文(Darwin)在《回忆录》中说:"在尽我所能回忆自己中学时代的性格中,我发现,我有极其浓厚的多种多样的兴趣!很急切地想要理解自己感兴趣的事物,并且在弄清楚任何复杂的问题或事物时,就非常高兴。"因此,理智感是激起科学家不断进行钻研与创造的巨大动力,同时也是青少年学生主动观察事物、反复思索问题的强大的内部动力。对正处于过渡时期,以学习为主要社会任务的青少年来说,理智情感更是青少年情感中极为重要的组成部分,而且也是学校教育要着力培养的与青少年科学文化知识学习、学习方法掌握、能力和创造力发展以及相应观念形成紧密相连的一类情感。

由于理智情感对青少年学习和发展有着十分突出的意义,早在 20 世纪 80 年代就引起了学术界对理智情感的关注。研究者或对理智情感的内涵和外延进行思辨性探讨,或以实验的方法证实理智情感对创造性思维发展的影响,或对部分初中生和高中生的理智情感发展水平进行测查,或在教学目标维度上研究理智情感的测评问题,等等。

### 学术前沿 3-1　　　　　学业情绪的研究

国内外学者还进行了与理智情感密切联系的学业情绪的研究,并已成为学者们关注的领域:佩克鲁(Pekrun)等人最早提出学业情绪(academic emotion)概念,并对学业情绪的范围进行了界定,他们认为学业情绪与学业动机、学业自我概念有非常密切的关系,这几个概念中的"学业"含义相近,指学生在学校中与学习能力、学习行为相关的学习成绩。但学业情绪涉及的范围较为广泛,它包括在学校情境中学生经历的各种成就情绪,特别是与成功或失败相关的那些情绪(Pekrun, Goetz, Titz, & Perry, 2002);托马斯(Thomas)等人对学业情绪体验的范围特性进行了研究(Thomas, Pekrun, Hall, & Haag, 2006),还有学者对学生各个维度内部和维度之间的学业情绪进行了相关分析,其研究对象是八年级到十一年级的学生,研究学生在数学课和英文课上体验到的不同学业情绪,以及同一种学业情绪在不同课业上产生的效果是否会有显著差异等(Goetz, Frenzel, Pekrun, Hall, & Ludtke, 2007);俞国良教授于 2005 年开始了学业情绪的研究,重点关注青少年的学业情绪,还编制由积极高唤醒、积极低唤醒、消极高唤醒、消极低唤醒四个维度构成的青少年学业情绪问卷,同时对 3 558 名中学生进行学业情绪的现状调查,结果表明:青少年的学业情绪存在显著的年级和性别差异,初中生的积极学业情绪多于高中生,消极学业情绪少于高中生;男生的积极学业情绪多于女生,女生的消极学业情绪多于男生(俞国良,董妍,2005;董妍,俞国良,2007)。

**2. 青少年乐学感**

乐学感是指乐于学习的情感。它是理智情感中具有吸引性质的情感,主要表现为青少年有主动、积极的学习意愿,并在学习过程产生愉快的情绪体验。孔子早在三千多年前就提出"知之者不如好之者,好之者不如乐之者",恰把这种情感分为好学和乐学两个层次。好学具有主动、积极的学习意愿;乐学则是在学习过程产生愉快的情绪体验。后者才是学习的最高境界。乐学感不仅可以促进理智情感其他方面的发展,还可以促进青少年良好的学习态度和习惯的养成。自历史上"孔颜之乐"开创我国乐学先河至今,有多少名人志士得益于乐学情感体验,展现了乐学情感对个体学业、事业的巨大促进作用。然而,在现实教育中,由于我国长期以来存在着重知轻情的教学失衡状况,并在应试教育的背景下似有愈演愈烈之势,青少年厌学、畏学甚至弃学、逃学的现象时有发生,真正意义上的乐学在青少年中尚未成为普遍现象。

一次全国范围内的大规模调查显示(卢家楣,2009),青少年乐学感发展虽然呈现出积极正向的趋势,但是与青少年理智情感及其他因子相比,则处于倒数第二;在乐学感的发展上并没有像认知一样随学段的升高而上升,相反出现随学段升高而下降的明显走势:乐学感由小学时的5.01跌到高中时的4.10,落差悬殊。这一结果令人担忧!当前乐学感不高及随年级升高而下降的趋势的根本原因在于当前应试教育的体制,让青少年面临着学业竞争的加剧、学业压力的加大、学业挫折的增多,并由此导致学业倦怠,尤其是年级更高的学生,这种感受更强烈,由此造成青少年乐学感衰退。

**3. 青少年探究感**

探究感是指乐于对事物的特性、机制、规律等进行研究的情感。探究感是维系求知欲、创造欲的热情,是理智情感中对学习活动持续性、深入化方面尤起推动作用的情感。青少年有着强有力的、稳定的探究感就会确定其学习的基本方向,并蕴蓄坚强的意志力去苦战攻关、打破砂锅问到底,不达目的不罢休,而不至于在学习中蜻蜓点水、浅尝辄止。

张文渊和卢家楣(2012)的研究发现,我国青少年探究感在理智情感大类中是水平最低的一种情感,也是随青少年学生学段升高而下降显著的情感。宋磊(2007)也得出一致的结论,即发现大多数高中生对知识探求欲望不强。一次全国范围内的大规模调查更勾勒出青少年探究感的全貌:青少年探究感平均得分在理智情感各因子中最低,女生更低于男生(卢家楣,2009;卢家楣,汪海彬,陈宁,田学英,2012)。这一结果令人担忧,因为探究感直接影响我们青少年一代的钻研性、创造性的发展。教育进展国际评估组织2009年对世界21个国家的调查显示,中国孩子的计算能力排名世界第一,而创造力却排名倒数第五,这一结果不能不说与我国青少年探究感发展水平的滞后密切相关。

#### 4. 青少年好奇感

好奇感是指易于对新事物产生兴趣的情感。好奇感是理智情感中对青少年参与学习活动起着最初推动力作用的情感。有了好奇感，就有了探究求知的欲望，就能扩展兴趣，开阔视野，发现问题。一般来说，好奇感越大，求知欲越强，追求真理的动力越足，认识活动就越深刻。好奇感不仅是激起科学家、发明家不断进行钻研和创造的巨大动力，而且也是青少年学生主动观察事物、反复思索问题的强大内部动力。学生如果对所学的课程毫无新鲜感，就很难持久地为之努力，也不会主动地进行学习。强烈的好奇感使学生对不理解的知识渴求理解，渴求获得更多的科学知识。

调查显示(卢家楣，2009)，当前青少年在学习中对新事物产生兴趣的好奇感发展较好，与前面提及的"当前青少年探究不高"的现状似乎有矛盾之处。其实不然，首先我们必须肯定的是，当前青少年具有积极向上为主导的学习态度，而且易于对新的事物本身产生浓厚的兴趣，只是由于应试教育的局限，让青少年不得不收起自己的学习兴趣，忙于应付各种学习负担，从而导致学习活动浅尝辄止。此外，男生的好奇感高于女生，这是由于男女个性特点不同所致，男性更具冒险性、好奇心、探索意识和思维的拓展性。

### 三、青少年审美情感

审美情感是传统情感分类体系中的又一大类，这是学校教育在培养青少年情感中不可忽视的一个方面，是净化学生心灵、提高修养、健全人格重要的情感手段。了解青少年审美情感的发展水平和特点，有利于培养学生良好的审美情趣和人文素养。

#### 1. 青少年审美情感概述

青少年**审美情感**(aesthetic feeling)是指青少年按照审美标准对物质或精神现象的美进行评价时产生的内心体验。赞科夫曾说过，审美情感是人类特有的本性，是高级的社会性情感。邱明正(1993)对于审美情感和审美情绪作了区分，认为审美情感是人的审美心理素质的常态系统，而审美情绪则是审美情感在特定情境下的具体表现；审美情感更具恒常性、深刻性、本质性，是人的审美心理结构的组成部分；审美情绪则具有境遇性、现象性、暂时性、不确定性，是人在特定环境下受特定对象的刺激而唤起的特殊感受、体验和态度。

青少年审美情感是一个由自然美感、艺术美感、工艺美感、环境美感和科学美感等因子组成的有机结构。其中，自然美感是指因自然事物的壮观、美丽、奇妙等而产生的美感；艺术美感是指因音乐、舞蹈、戏剧、戏曲、诗歌、散文、小说等艺术作品的表现形式、内容和含义等而产生的美感；工艺美感是指因学习用品、生活器物之类实用品的美学特征而产生的美感；环境美感是指因学习、生活场所的洁净、有序、合理等而产生的美感；科学美感是指因科学内容的表现形式的简洁、对称、和谐等而产生的美感。

从社会意义上说,审美情感不单纯是个人需要的满足,同时也是社会审美需要和审美理想的满足,其中包含主体对客观审美对象理性的和社会性的评价,它超越了狭隘的个人功利,间接地体现着社会的功利。此外,审美情感是艺术欣赏和艺术创作的关键性的心理成分,对社会主义精神文明建设具有十分重大的意义。对青少年来说,由于美育的本质在于情感陶冶,因此培养青少年的审美情感,不仅能促进青少年美育,优化人格,提高学习生活质量,还能丰富学校的精神文化生活。

关于审美情感,在心理学研究早期就曾涉及,费希纳(Fechner,1876)用心理物理学的方法检验了简单几何刺激引起的审美体验,证明符合一定规则的刺激,诸如黄金分割比的刺激能激起人们的审美愉悦感,并在此基础上确定了审美原则。之后,瓦伦丁(Valentine)对审美心理进行了一系列的实验研究,并著有《美的实验心理学》一书,该书系统地介绍了关于人对色彩美、形状美,以及对美术作品和音乐的审美特点的实验研究,其中绝大部分属于审美偏爱的实验研究。近年来,国外文艺学和美学领域对于审美情感的研究迅速增多,而心理学的研究尽管也有所增加,但更多的是将审美感知、审美评价和判断等认知活动和审美情感的研究结合在一起,直接涉及审美感的特别是青少年审美感的发展性研究则比较少。

**2. 青少年自然美感**

自然美感是指因自然事物的壮观、美丽、奇妙等而产生的美感。它是由欣赏自然美而产生的积极、愉悦的情感体验,在面临诸如"大漠孤烟直,长河落日圆"的辽阔和壮丽、"明月松间照,清泉石上流"动静结合的清幽、云南石林和桂林溶洞的奇妙时都会产生美的情感。自然美感对青少年各方面的发展都起着非常重要的作用。首先,它能帮助青少年认识世界,丰富认知。诺贝尔物理学奖获得者汤川秀树(Hideki Yukawa)在其著作的扉页毕恭毕敬地录上庄子的名句:"判天地之美,析万物之理。"由欣赏和观察自然美而产生的美感,能引导青少年进一步认识自然,探索自然的奥秘,激发学习的兴趣,从而丰富认识和开阔思路。其次,自然美感可以激发青少年强烈的爱国感。当青少年能感受到祖国的山清水秀、地大物博,就会油然而生对祖国无比深沉而又热烈的爱恋之情。再次,自然美感可以陶冶青少年优良的品格和性情。诚如苏霍姆林斯基所说:"对周围世界的美感,能陶冶学生的情操,使他们变得高尚文雅,富有同情心,憎恶丑行。"康德也曾说过:"对自然美抱有直接的兴趣,永远是心地善良的标志。"

全国调查显示(卢家楣,2009),青少年自然美感发展呈现出积极正向的态势,是青少年审美情感中发展较好的一个方面。这可能是由于我国在自然美方面有着独特的优越条件所致。因为我国的风景资源不但极其丰富,而且以"古""奇"著称,在世界上独占优势。而所有这些得天独厚的资源都会在潜移默化中让青少年产生丰富的审美体验,诚如俄国教育家乌申斯基所说:"自然,美丽的城郊,馥郁的山谷,凹凸起伏的原野,蔷薇色的春天和金黄色的秋天,难道不是我们的教师吗?……我深信美丽的风景,在青年气质的发展上所具有的那种巨大的教育影响。"

**3. 青少年艺术美感**

艺术美感是指因音乐、舞蹈、戏剧、戏曲、诗歌、散文、小说等艺术作品的表现形式、内容和含义等而产生的美感。它是由欣赏艺术美产生的积极的、愉悦的情感体验,是美感中更为高级的一种情感,这主要取决于艺术美本身。我们在欣赏艺术作品时,不仅需要我们的感性思维,还需要加入理性思维,去理解创造者在作品中蕴含的情感。因为艺术美是在经过艺术创造实践,把现实生活中美的元素加以概括和提炼,集中表现在艺术作品中的美。难怪黑格尔认为艺术美是在高级发展阶段上的美,是美的高级形式,他主张艺术美高于自然美,宣称艺术美是真正的美,它是"由心灵产生的再生的美,心灵和它的产品比自然和它的现象高多少,艺术美也就比自然美高多少"。艺术美感以潜移默化的方式对青少年的发展产生影响。艺术美感能让青少年培养更高级的理性思维,从而促进智育的发展,正如席勒所说:"要使感性的人成为理性的人,除了首先使他成为审美的人,没有其他的途径。"同时,艺术美感还能促进青少年德育的发展。如欣赏一幅中国画,不但可以让青少年领略到国画的博大精深而产生美感,同时还能深刻地体会到中华民族是一个伟大的民族,继而产生强烈的民族自豪感和爱国情感。

关于青少年艺术美感的发展,有研究指出,在我国流行音乐成了当今中学生音乐文化生活的主要内容,相对于流行音乐,我们的高雅音乐和民族音乐受到了极大的冷落,只能在学校音乐教育中艰难地守护着自己的阵地(袁茜,2006;张蕴,2013;张素娟,2015)。中学生对流行音乐文化的喜爱已经超出正常范围而且引发了一系列问题:审美趣味单一、欣赏能力无法提高!流行音乐文化中的消极因素带来的负面影响,等等。也有研究(卢家楣,2009)表明,青少年艺术美感的得分在审美情感所有方面得分最低,暴露出青少年艺术美感发展较差、审美情趣不高的严峻现实。究其原因,可能是当代青少年闲暇时间的艺术审美生活相当程度上处于放任自流、无人指导的状态,因既缺乏科学、系统的艺术引导和教育,又广受以享乐为特征的流行文化的影响,制约了青少年高尚的艺术审美趣味和丰富的艺术审美情感的培养。

**4. 青少年科学美感**

科学美感是指因科学内容的表现形式的简洁、对称、和谐等而产生的美感。它是由欣赏科学之美产生的积极的、愉悦的情感体验,与艺术美感一样,也是审美情感中更为高级的情感。科学美感对青少年发展的作用是显而易见的。第一,它可以激发青少年的学习热情。一些抽象的概念、定理、定义往往过于枯燥和呆板,领会和接受比较费力,从而使一些青少年失去学习的乐趣,但若能在学习科学知识的过程中发现简洁、对称、和谐之美,则可以使青少年在愉悦的心情中去享受知识,激发自己强烈的学习兴趣。第二,科学美感有利于青少年创造性思维的培养。许多科学家的创造都源于对科学美的追求,爱因斯坦认为,美是探求理论物理学中重要结果的一个指导原则。没有对科学的审美体验,是很难培养青少年创造性思维的,更遑论提高其创造力直至作出创造性成果。

一次全国大规模调查显示(卢家楣,2009),当前青少年科学美感处于正向积极状态,并随着其学业自评水平的提高而逐级提高,且不受学校重点与否的影响。这表明,青少年的科学美感不是与其绝对的学习成绩相关,而是与其主观、相对的自评成绩密切关联。对青少年来说,学习成绩固然重要,但青少年更看重的是自己学业在班中的相对地位,学业自评越高,就越有自信,也就越能以积极的心态对待周围一切,越会对学科中美的因素产生积极的情感体验。

## 四、青少年人际情感

人际情感是现代社会着力强调的一种情感,对青少年现时的学习生活、人际交往、未来的事业成就和一生的身心健康都有着十分密切的关系。了解青少年人际情感的发展水平和特点,对促进青少年社会交往和社会性发展有着特殊意义。

**1. 青少年人际情感概述**

青少年**人际情感**(interpersonal feeling)是指青少年对自己与他人相处、交往活动评价时产生的一种内心体验。如果青少年个体乐意与他人相处、交往或认为自己能够与他人很好地合作相处,那么他的人际情感就表现出积极、正向的一面;反之,则表现出消极、负向的一面。

青少年人际情感包括合作感、乐群感、归属感、信用感、亲密感和宽容感等多种情感。其中,合作感是指愿意与他人共事的情感;乐群感是指乐意与他人交往的情感;归属感是指希望自己为别人或群体接纳的情感;信用感是指因信守承诺而欣慰的情感;亲密感是指能与他人交流内心体验的情感;宽容感是指能原谅别人而心安的情感。

关于人际情感的探索在人类早期就已经存在。早在两千多年前,古希腊的先哲亚里士多德就说过"能独自生活的人,不是野兽,就是上帝",这从侧面说明,人类文明之所以绵延不绝,离不开群居的生活方式,更离不开人与人之间的交往沟通,人的本质在于其社会性。对正处于社会化重要时期的青少年来说,人际关系状况是其社会化发展质量的重要指标,而人际情感又是其人际关系状况的一面镜子。由此可见,人际情感对青少年来说具有十分重要的意义,而在强调合作、交流的当今社会中,青少年人际情感的发展更凸显其在个体成长中的价值和影响,这种影响甚至终其一生。

人际情感作为一个新近正式提出的概念,尚无这方面的直接的研究资料,但已有不少研究与青少年人际情感相关。例如,有研究表明,青少年同伴关系与亲密感、归属感、合作感、信用感等密切相关;良好的人际关系是青少年获得亲密、归属、安全和满足成就需要的重要前提(雷霞,2007;王俊山,卢家楣,解登峰,周炎根,刘林艳,李晓娟,许鹏,刘啸莳,2016)。又如,在2003年和2004年西安市开展的两项研究中发现,一方面,家长、老师、学生认为宽容是做人应该具有的重要品质之一,另一方面,又感到现在的青少年普遍缺乏宽容感。这说明了宽容对于促进青少年人际关系的意义,也反映了培养宽容感对提升青少年人际情感的重要价值。

**2. 青少年合作感**

合作感是指愿意与他人共事的情感。在社会分工更加细化的当今,以合作为重要特征的团队精神愈来愈受到重视,增强合作意识、提高合作能力成为全社会共同关心的话题,一个乐意、敢于、善于与他人合作的青少年,不但直接促进了其人际关系的提升,而且对其学习、工作、生活都会带来积极的影响。因此,关注和培养青少年的合作感十分重要。

赵俊茹和李幼穗(2003)对青少年合作行为进行了研究,发现高年级被试比低年级被试更容易意识到对方需要自己的合作。庞丽娟和陈琴(2002)对合作行为的研究进行了系统梳理,文中提到大量研究表明婴儿出生第二年是合作行为迅速发展的阶段。但也有研究指出,年龄的增长并不是影响儿童发展的一个必然因素,有时年幼儿童比年长儿童更为合作。有人研究了青少年的合作问题发现,中小学生的合作情感较低(李英霞,等,2008)。一项大型调查也表明(卢家楣,2009),青少年的合作感水平较低,在人际情感包括的内容中,处于最低水平。造成这一状况的原因一方面与独生子女的教育有关,另一方面也可能与过度的学业竞争有关。有关青少年合作特点的研究发现,合作策略随年级提高,越倾向于使用积极策略;合作的利他意图为首位,互利意图和利己意图分别排在第二位和末位;女孩比男孩更看重合作,具有较高的合作意识,在合作中采用积极的合作策略,从利他的角度作出合作行为的可能性更高,而男孩比较注重竞争,倾向于从利己的角度作出合作行为(李英霞,等,2008)。

**3. 青少年乐群感**

乐群感是指乐意与他人交往的情感。这一情感突出地表现在青少年同伴交往中。研究指出,良好的同伴关系对促进学业成绩、心理健康、自尊水平、情绪调控等都产生了积极的影响(Giordano, Phelps, Manning et al.,2007;McCarroll, Lindsey, MacKinnon-Lewis et al.,2009;王佳宁,于璐,熊韦锐,等,2009;孙海鹏,2013)。而乐群感正是促进良好同伴关系形成的重要情感。

调查发现(卢家楣,2009;卢家楣,卢盛华,闫志英,蔡丹,2010),青少年的乐群感水平并不高,在人际情感中处于中等水平。一些同类调查也发现,青少年在处理人际关系的过程中有颇多困惑,同伴交往状况不容乐观。一项研究表明,大约10%的青少年没有任何朋友,60%的青少年与外人只发生表面的接触,只有10%的青少年表示自己"人际关系和谐",另有80%的青少年承认"真心、真情、真话"只能留给自己,还有29.6%的青少年认为"当前最大的苦恼"是"不被人理解"(朱贵芳,1999,转引自雷霞,2007)。2006年初,辽宁省青少年研究会在沈阳市进行了一次10~20岁青少年成长现状调查,其中在"我感到苦恼的事情"的调查中,选择"同学关系不好"的占25.48%,觉得"自己不被人理解"的占31.69%,感觉"自己有困难没人帮助"的占14.20%。

### 实践探索 3-1　　伙伴越来越少,伙伴危机逼近小学生

**半数学生没有同学一起玩,需要更多学校重视"伙伴教育"**

现在的孩子伙伴越来越少了,"伙伴危机"成为当今社会普遍存在的现象。在南京市秣陵路小学百年校庆典礼上,南京市少儿伙伴教育研究所揭牌。

**家长教育不当让孩子不会交往**

秣陵路小学曾在全校学生中做了一次调查,面对"放学回家后,你和伙伴在一起吗?"的问题,半数学生表示"没有伙伴一起玩"。至于影响和伙伴交往的原因,六年级的同学中30%认为"没有时间交往",14%的人认为"不会和他们交往",40%的人认为"胆怯,不敢和他们交往"。对此,校长李海燕告诉记者,一些家长过于保护孩子,怕孩子在外吃亏,整天把他们关在家里。还有的家长望子成龙心切,把他们的课余时间安排得满满的,就是没有和伙伴玩的时间,导致多数孩子以自我为中心,好胜心强,不会与人分享快乐,看到别人的成绩甚至产生嫉妒的心理,这些都是不利于孩子健康成长的因素。

**在寻找伙伴中体验交往快乐**

为了改善这些不良状况,学校将课堂教学定位于师生之间是平等的学习伙伴的关系。学生可以自己选择学习伙伴,或者关系亲密的,或者认为对解决问题有益的,在与不同伙伴合作过程中,体验交往的快乐和成果。

全员参与娃娃报馆是秣陵路小学建设"伙伴关系"的另一法宝。通过高年级帮低年级,实现了年级间的伙伴交流;能力强的帮能力弱的,实现了班级内的伙伴交流;你帮我,我帮你,实现了小组内的伙伴合作。

> **学校要重视"伙伴教育"**
> 对此,南京市教科所所长刘永和极为赞赏。他说,现在的家庭结构是"421",即四位老人、两位青年人、一个孩子,很多孩子没有与伙伴交往的机会,缺少与伙伴相处的方法。刘所长说,这将影响到孩子的社会交往能力、个性发展,甚至影响到孩子的人格健全……而学校是学生合作学习、共同生活的场所,因此,让更多的学校重视"伙伴教育"显得格外重要。

**4. 青少年归属感**

归属感是指希望自己为别人或群体接纳的情感。归属感方面的研究发现,青少年在学校中的归属感影响着他们对学业的坚持性以及对学业努力的投入程度,并能有效预测学生的自我概念(徐琴美,等,2006);学校归属感与积极情感(如乐观)、学业成就、自我概念有显著的正相关,与消极情感(抑郁、被排斥感)呈显著的负相关(Anderman,2002)。可见,归属感对青少年健康成长的重要价值。

研究发现,青少年学校归属感不仅存在女生得分略高于男生的性别差异,而且还存在年级差异:从总体上看是随着年级的升高,学校归属感在下降(徐坤英,2008;程笑珍,2014)。另有研究发现,学校归属感存在显著的个体差异,不同性别、年级、文化背景、种族以及性取向的个体,在学校归属感上表现出不同的特点。女性青少年比男性青少年的学校归属感高。随着在校时间的增长,学生的学校归属感呈下降趋势。在美国,针对非裔、亚裔、黑人以及印第安人学生的学校归属感做了许多比较研究,发现在一些以白人学生为主的学校里,亚非裔的学生学校归属感较低。调查研究表明(卢家楣,2009),青少年的归属感发展相对较好,在人际情感包括的几种情感中处于第二位。一项对香港本地学生、移民香港的内地学生以及上海地区学生所做的比较研究发现,移民香港的内地学生归属感水平显著高于香港学生,而在拒绝感上显著低于香港学生;而上海地区学生学校归属感显著高于香港学生,拒绝感显著低于香港学生(潘发达,王琴,丁锦宏,等,2010)。

**5. 青少年亲密感**

亲密感是指能与他人交流内心体验的情感。亲密感对于个体成长也具有重要意义,特别是在缓解心理压力和增进人际关系和谐方面具有独特作用。

有关亲密感的研究发现,亲密感程度存在着性别差异和年龄差异:在同性亲密感上女生的频次均显著高于男生,而在异性亲密感上女生在信任、忠诚和坦诚方面均显著高于男生;早期青少年的异性亲密感低于中晚期的青少年(王立花,2007)。有人对1 106名初、高中青少年家庭亲密感进行了研究(万晶晶,方晓义,邓林园,等,2007),结果发现青少年对母亲性格的喜好程度是家庭亲密感的主要预测变量,青少年的外向性和情绪稳定性等性格能够直接产生积极的家庭亲密关系。王立花(2011)的研究发现,青少年亲密朋友的分布及亲密感的年龄特点。在青少年拥有三种亲密朋友(同性亲密朋友、异性亲密朋友及恋人)的人数报告中,所有青少年均报告拥有同性亲密朋友,其中大部分青少年(96%)报告拥有异性亲密朋友,较小部分青少年(36%)报告拥有恋人。这说明青少年的三种亲密朋友并存共同发展。高二青少年拥有异性亲密朋友和恋人的比例最低。另外,研究发现大一青少年报告拥有恋人的比例较低,这可能与大一学生特定的生活时期有关。另外在一项台湾进行的青少年异性伙伴亲密感状况调查中发现,大约六成青少年在求学过程中结交异性朋友,近半数曾经与异性交往,57.7%表示与异性交往遭遇过困惑。一项对全国青少年的大型调查发现(卢家楣,2009),青少年的亲密感发展水平并不高,在人际情感所属的几种情感中,处于倒数第二的位置。这一状况可能与学生独生子女背景有关,也与学校和家庭面临的心理压力有关。亲子活动少、过度关注学业可能会影响青少年的亲密感发展。

**6. 青少年信用感**

信用感是指因信守承诺而欣慰的情感。信用感的发展对于个体成长和社会和谐稳定具有重要意义,它不仅可直接促进青少年的人际关系发展,而且在当前关注诚信、讲求信用的社会发展背景下,培养青少年的信用感具有特别价值。

在一项对上千名小学、初中、高中学生以及 74 名经理以上的企业管理者进行问卷调查后发现,小学生信用感优于初中生,初中生优于高中生。同时,家庭和父母对青少年诚信品质的形成起着举足轻重的作用。一项大型调查发现(卢家楣,2009),青少年的信用感发展相对较好,在人际情感包括的几种情感中,处于最高水平。这说明当代青少年随着独立意识的增强,对人际交往中的核心品质——守信,特别看重,成为交往的第一信条而融入其情感世界中。但调查同时也发现,青少年信用感有随着学段升高而下降的趋势。

## 五、青少年生活情感

生活情感是以往学校教育忽视的,却又是当今学校教育应强调的一类情感。它是为现代社会所特别倡导的,并与西方兴起的生命教育和积极心理学的基本精神也是相符的。了解青少年生活情感的发展水平和特点,有助于提升学生的生活质量和人生幸福感。

**1. 青少年生活情感概述**

青少年**生活情感**(life feeling)是指青少年对自己和他人的生命、生活进行评价时产生的一种内心体验,如对生活的热爱,对生命的珍惜和爱护,在追求和创造美好生活过程中克服困难,并表现出的自立、自强的情感等。

青少年生活情感包括幸福感、热爱感、珍爱感和自强感等多种情感。其中,幸福感是指对自己的生活现状感到满意的情感;热爱感是寻求生活乐趣、向往美好生活的情感;珍爱感是对人类、动物、植物等一切生命体的爱护和珍惜的情感;自强感是指克服困难、积极进取以求得自我发展的情感。

近年来,在教育界大力推进素质教育、促进学生身心全面发展的同时,青少年学生中一些与身心健康有关的问题也凸显出来,如学业压力与交往问题导致的焦虑、抑郁等心理健康问题,沉迷网络、漠视生命、自杀等行为问题,这些现象往往无法用幸福感缺乏或生命教育缺失等单一的因素进行有效解释——因为它们产生的原因是多方面的,都与更宽泛的对生命、生活的认识及感受有关,即与生活情感有关。了解青少年生活情感的客观现状,对有针对性地开展生命教育、提升青少年身心健康水平等有着重要的参考价值。

目前直接关于青少年生活情感的研究很少,但国内外与这一概念相关联的研究较为常见,且近年来有逐年增多的趋势。如关于青少年的幸福感已经由学术研究的范围拓展到实践提升的领域,一些学校开始关注并积极提升学生的幸福感。再如,关于学生的自强感也有研究加以关注。有研究指出,成年人心目中的自强主要是指持久的意志力(郑剑虹,黄希庭,2004),而高中生的自强人格则包括坚韧性、积极性等七个因素和坚韧性、目标性、人际开放性和积极性四个方面的结构(郑剑虹,李启立,黎家安,2010)。还有研究通过调查研究发现,独立性、责任性和灵活性是被调查者最强调的自立特征,勇敢与拼搏、坚韧性和才干是被试最强调的自强特征(夏凌翔,2005)。

**2. 青少年幸福感**

幸福感也称生活幸福感,是指对自己的生活现状感到满意的情感。幸福感是青少年生活情感中的一种重要情感,对青少年身心健康、学业发展都有着极为重要的意义。幸福感的研究是三十多年来心理学研究的热点之一。一般认为,威尔逊(Wilson)1967年发表的《自称幸福的相关因素》一文,是西方幸福感研究的开端。幸福感包括主观感受的主观幸福感和强调客观影响的心理幸福感两个方面(Ryan & Deci, 2001)。国内对幸福感的研究始于近几年,对青少年幸福感的研究也日趋增多。

研究表明,我国中学生的主观幸福感与家庭气氛、年级、家庭收入、性别等有关(石国兴,杨海荣,2006),初中生主观幸福感与生活事件存在密切关系(王极盛,丁新华,2003)。一项全国性的调查发现(卢家楣,2009),青少年幸福感发展水平较好,在生活情感包括的几种情感因子中,幸福感的发展处于最高水平。这一结果与以下三个方面的原因是分不开的:一是改革开放三十多年来,我国青少年物质与文化生活水平显著提高;二是处于这一年龄段的青少年个体绝大多数为独生子女,备受父母、长辈的关爱,各方面的物质需要相对得到较大满足;三是与青少年所处的人生发展阶段有关,即这一时期的青少年主要活动为学校中的学习,生活中的压力来源也较为单一。国内外同领域的研究有着相似的结论。如许布纳等人(Huebner, Drane, & Valois, 2000)的研究发现,青少年的总体生活满意度是呈正性的,我国学者也发现,初中生的总体生活满意度在中等水平以上(杨海荣,等,2005)。不过,在各种对象中,中学生对学校的满意度最低(Huebner, Drane, & Valois, 2000),这进一步说明了学校提升学生学习生活质量的重要意义与迫切性。

**3. 青少年珍爱感**

珍爱感也称生命珍爱感,是对人类、动物、植物等一切生命体的爱护和珍惜的情感。这是青少年生活情感中的一种重要情感,对于青少年健康成长和社会和谐稳定具有十分特殊的意义。迄今为止,针对青少年珍爱感的研究还较少,但已有一些与青少年珍爱感相关的研究,如以生命教育为主题的研究。生命教育的思想与实践活动兴起于20世纪六七十年代的美国和澳大利亚。1968年,美国的华特士(Walters)在加州创办了阿南德(Ananda)智慧生活学校,并在学校中倡导并践行"为生命而教育"的思想。而"生命教育"这一概念由澳大利亚的诺夫斯牧师(Noffs, 1974)最先提出。他针对青少年吸毒问题,建议用"生命教育"来应对和解决。在我国,20世纪90年代中期起,生命教育活动开始在各级各类学校推行,与此有关的研究也随之开展。

有研究表明,我国青少年的生命意识总体强烈,但仍有缺失;对生存能力有一定的认识,但生存技巧明显不足;对生命教育有一定的认识,但十分有限(王学风,张霞,2010)。一项大型调查发现(卢家楣,2009),青少年的珍爱感相对较高,在青少年生活情感包括的几种情感因子中,其得分仅次于幸福感。调查还发现,男女生在珍爱感得分上差异显著,女生显著高于男生。女生对他人生命的珍惜,特别是对受伤害小动物的同情方面高于男生,这也与我们日常生活中的经验相一致。

---

**知识小窗 3-1　　　　上海市中小学生命教育指导纲要导览**

**1. 概念**

对生命教育的界定国际上有不同提法,大致分两类:一类是广义的界定,即一切能够关注学生生命和生活的教育都称为生命教育。另一类是狭义的界定,即针对学生生命历程中重要问题而开展的有针对性的生命教育。我们此次开展的生命教育属后一种,其界定如下:生命教育是帮助学生认识生命,珍惜生命,尊重生命,热爱生命,提高生存技能和生命质量的一种教育活动。

其含义有以下两点:其一,认识生命、珍惜生命、尊重生命、热爱生命是生命教育的目标。对于中小学生来说,生命教育就应落实在以健康为基础,即健康的身体、健康的心理、健康的人格;以情感为纽带,即珍惜、热爱、尊重生命;以价值为导向,让学生认识到生命的意义,感悟到生命的可贵,走好人生每一步,促进他们健康成长、和谐发展。其二,生命教育是在学生生命历程中进行的,而一个健全的生命是在社会、自然和内心自我中获得成长和发展的。因此,生命教育就是要让学生确立生命与自我、生命与社会、生命与自然这三者的和谐关系。

**2. 目标**

整体规划小学、初中和高中生命教育的内容序列,形成学校、家庭与社会优势互补、资源共享的生命教育实施体系。通过多种教育形式,对中小学生进行生命与健康、生命与安全、生命与成长、生命与价值以及生命与关怀的教育,使学生学习并掌握必要的生存技能,认识、感悟生命的意义和价值,培养学生尊重生命、爱惜生命的态度,学会欣赏和热爱自己的生命,进而学会对他人生命的尊重、关怀和欣赏,树立积极的人生观。

**3. 内容**

《上海市中小学生命教育指导纲要》按学龄段规定了小学、初中、高中生命教育的内容,使"认识生命、珍惜生命、尊重生命、热爱生命"的教育内容在小学低年级、小学中高年级、初中和高中阶段有机衔接、循序渐进、全面系统。比如在小学低年级阶段,以"认识生命"为重点教育内容,着重帮助和引导学生初步了解和认识生命现象。在小学中高年级,以"珍惜生命"为重点教育内容,培养学生初步树立正确的生命意识,养成健康的生活习惯。初中阶段,以"尊重生命"为重点教育内容,着重帮助和引导学生了解青春期生理、心理发展特点;掌握自我保护、应对灾难的基本技能;学会尊重生命、关怀生命、悦纳自我、接纳他人;养成健康良好的生活方式。高中阶段,以"热爱生命"为重点教育内容,着重帮助和引导学生形成科学、合理的性生理、性心理和性道德观念;学会用法律和合适的方法保护自己的合法权益;热爱生命;学习如何应对精神创伤的危机干预方法等;提高建设健康、丰富的精神生活的能力,培养积极的生活态度和人生观。

摘自《〈上海市中小学生命教育指导纲要〉解读》

# 第三节　青少年情感能力的发展

**情感能力**又称**情绪智力**(emotional intelligence),是指以情绪或情感为操作对象而表现出的一种智力,也就是在智力层面上表现出的情感特色。这是最近十余年来在我国心理学界、教育界乃至社会上日益关注的一种心理现象,被视为青少年社会化成熟和事业成功不可或缺的心理素质。因此,准确把握情感能力的内涵,了解青少年情感能力发展的水平和特点,进而通过有效教育提高青少年情感能力,对促进青少年社会性发展、提升青少年综合素质具有重要的现实意义。

## 一、情感能力概述

情感能力是青少年情感发展的重要方面,但又是长期以来被忽视的一个方面,这与学术界对它的研究起步较晚有关,甚至人们对情感能力的术语使用仍非常混乱。因此,有必要了解情感能力的概念及有关理论。

**1. 情感能力的概念**

情感能力既是一类能力,又是一种情感现象。首先从名称上看,情感能力是能力中的一类,属能力范畴。但它与一般的认知能力不同,它不是以认知性的动作、表象和符号等为操作对象而表现出的能力,而是以情绪或情感为操作对象而表现出的能力,因此,它也是一种涉情现象,是表现在能力层面上的情感现象,属情感范畴。例如,一个人对自己情绪控制能力的强弱,既是个体的能力问题,但同时也是个体的情感问题,反映其情感品质优劣。可以说,情感能力是心理学上的一个交叉性概念。

> **知识小窗 3-2　　情绪智力的概念**
>
> 在国外的学术研究中,有将情绪智力称为"emotional competence","emotional ability",或者是"affective intelligence"。本教材中,统一使用情感能力这一术语,这主要基于两个方面的原因:第一,在英文中并无情绪、情感之分。根据 Google 字典,"emotion"一词对应的中文释义为:强烈的感情;激情;情感;情绪。其中不仅包括情绪,还包括情感。显然,使用广义的"情感"一词,包括情绪、情感和情操,能够更好地表达"emotional intelligence"的原意,强调其广义的情感属性。第二,使用"能力"一词,可以使之与传统智力的"认知能力"相对应。不仅如此,还能够更好地配合我国的教育实践工作,呼应情感态度价值观的新课程改革目标,有利于心理学研究与我国的教育实际相结合。

青少年情感能力主要包括情绪认知能力、情绪感染能力、情绪体验能力、情绪表达能力、情绪调控能力等方面。其中,情绪认知能力是指善于感知、识别、理解自己或他人情感的能力;情绪感染能力是指善于影响或调动他人情感的能力;情绪体验能力是指善于体会他人情感并在自己身上产生相应的情感的能力;情绪表达能力是指善于通过恰当的途径和手段表达自己情感的能力;情绪调控能力是指善于有意识地调节和控制自己情感状态的能力。

**2. 情感能力理论**

自从 1990 年梅耶和沙洛维(Mayer & Salovey)发表名为《情绪智力》(*Emotional Intelligence*)的文章,第一次对情绪智力的概念及结构进行系统的论述以来,情绪能力逐渐引起了人们的关注和重视。国外已出现了一些具有代表性的情绪智力理论。

(1) 梅耶和沙洛维的情绪智力理论

1990 年梅耶和沙洛维提出情绪智力的定义:个体监控自我和他人的情绪,识别情绪并运用情绪信息指导思维和行为的能力。情绪智力结构则包括评估和表达情绪能力、调节情绪能力、运用情绪能力3个因素及其10个变量。1997年他们将情绪智力的定义修订为：知觉、评估和表达情绪的能力，情绪促进思维的能力，理解、分析和运用情绪的能力，调节和促进情绪的能力。该定义一直沿用至今。情绪智力结构则包括对应的4个因素及其16种能力。1998年他们在此基础上编制"多因素情绪智力量表"(MEIS)，2001年编制"梅-沙-卡情绪智力测验"(MSCEIT)，次年编制修订版。

(2) 高尔曼的情绪智力理论

1995年高尔曼(Goleman)在《情绪智力》一书中提出，情绪智力包括认识自我情绪的能力，管理自我情绪的能力，激励自我情绪的能力，识别他人情绪的能力以及处理人际关系的能力。情绪智力结构则包括自我意识、自我管理、社会意识、社交技能4个因素及其20种能力。

(3) 巴昂的情绪智力理论

1997年巴昂(Bar-On)认为，情绪智力是影响个体应付环境需要和压力的一系列情绪的、人格的和人际能力的总和。情绪智力结构则包括个体内部、人际、适应性、压力管理、一般心境等5个维度及其15个子成分。同年编制"情商问卷"(EQ-I)。2000年巴昂等人另编制"情商问卷青少年版"(EQ-I: YV)。

(4) 佩特里迪斯等人的情绪智力理论

2000年佩特里迪斯(Petrides)等人将上述三家之言整合一体，包括肯定自我、管理他人情绪、社会能力、表达情绪、知觉自我和他人情绪、人际技巧、特质移情、自尊、特质乐观、特质快乐、激励自我、管理压力、调节情绪、适应性、冲动等15个具体特质。2003年编制出"特质情绪智力问卷"。

---

**学术前沿 3-2　　　　　元情绪的研究**

元情绪(meta-emotion)是一种主体对自我情绪的觉知、评价、描述和监察的能力，以及对其产生的原因、过程、结果进行分析和调控的能力。它通过调控可使个体的积极情绪与消极情绪保持在适当的动态平衡状态。元情绪实际上就是情感能力，是与元认知相对应的一个心理学概念。元情绪使一个人对其影响心理健康的情绪、情感不仅"知其然"，而且"知其所以然"，它是每个正常人都能够获得的能力，是对自身情绪和行为有全面"自知之明"、实施动态调控的先决条件之一。元情绪是一种个体对自我情绪、情感的感知与体验、表达与评价、调节和监控能力(许远理，2001)。

有研究表明(焦海涛，张乐华，2008)，不同年级初中生的元情绪总体水平不存在显著差异，但在元情绪的情绪恢复维度上二年级和三年级初中生的得分存在着显著差异，而且二年级学生情绪恢复能力好于三年级学生；元情绪在性别上均不存在显著差异，女生的元情绪能力发展既不比男生超前也不比男生落后。

## 二、青少年情感能力发展的特点

青少年随着认知能力的发展,人际交往的增多,社会实践的丰富,以及自身情感的逐渐成熟,其情感能力也得到了相应的发展。

**1. 青少年的情绪认知能力**

情绪认知能力是指善于感知、识别、理解自己或他人情感的能力。青少年情感认知能力的发展主要体现在两个方面。

首先表现在对他人情感的观察、感知水平的提高上。由于青少年对表情的识别能力基本成熟,因此能够在人际交往中察言观色,觉察对方的内在情感。这在课堂上有很好的体现,中学生可以从教师的面部表情、言语声调、手势姿态判断教师是否心情愉快,从而调整自己的听课行为。更具发展意义的是,青少年能够比较自觉地意识到自己的情感和情绪状态,当他们掩饰不住内心的喜悦而笑出声来时,往往也能环顾四周,看看自己的表情是否失态;当他们与人发生争执时,一般也能感受到自己正在升腾的怒火,及时而又准确地觉察到自己的情绪,为调节情绪奠定了基础。青少年觉察能力发展较好的状况也得到了有关实证研究的支持。有研究发现,初中生的情绪觉察能力发展比较好(张俊,卢家楣,2008);无论是重点学校还是非重点学校,无论是男生还是女生,中学生情绪感知维度的得分都是最高的(张冲,邹泓,2009)。

其次表现为青少年具有情绪评价和预见的能力。由于青少年思维进入皮亚杰所指出的形式运算阶段,可以在头脑中把形式和内容分开,脱离具体事物进行逻辑推理,因此,从初二开始,抽象思维由经验型向理论型转化,也就是说,初中生的思维中虽然抽象逻辑思维开始占据优势,但基本还属于经验型,需要感性经验的直接支持,而高中生的抽象逻辑思维则属于理论型(林崇德,2002)。青少年思维能力的发展,导致他们在情感生活中能够在事后进行"情感反刍",分析和概括情感产生的原因,常常产生"原来快乐如此简单""怎么能因为这点小事大动干戈呢"之类的感叹;而在事前又可以进行情感预见,假设和推想可能产生的情感,经常发出"只要努力,不管成功还是失败都会高兴的""这样做对方会生气的"之类的提醒。同时,青少年一般能从实际情境出发,具体问题具体分析,对自己或他人的情感评价更趋客观理性。

**2. 青少年的情绪表达能力**

个体的情绪表达能力往往对社会交往、人际沟通产生重要影响,青少年的情绪表达能力主要呈现出三个方面的特点。

首先是青少年的情绪表达出现私密性方式。他们喜欢写日记,将自己在学习中的情绪体验、与朋友的交往感受通过语言倾诉出来。哪个少男不善钟情,哪个少女不善怀春,青少年对异性的朦胧情感是这一阶段情感生活的独特主题,但往往又不能明确表达出来,潜藏内心深处给自己带来了烦恼和忧伤,于是往往借助日记,诉诸笔端。随着网络的普及,青少年渐渐运用网络表情达意。据中华基督教青年会公布的调查发现,近七成受访的香港高中学生曾使用博客。研究者随机调查了一个上海的高一班级,40 名同学全部有 QQ 账号,其中 26 人有个人 QQ 空间,并经常在空间里写情感日志。借助网络表达自己的喜怒哀乐有渐占上风之势,很多青少年宁愿与素未谋面的网友谈心聊天,也不愿与父母或老师交流沟通。这种新的情感表达方式应该引起教育工作者的高度关注。

其次是青少年情绪表达渐显个体差异。随着人格的逐渐形成,青少年的情绪表达方式和特点也会稳定下来,并表现出个体差异:尽管有同样的情绪感受和体验,有的个体的情绪明显表现于言语与行为之中,且会比较强烈,而有的则比较内隐,并不在言行中明显表现出来。有研究(王振宏,等,2007)发现,在初中阶段,青少年正性情绪表达在年级上不存在显著差异,只在负性情绪表达方面存在年级上的显著差异,并且这种差异还会受到性别的影响,存在年级与性别的交互作用,即在负性情绪表达方面初二女生报告了比初一、初三女生更高的负性情绪表达,而男生的负性情绪表达不存在年级差异,说明初二女生在负性情绪表达发展方面可能存在一个转变期。对高中生的调查表明,高中生与初中生在注重情绪表达方面有显著差异,高中生倾向于表达或压抑自己的情绪反应,或采用独自宣泄、忍耐和顺从的应对方式(王有智,等,2008)。情感表达的性别和年龄差异既与青少年的个性逐渐成熟相连,也与社会的期望模式相关。

再次是青少年情绪表达渐符社会规则。小学生的情感表达具有自我中心的特点,进入青少年期以后,随着自我意识的觉醒,渐渐认识到情感表达要符合特定情境和社会规则。青少年特别是高年级的青少年一般不会因为一点高兴的事而在公共场合捧腹大笑,也不会因为一点生气的事而在众人面前大发雷霆。相反,他们会较自觉地用意志力控制和支配自己的情绪表达,以适合周围的人际环境。因而,他们选择的情绪表达方式也就更具社会性。研究表明(孙俊才,等,2007),八年级(初二)学生比五年级学生较多地减弱情绪,特别是减弱愤怒和厌恶情绪,较多地对家人、同伴和陌生人减弱。五年级学生比八年级学生较多地夸大情绪,特别是夸大厌恶、悲哀、恐惧这三种负性情绪,较多地对家人和好友夸大。从这些情绪类型在社会人际关系建立和维持上的功能来看,八年级学生比五年级学生更注重从社会效益实现的角度选择情绪表达方式。

**3. 青少年的情绪调控能力**

情绪调控能力是青少年阶段情感能力发展较为突出的方面,也是影响青少年社会性发展的重要因素。

首先是青少年的情绪调控能力有较大提高。这主要表现在三个转变上：一是由他控向自控的转变：青少年可以依据特定情境和社会习俗有意识地调节自己的情感，通常不需要像儿童那样，必须依赖教师或家长从旁提醒；二是从不会使用调节策略向逐渐运用调节策略的转变：青少年能够认识到什么样的策略是有效的，何时采用什么样的策略是合适的，自己更善于采取哪种调节策略；三是情感调节的效能从低到高的转变：青少年不仅能够自觉调节自己的情感，而且可以将情感调节到一个恰当的水平，以促进认知活动的进行。这些变化得益于三方面因素：一是青少年的心理发展，特别是自我意识水平和意志水平的提高，对自己行为控制力的增强；二是青少年的生理发展，特别是大脑皮质机能逐渐完善，兴奋和抑制越来越趋于平衡，逐步能够在一定程度上调控自己的行为和情绪；三是青少年的社会实践的发展，使情感调节能力不断通过模仿、学习和探索而提高。

其次是青少年情绪调控能力显示出发展差异。有人(沃建中，曹凌雁，2003)采用"中学生情绪调节能力问卷"，对北京、河南、重庆、浙江和新疆五个地区的13所中学初一至高三的11 855名学生进行测查。结果表明，中学生的情绪调节能力的发展随着年级升高呈上升趋势，到高二趋于稳定。初中低年级男生情绪调节能力高于女生，高二年级女生情绪调节能力超过了男生，而在其余年级男女生没有显著差异。

此外，青少年情绪恢复能力也显示发展差异。情绪恢复是指从消极情绪中解脱出来的能力，体现出情绪的弹性。生活中我们不难发现，有些青少年往往沉湎于某种消极情绪中不能自拔，"最近比较烦比较烦"的状态困扰多天乃至数月；有些青少年却能够很快跳出消极情绪的怪圈，重新以积极的心态面对学习和生活。有人对此研究(李冬梅，2005)发现，青少年随年龄增长，心理弹性呈下降趋势，即大学生从消极情绪体验中的恢复能力低于高中生，更低于初中生；在女生中下降更加明显(见图3-2、图3-3、图3-4)。

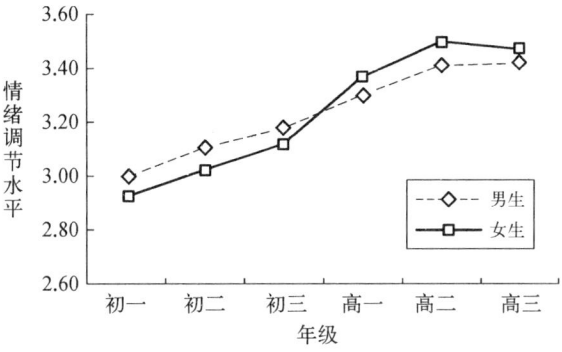

图3-2 中学生情绪调节能力发展趋势

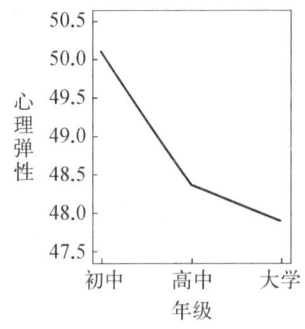

图3-3 青少年心理弹性发展趋势

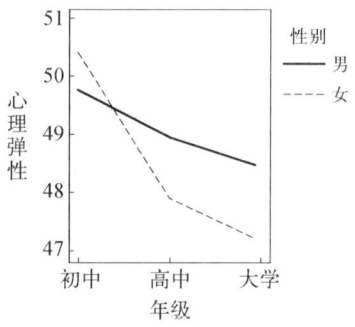

图3-4 不同年龄和性别青少年心理弹性发展趋势

### 学术前沿 3-3　　青少年情感能力的性别差异

男女青少年情感能力是否具有性别上的差异？不同的研究者在这一问题上仍存在争议。

一些研究支持男女青少年情感能力并无差异的观点。佩特里迪斯和富姆汉（Petrides & Fumham, 2000）的研究发现，中学生的情感能力不存在显著的性别差异。国内对于青少年的研究中，竺培梁（2006）研究重点高中学校的青少年情感能力，发现总体情感能力男生平均数低于女生，但差异不显著。在情感能力的4个因素中，男生平均数全部低于女生，其中调控他人情绪差异显著，其余差异不显著。叶国萍（2005）调查中学生情感能力，也得出男女差异不显著的结论。

但也有很多研究却证实了不同性别青少年情感能力确有差异。竺培梁、卢家楣等人（2010）自编"青少年情感能力问卷"进行全国范围调查发现，我国青少年情感能力正向积极，但低于总体情感素质平均水平，其中情绪体验因子最高，而情绪感染和情绪调控两个因子则最低；情感能力与师生关系和教师有情施教关系密切。恰洛奇（Ciarrochi, 2001）使用SREIT调查131名13~15岁的中学生，发现女性的情感能力更高，并且情感能力与识别情绪表达的技巧、社会支持、对社会支持的满意度以及情绪管理能力等呈现正相关。国内也有多个学者在各自针对青少年情感能力的研究中得出男女青少年在情感能力上存在显著差异的结论（张俊，等，2008；张冲、邹泓，2009）。一项全国性调查进一步显示（卢家楣，2009），男女生情感能力中的情绪体验具有实际上的显著差异，表现为女生显著高于男生，这可能与传统观念一般认为女性的感情更加丰富细腻，因而对内部的心理活动比较敏感，在社会化过程中培养起来的情感能力也较男性更强等因素有关。其他各项因子除情绪调控一项外，也都是女性得分略高于男性，但差异不显著。男性在情绪调控因子上得分略高于女性，差异也不显著。因此，该研究指出，男女青少年在情感能力上存在的差异属于结构性差异，这正与男女智力发展的结构性差异的情况相互对应。

让我们回到本章开头提到的那个案例。案例中的主人公小宋是一名初二的学生，和许多刚刚步入青少年期的同学一样，小宋的身上体现出这个时期特有的一些情感特点。第一，情绪的兴奋性较高。尽管小宋是名女生，且不忘自己的淑女形象，但是由于青少年的神经活动兴奋过程往往强于抑制过程,刺激在神经中传导易引起泛化、扩散,导致情绪容易发生。同时,由于刚进入青少年期不久的个体,一方面社会活动范围不断扩大,另一方面随着自我意识的发展,内心世界也更为丰富。这对于不久前还是童年的个体来说,许多事物都是那样新奇,那样不可思议。这就使个体在儿童期形成的认知结构,往往不能同化外来的各种新知识,而处于加速变化、重建之中。于是从原来认知结构中产生的预期,常常不能与现实吻合,使客观事物经常较大超出预期,从而导致较强烈的情绪反应。正因如此,小宋才会在看电视时或兴奋,或伤感不已,或怒火中烧,也才会在与同学争论过程中反应激烈。第二,情绪起伏波动明显。高兴起来,感觉生活真美好,一旦郁闷,似乎天都要塌下来,并且持续时间较长,情绪心境化特征突出。人际交往也是如此,争吵起来,亲友不认,和好之后,形影不离。第三,也是比较可喜的是,小宋的情感调节能力有所提高。"别人说的话没有什么很得罪人的地方,更不是故意冲着我说的","以后讨论问题可不许发小姐脾气了,讨论问题嘛,自己的观点未必都是正确的啊,派别之间还允许'百家争鸣'呢"等内心声音都反映出小宋已经具备了情感反思、情感归因和自我调节能力。第四,小宋的学科学习兴趣开始分化,曾经的数学课代表对数学学习兴趣不浓了,自信减弱了,对语文学科则慢慢产生了乐学之情。学习兴趣的分化虽然是客观存在的事实,但教师应该引起重视,初中毕竟是一生学习的奠基阶段,过早的兴趣分化是不利的。

需要特别强调的是,小宋之所以爱上了语文,与她的语文老师在教学中充分重视情感因素有很大的关系。这位年轻的教师似乎深谙情感教学之道,善于挖掘教材中蕴含的情感因素,并在教学环节中充分利用这种情感因素,从而营造出一种浓厚的语文情感氛围,使得学生沉浸、陶醉在这种情感氛围之中,并经日积月累,最终转化为对语文学科的乐学情感。这再次提醒广大教师,必须认真探索青少年的情感发展特点,并与实际的教育教学工作结合起来,不断提高教育教学的艺术性和实效性。

## 本章小结

- 情感是个体对客观事物是否符合其需要和预期而产生的一种体验。
- 情绪常以心境、激情、应激的状态表现出一个人的喜怒哀乐,它的特点是外部表现较明显,持续时间较短,是个体从事各种活动的心理背景。
- 青少年情绪发展主要包括情绪体验、情绪表现和情绪的社会化程度三个方面。
- 青少年情绪体验的特点主要表现为情绪兴奋性高、情绪波动性大和情绪心境化。青少年情绪表现的特点主要有两方面：出现情绪文饰现象和表情更加成熟。
- 情感与个体的社会性需要相联系，着重体现在感情的内容方面。青少年情感的发展表现在道德情感、理智情感、审美情感、人际情感和生活情感五个方面。
- 青少年道德情感是指青少年根据一定的社会道德规范评价自己和他人的行为时产生的一种内心体验，包括爱国感、关爱感、正直感和责任感四个因子。
- 青少年理智情感是指青少年对认识活动成就进行评价时产生的一种内心体验，包括乐学感、自信感、成就感、探究感和好奇感五个因子。
- 青少年审美情感是指青少年按照审美标准对物质或精神现象的美进行评价时产生的内心体验，包括工艺美感、自然美感、艺术美感、环境美感、科学美感五个因子。
- 青少年人际情感是指青少年对自己与他人相处、交往活动评价时产生的一种内心体验，包括合作感、乐群感、归属感、信用感、亲密感和宽容感六个因子。
- 青少年生活情感是指青少年对自己和他人的生命、生活进行评价时产生的一种内心体验，包括幸福感、自强感、热爱感和珍爱感四个因子。
- 情感能力是指以情绪或情感为操作对象而表现出的一种智力，也就是在智力层面上表现出的情感特色。青少年情感能力包括情绪认知能力、情绪感染能力、情绪体验能力、情绪表达能力和情绪调控能力五个因子。
- 青少年五个方面的情感和情感能力总体水平处于正向积极状态，但仍有较大发展空间，内部因子发展不平衡，男女青少年呈现出结构性的发展差异，并随年级升高而波动起伏。

## 思考题

- 青少年情绪体验有何特点？
- 青少年各种情感在其学习、生活和今后的人生发展中各有哪些作用？
- 青少年的情感呈现出怎样的发展特点和趋势？
- 如何理解情感能力的内涵与外延？
- 青少年的情感能力具有哪些特点？

## 问题探索

- "爱美之心，人皆有之"，青少年的审美情感有哪些特点呢？请参阅有关书籍，并结合时代特点，谈谈你对这个问题的思考。
- 本章所述的青少年情感发展特点对你今后从事教育工作有何启示？如果让你设计一堂主题为"情绪管理"的课程，你将如何完成？

# 第四章 青少年自我意识发展

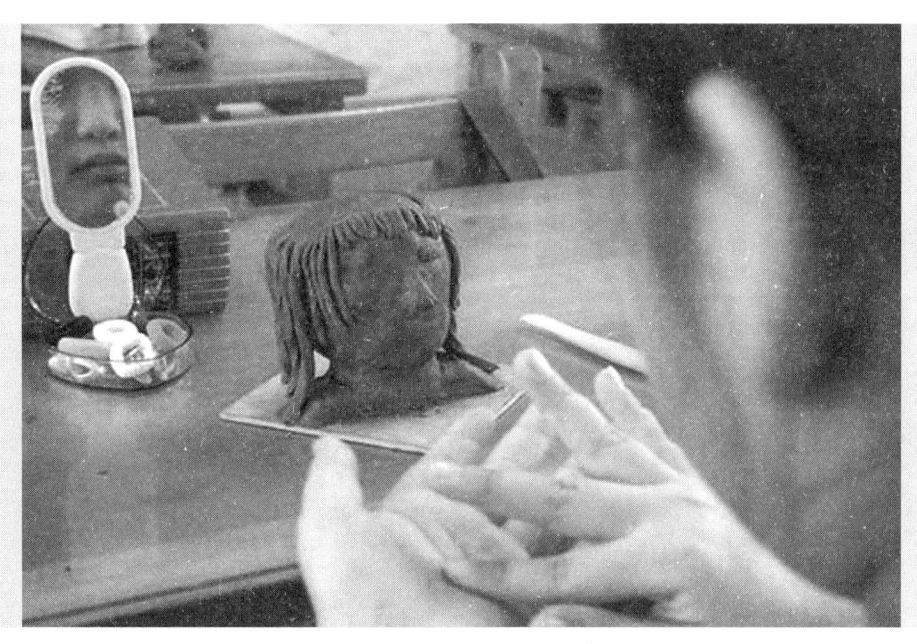

―――――――――― 本章细目 ――――――――――

**本章要点**

**第一节 自我意识概述**

一、自我意识的内涵

二、自我意识的结构

1. 自我认识、自我体验和自我调控
2. 生理自我、社会自我和心理自我

三、自我意识的发生

四、自我意识发展对青少年成长的作用

1. 促进人格品质的完善
2. 促进人格倾向性水平的提高
3. 促进认知活动效能的优化

**第二节 青少年自我意识发展的过程**

一、青少年自我意识总体发展的状况

1. 发展趋势
2. 性别差异
3. 城乡差异
4. 自我同一性

二、青少年自我意识发展的机制

1. 分化
2. 矛盾
3. 统一

**第三节 青少年自我意识发展的特点**

一、青少年自我认识发展的特点

1. 青少年自我认识的途径
2. 青少年自我认识的焦点
3. 青少年自我评价的特点

二、青少年自我体验发展的特点

1. 青少年自我体验的一般特点
2. 青少年自尊感的特点

三、青少年自我调控发展的特点

**本章小节**

**思考题**

**问题探索**

## 本章要点

- 自我意识的内涵和结构
- 青少年自我意识发展的过程
- 青少年在自我认识发展方面的特点
- 青少年在自我体验发展方面的特点
- 青少年在自我调控发展方面的特点
- 青少年自我意识发展过程中存在的问题

**想试着回答一下吗……**

- 你思考过"我是谁"这个问题吗?你得到答案了吗?
- 你会经常评价自己的体貌吗?当你照镜子时,会不会有时觉得自己长得还可以,而有时候又觉得自己长相一般甚至丑陋呢?
- 你觉得自己的自尊感状况如何?是偏高还是不足?你曾想过需要调节你自尊水平的适宜度吗?
- 你是否意识到自我调控的重要性?在网络世界中,你的自我控制能力如何?
- 现实生活中的你与理想中的你是统一的吗?你思考过如何达到两个"我"的统一吗?
- 人们常说:"人贵有自知之明。"这句话具有什么心理学的意义?
- 你能看懂右边这幅图是什么意思吗?它对我们的生活和学习有什么启发?

小文学习一直不错。高三要面临高考了,可他却觉得干什么都没有意义,学习没有激情,学习效率低下。有一次,班主任老师与他谈话时,他苦恼地问道:"老师,您说人为什么要活着?人存在的意义是什么?这个世界的存在又有什么意义?"并补充道:"老师,我觉得人活着就是为了生存。任何生物,它们所做的一切都是为了生存,真是太可悲了。我觉得这世界上的任何事情都是没有意义的。"

> 班主任老师关切地问:"为什么会得出这样的结论?你遇到什么事情了吗?"
>
> 小文说:"我也不知道我为什么会这么想。上学期我遇到一次车祸,脚踝受伤了,在家休息了两个多星期,经常一个人躺在床上的时候就会想'人活着究竟是为了什么'?我想不通我每天做的这些事情,比如上学、吃饭、睡觉,觉得所有这一切都是没有意义的。老师,我是不是有什么心理问题啊?"面对小文的问题,如果你是班主任老师,该如何回答呢?

自我意识是个体人格的核心,不仅影响着个体人格的发展水平,而且与个体的学习、生活、交往、社会适应等有着密切关系,并直接影响个体的心理健康。青少年可以通过自我意识来认识自己、感受自己、调节自己,从而使自己得到进一步的完善。在学校教育过程中,人们越来越提倡"以教师为主导,以学生为主体"的理念,即要发挥学生的内部潜能,培养学生的自主意识、自制能力,强调学生自我教育的作用,而发挥学生的主体作用是以发展学生的自我意识为前提的。对青少年进行心理健康辅导,正是通过诱发青少年自我教育的力量,来充分发掘内在潜能,促进心理健康发展。因此,教育者了解和掌握青少年自我意识发展的一些规律和特点是十分必要的。

# 第一节 自我意识概述

斯芬克斯是希腊神话中隐谜害人的怪物,埃及最大的胡夫金字塔前的狮身人面怪兽就是他的象征。他给俄狄浦斯出的问题是:什么东西早晨用四只脚走路,中午用两只脚走路,傍晚用三只脚走路?俄狄浦斯回答:"是人。在生命的早晨,他是个孩子,用两条腿和两只手爬行;到了生命的中午,他变成了壮年,只用两条腿走路;到了生命的傍晚,他年老体衰,必须借助拐杖走路,所以被称为三只脚。"俄狄浦斯答对了。斯芬克斯羞愧坠崖而死。这个故事其实是想通过这个极端的方式,让人们在付出代价之后,深深牢记神的箴言:"人,首先要认识你自

己!"认识自己,就涉及了人类特有的心理现象——自我意识。

## 一、自我意识的内涵

**意识**(consciousness)是人在社会实践中产生,借助语言对客观现实反应的高级形式。它具有自觉性和能动性的特征。这些特征决定了人对客观现实的心理反映和对客观世界的改造。而当这种意识指向自身时,便成为自我意识。自我意识同样能反映自身、改造自身,这就使得人的心理进入了一个更高的阶段,使人不仅能认识和改造客观世界,也能认识和改造主观世界。

**自我意识**(self-consciousness)是人对自身以及对自己同客观世界的关系的意识。如一个人对自己相貌、身高的了解,对自己能力、性格等的认识,对自己与他人相处的融洽程度和在他人眼中的地位的理解等。

自我意识的概念来自自我。从中国古代开始,人们就注意到了对自己的认识。老子说,"知人者智,自知者明"。"自我"一词起源于早期的人格理论。17世纪,法国哲学家笛卡尔就讨论过"Cognito",意即一个人对自身存在的意识;洛克把自我看作是一种感觉力量;康德则认为自我是一种经验的意识感觉。美国心理学家詹姆斯(James,1890)是最早在其著作《心理学原理》中明确提出自我(self)一词的人,他把我分为主我(I)和客我(Me),因而自我意识就是主体我对客体我的意识。自此以后,自我和自我意识便日益成为社会心理学、人格心理学、教育心理学、发展心理学的重要研究内容。心理学家分别从不同角度对自我,特别是自我意识进行了广泛的研究和探讨。

**詹姆斯**(William James,1842—1910)

19世纪末美国第一位本土哲学家、心理学家和教育学家,也是美国机能主义学派创始人。他对现代心理学的发展有三大贡献:建构了现代科学心理学的完整体系,提倡实用主义并为教育心理学的发展指明了正确的方向。其主要著作有《心理学原理》《对教师讲心理学和对学生讲生活理想》《实用主义》等。

## 二、自我意识的结构

自1890年詹姆斯在《心理学原理》一书中首次提出自我意识以来,心理学家就从未停止对自我意识结构的探讨,但由于缺乏一致性,其研究结果可谓扑朔迷离、含糊繁杂。如詹姆斯把自我意识的结构分为物质我、社会我、精神我三个部分;弗洛伊德的人格理论涉及自我的内容,则分为本我、自我和超我。究其原因是由于自我意识的结构十分复杂,它是一个具有多维度、多层次的复杂的心理系统。综合以往,要全面剖析自我意识的结构,需从形式和内容两个角度加以分析。

**1. 自我认识、自我体验和自我调控**

从形式上看,自我意识可以分为自我认识、自我体验和自我调控,它们分别反映了自我意识的认知、情感和意志三种成分。

① **自我认识**(self-knowledge)是指一个人对自己及自己与周围关系的认识,它包括自我感觉、自我观察、自我图式、自我概念和自我评价等。其中自我评价是自我认识最主要的方面,自我评价指在自我感觉、自我观察和自我分析的基础上,按一定标准对自己的人格品质、心理活动、行为,乃至身体以及它们与客观世界关系等方面进行的评估。它集中代表了自我认识的发展水平,是自我体验和自我调控的基础,也是自我意识的核心。

② **自我体验**(self-experience)是自我意识的情感成分,是在自我评价基础上,个体对评价的结果是否符合自己的需要而产生的一种情感体验,包括自尊感、自信心、自卑、自豪、自爱、自怜、自我效能感等。其中,自尊感(self-esteem)是个体在社会化比较过程中获得的对自我价值的积极情感体验,它是自我体验中的主要方面,如一个人对自己近期的表现感到欣慰,属自我体验的范畴。

③ **自我调控**(self-regulation)是自我意识的意志成分,是指一个人对自己行为和心理活动的自我作用的过程。它包括自我监督、自我控制、自我教育等,其中自我控制(self-control)和自我教育(self-education)是自我调控中最主要的方面。自我控制是个体对自己心理活动和行为的操纵,而自我教育是个体对自己进行的教育,如一个人对自己行为的控制,属自我调控的范畴。

**2. 生理自我、社会自我和心理自我**

从内容上看,自我意识可分为生理自我、社会自我和心理自我。这是个体自我意识成长的一般发展历程,个体首先获得生理自我,而后在社会中获得社会自我,最后在生理和心理机能日臻完善时获得心理自我。

① **生理自我**(physical self)是指一个人对自己的生理方面的意识,包括对自己的存在、健康状况、体能等方面的意识,如一个人对自己外貌、身高的了解,就属于生理自我。

② **社会自我**(social self)是指一个人对自己社会方面的意识,包括对自己在各种社会关系中的地位、角色、义务等方面的意识,如一个人对自己在与他人相处时的融洽程度和在他人眼中的地位等,就属社会自我。

③ **心理自我**(mental self)是指一个人对自己的心理方面的意识,包括对自己的心理

过程、心理特征等方面的意识，如一个人对自己的能力、性格的认识，就属心理自我。

## 三、自我意识的发生

人的自我意识不是与生俱来的，是在生物成熟的基础上，通过社会实践活动而逐渐形成的。

人能够认识自己，把个体从客体中区分开来，并意识到自己的存在，要经过一个很长的发展过程。出生不久的婴儿并无自我感觉，他们吮吸自己的手指，就如吮吸身外之物一样，他们不知道手指是自己身体的一部分。那么，人的自我意识究竟是何时出现的呢？对此，人们看法不一。有人以物我知觉分化为标志来研究，发现1岁末幼儿开始把自我和物体分开。此时的幼儿已能将自己的动作和动作对象分清，同时能将遮在脸上的布挪走，并不会被床单上的小猫图案惊吓。也有人以人我知觉分化来探讨，他们认为2岁以后是幼儿自我意识产生的时期，此时的幼儿已能分辨出镜中的自我形象。很多研究者以有关自我的词的掌握为标志探索幼儿自我意识产生的时间，结果发现幼儿大多在2岁左右会使用物主代词"我"，如他们不再像以前那样说"宝宝饿了"，而说"我饿了"。以"我"的掌握为标志更被认为有重大转折意义。根据上述标志性事件出现的时间，人们一般认为个体大致在2岁左右产生自我意识。

也有人认为以物我、人我或有关自我的词的掌握中的某一指标来判断有一定的局限性，为此，有人从行为入手，全面、深入地研究自我意识的产生过程。卡根(Kagan,1981)以一批2岁左右儿童为被试就五项指标进行了追踪研究。这五项指标及其出现的时间分别为：(1)对标准词的识别，研究发现20个月左右的儿童开始使用如"脏、错、能"等表示标准的词；(2)出现模仿示范动作的苦恼，15个月的儿童开始出现模仿实验者示范动作的苦恼，2岁左右达到顶峰，说明儿童已出现对自己能力的意识；(3)产生控制性微笑，20~24个月的儿童产生完成某一行为的微笑；(4)发号施令，20~25个月的儿童向成人发号施令的现象增多；(5)自我描述性言语，19~24个月的儿童使用"我的""我"等描述自己行为的词语增多。通过这些研究，人们对儿童自我意识的出现有了更为全面、深刻的认识。

## 四、自我意识发展对青少年成长的作用

自我意识属于一个人人格结构中的调节系统，它对于人格结构中的人格心理特征、人格心理倾向和心理活动具有主观能动作用。自我意识的发展对青少年成长具有极为重要的作用，并集中表现在以下三个方面。

**1. 促进人格品质的完善**

青少年人格心理特征的形成,不仅受生物因素、环境因素的影响,而且还受到青少年主观因素的影响。具有相近生理状况的两个人,在相同环境中成长,但因受主观因素的不同影响,最终他们的人格会有很大的差异。这里的主观因素,主要就是自我意识。青少年可以通过自我认识来了解自己,找出自己人格特征中的缺陷,从而通过自我调控加以改善,如有的学生自知自身学习能力一般,便笨鸟先飞、以勤补拙,结果不仅成绩较好,而且能力也得到发展。

**2. 促进人格倾向性水平的提高**

在青少年的人格心理倾向中,无论是作为基础的需要的调整,还是作为高层次的世界观的改变,都离不开自我意识的作用。青少年可以通过自我意识将社会的种种准则内化为主观需要,以克服某些消极的人生观,确立积极的、合理的人生观。例如,青少年进入青春期后,随着性意识的觉醒,性的需要也开始产生,但他们正处于学习的黄金年龄,不能将兴趣放在有关性的方面,而需要通过自我意识的调节,将自己的兴趣集中到与学习有关的活动上。

**3. 促进认知活动效能的优化**

20世纪70年代心理学家弗拉维尔(Flavell,1977)提出了**元认知**(meta-cognition)的概念,即个体对自己的认知活动本身的认知。这种元认知实际上也就是自我意识对正在进行的认知活动进行认知。已有大量的研究表明,这种独特的认知方式能大大提高个体在认知活动中的主观能动性,充分发掘人的内在潜力,促进认知优化。斯腾伯格(Sternberg,1985)提出智力三元结构理论(成分理论、情境理论、经验理论),其中成分理论阐述了解决问题时的各种心理过程,是智力三元结构理论的核心,在成分理论中处于上位结构的就是元成分,它对智力活动的执行过程进行计划和监控,并对结果进行评价。这个元成分即元认知。这就把自我意识的这种功能列入智能范畴,成为智力的核心成分,如一个学生对急需解决的习题进行思考,几分钟后仍未有进展,于是开始对自己的思路进行反思,进而改变思维策略,最终使问题得以解决。

# 第二节　青少年自我意识发展的过程

自我意识是一种复杂的心理现象,它有一个萌芽、发生和发展的过程,自我意识的形成是人格发展的标志。了解青少年自我意识发展的状况、发展的机制,将有助于他们更好地认识自我、评价自我、体验自我和调整自我,促使他们的自我意识健康发展。

## 一、青少年自我意识总体发展的状况

在不同的年龄阶段,自我意识达到的水平也有所不同,而且存在性别差异和城乡差异。

**1. 发展趋势**

许多发展性研究均表明,青少年自我意识的发展曲线是起伏跌宕的,尤其在某些关键期和转折期。聂衍刚等人(2014)发现,整个中学阶段,青少年自我认识的发展水平一直高于自我控制和自我体验的发展水平。自我认识、自我体验和自我控制的发展曲线与自我意识总分的发展曲线基本一致,初一到初二这一时期变化最大,之后趋于平缓;除自我认识在初二后有所上升外,其他因子在初中阶段呈现持续下降趋势,曲线变化较大;高中阶段,自我意识发展较为稳定,最低点皆出现在高二(见图4-1)。但国外研究表明,青少年自我意识发展的这种起伏变化,是因为自我意识的内容不同所致(Freeman,2001),但总的来说,青少年期的自我意识在不断发展并走向成熟。一般认为到了儿童期,儿童不仅能意识到自己的存在,而且产生了自我体验和自我评价,并能初步有意识地调节自己的行动。少年期,即进入青年早期,个体的独立性和自觉性迅速发展,并开始意识到自己的人格心理品质,但水平不高,还需要在随后的青年期中加以发展。这里将13 200名中小学生的一项全国性测试(1985)和对大连地区1 200名一至四年级大学生的一项局部测试结合起来,初步展示出从大约7岁至22岁个体自我意识发展的趋势(见图4-2)。研究结果表明,自我意识在小学阶段发展比较迅速;在中学阶段则相对平缓,但仍不断提高;大学阶段达到较高水平,其中大学四年级与大学一年级相比,其发展差异也较显著。

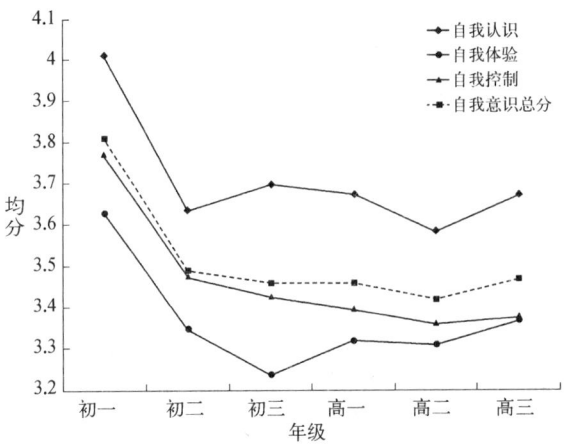

图 4-1 青少年自我意识整体在不同年级的发展趋势

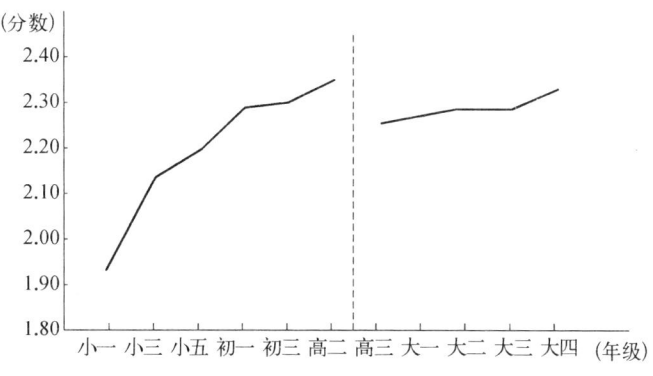

图 4-2 青少年自我意识发展趋势

> **实践探索 4-1　　　　中学生自我意识发展的转折点**
>
> 有人对青少年时期的中学阶段学生的自我意识发展做了调查。结果表明,从初中到高中,自我意识发展的总体水平随年龄增长而不断提高,在发展的绝对水平上,高一是一个重要的转折期。但是从各项发展的情况看,增长速率有所不同。具体表现为:自我评价的发展水平随着年级的升高而逐年增长;自我设计和自信心的发展水平在初中阶段比较平缓,到了高中以后有明显提高;主动性和自制力的发展水平始终比较平稳,只是在高一出现过一次飞跃;自我监控的发展水平在整个中学阶段都比较平稳,没有明显变化(见图 4-3)。
>
>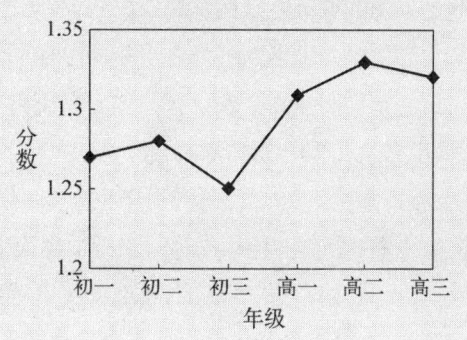
>
> 图 4-3 中学生自我意识的发展趋势(高平,2001)

**2. 性别差异**

青少年在自我意识发展水平上性别差异并不明显,即男生和女生的自我意识发展水平基本上同步,只是在自我评价一项上达到了显著水平,男生自我评价发展水平略高于女生,具体表现在四个方面:① 在对自己的身材、外貌、智力、性别等方面,男生的满意度明显高于女生,已有研究也表明女生的躯体外貌得分显著低于男生(柯雪琴,范雪瑾,2005;游轶,2015;聂衍刚,曾雨玲,李婉瑶,2014)。生活中,大多数女生都会觉得自己身材不好、皮肤不好等,总能对自己的体貌挑出毛病。② 在自我评价方面,男生的自我评价明显高于女生。③ 在情绪稳定性和主导心境方面,男生的自我感觉略优于女生。有研究表明,男生感到自己的人生是欢乐、充实和温暖的较多,女生则感到痛苦、空虚和冰冷的较多,并且其差异具有显著意义(申田,王芳芳,2003;孙晓敏,孙晓玲,2015)。④ 在兴趣爱好的广泛性方面,男生的自我评价明显优于女生(高平,2001;邵敏,2015)。

比较有趣的是,在学习自我评价上女生得分却普遍高于男生,但是随着年级的增长两性间的差距逐渐缩小,表现为:从初一到初三,女生的学习自我评价呈下降趋势,初三到高二期间比较平稳,从高二开始上升。而男生在这方面的自我评价从初一到初二为逐渐下降,初二到初三上升,初三到高一下降,从高一开始一直到高三都在大幅上升(崔哲,张建新,2005)。上述变化趋势与人们平时有关"男生在学习上后来居上"的印象是一致的。众所周知,中学阶段女生的学习成绩在总体上会略高于男生,尤其是在初中阶段;进入高中以后,这一现象才有所改善。个体的学习自我评价与自身的学习成绩密切相关,因此女生的学习自我评价比男生高是可以理解的。进入高中以后,男生会逐渐把注意力放在学习方面,学习成绩也大幅提高,其对学习的自我评价也更加积极了。

### 3. 城乡差异

城市青少年和农村青少年自我意识的发展水平总体上也没有显著差异,即无论生活环境是发达的城市还是偏僻的农村,青少年自我意识的发展基本上也是同步的,但在自信心和自我体验两项上,城、乡青少年却存在明显差异。在自信心方面,表现为城市青少年的自信心水平明显高于农村青少年。有研究表明,"常为自己缺乏自信而苦恼的"人数比例,城市学生为16.47%,农村学生为21.74%;"总觉得自己在某些方面不如别人"的人数比例,城市学生为18.32%,农村学生为29.46%;"认为自己离理想目标太远而不抱希望"的人数比例,城市学生为8.7%,农村学生为13.04%。由于农村学生的家庭条件、学习的环境、父母的教育方式等原因,使他们普遍感到自卑,总觉得低人一等,这是需要教育工作者特别注意的(高平,2001)。而在自我体验方面,研究均表明,城市学生的焦虑分量表得分低于农村学生得分(高雪屏,等,2003;季颖,等,2005;赵启媛,金平,汪凯,2016)(注:"焦虑"得分低,提示有情绪问题)。换言之,城市学生比农村学生在自我体验方面表现出更多的情绪问题,如焦虑、紧张等。这可能是由于城市学生学习压力更大,城市学生在面临更多的学习任务的同时,父母还对其进行压制式管理,从而让他们体验到更多的消极情绪。

### 4. 自我同一性

同一性问题是青少年时期主要的发展危机。埃里克森指出,同一性的形成是青少年人格成熟的重要标志,如果个体在这一时期的同一性危机得不到解决,就会在成长的道路上自我迷失、停滞不前。

埃里克森的心理社会发展理论渊源于弗洛伊德的精神分析学说,并在弗洛伊德理论的基础上有重大突破。弗洛伊德强调个体的本能和生物遗传在自我成长中的作用,而埃里克森则兼顾了遗传和社会环境的共同作用。埃里克森认为,任何东西的成长必须按照一个预先设置的遗传学程序,人类有大部分的机体发展是由遗传决定的,然而,社会文化也有不可忽视的影响。对于青少年来说,危机的焦点是身份认同的混乱,即"我是谁"的问题。埃里克森指出,青少年期是自我认同的边缘期,他们的社会角色很难确定,不是成人也不是孩子,因此常常会产生角色混乱。

美国心理学家马西亚(Marcia,1966,1967,1980)在埃里克森心理社会发展理论的基础上,进一步总结、提炼了青少年同一性发展的理论。马西亚认为,同一性是一个人关于自己的态度、价值、信仰和兴趣的连续一贯的组织系统。同一性形成应该包括性别角色适应、职业选择、价值与信仰四方面,并且提出了四种同一性发展的状态:① **同一性成就**(identity achievement),是指一个人比较成功地解决了危机问题,在理想、职业和人际关系等方面有了确定的、积极的想法,表明个体具有良好的自我调节和社会适应能力。② **同一性混乱**(identity diffusion),是指个人在寻找自我的历程中,对职业选择、理想和信仰等各方面的问题,尚未认真思考过,对未来的一切还没有找到自己的目标和方向。他们既不考虑将来,也不关心现在。有时候他们可能从来没有形成一种强烈的、清晰的同一感,也无法发现自己。这类青少年中的大多数显得心智不够成熟,也有少数是自我追寻失败的人。③ **同一性排斥**(identity forelosure),指个人在自我探索中缺乏主体意识,对个人的现实和理想问题,往往依赖他人,而不是自主选择。例如,父母总想让孩子从事他们本人期望的职业(不管孩子是否喜欢),这将会导致他们的子女处于同一性排斥状态的危险,其结果将会使孩子变得刻板、教条和顺从。④ **同一性延缓**(identity moratorium),是指处于同一性延缓的青少年,正处于在理想和职业选择的道路上探索的阶段。在这些领域,他们尚未建立稳固的看法,正陷入个人危机之中。换言之,同一性延缓本身就是危机,就是一个在同一性尚未建立之前,正在试验不同角色的过程中,处于奋斗、再塑、目标再选择的时期。

为了解当代青少年的同一性状态,张建人和杨喜英等人(2010)针对 705 名高一至大四年级学生的研究发现,青少年自我同一性发展的年级差异显著,同一性获得表现出随年级而递增的趋势;同一性延缓得分在各年级间无显著差异;大二、大三年级的同一性早闭水平显著高于其他年级,高三的同一性早闭得分显著低于其他年级;在同一性扩散上表现为高一年级得分显著高于其他年级。同一性获得、同一性早闭得分存在显著的性别差异,男生显著高于女生。同一性获得、同一性早闭得分存在显著的城乡差异,城市学生的得分显著高于农村学生。同一性发展的各个状态在独生子女与非独生子女间未见显著差异。可以说,青少年自我同一性随年龄的发展是不平衡的,各个维度发展表现出不同的特点,同时表现出一定的性别和城乡差异。可见,同一性问题是青少年自我意识辅导的一个核心问题。如果青少年的自我不能同一,他们就可能缺乏生活目标,失掉生存的价值感和充实感,经常莫名其妙地感到"空虚",更难以应付复杂的社会生活,如同本章开头案例中的小文一样,对自我存在的信念都开始动摇了。

> **实践探索 4-2　　加藤厚自我同一性形成度的自我测定**
>
> 请你根据以下测试项目进行自我测定。
>
> **1. 计分方法**
>
> 请认真阅读以下短句,根据你现在的心情或生活方式给自己计分。"完全不是"计1分,"相当不是"计2分,"大体不是"计3分,"大体是"计4分,"相当是"计5分,"完全是"计6分。算出"现在的自我投入""过去的危机""将来自我投入的愿望"的得分。
>
> $$3(A)-(B)+(C)-(D)+14=\text{"现在的自我投入"}$$
> $$3(H)-(G)+(F)-(E)+14=\text{"过去的危机"}(注意顺序)$$
> $$3(I)-(J)+(K)-(L)+14=\text{"将来自我投入的愿望"}$$
>
> **2. 测试项目**
>
> A. 我正在为实现自己的目标而努力。
> B. 我没有特别热衷的事情。
> C. 我知道自己是怎样的人,自己的希望与追求。
> D. 我没有"想干什么"的确切想法。
> E. 我至今没有自主地对有关自己的事作出过重大决断。
> F. 我曾认真深思过、考虑过自己是怎样的人,该做些什么。
> G. 我不曾对按父母或周围的人所期待的生活方式做事感到有什么疑问。
> H. 我以前曾对自己持有的人生观失去过自信。
> I. 我正在努力探求我所能投身的事情。
> J. 对应不同的情况,无论怎样我都无所谓。
> K. 对自己是什么样的人,能干些什么,我正在比较几种可能的选择并认真地考虑这些问题。
> L. 我不认为自己这一生能做什么有意义的事。
>
> **3. 确定自我同一性地位**
>
> 根据计算结果,可以从"现在的自我投入""过去危机""将来自我投入的愿望"的不同组合确定六种同一性地位:
>
> (1) "现在的自我投入"≥20且"过去危机"≥20,处于同一性形成地位。
> (2) "现在的自我投入"≥20且15≤"过去危机"≤19,处于同一性形成与权威接纳中间地位。
> (3) "现在的自我投入">20且"过去危机"≤14,处于权威接纳地位。
> (4) "现在的自我投入"≤19且"将来自我投入的愿望"≥20,处于积极延缓地位。
> (5) "现在的自我投入"≤12且"将来自我投入的愿望"≤14,处于积极延缓与同一性扩散中间地位。

(6) 不满足以上五项条件的情况是处于同一性扩散地位。

**4. 各组的构成及含义**

(1) 同一性形成地位：努力寻求最符合自身的前进方向和价值观，体验着各种发展危机，终于选择了自我投入的目标和方向。

(2) 权威接纳地位：没有经历过危机体验，他们选定的自我投入的目标和方向，不是经过再三思虑之后由自己亲自选择的，大多是迎合或接纳父母、社会理念所支持的。

(3) 同一性形成与权威接纳中间地位：体验中等程度的发展危机，正进行着高水平的自我投入者，介于同一性形成与权威接纳的中间地位。

(4) 积极的延缓地位：正处在体验着各种危机之中，但他们也正在积极地自我投入和努力实现着主体的自我。

(5) 同一性扩散地位：不管他们是否体验过危机，有无探索前进的道路和价值观的经历，总之他们是一些未作出什么决定、无所向往的人。

(6) 同一性扩散与积极的延缓中间地位："现在的自我投入"的水平中等程度以下者中，其"现在的自我投入"的水平不低于同一性扩散地位，其"将来自我投入的愿望"的水平也不高于处于"积极的延缓地位"者。

(张日昇，2000)

## 二、青少年自我意识发展的机制

青少年自我意识的发展机制是：分化—矛盾—统一。

### 1. 分化

虽然儿童时期自我意识已经开始发展了，但是儿童的自我意识是一个未分化的整体，自我意识主要停留在对自身行为、身体及与客观事物关系等的外部特征上，而青少年时期的"眼光"逐渐由外而内，发现了一个神秘的内心世界——内部正在进行的心理活动和内在的心理品质，于是自我意识发生了分化。

所谓自我意识分化，就是个体把自我分裂为两个部分：主体自我和客体自我。主体自我处于自我意识中的主体地位，起着观察者、评价者、控制者等的作用；而客体自我则处于自我意识中的客体地位，充当被观察者、被评价者、被控制者等的角色。个体经过自我意识分化成能像认识、控制客观事物一样，通过主体自我来"客观"地认识、控制客体自我，正如美国心理学家詹姆斯用英语中"我"的主格（I）和"我"的宾格（Me）来形象地比喻主体自我与客体自我之间的关系。自我意识的分化是青少年对自己的意识深入到自我的内层，从而能更深刻地反映自我和改造自我。

### 2. 矛盾

由于自我意识的分化，出现了理想自我和现实自我。理想自我往往与未来相联系，而现实自我与现状相联系,两者往往因为不符合而导致矛盾。例如,"我要当中国的比尔·盖茨",这是喜爱计算机的某一中学生的愿望,但是在老师眼中,他是个在操场上罚站时也要做小动作的捣蛋分子,且初二下学期,他有三门课不及格。尽管他暑假做了很长时间的准备,老师还是取消了他的补考资格,让他留级,为此,他陷入了深深的绝望之中,他的绝望其实来自他的理想自我与现实自我差距过大带来的巨大冲突。一开始自认为"我是我",但后来发现"我又不是我",这种矛盾可能困扰了很多青少年。

自我意识的分化还会出现个体自我和社会自我的矛盾。个体对自己的认识和评价往往与他人对自己的认知和评价不一致,例如,有的青少年对人热情,却可能被别人说成是别有用心;有的青少年待人真诚、为人忠厚,却被别人说成是"傻"。由于青少年独立性的发展,他们可能对社会评价不予理睬,加上心理上的闭锁性,他们也不愿意去向别人过多解释。

**3. 统一**

青少年自我意识出现矛盾后,大多会随着青少年在生活实践中的成长而获得统一。但是如何统一、统一的结果如何却不尽相同:有的不断完善现实自我,使之与符合社会发展要求的理想自我达到统一,这是有理想和抱负的有志青年所采取的类型;有的一方面完善现实自我,另一方面又根据实际情况,修正理想自我,这样理想自我和现实自我相向运动而达到统一;还有的甚至就放弃理想自我,不断迁就现实自我,遇到困难就退缩、气馁,这种庸庸碌碌、浑浑噩噩过日子的学生极其需要教育者的敦促。

此外,个人自我和社会自我的矛盾,也有不同的统一类型,一般有三种情况:一种是改变自我,达到与社会自我的统一,即改变对自我的认识与评价,接受他人对自己的看法;另一种是部分改变个人自我,并以实际行动促使他人部分改变对自己的看法;第三种是坚持个人自我,坚信自己对自己的认知评价,"走自己的路,让别人说去吧"。这三种类型在不同情况下褒贬不一,需视具体情境而定。

这里需要说明一下,青少年自我意识的发展历程不是一次分化—矛盾—统一的过程就可以完成的,而是经过多次循环,每次循环都在新的水平上进行,呈螺旋上升趋势,使青少年自我意识水平不断提高。

# 第三节 青少年自我意识发展的特点

在个体生命历程中,处于11、12岁至18、19岁的青少年时期是介于儿童与成人之间的过渡阶段,也是个体人格发展的关键期。此时,作为人格发展核心的自我意识得到了迅速发展,形成了既不同于儿童又区别于成人的特色。深入了解青少年自我意识的特点,对促进青少年人格健全发展和心理健康完善都有重大意义。

## 一、青少年自我认识发展的特点

自我认识是自己对自己身心特征的认识,青少年期是自我认识不断深入的阶段,并集中表现出与其所处阶段——青少年期相对应的一些特点。

**1. 青少年自我认识的途径**

青少年是怎样认识自己、评价自己,形成自我概念的呢?以下是青少年自我认识的主要途径。

① 根据别人的评价认识自己。青少年的自我评价常借助别人对自己的评价为参照点。心理学家库利(Cooly,1902)认为,别人对自己的评价是青少年自我评价的一面镜子。青少年处于一定的社会关系中,通过与他人相处,从他人对自己的评价中获得自己的形象,为自我评定奠定了基础。当然,他人评价这面镜子并不是通过一个人对自己的一次评价就形成了,而是青少年在周围人的一系列评价中概括出来的某些经常的、稳定的评价,这些评价成为自我评价的基础。

② 根据与自己相当的人对比认识自己。青少年喜欢通过与社会上同自己地位、条件相类似的人对比来认识自己。心理学家费斯廷格(Festinger,1957)认为,一个人对于自己的评价是通过与他人的能力和条件比较而实现的,例如,一名平时成绩较好的学生某次数学考试考了68分,拿到分数的时候虽然有点难过,但当他得知与他名次排名差不多的另一学生也才考了65分,便稍稍释然,恢复了一点自信。

③ 根据自我分析来认识自己。青少年已具有一定的分析能力,他们能对他人的评价加以主观分析。有人曾对300多名大、中、小学生进行调查,要求被试作关于道德品质的自我评价,并评价小组中的其他成员。结果表明,比较多的学生的自我评价与他人评价基本相符,但有少数学生的自我评价与他人评价距离较大。究其原因,是因为一些学生怕如实反映自我的真实评价会引起别人笑话。这一研究结果表明,自我评价不是完全以他人评价为根据,而是需要通过自我分析来完成的(时蓉华,1986)。

④ 根据与自我期望对比认识自己。青少年的自我认识还取决于他本人的自我期望:有的青少年在客观上取得了很大成绩,别人对他作出了高度评价,但他自己却缺乏自信,自我评价不高;也有的青少年在别人看来没有什么值得炫耀的地方,但他本人却有较强的自尊感和自信心,自我评价不低。这些差异实质上都是青少年的自我期望不同所致:对自己的期望过高的青少年,容易出现自我评价较低的现象;而对自己要求较低的青少年获得一点成功,就自满自足,自我感觉良好,出现自我评价较高的现象。

### 知识小窗 4-1　　　认识自己并不容易

一个人能否正确认识自己非常重要。因为只有当他认识到自己是怎样的人,才能按自己认定的角色要求自己、塑造自己。正确认识自己其实并不容易。例如,一个人对自己长相的认识,就是一个复杂的过程。人从出生到死亡,都不可能直接看到自己的面部,或许只能隐隐约约看到自己鼻子尖部。人对自己长相的认识往往是通过水面、镜子、照片等间接了解的。可是,照片上的形象并不是与自己的长相一模一样,可能还需要经过他人的证实等实践过程和自己的推理分析,才逐渐形成比较稳定的自我认识。

一两岁婴幼儿,第一次照镜子时,大多还不知道在镜子里看到的形象就是他自己,有的感到很好奇,伸手去抓;也有的以为另一个小孩就在自己对面,于是朝着对方微笑;也有的因感到害怕而哭了起来。当家人告诉他"镜子中的这个孩子就是你自己"时,他还不会相信。伴随年龄的增长,自我意识的发展,他观察到镜子中的妈妈就是自己的妈妈,于是逐渐思考推理,相信了镜中看到的形象就是自己。

小学生认清自己的优缺点也不容易。起初他们对自己的认识是建立在成人对其评价的基础上,"爸爸说我个子长得高","老师说我写字不够端正"。把成人的评价变成自己的认识,也是要经历一个很长的发展过程。一方面,小学生通过自己的实践活动,加深了对自己的了解,例如,在跑步时经常落后同学,他就会认识到自己跑步不够快;另一方面,小学生还是会接受来自各方面对自己的评价,例如,学习成绩很好,爸爸说是学习用功的结果,而老师说是脑子反应快。这些亲身实践和他人评价,有时是非常复杂的,甚至是相互矛盾的。很多信息需要学生自己去思考,去分析、比较、概括,这是一个复杂、曲折的过程。通过这一过程,他将能够比较客观地认识自我,即使这样,仍不能保证这一认识是正确的。

**2. 青少年自我认识的焦点**

青少年自我认识主要集中在三个方面,形成三大焦点。

(1) *关注自己的体貌*

儿童对自己的体形外貌很少关心,少年开始对自己的身体容貌有了兴趣,而青年早期则表现出对自己体貌高度关注。青少年初期,个体在身体发育方面的巨大变化,使他们开始有了长大成人的感觉,并开始用成人理想体貌的标准来衡量自己,他们关心自己何时能达到标准,有人则为可能达不到某一标准而担心。根据苏联博达列夫的资料,青少年特别关心自己身体发育的特点,他们对自己的皮肤、体貌特征反应特别敏感:常为脸上的痤疮而焦虑,容易对自己身体容貌等某一部位感到不满,并由此产生许多苦恼。青少年对体貌关心存在明显的性别差异:男性对自己的身高、肌肉等十分留意,而女性对自己的胖瘦、臀部等十分关注。从发育期开始,青少年特

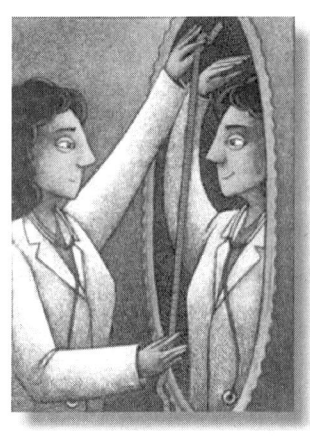

别喜欢照镜子,常在镜子面前消磨时间,因而这一阶段又被称为镜像阶段(Wallen,1948)。

**实践探索 4-3　　　　　　　　青少年的自我体像认知**

青少年是如何看待自己的? 有一项研究,心理学家要求 156 名中学生针对"我是谁"在 6~7 分钟写出 15 个不同答案,然后对这些答案进行统计学分析。结果发现,除了一些年龄、角色和性别外,外表是较常描述的内容(36%),说明青少年的自我认知的结构中包含了自我体像认知这一部分。

| 主　题 | 回答人数(%) |
| --- | --- |
| 与他人的关系如何(一般) | 59 |
| 判断、兴趣或活动(足球运动) | 58 |
| 有代表性的行为和感情(高兴) | 52 |
| 外貌(漂亮) | 36 |
| 决定自己命运的自由 | 23 |
| 道德价值感(自重) | 22 |
| 别人对他的反应(出名) | 18 |
| 他们的物质财产(拥有一辆汽车) | 5 |

另外,青少年自我体像认知还存在性别、年级、生活区域等个体差异,例如在体形胖瘦问题上,女性自我认为体形偏重的人数显著地高于男性;相反,自我认为形体偏轻的人数比例则是女性显著地低于男性。从年级差异来看,自我认为形体偏重的人数比例存在着随年级增高而增大的趋势,而自我认为偏低的人数比例没有表现出有规律性的变化趋势。从生活区域特点讲,自我认为偏重的人数比例是城市青少年高于乡村青少年,而自我认为偏轻的人数比例刚好相反。

(骆伯巍,等,2005)

(2) 关注自己的内心活动

儿童多关心丰富多彩的外部世界和他人的外部行为,而青少年开始将视线转向自己的内心活动。科恩写道:"青少年初期最有价值的心理成果就是发现自己的内部世界……这种发现与哥白尼当时的革命同等重要。"德国心理学家斯普兰格(Spranger,1963)称青少年这一时期为自我的"第二次诞生"。青少年关心自己的内心活动常有几个方面的表现: ① 经常自我反省。青少年自我反省围绕的主要问题有:"我是怎样的人?""我该如何?""我是谁?"等。有人在对高中生的一次调查中发现,"随时"和"有时"在考虑和体会自己的人占 95%,而"几乎不"考虑自己的人只占 5%。② 对他人的内心活动有极大兴趣。青少年通常通过诸如看电视或读小说等手段,了解人物的内心活动,并喜欢把人物和自己对比,进行自我体验,产生思想、情感的共鸣,例如某些初高中的女生对琼瑶的爱情小说产生迷恋,反映出她们对书中人物的内心感情生活非常感兴趣,喜欢把自己当成女主角来体验悲欢离合。③ 写表达自己内心活动的日记。由于青少年的心理具有封闭性的特征,他们不愿向别人倾吐心声,常通过写日记来袒露自己的心迹。他们会在日记中记录对自己来说重要的事件和经历,记录当时的情绪情感,分析自己的不足,再给自己一些鼓励性的自我暗示。

**斯普兰格**(Eduard Spranger,1882—1963)

德国哲学家、心理学家和教育学家,曾任莱比锡大学和柏林大学的教授。他认为,人以固有的气质为基础,同时也受文化的影响。他在《生活方式》一书中提出,社会生活有六个基本的领域(理论、经济、审美、社会、权力和宗教),人会对这六个基本领域中的某一领域产生特殊的兴趣和价值观。其著作有《青年心理学》《人的类型:人格的心理和道德规范》等。

(3) 关注自己的人格品质

当青少年一步步走向成熟时,他们已不再满足对自己内心世界的支离破碎的认识,而希望对自己的人格品质有一个全面、深入的了解,萦绕在他们心头的常有这类问题:"我的脾气怎样?""我的人际交往能力如何?""我的能力强不强?""我的性格究竟如何?"等。青少年为探索出自己人格的真实面貌,他们常常对关于人格方面的书籍、测试等有着浓厚的兴趣。

**3. 青少年自我评价的特点**

自我评价不仅是自我认识的主要成分,它的发展水平也是自我认识的主要指标。青少年自我评价主要有以下几个特点。

① 评价的独立性。儿童的自我评价对成人具有很大的依赖性,其评价标准基本按成人取向。青少年的自我评价开始具有明显的独立倾向,并大体存在两个发展阶段。第一阶段,自我评价的标准从儿童期的以成人为取向转为以同龄伙伴评价标准为取向,这表明其自我评价开始摆脱对成人的依赖,形成相对独立的自我评价。第二阶段,自我评价克服了以同龄团体评价标准为取向,形成个体独特的自我评价。有的研究表明,自我评价独立性随年龄的增加而增长,从小学一年级至初三自我评价的独立性发展呈递增趋势,到初三年级后便处于相对稳定的阶段(见图4-4)。但对大学生的研究表明,其独立性

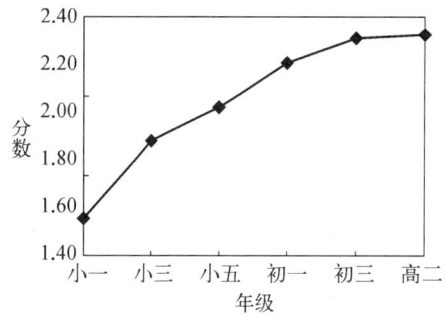

图4-4 中小学生自我评价独立性发展情况

水平又有新的进展,大一得分为 2.375,大二得分为 2.447(韩进之,1990)。

② 评价的概括性。儿童自我评价的概括性较差,主要表现在评价局限为外部行为和评价具有直观、具体的性质。进入青少年期后,个体抽象思维能力得到迅速发展,自我评价的概括性增强,如儿童在评价学习认真时用"能独立做完作业,不抄袭他人";少年则用"能认真完成作业"来评价;而青年自我评价的概括性进一步提高,使评价具有一定的统摄性,他们会用"自觉、勤奋、刻苦"等词语来评价学习态度。对大连市中小学生自我评价能力的测查表明,学生具体性的自我评价人数比例随年级增加而减少,小学一年级为 91%,初一降至 81%,高二为 0,而富有抽象性、概括性的自我评价人数比例随年级增加而增加,小学一年级为 0,初一上升至 25%,高二为 70%(韩进之,魏华忠,1985)。

### 学术研究 4-1　　自我评价的相关研究

研究表明,当人们形成自我评价之后,有时自我评价会受到某些威胁或挑战。在这种情况下,他们就会努力地寻求对这种自我评价的社会承认。戈尔威泽(Gollwitzer)做了这样一个实验:选择一些自认为自己有前途的舞蹈人员。然后,要求其中一半人描写他们最好的舞蹈老师,而另外一半人则描写他们最差的舞蹈老师。接着,问他们何时可以在公众面前演出他们的舞蹈。结果发现,描写他们最差老师的舞蹈人员,因感到自我评价受到某些威胁,而认为自己可以在公众面前演出舞蹈的时间比没有受到威胁的人员平均早 2 周。根据分析,他们认为描写自己最差的老师是对自我评价的一种威胁:假如自己说晚些时候才能够演出,其他人一定以为自己的舞蹈能力不行。在实际生活中类似的例子也很多,假如一个人在考试中失利,他可能会寻求某个人说他仍然很聪明,从而坚持自己是一个聪明人的自我评价;他也可能跟某人去争论以显示自己仍然很聪明。努力寻求社会承认的人往往都有明确的自我评价。

有关研究还表明,自我评价有利于主体的自我提高(self-enhancement)。人们常通过自我评价来加强自我形象管理(impression management)。为有效管理自己的形象,人们时而会自我检查,并有意识地根据他人对自己的印象来管理自己,例如人们常通过得体的衣着、言语和行为给他人留下良好的印象,获得他人的好评。从某种意义上说,自我提高也就是努力改善他人对自我的印象。人们的自我评价往往不是孤立的,而是和他人对自己的评价紧密联系的。人们常会利用他人的评价来检查自己、反思自己、改变自己,并尽力取得他人对自己更好的评价。

③ 评价的适当性。儿童自我评价的适当性较差,容易出现偏高或偏低等与实际情况不符的现象。青少年由于思维能力的迅速发展,自我评价逐渐趋向于与实际情况相符。有人对初三和高三学生进行过一项比较研究,研究中让学生对自己的性格和能力进行自我评价,再与教师的评价相对照。结果表明,在性格方面,初三学生自评偏高和偏低的比例分别为 34.4% 和 3.8%,高三学生为 10.2% 和 12.2%;在能力评价方面,初二学生为

51.9%和7.7%,高三学生为8.2%和16.3%。从这项研究发现,中学生的自我评价随年级增高而提高;年级低、年龄小的学生容易过高评价自己,而年级高、年龄大的学生则容易过低评价自己(左其沛,1985;张琪,2015)。

④ 评价的稳定性。儿童的自我评价很不稳定,他们容易在不同时间和场合下改变自我评价。进入青少年期,评价的稳定性开始逐渐提高。青少年初期,评价的稳定性还比较差,青少年容易因一时成功而过高评价自己,也容易因一时的失败而低估自己,更容易受同龄人评价的影响。随着年龄的不断增长,自我评价也日趋稳定。研究表明,反映中小学生自我评价稳定性的相关系数随年级提高而增大,小学一年级相关系数为0.24,初一为0.65,高二为0.7(韩进之,魏华忠,1985)。

⑤ 评价的社会性。自我评价具有特殊的社会功能,它会影响到人与人之间的相互交往。人们在形成自我评价之后,就会关注他人是如何评价自己的。小学生自我评价的社会性发展水平还比较低,别人对自己的评价和自我评价产生不同时,也没有影响到和别人的交往。随着年龄的增长,初中学生更加关注他人评价,别人的评价对自己的影响越来越明显。如果他人评价和自我评价有较大差异时,他可能会远离那些使他不舒服的人,以维护自己的自我评价。很多善于自我反思的初中生会努力改变自己,促进自身更好地发展,但也有人选择自我封闭。

但同时需要指出,青少年自我评价方面还存在一定程度的盲目性,往往只看到表面而看不到本质,常过高评价自己或过分贬低自己,易陷入极端、片面。因此,青少年的自我评价能力还有待发展,才能正确认识自我,准确估计自己在集体中的地位。

**热点聚焦 4-1    网络环境对高中生自我意识的影响**

今天,互联网改变着世界、改变着人们生活方式的同时,也在深刻地影响着人们的心理及行为。网络日益成为青少年生活中不可忽视的一部分,所以网络对于青少年心理发展的影响吸引了心理学家越来越多的关注和研究。

中央电化教育馆"十一五"的一项课题研究了网络环境对高中生自我意识的影响,采用问卷法进行调查,发现网络依恋程度高和低的两组高中生在自我认识、自尊水平等方面存在显著差异,如网络依恋程度高的高中生的自尊水平过高。

这对于如何在网络环境下开展德育活动具有一定的启发:

1. 在网络环境中,青少年可以无拘无束地扮演各种自己需要的角色:富翁、蒙面大侠、黑客等,很容易让青少年在游戏中形成一个虚幻的不切实际的理想我,进而混淆与现实我之间的界限,导致角色婚恋和自我同一感缺失。应使高中生意识到自我是统一的,理想自我、现实自我和镜中自我应是一致的,帮助高中生树立合理的理想自我。

2. 在网络环境中,个体有去个性化倾向,即丧失其同一性和责任感的现象,从而导致个体作出在现实社会中通常不会做的事情,具体表现为网络违规行为增加(如黑客攻击),自我羞耻感降低等。因此,要培养高中生慎独的精神,并且经常对自己的网络行为进行自我反省。

## 二、青少年自我体验发展的特点

自我体验是主体对自身的认识而引发的内心情感体验,如自信、自卑、自尊、内疚等都是自我体验,它往往与自我认知、自我评价有关。我们将结合青少年自我体验的一般特点以及自尊感特点两个方面来进行分析。

### 1. 青少年自我体验的一般特点

(1) 青少年自我体验的丰富性

个体进入青少年期,丰富多彩的学习生活为他们发展自我体验提供了有利条件,逐渐出现了许多儿童期很少体验到的情感,如人们所形容的"多愁善感":会为一个不检点的行为而自责,为一次考试的失误而自愧,为一件事情的处理不顺而自怨等。

(2) 青少年自我体验的波动性

青少年由于对自我的认识还处在不断发展中,人格不够成熟和稳重,意志也缺乏驾驭情感的力量,因此他们的自我体验表现出明显的敏感性和波动性,他们可能因为数学成绩考得不错而产生积极、愉快的情感体验,如自信心增强,甚至骄傲自满;又可能因为英语老师的一顿批评而低估自我或丧失信心;特别是青少年性意识的萌发,在与异性交往中时而满意自己、悦纳自己,时而自责、自卑。当青少年对自我的认识比较全面、自我控制能力较强时,这种波动性才逐渐减少。

(3) 青少年自我体验的深刻性

稍加留意就会发现,一个儿童和一个青少年在阅读文学作品时有着很大的差异。儿童喜欢看情节性较强的书籍,当书中有心理描写的内容时,他们会一掠而过,甚至大段大段地跳过,而青少年则偏好那些心理描写细腻的作品。造成这一现象的重要原因是两者自我体验方面的差异:儿童的自我体验肤浅,而青少年的体验无疑要深刻得多,他们能把自己沉浸到小说中去,体会书中人物的心态,揣摩他们的感情,并与他们同甘苦、共命运。看到高兴处,会忍俊不禁;看到伤心处,会潸然泪下;看到激愤处,会怒发冲冠;看到忧伤处,会黯然神伤。这种现象在儿童身上是罕见的,而在青少年身上则是普遍的,表明了他们体验的深刻性有了很大的提高。

> **实践探索 4-4　　　　　自信心及其培养**
>
> 自信心是一个人对自己的认可、肯定、接受和支持的心理感受,是相信自己、对自己力量和价值进行积极评价的一种自我体验。自信心是自我意识的一个组成部分,是对自我的积极的情感体验。自信的人常认为自己有能力去克服困难、实现预定目标,遇事比较主动积极。
>
> 具有自信心和缺乏自信心的学生在日常生活或学习中的表现是不一样的。一名小学生在参加智力测试时,面对着一堆能组成大象图片的纸片,他连试都不敢试,用手一推说"我不会"就停止操作。由于他处在一个教师和家长都经常贬低他的成长环境中,变得越发自卑。自信心的缺乏导致他过低地估计自己,做事总是不敢大胆尝试、缩手缩脚。而另一位同龄的学生,面对同样的测试,马上就说:"我会做。"于是就迅速拼装起来,其实在规定的时间内,他也没有拼装完成,但他不愿离去,坚持完成任务。后一位学生虽然是超时完成任务,但他不仅得到了一次难得的锻炼机会,还再一次增强了自信心。
>
> 自信心是可以通过后天培养的,下面介绍几种培养自信心的方法。
>
> 第一种方法:关注自己的优点。在纸上写出自己十个方面的优点,不论哪一方面,多多益善。在从事某项活动时,想想这些优点,这样可提升从事这些活动的自信,这也称为"自信的蔓延效应"。
>
> 第二种方法:自我心理暗示。不断给自己以积极的心理暗示,避免对自己进行负面强化。一旦自己在某些方面有所进步,就对自己说:"我很棒!""我能行!""我做得真好!"等等。
>
> 第三种方法:多与自信的人交往。在与自信的人打交道时,无形中就学会了他们的处事风格和态度,碰到挫折时也能自信应对。
>
> 第四种方法:树立良好的外部形象。保持整洁的仪表、得体的举止,有利于增强一个人的自信,如走路目视前方、坐姿端正等。刚开始可能不很习惯,但一段时间之后就会产生发自内心的自信。
>
> 第五种方法:在实践活动中培养自信。文娱活动、体育锻炼、劳动、社会实践等可以培养自信品质。通过动脑动手、锻炼意志,学生能尽情表现自己,加上同辈之间的互相感染、影响,容易体会到自己是最棒的。
>
> 第六种方法:补偿自己的不足。每个人都可能会遭遇失败,不要把失败看得太严重,也不必全盘否定自己,失去信心。要找出失败的原因,寻求补救的办法,东山再起,发奋努力,最后一定会成功,找回自信。

### 2. 青少年自尊感的特点

自尊感(self-esteem)是与人们要求他人尊重自己的需要相联系的一种情感。它在儿童生活早期就已流露,只是随着个体进入青少年期,主体我和客体我一分为二,青少年不仅能认识自己的所作所为,还能把作出这些行为的自我作为客观对象加以分析、评定,从而引发自我体验。青少年仿佛第一次发现了自己,开始认识自己并主动塑造自己。心理学家因此把青少年时期称为"第二次诞生",科恩也曾说:"青少年初期最有价值的心理成果就是发现自己的内部世界……这种发现与哥白尼当时的革命同等重要。"青少年的自尊感主要表现出以下特点。

① 青少年自尊感特别强烈。这表现在三个方面：一是青少年往往把自尊感放在其他一切情感之上，当自尊感与其他情感发生冲突时，他们常会毫不犹豫地为维护自尊感而牺牲其他情感。例如，青少年十分珍惜朋友间的友谊情感，但一旦发生彼此间有损自尊感的行为，往往会从根本上动摇友谊。二是青少年对自尊感的情绪体验特别强烈，当自尊感受到损害时，常表现出极大的愤怒、恼羞等情绪反应，甚至为此爆发激情，干出不顾自身安危、无视社会法纪的事来。三是男生由于社会文化的影响，他们比女生更注意自己的价值和尊严，特别在意"男人的面子"，而且他们对自尊十分敏感。因此，导致自尊感的性别差异（聂衍刚，2005）。总之，青少年的这一特点与其自尊需要的日益发展有着直接关系。

② 青少年自尊感过分敏感。有的青少年会为一件小事争得面红耳赤，有的则为此闷闷不乐或耿耿于怀，还有的甚至发生斗殴，不惜诉诸武力。因为，这些小事在那些青少年心目中都是涉及维护自尊感的"重大原则问题"，绝不能等闲视之。例如，一位男学生在文艺晚会上因唱歌走调被大家哄笑，自觉当众受辱，自尊感受损，竟回到家用猎枪自杀！造成这种过敏现象的原因，除青少年本身自尊感强烈外，主要与青少年的认识问题有关，诸如什么叫自尊，什么叫他尊（尊重他人），自尊与他尊的关系怎样处理，什么样的事才涉及自尊问题等，青少年往往在实际中难以把握。

③ 青少年自尊感两极摆动。这也就是说青少年自尊感稳定性差，极易波动。遇到顺境易产生优越感，遭逢逆境又易顿生自卑感。他们会在日常生活中因几次考试成功、工作受到一些表扬、谈恋爱顺利、力气比同伴大、身材比别人好等而骄傲自大，不能容忍他人有一点"冒犯"自尊的行为；也会因学业一时落后、友谊稍有挫折、受到他人奚落、挨了老师批评，甚至因身材不高、外貌不佳而悲观失望、自暴自弃。尽管这可能与思想方法有关，但最终还是源于青少年自我评价的不成熟。这种情况在初中生中尤为突出，在高中生中有所改善，这也与高中生自我评价适当性提高有着直接关系。

### 学术研究 4-2 · 青少年自尊感的有关研究

关于青少年自尊感的研究还有一些发现，它涉及青少年自尊的年级差异、青少年自尊与学业成败的归因的关系及青少年自尊受父母教育方式影响等方面。

(1) 青少年自尊的年级差异。青少年自尊是不稳定的，存在明显的年级差异。张索玲（2009）的研究指出，总体来说中小学生自尊的发展呈现出显著的年级差异。五、六年级和初一学生的自尊发展状况较好，六年级自尊总分最高；初二自尊水平发生了显著下降，而初三基本保持在初二的自尊水平。可见，初二是青少年自尊发展的关键时期。邱秀娟(2012)的研究则发现,高中生自尊发展水平存在显著的年级差异,从发展趋势上来看,高中生自尊成倒"V"形,即高一到高二处于上升期,高二到高三处于下降期,高二的自尊发展水平最高。

(2) 青少年自尊与学业成败密切相关。青少年自尊水平与学生学业成败归因存在一定的关系。研究结果表明(刘明,1998),高自尊水平的学生更多地将学业的成败归因于内在努力程度上,与学业优等生的归因存在较大的相似之处。而低自尊水平的学生与学业差的学生归因也表现出更多的相似之处。

(3) 青少年自尊水平受父母教育方式的直接影响。从总体上看,青少年的自尊水平与父母的教育方式存在显著的相关,父母教育方式对青少年的自尊有较好的预测作用(张文新,林崇德,1998;荣越,2016)。研究表明,青少年的自尊水平与父母对子女的接纳度有极显著的正相关,与父母对子女的控制则呈显著的负相关;父母的严厉教育方式与男性青少年的自尊水平呈负相关(Kawash et al., 1985),父母的"给予自主"的程度与女性青少年自尊水平呈明显正相关(Nielson et al., 1994)。

## 三、青少年自我调控发展的特点

关于青少年自我调控发展的特点,我们围绕青少年学习中的自我监控作一阐述。学习的自我监控是指青少年在进行学习活动的全过程中,不断对学习进行积极的计划、监察、检查、评价、反馈、控制等过程。青少年在成长过程中学习的自我监控也有其自身发展规律。研究结果表明(董奇,等,1995),青少年学习的自我监控能力各方面的水平随其年龄的增长而不断发展,在10～13岁发展相对较慢,在13～16岁发展较迅速,但在计划性、准备性、意识性、方法性、执行性、反馈性、补救性、总结性八个方面具有不平衡性,随年龄的增加,学习的自我监控能力在青少年学习活动中的影响作用开始显著地表现出来。青少年学习的自我监控能力在发展过程中具有如下一些特征(董奇,等,1994):① 从他控到自控。他控是指青少年的学习活动由外界他人来制约,自控是指学习活动由学习者自身来制约管理。儿童的学习活动通常是在教师、父母等其他人的直接监督下进行的,在多数情况下,儿童的学习活动只是按成人的要求被动、机械地调整。而青少年却能自觉地对学习活动作独立判断、决定,青少年能主动控制和调节自己的学习活动。② 从有意识到自动化。青少年的学习自我监控能力在开始形成和运用时有意识却不够熟练。随着在学习活动中多次反复运用和实践,他们的学习调控水平不断提高,达到娴熟乃至自动化的程度。③ 从单维到多维。青少年最初的学习自我监控通常只是针对学习活动系统中某一方面进行反馈和调节,如低年级学生可能单从学习过程、具体学习方法上进行自我调节,而忽视本人性格特点、认知风格、动机激发等许多方面的监控。后来,随着个体的成熟和思维的发展,青少年会进行全盘考虑,从多维度进行自我监控。

## 学术研究 4-3　　　对"两次跌落现象"的一点思考

我国一次对全国中小学生的大规模调查表明,从儿童到青少年的自控能力发展进程中,有两次跌落现象。一次发生在小学五年级(11~12岁)左右,第二次发生在初中二年级和三年级(14~15岁)(韩进之,魏华忠,1985)。四川省进行的一次对1 059名中小学生的同类调查,反映出的两次跌落更加明显(四川师大教育学心理学教研室,1987)(见图4-5)。

我们知道中小学生自我意识的总体水平是随年级的增长而持续增长,但中小学生的自控能力为什么不随着年龄增长而持续发展,却出现两次低谷现象? 这是值得讨论的。

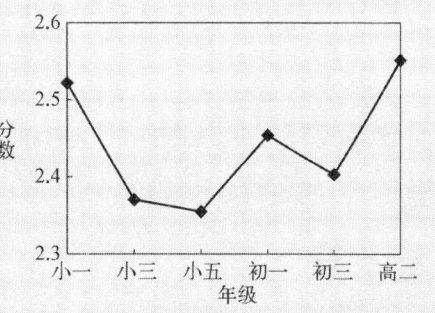

图4-5　中小学生自我控制能力的发展情况

一种可能的解释是,小学一年级和初中一年级由于刚进入一个陌生的环境,他们多根据权威人物(如教师或父母)来进行自控,即自我控制带有被动性,此时执行能力较好。随着年级的增长、知识的增多,主动性自我控制觉醒,希望自己遇事能独立思考、自主从事,但这种独立性却也伴随着幼稚性、片面性,主动控制尚不稳定,因此感到力不从心。

你是怎么看待这一现象的呢?

让我们回到本章开头提到的那个案例。其实,小文的困惑在青少年中很具有代表性,对于"我是谁?""生命的意义到底是什么?"这一类问题的探索经常萦绕在青少年的心头。这类问题涉及青少年自我意识方面的问题。按照精神分析学派心理学家埃里克森的社会发展阶段理论,人的自我意识发展持续一生,在不同发展时期面临不同的主要问题。青少年时期面临的主要是自我同一性问题,即自我的建立和统合。对于青少年来讲,这一时期自我意识发展到了前所未有的高度,诸如"我是谁?""我要向何处去?""生命的意义是什么?"这些关于人类自我意识的问题会随之而来。高中阶段,正是一个人开始考虑自己人生道路的时期,一切问题都是以自我为核心而展开的,又是以解决好自我这个问题为目的的。这种主客观的需求使得高中生的自我意识获得高度发展。高中生自我意识的发展对于其形成稳定健全的人格及价值观等均有决定性的作用。小文原来一直生活在一种自我意识的混沌状态,没有认真思考过关于自我的问题,引发他对这个问题的思考是一次脚伤意外,但由于缺乏直接的生活经验和相关的间接经验,他有很多问题想不明白,导致思维的偏差,以至于对生活差点失去信心。

> 对小文这样的学生,首先应认可他们对自我的探索,告诉他们青少年时期自我意识的觉醒和发展是必然的,以解开他们心中的困惑。其次,自我分析是正确认识自己必不可少的途径,也是人的认识对象从外部世界转向内部世界的具体表现。小文的问题是泛化了自我分析,即对自己遭遇引起的自我分析扩展到对整个世界的存在意义的分析。对自我过分的关注,容易陷入脱离现实、自我孤立的危险境地,需要通过与教师和父母适当的沟通,来帮助自己走出困境。再次,向他推荐一些浅显的与自我有关的心理学或哲学书籍,使他从狭隘的思维中摆脱出来,亦可提高自己的思维水平和思想境界。

## 本章小结

- 自我意识是人对自身以及对自己同客观世界的关系的意识。从形式上看,自我意识包括自我认识、自我体验和自我调控;从内容上看,自我意识包括生理自我、心理自我和社会自我。
- 自我意识发展对青少年成长的作用表现在三个方面:促进青少年人格品质的完善;促进青少年人格倾向性水平的提高;促进青少年认知活动效能的优化。
- 青少年自我意识发展的机制遵循分化—矛盾—统一的过程,并且是经过多次循环,呈螺旋上升式向前发展。
- 我国青少年自我意识的发展总体上呈随着年级的增长而增长的趋势,在自我认识、自我体验、自我调控方面有其独特性。

## 思考题

- 什么是自我意识?自我意识的结构是什么?
- 人的自我意识是怎样发生发展的?
- 自我意识对青少年成长的作用有哪些?
- 青少年自我认识的途径有哪些?
- 青少年自我体验的特点有哪些?

## 问题探索

- 试从自我意识涉及的各个方面,如自我评价、自尊水平、自我控制等,分析学生平时表现出来的特点,并根据实际情况,提出改进意见。
- 团体训练"认识并接纳自我":每人发一张白纸,在最短的时间内用 20 个"我是……"造句来描述自己;然后每 5~6 个人组成一个小团体,在团体内交流;最后教师请每个小组代表发言,交流活动的感受。

# 第五章 青少年心理辅导的基本理论

---本章细目---

**本章要点**

**第一节 精神分析治疗理论**

一、心理层次与结构

1. 心理层次
2. 人格结构说

二、心理性欲发展论

1. 口唇期(0~1.5岁)
2. 肛门期(1.5~3岁)
3. 性器期(3~6岁)
4. 潜伏期(6~12岁)
5. 生殖期(12~18岁)

三、心理防御机制

1. 精神病性心理防御机制
2. 幼稚性心理防御机制
3. 神经症性心理防御机制

4. 成熟性心理防御机制

**第二节 行为主义治疗理论**

一、经典性条件作用原理
二、操作性条件作用原理

**第三节 认知主义治疗理论**

一、贝克的认知模式

1. 信念
2. 态度、规则和假设
3. 行为与自动思维之间的关系

二、埃利斯的ABC理论

1. 合理情绪疗法的人性观
2. ABC理论

三、认知行为治疗理论

**第四节 人本主义治疗理论**

一、罗杰斯的人本主义治疗理论

1. 对人的基本看法
2. 自我实现的动机理论
3. 人本主义治疗的基本原理

二、马斯洛的人本主义治疗理论

1. 需求层次理论
2. 健康的心理模式

**本章小结**

**思考题**

**问题探索**

## 本章要点

- 了解心理辅导基本理论对心理辅导技术支撑的重要性
- 理解青少年心理辅导基本理论的流派特点
- 掌握青少年心理辅导各种理论的基本观点
- 了解青少年心理辅导各种理论的优缺点
- 运用各种理论解决实际生活中的问题

---

**想试着回答一下吗……**

- 有时候觉得"我"不仅只有一个,当自己在做不被允许的事情,比如偷东西时,总觉得心里仿佛有个"我"在讲"不可以这样做",这是怎么回事?
- 恋父情结和恋母情结存在吗?到底是怎么一回事?
- 有人觉得,小时候的某些经历总会在心灵深处暗暗地影响着我们的行为方式,这是为什么呢?小时候的经历真的如此重要吗?
- 为什么有些事只有在梦里才会出现,而在白天却从来不会出现在我们的脑海中呢?
- 大部分人都有过这样的经历:课堂上,如果某个老师经常表扬自己,就会很喜欢这门课,成绩也会很好,反之则很讨厌,甚至因为讨厌某门课程而导致成绩下降。这种现象的心理原理是什么?
- 为什么人在世上首先要解决的是衣食住行,其次才开始考虑其他问题?
- 开心的时候我们会觉得一切都是美好的,不开心的时候仿佛整个世界都在跟自己作对,我们的行为表现也会因此有所不同,你知道这该如何解释吗?

---

小林是某高中学生,最近总是高兴不起来,郁郁寡欢,对生活、学习完全提不起兴趣,食欲减退、体重减轻、睡眠障碍,甚至还在博客中透露有轻生的念头。小林的母亲非常担心,于是向学校心理咨询中心的老师求助,老师经过了解诊断,认为小林有抑郁情绪,决定采用认知疗法进行治疗与干预。母亲不放心,又带小林去某心理咨询公司咨询,结果同样诊断为抑郁症,但心理咨询师认为采用精神分析的方法更妥。家人最终决定还是去医院更加放心,遂又前往医院就诊,医生同样诊断为抑郁症,但认为应当采用药物治疗与行为治疗相结合的方法进行治疗。这下家人更加纳闷了,为什么诊断都是抑郁症,但治疗的方法却各不相同呢?

关于青少年心理辅导,除了要了解青少年心理发展的特点与青少年常见的心理问题或心理疾病之外,还应该了解并掌握青少年心理辅导的若干技术。这些技术有它一定的基础理论支撑。因此,要掌握心理辅导的若干技术,还得先了解和熟知它的基本理论。不管是通常的心理咨询或心理治疗,还是我们在本书中所讲的青少年心理辅导,它们的技术都与精神分析治疗理论、行为主义治疗理论、认知主义治疗理论及人本主义治疗理论相关,这四大理论已成为临床心理学领域的基本理论。因此,作为有责任要参与学校青少年心理辅导工作的一般教师也应该了解本章概述的这四方面理论。

# 第一节 精神分析治疗理论

精神分析治疗理论起源于弗洛伊德(Freud)和布洛伊尔(Breuer)对一位癔症女患者的催眠治疗。女患者在治疗中的表现引起了弗洛伊德的强烈兴趣,激发了他的创造性想象和理论思考,在临床实践中逐渐发展了一种新的理论,即精神分析理论。这一理论至今仍然影响着精神医学与心理学领域,曾被说成是心理学的"第一势力"。就它的理论而言,主要包含心理层次与结构、心理性欲发展论、心理防御机制等。

## 一、心理层次与结构

按照弗洛伊德的观点,人的心理以及人格都是由不同层次和结构构成的。与传统心理学研究意识不同,弗洛伊德主张研究人的潜意识,他认为人的心理可分为意识、前意识和潜意识三大类,其中又以潜意识为精神分析心理学的理论核心,是弗洛伊德理论的基础。而在其晚年,弗洛伊德又在潜意识概念的基础上提出了人格结构的理论,即本我、自我和超我的划分。

**1. 心理层次**

最初,人们对癔症的了解,仅知道个体受到心理打击而无法接受时,可能会一时性地发生躯体功能里属于随意肌的系统或某些感觉器官功能的障碍,因此,在临床上可以表现为癔症性麻痹、癔症性失明、癔症性失聪、癔症性失语、癔症性漫游等症状,比如四肢痉挛或麻痹、皮肤触觉失去,忽然看不见或听不见等。可是,医生们不知道患者怎么会这样忽然发生一时性的躯体功能障碍?就算是用心和患者谈话,患者也只是会说"不知道","不记得"或"记不起来"怎么会发生的。但是,对这样奇异而有趣的患者进行催眠,则患者在被催眠的状态里,却可以回忆并谈起发病前怎样受到心理的创伤,从而发生躯体症状。可是当患者从催眠状态中醒过来,恢复通常的意识状态时,却又说"不知道",也不记得在催眠状态中所讲的话,包括发病的情况。通过对这样的心理障碍患者的临床实验,精神分析者发现,原来对于令人感到痛苦或难受的应激事件或创伤性体验,会暂时地从可意识到的层次里消失,存放在一时不会被意识到的层次里,好保护自己的心理。基于这一作用机制,我们把这样的一时不能意识到的状态称为**潜意识**(unconsciousness),亦称为无意识,而把可感知到的状态称为**意识**(consciousness),然而介于潜意识与意识层次之间的状态称为**前意识**(preconsciousness)。

在弗洛伊德看来,潜意识(见图5-1)是一口大的井,它储藏着人类遗传的、物种起源的或与生俱来的以及经历的所有一切东西,而这些东西并没有消失,不断地在潜意识领域潜在地活动着。由于一些为伦理道德、法律、社会规范所不允许的冲动欲望不能得到满足,就会不知不觉地被抑制在潜意识层次中(压抑作用)。这些冲动欲望仍需要满足,却又受到压抑作用,因此就可能以梦、口误、笔误、记忆错误等形式表现出来,而病态的压抑则可能导致心理障碍或心理疾病。而意识是可以直接感知到的心理部分。这一部分在弗洛伊德的理论中不那么重要,它只是一个人心理活动的有限的外显部分,好比露在海面上的冰山一角,而潜意识则是海面下边那看不见的巨大的部分。前意识是介于意识与潜意识之间的部分,其中包含的内容随时可能被召回到意识层

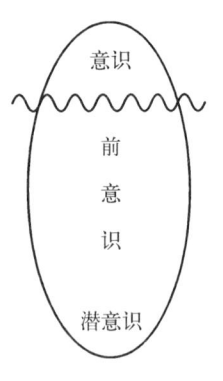

图5-1 心理层次

去,其中的经验经过回忆是可以记起来的。然而,这三者之间保持的是一种动态的平衡,即前意识与意识之间虽有界限,但前意识中的内容与意识中的内容相互转换非常容易,是转瞬即成的事情。而潜意识中的东西要进入意识,则非常困难,因为前意识在意识层次中担当着"看守人"或"稽查员"的作用,严防潜意识中的东西进入意识领域。

**2. 人格结构说**

虽然对潜意识心理活动的存在有了较多的了解,大大地扩充了所要探讨的心理领域,但是精神分析学家仍觉得对我们心理状态的了解还不够,进而创立了人格结构学说(心理结构说),即根据心理上的功能,把人格划分为本我(id)、自我(ego)与超我(superego)三个部分,以此来说明我们心理活动是由这三个不同的结构与功能相互作用而表现出来的(见图5-2)。

(1) 本我

这是个体刚出生后就存在的原始的心理活动,还没有自己的人格性质,是原本的心理功能。在德语中称Id(伊底),意思是指还没有人格的"它"。因此,在中文的译文里把它称

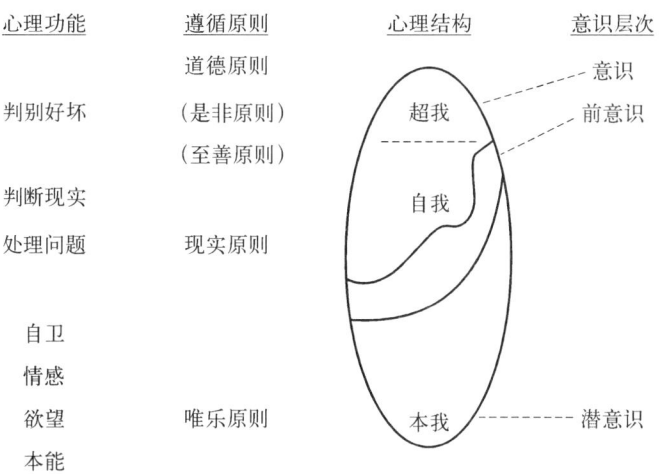

图 5-2 人格结构学说

作**本我**(id)。它执行着生物性的本能、欲望与原始的情感等功能,包含性欲、攻击欲及其他本能性的欲望与冲动等。它遵循**快乐原则**(principle of pleasure),即能使个体快乐、满足的,就接受,反之就排斥。

本我的功能是在潜意识领域里发生的,且不能被意识到。严格地说,它还没有言语的功能,不能经由言语来描述,但可能经由原本的思考方式而间接地表露出来,可通过梦、幻想、精神错乱时的表现来片段性地对其加以捉摸。因此,婴儿阶段的孩子,本我最强大。

(2) 自我

所谓**自我**(ego)是管理并执行着有关自己的心理,以便适应现实的心理功能。自我对内要处理本我的要求、欲望与超我的指令,而对外又要应付现实的各种条件,以便达到保护自己并维持生活的目的。它的功能虽然有部分是以潜意识的状态而存在,但大部分是在意识领域里进行的,因此,可以让我们意识到,它与我们平常描述的"我"的部分很相似。所以把它称为"自我",它已经具有个人的人格性质。自我遵循**现实原则**(principle of reality),即要考虑是否符合现实的各种条件,思考和判断是否存在利害关系及后果将如何,必要时还要控制自己的欲望,延迟满足自身的需要。这种自我的功能,是从个体出生后逐渐发展起来的。但是,在发展的过程中,为了应付现实且保护自己,自我还会采用各种方式来适应现实,即建立起**心理防御机制**(defense mechanism)。而这些心理防御机制都是在潜意识状态中进行的,自己并非能感觉到的心理过程,是保护自己的非意识性的心理防御措施。

### (3) 超我

**超我**(superego)是比较特殊的心理功能,主要职责是自我批判以及帮助自己能按符合社会规则、道德标准的要求行事。它遵循**道德原则**(principle of morality)、至善原则或是非原则,即主要从伦理道德标准来判断事物是非,作为个体行为与思考的准则。因此,可以说是自我的监督机构,且比较超然,所以把它称为"超我"。超我的功能是当个体成长到一两岁以后,即对事物的好坏与否能发生判断及接受的阶段之后,逐渐发展起来的。最初,这种角色是由父母双亲扮演的,即从自我中发展出来的那一部分(超我)正是父母权威的内化,在执行着早年父母所行使的职权。如父母实施惩罚的职权变成超我中的"良心",实施奖励的职权变成超我中的"自我理想"。自我理想确定道德行为的准则,良心则负责对违反道德标准的行为进行惩罚。总而言之,开始时,超我是以被动的形式完全吸收养育者的态度与行为,即所谓的"内投作用"。但是到了一定年龄阶段之后,个体经由自己的选择——"认同作用",模仿和吸收各种价值观念与态度,逐渐建立起自己的道德准则。因此,随着家庭与社会环境的变化,在不同的文化体系里可建立不同性质与内容的超我。

弗洛伊德的精神分析理论认为,一个健康的个体,其人格结构中本我、自我、超我之间的交互作用是均衡的、协调的,即自我在超我的监督下,按现实可能的情况,只允许来自本我的冲动欲望作有限的表现。本我是求生存的必要的原动力;超我则监督、控制主体按社会道德标准行事;而自我对上按照超我的要求去做,对下吸取本我的动力,调整其冲动欲望,对外适应现实环境,对内调节心理平衡。弗洛伊德认为,人的一切心理活动都可以在这种人格动力学关系中得到阐明。如果这三种力量不能保持动态平衡,则将导致心理失调。

人格结构说在临床上具有实际意义。例如,某个青春期的女孩对自己英俊潇洒的姐夫在内心产生了好感或偷情的幻想(受本我欲望的驱使),可是她又会感到这样很不道德且愧疚于姐姐(受到超我的监督),但又不知道怎样处理是好(由于自我幼稚尚未成熟)。于是,当与姐夫接近而出现不好的念头时,就使自己的意识分离以致昏倒(癔症性昏倒),或突然四肢麻痹,以处罚性的症状来控制自己不该有的欲望。对她的辅导目标,就是让其了解并明白女孩对比自己大的男性亲人可能发生亲热的感觉,乃至内心有强烈好感的欲望是常有的现象,并不是什么罪错的事情,而癔症性的症状则是由这种人格结构的不平衡导致的。那么,辅导这名女孩,就是要让她通过练习把自己对异性的兴趣放在同龄群体中的异性身上,学会将来如何逐渐地找到合适的对象。也就是说,把本我对异性好感的欲望疏导到适当的方向,减轻超我的过分指责,指导自我如何采取比较成熟有用的方式来处理内心的欲望,以便替代幼稚且无效果的病态的处理方式,达到人格结构的平衡。

## 二、心理性欲发展论

按照弗洛伊德的观点,人的发展就是性心理的发展,因此可以性心理的角度来解释人格发展。这一发展从婴儿期就已经开始了。儿童在性生活方面是主动的,其发展源于以性欲为基础的种族保存本能背后的驱动力,即**力比多**(libido)的驱动。弗洛伊德将人的心理性欲的发展从婴儿期到青春期分为五个阶段(见表5-1),在不同阶段性欲满足的对象也随之变化,而每一阶段的性活动都可能影响人的人格特征,甚至成为以后心理障碍的根源。

表5-1 心理性欲的发展阶段

| 人的发展阶段 | 年　龄 | 心理性欲发展阶段 |
| --- | --- | --- |
| 婴儿期 | 0~1.5 | 口唇期 |
| 幼儿期 | 1.5~3 | 肛门期 |
| 儿童期 | 3~6 | 性器期 |
| 少年期 | 6~12 | 潜伏期 |
| 青春期 | 12~18 | 生殖期 |

**1. 口唇期(0~1.5岁)**

这一阶段的婴儿,心理特点主要是获得安全与舒适感,以依赖养育者的喂食、照顾及保护而获得满足。因此,快感来源于口腔的活动,还可来源于皮肤器官,即经由被人拥抱而感到舒适与安全。

假如在这一阶段丧失主要的养育者(母亲),而没有适当的替代者,或者养育者(母亲)本身有问题,无法好好持续养育孩子,就容易发生口唇期的创伤问题。早期受过口唇期创伤的青少年,其辅导要点是如何弥补和提供基本的安全感,并且适当处理好跟辅导者可能发生的"粘着"关系。

**2. 肛门期(1.5~3岁)**

肛门期也称自我欲望的训练阶段。这一阶段的幼儿,心理特点主要是通过肛门或尿道的括约肌收缩与舒张得到快感。幼儿开始被训练自我欲望及冲动的控制,包括排泄训练及各种行为的管理与控制。

伴随自我欲望控制问题,而需要学习的便是对攻击欲望的处理。如何适当地发泄和表现对外人的攻击欲望,是主要的课题。对攻击欲望的极端处理是缺少控制,随意发脾气,甚至易对他人发生攻击性的反应;反之,则不敢表露不满或攻击的欲望,变成很懦弱与被动,或者形成被动—攻击性格,即表面上很是唯命是从,但内心却不满,且背后还会有攻击性的表现。

这些管教的问题、攻击欲望的处理问题和自我的表现等均成为此阶段的主要课题,假如没有适当地处理和发展,将来接受辅导时,在辅导关系上也容易表现出这类问题,即容易跟辅导者发生是否服从或反抗,"你对""我对"等争执。因此,在辅导上要注意适当地调整关系。

### 3. 性器期(3~6岁)

这一阶段儿童的心理特点主要是随着认知的发展,开始认识自身与异性之间的差别,并随着对同性或异性父母的喜爱或排斥,产生微妙的三角关系的情感,即**俄狄浦斯情结**(Oedipus complex)。但是有些孩子却持久停留在此阶段,没有好好地度过也没有处理其情结,影响日后的性心理发展。

从精神病理的角度来说,癔症患者主要问题就发生在这个阶段。因其性格比较幼稚,而且无法顺利解决比较显著的亲子三角关系上的矛盾。换言之,他们无法面对跟性有关的问题,只能使用压抑作用来处理,采用转化作用或解离作用来应对。因此,在临床上表现出转化或解离等症状。在辅导上,应该协助这类患者在感情上变得成熟,学会处理三角关系情结,利用跟辅导者建立的辅导关系,练习如何建立比较成熟的性心理关系,从而摆脱过去的情结。值得注意的是,患者的性别以及跟辅导者发生的情感关系,避免重复亲子三角关系的移情现象。

### 4. 潜伏期(6~12岁)

这一阶段的少年,刚刚萌发的对性的兴趣被压抑下来,对性好似没兴趣,所以将此阶段称为潜伏期。由于此阶段只对同性的伙伴发生兴趣并保持友好的关系,对异性不感兴趣,甚至排斥异性,所以也被称为同性期。此阶段的少年,虽然表面上男女表示互不相识、毫无兴趣,可是仔细观察,实际上对异性仍保持着某种程度的兴趣,要在私人性的、单独的场合才能偶尔观察到。假如在这个阶段的少年,还继续保持对异性父母的亲密关系,而无法进入与同性父母认同及跟朋辈亲近的话,就会影响性心理方面的发展与成熟。因此,在辅导上,就需要靠跟同性辅导者的性心理认同来弥补发展。

### 5. 生殖期(12~18岁)

这一阶段的青少年,被一时搁置或隐藏的对异性的兴趣又复燃了,所以也被称为异性期。随着第二性征的发育,青少年在这一阶段表现出性激素分泌的增多,性意识的唤醒,对异性有好感等特征。如何在性欲出现时适当予以控制是这个阶段的主要课题。如何处理自己对异性的兴趣、幻想,包括如何面对自慰行为等,都是辅导上需要考虑的课题。如何提供适当的性知识,并且指导适宜的性观念,是需要重点思考的。

尽管个体的性心理发展差异较大,有快有慢,但每个个体都要经过口唇期——肛门期——性器期——潜伏期——生殖期这五个阶段,因此,对性的对象的兴趣,也要经过中性——异性——同性——异性的反复变化,可以说它是变化多端的发展过程。个体性心理发展得如何,对日后人格的发展将会带来很大的影响。

> **热点聚焦 5-1      对精神分析理论的异议**
>
> 精神分析观点的反对者诸如荣格,因起初被弗洛伊德视为"儿子和继承人"而受到欢迎。当荣格偏离原义,将儿童期性欲的观点作为象征进行彻底的改动,并日益为神秘和宗教观点所吸引时,弗洛伊德感到失望。当然,此时要公正判断被称为分析心理学(analytical psychology)而不是精神分析的荣格思想和实践的深度与复杂性是不可能的。
>
> 在早期试图把握弗洛伊德和荣格之间基本分歧的一条途径是,弗洛伊德认为心理学最终源于生物学,当然就衍生于达尔文曾描述过的进化力量。人类可能创造各种各样的神秘和宗教观点,可能产生原始和不成熟的信念与仪式,或最上层社会的艺术和文化发展,但构成所有这一切基础的会是基本的、最终以身体为基础的、曾服从升华或防御的激情。
>
> 相反,荣格相信有超越人类体验的"更高的"或神秘的力量,他的追随者用一种极其不同于弗洛伊德的方式分析过程和关系概念化。比如,荣格逐渐将移情看成比需要理解和解释的投射系统更神秘的东西。今天荣格心理学的分支在这一方面仍是"经典的"荣格学派,而有时以"发展学派"(Alister & Hauke,1998)知名的其他荣格学派的思想和著作,在许多方面倾向于同当代精神分析师的思想和著作相结合。
>
> 但是,最后荣格和弗洛伊德于 1913 年决裂。然而早在此前 2 年,早期的维也纳追随者阿德勒也已与弗洛伊德决裂。他同荣格一样回避性欲的重要性,也开始或多或少摈弃潜意识过程的观点,有意识心灵在心理学传统中的第一位置得以复原。对阿德勒而言,神经症建立在先天的攻击、权力意志以及因自卑感而过度补偿倾向的交替变化的基础上。他的个体心理学(individual psychology)以自我和有意识攻击力量的第一位置为基础。弗洛伊德最初对阿德勒和荣格的观点都很感兴趣并鼓励他们发展,但问题最终似乎是两种新理论都摒弃并替换,而不是丰富和深化了原有的理论。然而,弗洛伊德的理论仍被精神分析学派的追随者批判性地继承发展着。

## 三、心理防御机制

所谓**心理防御机制**(psychological defense mechanism),是指一个人面对应激、挫折、创伤、丧失、冲突等心理上的种种困难时,其自我就潜意识地运用心理上的若干防御措施来保护自己的机制。其主要功能是更改自己与现实的关系,疏导自己的欲望或冲动,改变对心理困惑的感受与态度,使自我能处理并面对所遭遇的困惑与痛苦,是心理上自卫的适应手段。

**1. 精神病性心理防御机制**

(1) 否定(denial)

把已经发生的事实加以否定、抹杀、遗忘,好似所受挫折或打击的事实根本没发生似的,这就是否定作用。

(2) 歪曲(distortion)

把事实加以某种曲解变化,以便能让自己的心理可以接受,能承担其痛苦或尴尬的情形,这就是歪曲或曲解作用。

(3) 投射(projection)

当自己无法接受自己内心的某种欲望、冲动或意念时,就把它投射到别人的身上,认为是别人有那种欲望、冲动或想法,这就是投射作用。

**2. 幼稚性心理防御机制**

(1) 内投(introjection)

把他人的想法、意念或欲望吸收到自己身上,变成自己的精神活动内容,是人格没有发展或不成熟的表现,或者是面对很危险的情况自我就放弃自己的人格的情形。

(2) 退行(regression)

当一个人面对情绪上比较难以面对和接受的打击或创伤时,抛弃自己心理上原有的成熟度,改变为比较幼稚的情形,这种现象被称为退行或退化作用。

(3) 退缩(withdrawal)

当自己与人接触时,会感到威胁或没有自信,不知不觉地退缩而躲起来,不敢与人接触,严重时干脆躲在自己的屋里都不出门了。

(4) 幻想(fantasy)

面对心理上的挫折或打击时,无法针对现实情况去应付,就在脑里幻想,把现实稍微改动,以便适合自己的心理情况。

(5) 躯体化(somatization)

当面对心理上重大的压力或挫折而无法应对时,在躯体上发生不适现象,把所有的关系都转移到自己躯体不适的症状,这种现象被称为体化作用或躯体化作用。

**3. 神经症性心理防御机制**

(1) 隔离(isolation)

如遭遇令人感到很痛苦或尴尬的创伤时,除了压抑作用外,还可以把针对事件的认知与感觉等整个精神活动分离,可以有认知而没有感觉,有感觉而没有认知等,这种现象被称为隔离作用。

(2) 解离(dissociation)

当面对无法接受的严重打击或创伤时,改变精神上的意识能力,进入精神恍惚的状态而非全部性地跟事实接触,以便保护自我。它介于压抑作用与隔离作用之间。

(3) 转移(displacement)

把无法接受的欲望或冲动转移到另外一个对象上去发泄、表现或满足,以免受自我的责备或难堪的感觉。

(4) 反向形成(reaction formation)

基于某些原因而无法表达某种情欲或冲动,结果以相反的方式表现出来,这种现象被称为反向作用。

(5) 抵消(undoing)

采取某种行动企图抵消已发生的事实,以消解因为该事情发生而产生的难过、尴尬或厌恶的感觉,这种现象被称为抵消作用。

(6) 补偿(compensation)

当一个人在某些方面没有满足的表现,或者有什么缺点时,就不知不觉地用若干方法来弥补其缺点,这种现象被称为补偿作用。

(7) 合理化作用(rationalization)

使用一些想法或道理来做解释,经由其合理性的解释,就可以解除其难受或尴尬的感觉,这种现象被称为合理化作用。

(8) 仿同(identification)

这是一种比较特殊的内投作用,是经由特别的选择而去模仿某对象的情况,以便达到心理上的需要。一种叫"向丧失者仿同",即经由模仿和认同丧失者的某些特点,就如同还保存此丧失者,这样可以减轻丧失的痛苦;另一种叫"向强暴者的仿同",即被强有力的权威者威胁、欺负或被施暴力而无法阻挡且无法反抗的弱者,向比自己还弱的人施威、欺负,以满足自己心理上的平衡。

**4. 成熟性心理防御机制**

(1) 压抑(supression)

对不可以有的意念、欲望或感情加以控制并压下去,不让其在脑内出现,是比较有意识的且理性的处理方法。

(2) 升华(sublimation)

将某些欲望或冲动的能量化为全然不同的情况或状态,即转化为建设性的能量,被称为升华作用。

(3) 利他(altruism)

把自己的欲望或冲动使用在他人的利益上。

(4) 幽默(humor)

使用幽默的话来解除尴尬或紧张的气氛,化解危机带来的挫折感,是比较有社会经验的成熟性防御机制。

## 第二节　行为主义治疗理论

"行为治疗"一词,源于行为主义治疗理论,由行为主义心理学家斯金纳(Skinner)等人于1954年提出。其实,行为主义的理论已有相当长的时间,但行为治疗的发展历史相对较短。行为治疗的产生仅仅是20世纪五六十年代的事情。不过,在比较短的时间内成为当今心理治疗领域中最重要的心理治疗技术之一。同时,在心理学领域被称为"第二势力"。

行为治疗一开始就植根于实验的发现,它的基本理论主要来自行为主义的习得原理,即巴甫洛夫(Pavlov)的经典性条件作用原理与斯金纳的操作性条件作用原理。

### 一、经典性条件作用原理

关于学习的经典性条件反射理论,人们首先想到的是100年前的苏联生理学家巴甫洛夫。他在研究狗的消化过程的实验中无意地发现了**应答性条件作用**(respondent conditioning),即**经典性条件作用**(classical conditioning)。他发现,狗不仅仅是在食物出现时分泌唾液,而且在与食物出现有关的任何其他刺激物单独出现时也会分泌唾液。巴甫洛夫提出,在实验中狗从经验中学会了在某种信号出现之后期待食物的出现。这些信号刺激并不会自然地引起唾液分泌,但狗把它们和食物联系起来,并且作出唾液分泌的反应。因此,巴甫洛夫认为一定存在着两种类型的反射,即无条件反射与条件反射。

**巴甫洛夫**(Ivan Petrovich Pavlov,1849—1936)

苏联生理学家、心理学家。巴甫洛夫的主要贡献在于提出了经典性条件反射理论和高级神经活动类型学说。其主要著作有《心脏的传出神经》《主要消化腺机能讲义》《消化腺作用》《动物高级神经活动(行为)客观研究20年经验:条件反射》《大脑两半球机能讲义》等。

**无条件反射**(unconditioned reflex)是先天的和自动的,不需要学习,而且对同一物种的所有成员而言都大体相同。食物进入口腔时人会分泌唾液,听到巨大的声音时人会跳起来,灯光熄灭后人的瞳孔会放大,等等。这些都是无条件反射的例子。而**条件反射**(conditioned reflex)正好相反,它是通过经验或学习获得的,并在同一物种的不同成员间可能存在很大的差异。

无条件反射的形成是无条件刺激(UCS)引起无条件反应(UCR)。在巴甫洛夫的研究中,无条件刺激是食物,无条件反应是唾液分泌。条件反射的形成是条件刺激(CS),如节拍器,引起条件反应(CR),如唾液分泌。你可能注意到这两个例子中的反应都是唾液分泌,但如果唾液分泌的原因是听到节拍器的话,则是由一种条件引起的反应。

巴甫洛夫试图解决的问题是:条件反射既然不是先天性的,那么它们是怎么获得的呢?巴甫洛夫提出给狗喂食物的时候,如果所处的环境中经常出现一种特定的刺激,在狗的大脑中这种刺激就可能与食物建立了联系使它成为食物即将到来的信号。在食物与刺激建立联系之前,这种环境刺激不产生任何重要反应。换言之,对于狗来说,它是一种中性刺激(NS)。当狗刚进入实验室时,节拍器声音可能使狗产生一种好奇的反应,但是它并不能引起狗的唾液分泌。此时的节拍器声音为中性刺激。然而一段时间后,狗因为每天在吃食物前都听到同样的节拍器声音,它们就开始把这种声音与食物联系起来了。但是,如果条件刺激多次出现,而没有无条件刺激的强化,那么,已经建立起来的条件反射也可以被消退。根据巴甫洛夫的观点,列出如图5-3所示的条件反射的建立与消退过程。

| 第一阶段 | UCS<br>(食物) | → | UCR<br>(唾液分泌) |
|---|---|---|---|
| 第二阶段 | NS　　　+<br>(节拍器声音)　+ 　UCS<br>(食物) | → | UCR<br>(唾液分泌) |
| 第三阶段 | 多次重复第二阶段 | | |
| 第四阶段 | CS<br>(节拍器声音) | → | CR<br>(唾液分泌) |
| 第五阶段 | CS<br>(节拍器声音,长时间没给食物) | → | CR<br>(没有唾液分泌) |

图5-3 经典性条件反射的建立与消退

行为主义的代表人物华生(Watson)早就利用应答性条件作用的知识进行实验,曾使一个原本喜欢动物的11个月大的男孩对白鼠产生恐惧的反应。其实验是每当这个小男孩伸手要去玩弄白鼠时,实验者就在他背后发出猛击铁棒的声音,经过这样多次的反复实施之后,每当白鼠出现时,这个小男孩就会哭闹,出现紊乱的状态。此后又进一步发现这个小男孩的这种反应又泛化到其他白色的有毛的动物身上去了,甚至对有毛的玩具等也表现出恐惧或消极的反应。

从上面的情况看,经典性条件作用原理有三个基本现象：第一,条件反射的形成和建立；第二,**泛化**(generalization),即将习得的经验扩展运用到其他类似情境中去的现象；第三,**消退**(regression),一旦刺激—反应的关系建立起来之后,不再给予无条件刺激(如食物),那么条件反应的强度就会逐渐下降,乃至不再出现条件反应,此时,消退的作用产生了。

人类的行为也基于此原理(见图5-4)。比如,对于一个在医院里接受过注射而产生害怕经验的幼儿来说,注射、疼痛是非条件刺激,而它引起的焦虑、恐惧是非条件反应。尽管,穿白大褂的护士给予注射,对幼儿来说,恐怕起先并非引起恐惧或焦虑的反应。也就是说穿白大褂的护士是中性刺激。但是,幼儿在注射后产生的疼痛,引起其恐惧或焦虑的反应之时,看到是那个穿白大褂的护士给予注射的,也就是说,将注射、疼痛与穿白大褂的护士建立了联系,注射一段时间后,这个幼儿因为每天在接

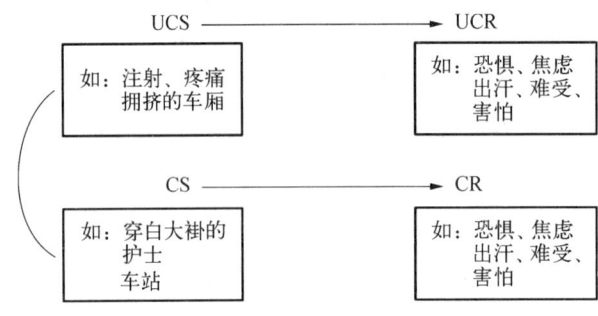

图5-4 经典性条件反射的过程

受注射前都看到穿白大褂的护士手拿着注射器打在自己的屁股上,产生疼痛而引起恐惧或焦虑。因此,一旦建立条件联系后,当这个幼儿在注射前,只要看到穿白大褂的护士,他就会恐惧或焦虑发作,这就是条件反射的作用。即将原先的中性刺激(穿白大褂的护士)转变成条件刺激,这时,穿白大褂的护士就是引起恐惧焦虑的条件刺激。

同样原理,比如对于一个在拥挤的车厢(UCS)里引起出汗(UCR)、难受(UCR)、害怕(UCR)等反应的人来说,如果这一经验反复出现,以后就可能将从车厢中得到的反应扩展到车站的情境中去,这就是泛化作用。反复出现之后,车站这一中性刺激(NS)就转变成条件刺激(CS),车站(CS)就成为这个人产生出汗(CR)、难受(CR)、害怕(CR)等反应的条件刺激,以后只要这个人进入车站,就会引起其出汗、难受、害怕等反应,这就是条件反射作用,完全符合前述的经典性条件作用原理的三个基本现象。其实,临床上看到的恐惧症症状的表现,可以用经典性条件作用原理来解释,即恐惧症的特征之一,必须有明显的客体对象,而此客体对象就是引起恐惧反应的条件刺激。换言之,恐惧症的行为(症状)表

现是基于条件作用原理的,当然,强化的作用不可忽略。

从上述人类异常行为的发生,我们可以看到经典性条件作用原理试图对条件反射与人类异常行为之间的关系作出科学的理论解释。其实这在巴甫洛夫早期的实验研究中已经得到证实。他曾观察到如果使狗学会在看见椭圆形时分泌唾液,而看见圆形时不分泌唾液,然后把椭圆形逐渐变圆,在椭圆形越来越接近圆形时,狗就发生辨认困难而产生精神紊乱、哀鸣、狂吠并咬坏仪器等行为,巴甫洛夫把它叫作实验性神经症。其他实验研究也显示了伴有强烈情绪和情感的许多过敏反应,如抑制不住的脾气爆发,内脏的反应等都可以理解为习得性条件反应。比如有人给狗做过这样一个实验:每天在一定的时间给狗的皮下注射吗啡(UCS),狗就出现恶心(UCR)。数月后,当狗一见到注射场所(CS)和注射的准备(CS)之后就会恶心(CR),且伴有呕吐、喘气、流唾液、发颤等生理反应。结合图 5-4 经典性条件反射的过程,可以看到生物个体的行为都可以用条件作用的原理来解释。其实,已有一些行为治疗家提出对包括神经症和精神病在内的许多人类的不适应行为都可以用这种方式来理解。从上述的经典性条件作用原理来看,这种原理可以解释人的某些行为是通过学习习得的,而且可以从一种刺激物或情境泛化到另一种刺激物或情境中去。

## 二、操作性条件作用原理

尽管经典性条件作用原理对人类行为能作出科学的解释,但行为原理仅基于经典性条件反射的作用,还不足以得到满意的解释,而行为强化的作用补充了它的不足之处。正当巴甫洛夫在进行早期的经典性条件反射的研究工作的时候,美国心理学家桑代克(Thorndike)正以另外一种不同的方法进行实验研究。他将一只饥饿的猫关进笼子里,并在笼子外面猫能够看得见的地方摆上食物,同时在笼子上安装了一个机关,只要猫用爪子击打一根杠杆,笼子的门就会打开。当猫刚被放进笼子里时,它会作出很多种行为,比如抓咬笼子上的杠杆,把爪子从栏杆缝隙中伸出,以及试图从栏杆之间挤出去,猫经过了多种尝试企图逃出笼子。最后,这只猫偶然地碰到了杠杆,笼子的门打开了,于是猫就能走出笼子吃到食物。随后猫的错行为逐渐减少,只有成功的反应被保存了下来。动物就是这样通过"尝试错误以及偶然的成功"学会了如何逃出笼子觅食。每一次桑代克将饥饿的猫放进笼子里,猫都能用更短的时间击打杠杆打开笼子的门。最后,桑代克只要一将猫放进笼子里,猫就马上去击打杠杆。桑代克将这种现象称为效果律。所谓**效果律**(law of effect)是指一种行为过程的发生次数受该行为的后果的影响而发生改变。它反映了人和动物保持或消除先前反应与效果之间的关系。如果一种行为之后出现了好的效果,则这种行为就趋向于保持下来;反之,效果不好,则趋向于被消除。这就是被斯金纳称为强化的一种关系。

**实践探索 5-1　　　　　　　　行为治疗两例**

**案例 1:会打人的壮壮**

壮壮 5 岁半,长得结实强壮,讨人喜爱。可是,他有个会打人的坏毛病。小朋友和他玩不了一会儿,都会被打得"哇哇"大哭。壮壮的父母平时工作很忙,也顾不了他太多,因而总被老师和其他孩子家长告状,心里烦得很。

诊断:儿童因为欲望得不到满足,采取有害他人、毁坏物品的行为称攻击行为。儿童攻击行为常表现为打人、骂人、推人、踢人、抢别人的东西或玩具等。儿童的攻击行为一般在 3～6 岁出现第一个高峰,10～11 岁出现第二个高峰,男孩以暴力攻击居多,女孩以语言攻击居多。成因与遗传因素、儿童心理障碍、教育不当、饮食及模仿父母、同伴、影视等有关。这类儿童多半喜争执、好胜、情绪不稳定、暴躁,经常向同伴发起攻击,必须进行矫正,否则会影响其一生的发展和带来一系列社会问题。

矫正方法:1. 这类幼儿在一定的时间里,若没有出现攻击行为,就给予称赞、奖赏,要积极强化幼儿合理行为。2. 在幼儿出现攻击行为时,暂停奖赏内容,让孩子失去奖赏机会,并让其对不良行为造成的破坏结果加以恢复。3. 在不同的情境中,通过角色扮演,演练与父母、同伴、老师合理互动的社交行为。4. 在矫正孩子攻击行为期间,家长与老师要不断沟通,以保证教育孩子的一致性。

**案例 2:尿床的萍萍**

清晨,萍萍呆坐在床上,床单湿了一片。爸爸皱着眉说:"又尿床了,你今年都 6 岁了,怎么办啊!"

诊断:5 岁以上的孩子仍不能自己控制排尿,夜间经常尿湿床铺,白天有时也尿湿裤子,称为遗尿症。因疾病引起的遗尿症称器质性遗尿症,这是要去就医的。大多幼儿由于大脑皮质功能失调所致。因精神障碍引起遗尿,称之为功能性遗尿症,约占遗尿症的 90%。

矫正方法:对于功能性遗尿症可从以下方面着手:1. 掌握幼儿夜间遗尿的时间,提前唤醒他起床排尿,让孩子形成条件反射,能在排尿前醒来。白天可在幼儿遗尿时段前提醒其排尿。2. 建立合理的生活制度,避免过度疲劳和睡前过度兴奋。3. 晚餐后控制饮水,减少幼儿入睡后尿量。4. 不耻笑、不指责幼儿。积极取得老师的配合,消除幼儿不安因素以及因遗尿带来的心理压力。

(中国学前教育网)

从 20 世纪 30 年代开始,斯金纳做过许多行为强化原理的实验研究,诸如"斯金纳箱"的实验。他将老鼠放进"斯金纳箱"里,每次当老鼠按下安置在箱子一面内壁上的一个杠杆时,他就给老鼠一小块食物。起初,老鼠在箱子里到处察看,用鼻子嗅,用后腿支撑着向上爬,等等。当老鼠碰巧用一只爪子按下了杠杆时,突然门打开了,老鼠就会得到一小块食物。这样,每次老鼠被放进箱子里的时候,它就更可能去按下杠杆,于是这个向下按杠杆的行为得到了强化,因为每次发生时,立刻会有食物出现。这种对于适宜反应的奖励就是强化(如图 5-5)。但是,在这里经典性条件反应的基本现象还是存在的,如泛化(按杠杆的行为,即使没有杠杆的装置它也会去按其他的东西)、消退(如果以后按杠杆的行为不再被强化,则这种按杠杆的行为也就不再出现了)。

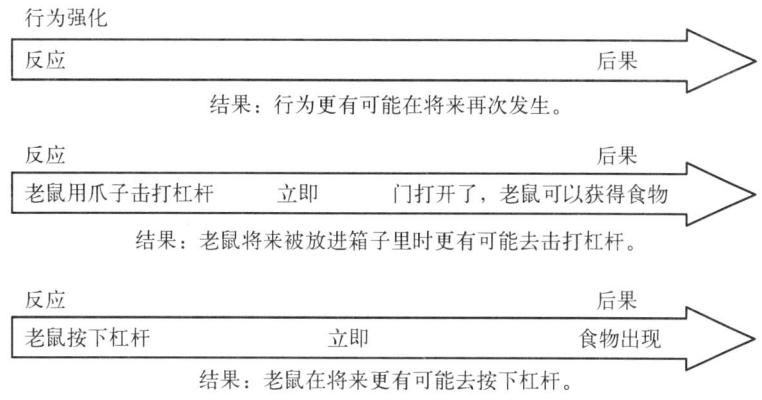

图 5-5 老鼠行为强化的过程

上述的实验中,老鼠学会按下杠杆以得到食物,或鸽子学会啄小窗以得到食物,或猫学会拉绳圈而逃出迷箱等,都是操作性条件反应的例子。在操作性条件反应形成的过程中,人或动物必须寻找出一种适宜的反应(如老鼠按杠杆)。而在此反应中,这个习得的反应可以带来某种结果(如按下杠杆以得到食物),但在经典性条件反应中,则没有这样的效果出现(如唾液的分泌不会导致食物的出现)。因此,这种条件反应强调了其操作行为会导致某种结果的产生,所以把它称为操作性条件反应。

桑代克的猫的实验和斯金纳的老鼠的实验,非常清楚地阐述了行为强化的原理。即当一个行为造成了有利的结果(对这种动物的生存或安宁有好处的结果)的时候,这个行为更有可能在将来的相似的环境中被重复。虽然行为强化原理最初是利用动物实验结果阐述的,但是行为强化也是一个对人类行为构成影响的自然过程。

人类生活中行为强化的例子举不胜举,比如若一个人看电视会给其带来快乐、有趣且能获得较多的信息;一个人喝茶能使其解渴,且感到很爽;一个人与他人交流,得到对方的反应而感到快乐的话,则看电视、喝茶、与人交流的行为就会增加。这是由于这些行为之后带来的结果是积极的,因此,积极的结果使得之前的行为得到强化,从而使强化前的行为能够保持或频繁出现,这就是行为强化的作用(如图 5-6)。

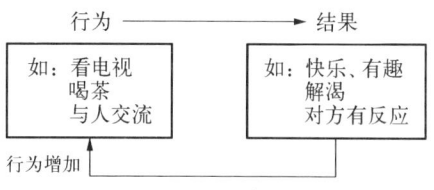

图 5-6 操作性条件作用强化的过程

若一个人看电视没给其带来快乐、有趣,也未能获得什么信息;一个人喝茶不能使其解渴,并感到不爽;一个人与他人交流,得不到对方的反应而感到不快乐的话,则看电视、喝茶、与人交流的行为就会减弱甚至再也不出现。这是由于这些行为之后带来的结果是消极的,因此,消极的结果导致消极结果之前的行为逐渐地减弱乃至消退或不再出现,这就是行为消退的作用(如图5-7)。

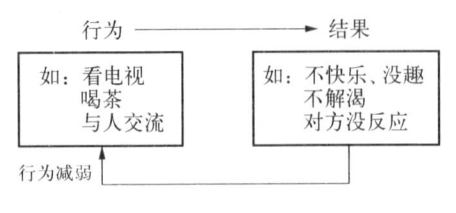

图 5-7 操作性条件作用消退的过程

斯金纳讨论了强化对人类很多种行为的决定作用,他认为包括心理障碍在内的大多数行为都是习得的。因为人类的行为强化可以作为我们日复一日地与自然环境和社会环境相互作用的结果而自然地发生,也可以作为矫正人们行为的方法之一。因此,心理辅导就是要以改变对需要帮助的人起作用的强化物的方式,来改变其行为。

### 知识小窗 5-1　　行为治疗中的放松训练法(呼吸放松法)

正确的呼吸方法是用全肺来呼吸的。呼吸应该是一种轻松的动作,不能用快速或喘气式的呼吸。刚开始时,以躺着的姿势练习比较容易,这样有助于你体会呼吸浅与深之间的不同感受。当你躺着能够熟练地运用时,就可以站着或坐着练习,具体的要领是:

1. 一只手放在胸部,另一只手放在上腹部;
2. 用鼻子吸气,使你的腹部渐渐地隆起,这意味着你用全肺在呼吸,尽量使胸部活动减少,保持缓慢地吸气;
3. 缓慢而均匀地将废气从鼻子呼出;
4. 重复几次,保持一定的节律,一分钟以 8~12 次呼吸为宜(一次呼气和吸气算作一次完整的呼吸)。初练时,可能无法熟练判断节奏,因此,应该练习大约 5~7 次呼吸的周期;
5. 注意:不能快速呼吸。

## 第三节　认知主义治疗理论

认知治疗源于认知主义治疗理论,但认知治疗直到 20 世纪 60 年代才在心理咨询与心理治疗中显示出它的重要性。认知理论认为,行为是心理加工过程的产物。在心理咨询与心理治疗中,认知理论之所以重要,原因有二:第一,人的许多心理问题是由其歪曲的认知导致的;第二,某些认知风格虽然不是症状的表现,但是确实会导致疾病,这种可能性推动着认知研究的发展。

认知理论的出现使心理咨询与心理治疗的发展产生了重要的转变。比如有关抑郁症的研究,传统观点认为抑郁症只是因生理异常而导致的情绪障碍,但美国的认知治疗学家贝克(Beck)建立的认知模式打破了有关抑郁症的传统观点。贝克模式的基本原理是,由于对自己、对世界和未来扭曲的思考,导致了抑郁症和其他情绪障碍。

## 一、贝克的认知模式

认知治疗是以认知模式为基础的。此模式的假设是:人的情绪和行为受个体对事件的知觉的影响,这种影响不是取决于个体的感觉,而是取决于个体自身构筑的情境。比如,设想一个情境:三个人同时面临下岗,这三个人产生的想法不同,对此情境的情绪反应则会有相当大的差异。

A下岗者想:"我上有老,下有小,仅这些生活补助金怎能养活一个家?我该怎么办?"他感到沮丧。

B下岗者想:"我早就想换单位了,曾经向领导提过,就是因为不放我走,所以没换成,现在下岗了,正好给了我换工作的机会。"他感到高兴。

C下岗者想:"我已在本单位工作很长时间了,也很累,甚至有时还带病工作呢,这倒也好,先让我休整一下,过段时间再去就业。"他觉得能够接受,情绪很平稳。

从上述例子可以看出,人的感觉是与他们怎样解释和理解这个情境有关。情境本身不能直接决定他们的感觉,但他们的情绪反应是受他们对事件的知觉调节的。认知治疗学家对思维水平这一方面尤其感兴趣。因为思维也是影响一个人情绪和行为的因素,反过来说,一个人的情绪和行为是受其思维影响的。

比如当你在阅读一本书时,你可能注意到自己的一些思维活动。即你的部分注意力集中在书的内容上,正试图理解它。与此同时,你可能正产生一些快速的评价,比如:"这本书太长了,什么时候能看完?"或"这本书太专业了",这些思维叫自动思维。自动思维不是深思熟虑或理性的。更确切地说,这些思维似乎是自动涌现的,它们通常非常迅速产生而且很简单,你可能勉强地意识到这些思维,但你可能更多意识到的是相继而来的情绪反应,结果是,你很可能不加识别地接受了你认为正确的自动思维。然而,你可以通过注意你的情绪转移来学习确认你的自动思维,当你注意到你正感到焦躁不安时,你可以扪心自问:"我刚才正在想什么?"或"我刚才脑海里浮现出了什么?"当你确定了你的自动思维之后,你可能已经在一定的范围内评估你的思维的正确性了。如果你发现你的解释是错误的,并纠正了它,那你可能就会发现你的心境随之得以好转。

那么,自动思维产生于哪儿?在构筑一个情境时,是什么造成个体间不同的情绪和行为的反应的呢?为什么相同的个体在不同的时间对一个确定的事件有不同的解释呢?认知治疗研究告诉我们:应从比较恒定的认知现象中的信念部分去寻找答案。

**1. 信念**

所谓的**信念**(beliefs)是指从童年开始,人们已对自己、对他人以及对外部世界形成的一定的理解。其中的核心信念是根深蒂固的,即使本人不能清晰地表达这种核心信念,但自己却认为这些信念是真实的和正确的。

**2. 态度、规则和假设**

核心信念影响着信念中间阶段的发展,中间信念包括态度、规则和假设。

态度:"不能胜任是可怕的。"

规则/期望:"我必须利用全部时间尽最大努力去工作。"

假设:"如果我工作努力,我也许能做一些对他人来讲容易完成的事情。"

这些信念影响他对事情的看法,转而影响他的思想、感觉和行为。这些中间信念与核心信念及自动思维的关系如图5-8所示。

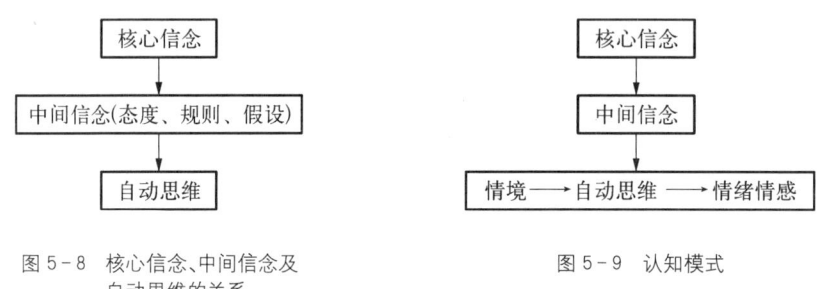

图5-8 核心信念、中间信念及自动思维的关系

图5-9 认知模式

核心信念和中间信念是怎样产生的?人们试图从个体早期发展阶段的生存环境中寻找有意义的答案。为了功能适应,个体需要以连贯性的方式组织个体经验。他们与外部世界、与他人的相互影响造成对事物的一些理解,他们的信念可能会在正确性和功能性上得到一些改变。认知治疗的特殊意义正在于,在治疗中学会放弃功能失调性信念,学习和发展更现实和功能性的合理的新信念。

**3. 行为与自动思维之间的关系**

通过上述的阐述,认知模式可以表示为图5-9。

在一个特殊情境中,一个人的核心信念影响其知觉,这可以用特殊情境的自动思维加以表示。而这些思维可影响一个人的情绪。更进一步,自动思维也可以影响行为并经常导致心理反应,正如图5-10所示。

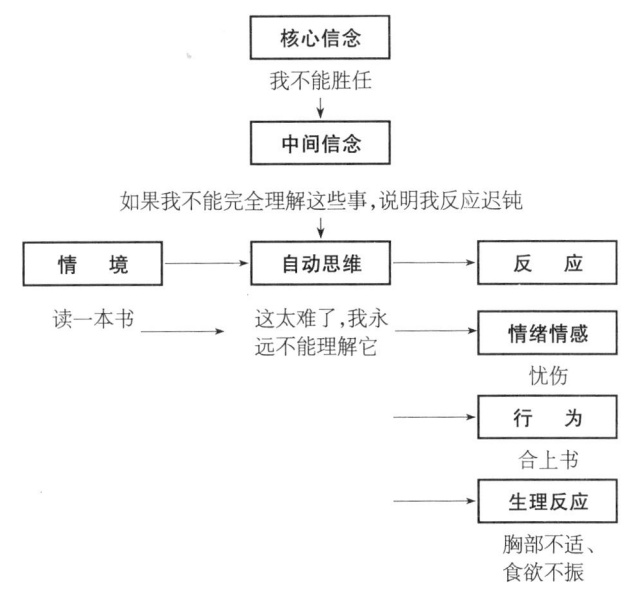

图5-10 认知模式

有人在读书时可能有这样的想法:"这太难了。我永远不能理解它。"(自动思维)在此想法下,他感到忧伤(情绪反应),胸部不适(生理反应),食欲不振(生理反应),然后就合上书(行为反应)了。当然,如果他能评估他的思维、情绪情感、生理状况和行为的话,则可能会产生积极的影响。比如,他可能已对他的思维有了反应,告诉自己:"等一会儿,这可能很难,但不可能学不会,因为以前我是能理解相同类型的书的,如果我坚持学习,也许我能进一步理解它。"(合理思维)如果产生这样的思维反应的话,则他的忧伤就可能会减轻(情绪反应),且会继续读书(行为反应)。

总之,这个读书的人因为其思维处于特殊的情境而感到忧伤。为什么其他读书的人没有这样的思维,而这个人有这样的思维呢?这是由于此人不清晰的、不能胜任的核心信念影响了他的情境知觉所致。

## 二、埃利斯的ABC理论

20世纪60年代贝克的认知模式被推崇之后,人们很快就发现,在早于贝克的认知治疗理论之前,即20世纪50年代,美国心理学家埃利斯(Ellis)创立的合理情绪疗法不正是致力于改变人们的不合理信念吗？后来，人们就把埃利斯的合理情绪疗法纳入到认知疗法的范畴。这一方法的基本理论主要为 ABC 理论。要了解这一理论，首先要了解合理情绪疗法对人的基本看法。

**1. 合理情绪疗法的人性观**

① 人既可以是有理性的、合理的，也可以是无理性的、不合理的，当人们按照理性去思维、去行动时，就会愉快，富有竞争精神，行有成效。

② 情绪是伴随着人们的思维而产生的，情绪上的困惑是由于不合理的、不合逻辑的思维造成的。

③ 人具有一种生物学和社会学倾向性，即会存在有理性的、合理的思维和无理性的、不合理的思维。任何人都不可避免地具有或多或少的不合理的信念与思维。

④ 人是有语言的动物，思维借助语言进行，人们不断地用内化的语言重复某种不合理的信念就会导致无法排解的情绪困惑。

⑤ 情绪困惑的持续是由于那些内化语言持续的结果。

**2. ABC 理论**

关于合理情绪疗法的基本理念是，心理问题产生的原因不是由于外部世界中的事件，而是人们对这些事件的不合理信念的反应。即心理问题不是由某一诱发性事件本身引起的，而是由经历了这一事件的个体对这一事件的解释和评价引起的。这一理论又被称为 ABC 理论。

ABC 来自 3 个英文单词的第一个字母。在 ABC 理论的模型中，A 是指**诱发性事件**(activating events)；B 是指个体在遇到诱发性事件后相应而生的**信念**(beliefs)，即对这一事件的看法、解释、评价与理解；C 是指在事件发生的特定情境下，个体的情绪与行为的**结果**(consequences)。

**埃利斯**(Albert Ellis,1913—2007)

美国临床心理学家，合理情绪行为疗法的创始人，也是 20 世纪 60 年代美国性解放运动的先驱，主要研究性、爱、婚姻和家庭关系等问题，并于 1955 年提出了自己的理论体系，即在咨询和治疗领域影响极大的合理情绪行为疗法(rational emotive behavior therapy,简称 REBT,也称 ABC 理论)。

如图 5-11 所示，通常情况下，人们会认为人的情绪与行为反应是直接由诱发性事件(A)所引起，但 ABC 理论认为，诱发性事件(A)只是引起情绪与行为反应(C)的间接原因；

而人们对诱发性事件所持的看法、解释、信念(B)才是引起人的情绪与行为反应(C)的更直接的原因。埃利斯指出,大部分的问题源于某些不合理的核心信念。比如:"我必须做得很棒,赢得赞扬,否则的话我就是个极差的人。""别人必须对我友善,考虑周到,否则社会和全世界应该惩罚他们。""我应该轻而易举地得到所有想要的东西。"当大部分人看到这些武断的信念时,很明显地看出它的不合理之处。但是大部分人在对外部世界作出反应时,却似乎觉得这些想法是完全正确、合理的。因此,合理情绪疗法通过与不合理信念或想法(B)进行质辩,来改变情绪和行为的结果(C)。

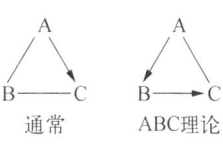

图 5-11　ABC 理论模型

## 三、认知行为治疗理论

认知行为治疗是 20 世纪 70 年代中期以来在美国行为治疗者内出现的一个新方向,是针对经典的行为治疗的欠缺而发展起来的一组新的心理疗法。

经典的行为疗法,由于受行为主义的影响,往往重视个体行动的目的性和主动性,忽略认识、情感和意志等因素在人的行为中的作用,仅仅借助刺激(S)→反应(R)的公式来解释人的行为和设计治疗方案。这种极端的环境决定论和机械论的观点使得经典的行为疗法既不探求引起各种不良行为或症状的认识、态度和人格方面的原因,也不重视个体的认识、信念、动机和意志等因素在治疗中的作用。因此,经典的行为疗法虽然可以消除一些问题行为和症状,具有一定的疗效,但实质上是一种症状性治疗的方法。也就是说,它是一种治标不治本的治疗方法,疗效自然不够稳定,往往是这一症状缓解了,同一根源的另一症状又出现了。

认知行为治疗家认为,"扰乱人心理的,与其说是事件,不如说是人对事件的判断"。以恐惧症的习得为例,外界的刺激、情境或事件固然很重要,但它们之所以引起人们的恐惧,往往是与当事者对它们的认识、评价和判断直接有关的。依照经典的行为治疗理论,强烈的恐惧反应可以由在时间上与导致此创伤性体验的刺激物(无条件刺激物)相关联的任何刺激物(条件刺激物)所引起,而不管这些刺激物的性质如何,更谈不上人对它们的认识与评价了。这种传统的观点受到了认知行为治疗家的临床观察和实验研究的质疑和挑战。

按照条件反射学说和经典的学习理论,在现代的城市生活中,人们应当经常对各种电器设备和运动车辆产生恐惧,而不应当害怕蛇和蜘蛛等类似的小动物。因为前者与灾难或痛苦体验联系在一起的机会远比后者多。可是,实际情况并不符合上述推测。事实上,在任何人群中对小动物的恐惧都远多于对电器和车辆的恐惧。这一临床观察说明,恐惧是有选择性的。条件刺激的内容、性质或结构等是恐惧症习得中必须加以考虑的重要因素。这些因素之所以会起作用,正是因为它们影响并在某种程度上决定了人们对刺激物的认识与评价。

费里德里森和奥曼(Fredrikson & Ohman, 1979)通过精心设计的实验研究来说明这个问题。他们采用中等强度的电击作为无条件刺激物,使两组被试分别形成对蛇(或蜘蛛)和花(或蘑菇)图片的恐惧的条件反应,同时记录了皮肤电传导反应的第一段期待反应的概率和手指的舒缩变化的概率,作为恐惧反应的客观指标。结果发现,图片的内容对恐惧反应的强度有显著的影响。这主要表现在:① 由蛇或蜘蛛图片作为阳性条件刺激物(CS+)和阴性条件刺激物(CS−)所引起的上述两种概率高于花或蘑菇图片所引起的概率。② 在条件反射的消退阶段,用蛇或蜘蛛图片作为 CS+ 和 CS− 的一组被试仍然保持着对 CS+ 和 CS− 反应上的差别;可是,用花或蘑菇图片作为 CS+ 和 CS− 的一组,对 CS+ 和 CS− 的反应上的差别几乎立即消失了。

上述的临床观察和实验研究告诉我们,认知中介因素在病态行为或某些疾病中是起重要作用的。经验说明,对于这些病态行为或疾病,不移除病人认识上的根本原因而单靠经典的行为治疗,是不能从根本上解决问题的。一个人对事物的认识评价,除了受事物本身的性质和特点影响外,还与他本人的一些特点有关。这就意味着,在治疗中施治者也应当注意到病人的经历、信念、态度和人格等因素的影响,并采取相应的矫正措施。

认知行为治疗家主张综合地利用经典的行为疗法和其他心理治疗技术,针对病人认识过程的不同方面(如信念、态度、期望和应对手段)以及认知中介因素影响行为的最佳干预点制定不同的治疗方案和方法。例如,对于多动症和有攻击行为的儿童的冲动行为,可以采用自我指导训练教会儿童在行动之前细细地思考以达到行为的自我控制。为了改变这些儿童的行为方式,训练中特别强调利用语言教会儿童解决问题的决策和技巧。显然,这里采用的方法已超出经典的行为疗法的范围。又如所谓的自信力(或决断)训练,也可被归为认知行为治疗的一种。此法特别适用于那些害怕自己会在社会场合中作出愚蠢的表演或感到焦虑的人,此训练不仅能帮助人们减少焦虑,而且还能学会有效的应对方法。自信力训练中包含三个基本成分:角色扮演、示范和社会性奖励,这些也超出经典的行为疗法的范围。

认知行为疗法具有高度的教诲性及指导性,对想法与感受都很重视,其假设是:认知、情绪和行为有明显的交互作用,而且有可逆的因果关系。由于认知行为疗法在发展上不断强调这三者的重要性和它们的因果关系,因此可视为多模式和折中取向的学派。

## 第四节 人本主义治疗理论

人本主义治疗理论是精神分析理论的一个派生物,也是对精神分析理论的一个反叛。事实上,人本主义运动的许多创始人曾被作为精神分析家训练过。然而,他们后来反对精神分析方法的悲观决定论,这一悲观决定论倾向于强调患者的缺陷,这与他们对生活更为"悲剧性的展望"和对外部世界更为"悲观的看法"是相一致的。精神分析理论倾向于更为依赖含糊的,通常是未详细说明的或不可详细说明的概念,精神分析方法鼓励被动性,而且缺少对患者的责任心。但是,人本主义治疗理论认为人类的行为是超出个人意识控制(通常也超出个人的知识)的力量的产物。以人本主义理论观点来看一个"完整的个人",这个"完整的个人"应具有追求健康、创造力和建设性生活的潜力,而这种潜力具有积极的、乐观的特征。人本主义治疗理论的代表人物主要是罗杰斯(Rogers)和马斯洛(Maslow),他们的著作为这一学派的理论奠定了基础。人本主义治疗理论在心理学领域,被称为"第三势力"。

### 一、罗杰斯的人本主义治疗理论

罗杰斯的理论在人本主义中占有举足轻重的地位,他也可以称得上是人本主义的代表人物之一。他的观点和我们之前提到的行为主义的理论大相径庭。

**罗杰斯**(Carl Ransom Rogers,1902—1987)

美国心理学家,人本主义心理学的主要代表人物之一,从事心理咨询和治疗的实践与研究,并因"以来访者为中心"的心理治疗方法而驰名。他曾当选为美国心理学会主席,获美国心理学会颁发的杰出科学贡献奖。其主要著作有《咨询和心理治疗:新近的概念和实践》《来访者中心治疗:实践、运用和理论》《自由学习》等。

**1. 对人的基本看法**

罗杰斯认为:"人基本上生活在个人和主观的世界里,即使他在科学领域、数学领域或其他相似的领域里,具有最客观的机能,这也是他主观选择的结果。"在这里,罗杰斯强调了人的主观性,这是在人本主义治疗中要注意的一个基本特性。人得到的感觉是自身对真实世界感知、翻译的结果。因此,他认为,当一个人发怒的时候,总是有所怨而发,绝不是受肾上腺素的影响;当他爱的时候,也总是因有所爱而爱,并非盲目地趋向某一客体。一个人总是朝着自我选择的方向行进的。因为他是一个能思考、能感觉、能体验的人,他总是要实现自己的需要。基于这一人性的特点,罗杰斯认为,人基本上是诚实的、善良的、可以信赖的。这些特性是与生俱来的,而某些"恶"的特性则是由于防御的结果而并非出自本性。罗杰斯还认为,每个人都可以作出自己的决定,每个人都有着自我实现的倾向,如果能有一个适宜的环境的话,则一个人将有能力指导自己,调整自己的行为,控制自己的行动,从而达到良好的主观选择与适应。这就是罗杰斯的人本主义治疗理论中对人的看法的要点之一。

**2. 自我实现的动机理论**

罗杰斯认为,人所有的行为都是由一股单一的力量——实现的倾向所激励。这种实现的倾向就是保护和提升自我的愿望。在低层次上,它包括通过吃饭、取暖和避免生理损伤而获得生存的基本本能。在高层次上,它包括人们验证和实现对他们的最高能力的期望,诸如寻求新的体验,掌握新的技术,找到更有成就感的工作和关系,等等。总之,实现的倾向促使人们探索和实现个人的潜能,而这一过程被称为自我实现。在追求自我实现的过程中,人们在进行着罗杰斯所谓的**价值条件化的过程**(conditional process worth),即那些能提升自身的经历被评价为是好的从而为人们所追求;而那些不能提升自身的经历被评价为坏的则为人们所避免。也就是说,人们知道什么对他们是好的。

罗杰斯相信人们获得自我实现的程度依赖于个体自己的形象,即**自我概念**(self-conception)和个体对自身经历(内在的和外在的)的完全理解之间的和谐程度,或者说是正确的适应的程度。如果自我形象相当灵活和现实,因而使得人们可以承认和评价自己所有的经历(如愤怒和嫉妒,高兴和快乐),那么人们就处在一个极好的立场去追求那些最有利于提升自身的最现实的经历。然而,决定我们是否能自我实现的因素是童年的经历。当儿童有自我意识的时候,他们自动形成了对罗杰斯所谓的积极评价的需要,即来自他们的生活中的重要人物的友爱和赞同,尤其是他们的父母。其中,积极的评价总是伴随着附加限制的,比如要为人所爱,孩子就要表现出温柔、自信,从而做到像个男孩,或是像个女孩,或是其他一些积极的评价(价值条件化)。这些外来的价值条件,指示了孩子的哪些自我经历是"好的",哪些自我经历是"坏的",然而,这些外来的价值条件被孩子内化为自身的价值条件(即价值观)。如果这些价值观的要求很少且又是合理的,则这个孩子将能享受多种积极的体验。如果这些价值观的要求很有限制力,且筛选掉孩子的大部分体验,则将严重阻碍他的自我实现。也就是,当价值的外部条件控制了一个人越来越多的行为的时候,在这个人的行为与他的真实自我之间产生了一个距离,而这个人自动地用感知曲解来掩盖这个距离,即他否认自我与现实之间的冲突。

图 5-12 表明了适应程度较高的个体与适应程度较低的个体,其经验与体验被否认、歪曲或准确感知的情况。适应程度低的个体,在很大程度上或很大领域中偏离了其自身的经验或体验。在这些领域中,其自我概念是建立在价值条件作用的基础上的,而正是这一评价过程使得他歪曲或否认了其自身的经验或体验。一个适应程度高的人则相反,他很少出现价值条件化的评价过程,因此能更为准确地感知自身的体验。

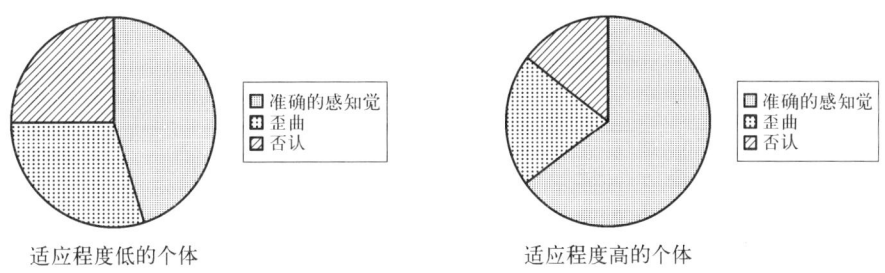

图 5-12 适应程度不同的个体自我概念的构成

**3. 人本主义治疗的基本原理**

罗杰斯的理论相信每个人都具有实现的倾向,都有可能达到自我充分发展的最高境界,只不过是由于后天环境的影响,而未能妥善地使用其本来就有的能力和才能。因此,罗杰斯认为,心理咨询和心理治疗纯粹是给来访者提供一种能够重新认识他自身问题的环境和氛围,协助来访者将他自己的潜能释放和发挥出来。对咨询者来说,最主要的是需要具备三个十分必要的条件——无条件的积极关注、共情式理解和真诚一致,即要有关心和接纳来访者的态度,还能设身处地地了解来访者的想法和情感,同时通过适当的渠道,将对来访者信息的理解反馈给来访者,由此为来访者提供一个良好的环境和氛围,协助来访者在这种环境和氛围中成长,使其能够面对自己的问题,成为一个能接受自己并能和谐地适应社会环境的人。在整个心理咨询和心理治疗中,来访者是"主角",拥有人的尊严和价值以及对咨询过程的控制权。咨询者则是"配角",是来访者反映心理感受与想法以及增强对自己理解的一面"镜子"。心理咨询和心理治疗就是通过这面镜子,使来访者能明白自己"此时此地"的感受,并由此获得自我认识和自我理解,从而促使来访者重新面对和处理自己以往不能接受而又确实存在于内心的感受、想法及问题,并试图采取积极的行动,以达到自身问题的改变。

## 二、马斯洛的人本主义治疗理论

马斯洛是人本主义的又一代表人物,其理论与罗杰斯相比,更具明显的个人色彩。

**马斯洛**(Abraham Harold Maslow,1908—1970)

美国社会心理学家、比较心理学家,人本主义心理学(humanistic psychology)的主要创建者之一,心理学第三势力的领导人。具体言之,马斯洛心理学思想的最大贡献在于提出了需求层次论。其主要著作有《动机与人格》《存在心理学探索》《宗教、价值与高峰体验》《优美心灵的管理》《科学心理学》《人性能达到的境界》等。

### 1. 需求层次理论

像罗杰斯一样,马斯洛的研究开始于这种假设:人类本质上是好的,他们的所有行为来自一个单一的主要动机,即自我实现的本能。马斯洛对人本主义治疗理论的特殊贡献是他的需求层次的概念,即在成人开始追求自我实现之前的发展过程中必须满足的一系列需求(如图5-13)。

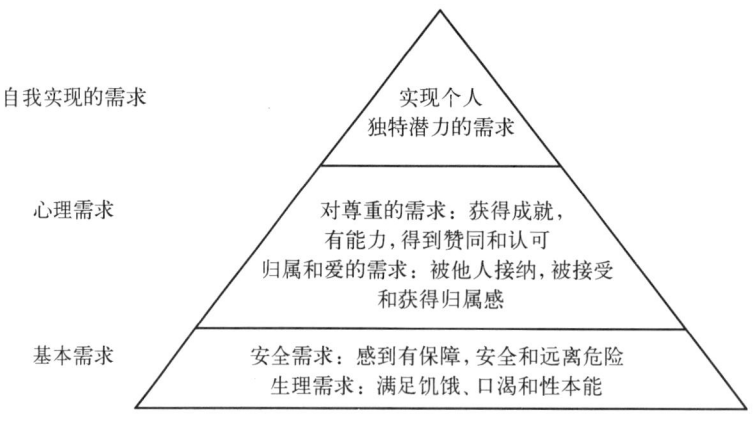

图5-13 需求层次

马斯洛提出的五个需求层次,在一个人到达下一个层次之前必须满足前面的每一个层次。首先是生物需求层次,即对躯体舒适和生存的需求。第二个是安全需求层次,即对一个稳定的和可预知的环境的需求。第三个是归属和爱的需求层次,即对与朋友和家庭的温暖关系的需求。第四个是尊重需求层次,即推动人们去寻求他人的尊重,并最终产生自尊的一个内在基础。最后,是自我实现的需求,在实现了前面的需求后,人们可以达到第五个层次并开始自我实现的需求。马斯洛曾指出:"处在这个动机发展层次上的人……是高度自发的、正直的、开放的、自我剖析和未经修正的,因而是有表现力的。"马斯洛还识别出 14 种特性,把它称作为"存在—价值(B-Values)",他认为这些特性定义了自我实现的人(见表 5-2)。

表 5-2  14 个存在—价值(B-Values)

| 存 在 | 价 值 |
|---|---|
| 活力(aliveness) | 希望成为周围世界的一部分并享受生活 |
| 自主(autonomy) | 对指导自己的生活的需求 |
| 美丽(beauty) | 倾向于将自身置于美丽的、愉悦的环境中 |
| 完成(completion) | 希望坚持不懈并一直看到一项工程的结束 |
| 省力(effortlessness) | 偏爱采用直截了当的、有效的方法来解决问题 |
| 善良(goodness) | 容忍他人并相信所有人的价值 |
| 幽默(humor) | 嘲笑自己和生活的境况,而不是贬低他人的能力 |
| 公正(justice) | 相信公平和民主原则 |
| 完美(perfection) | 希望正确地完成工作,而不是草草了事 |
| 简单(simplicity) | 偏爱自然的、真实的生活方式 |
| 总体(totality) | 需要将自身置于一个社会背景中,对他人怀有非利己的兴趣 |
| 真实(truth) | 易于接受新奇的观念,更好地容忍不明确性 |
| 独特(uniqueness) | 希望支配自身的生活而不是跟随社会传统或时尚 |
| 整体(wholeness) | 接受好的也接受坏的,接受自身的所有方面的能力 |

对以上的内容进行概括后可以看出,马斯洛的需求层次理论是一种包含多项联系的复杂结构,即基本需求按优势或力量的强弱排列成一种层次系统,层次的基础是生理需求,然后往上依次是安全需求、归属与爱的需求、尊重的需求和自我实现的需求,而层次的顺序是相对的,不是固定不变。动机的发展是交叠的,即一种需求只要得到某种程度的满足而不是百分之百的满足就可能产生新的更高层次的需求。对马斯洛来说,如同罗杰斯一样,心理问题主要是由于在自我实现的追求中受阻而导致的。

**2. 健康的心理模式**

马斯洛认为,每个人都具有一种实质上是生物基础的内部本性,在某种程度上,这种内部本性是自然的、内在的、特定的,并且在某种有限的意义上说是不能被改变的。每一个人的内部本性一部分是他自己独有的,另一部分是人类普遍具有的。马斯洛指出,这种内部本性看来并不是内在、原始、必然邪恶的。人类基本的需要(五个层次的需要)、基本的情绪、基本的智能,或是中性的、前道德的,或是纯粹"好的",或是破坏、虐待、残酷、恶毒等,但并不是内在的。相反,它们似乎是针对人们内在的需要、情绪、智能等受挫后的一种强烈反应。愤怒本身不是邪恶的、畏惧的、懒惰的甚至愚昧的。不过,这些东西可以导致或已经导致邪恶的行为。当然,它们并不是必须如此的,因为它们之间并没有必然的内在因果关系。人的本性远远没有它被设想的那样坏。实际上可以说,人本性中好的可能性一般都被低估了。在马斯洛的观点看来,人的这种内部本性是好的,或是中性的,而不是坏的。因此,他认为,最好的解决途径是让它表现出来,并且促使它表现出来,而不是压抑它。如果允许它指引人们的生活,则人们就会成为健康的、快乐的人。

> 让我们回到本章开头提到的那个案例。为什么同样是抑郁诊断,但治疗的方法却各有不同呢?最主要的原因是学校咨询老师、公司的心理咨询师和医院的心理医生所持的心理辅导(治疗)理论各不相同。所谓"条条大路通罗马",许多时候,同样的症状也可由不同的途径达到治愈的效果。例如对于抑郁的治疗,精神分析理论认为抑郁是对愤怒的压抑,在抑郁情境中,患者把对他人的愤怒压抑成对自我的愤怒,从而形成抑郁,进而怨恨自己,觉得自己无能,所以治疗的目的就是帮助患者分析潜意识中的"情绪症结",从而改善情绪反应;认知治疗理论的代表人物贝克则认为,认知是造成抑郁的主要因素,人们把自己看作是无价值的、无用的就会形成抑郁,所以治疗的目的就是改变这些不正确的认知;而在行为主义者看来,抑郁是强化的减少和缺乏造成的,比如亲人的逝世导致的抑郁就是因为积极强化的消失而造成的,所以治疗中就必须对强化做好控制。

## 本章小结

- 青少年心理辅导的基本理论包括精神分析治疗理论、行为主义治疗理论、认知主义治疗理论和人本主义治疗理论。
- 精神分析起源于弗洛伊德,他的理论主要包括心理层次与结构、心理性欲发展论、心理防御机制等。
- 行为主义治疗理论源于巴甫洛夫的经典性条件反射理论,由斯金纳等人提出,包括经典性条件作用原理、操作性条件作用原理。
- 认知主义治疗理论有贝克的认知模式,其基本原理是由于对自己、对世界和未来扭曲的思考,导致了抑郁症和其他情绪障碍。还包括埃利斯的 ABC 理论,认为心理问题产生的原因不是由于外部世界中的事件,而是人们对这些事件的不合理的信念。认知行为理论认为,应综合地利用经典的行为疗法和其他心理治疗技术,针对病人认识过程的不同方面(如信念、态度、期望和应对手段)以及认知中介因素影响行为的最佳干预点制定不同的治疗方案和方法。

- 人本主义治疗理论认为人类的行为是超出个人意识控制的力量的产物,把人看作是一个"完整的个人",这个"完整的个人"应具有追求健康、创造力和建设性生活的潜力,而这种潜力具有积极的、乐观的特征。人本主义治疗理论的代表人物主要是罗杰斯和马斯洛。

## 思考题

- 精神分析治疗的人性观包括哪些?
- 行为主义治疗的人性观包括哪些?
- 认知主义治疗的人性观包括哪些?
- 人本主义治疗的人性观包括哪些?
- 何谓心理防御机制?
- 简述马斯洛的需要层次理论。
- 试阐述贝克的认知治疗、理性情绪疗法和认知行为治疗的基本原理。

## 问题探索

- 近些年来,建立在精神分析基础之上的客体关系理论和自体心理学受到越来越多的重视。这些理论提出了很多颇有见地的观点,对于临床和青少年辅导均有很大的借鉴意义,请阅读有关客体关系和自体心理学方面的书籍,以扩充你对新的理论知识的了解。
- 试运用不同的理论取向对生活中需要帮助的青少年提供辅导,尝试探索一种适合你的对青少年辅导行之有效的咨询方法。请你反思自己的咨询方法是基于什么理论,并阐明判断的依据。

# 第六章　青少年心理辅导的基本方法

---
本章细目
---

**本章要点**

**第一节　心理辅导的基本途径**

一、通过课程教学进行心理辅导

二、通过课外活动进行心理辅导

三、通过班主任工作进行心理辅导

四、通过学科教学进行心理辅导

五、通过小组活动进行心理辅导

六、通过个别咨询进行心理辅导

七、通过校园文化渗透进行心理辅导

八、通过校内外网络进行心理辅导

1. 建立学校与家庭的联系
2. 建立学校与社会的联系
3. 形成校内心理健康教育网络

**第二节　心理咨询的操作原则**

一、同感来访者

二、接纳来访者

三、助来访者自助

四、为来访者保密

五、价值中立原则

**第三节　心理咨询的五大步骤**

一、建立关系

二、探讨问题

三、确定目标

四、解决问题

五、延续性结束

**第四节　心理咨询的具体技术**

一、全心倾听

二、敏锐观察

三、巧妙提问

1. 尽量不连用封闭性提问
2. 尽量不用"为什么"的开放性提问
3. 善于运用积极暗示的语言提问
4. 善用比较性提问
5. 根据不同需要采用不同类型的提问

四、解除阻抗

五、深层解释

六、行动建议

**本章小结**

**思考题**

**问题探索**

## 本章要点

- 心理辅导的基本方式
- 心理咨询的操作原则
- 心理咨询的一般步骤
- 倾听、观察和提问技术
- 阻抗现象的认识与处理
- 心理咨询中的"解释""建议"技能

> **想试着回答一下吗……**
>
> - 在学校里,心理辅导与思想教育有什么区别?
> - 有人说心理咨询师就是专门跟人聊天的,对于这样的说法你有什么意见?
> - 心理咨询师必须接纳每一位来访者,对此你怎么理解?
> - 为什么说心理咨询就是咨询师"出租耳朵"?
> - 心理咨询的时候,咨询师最好能够把手从脸部拿开,你是怎么理解的?
> - 有些咨询师总是喜欢问来访者"为什么",他们的这种做法对吗?
> - 为什么对有些阻抗,咨询师可以不予理睬?
> - 很多时候咨询师在做"解释"的时候常常会导致来访者流泪,这是为什么呢?
> - 心理咨询过程中,咨询师使用建议的技能就是给来访者建议吗?

明年就要参加高考的小荃,最近一直感到茫然。因为她不仅学习时不能专注,而且脾气也越来越坏。之后的暑假,小荃在一家心理咨询机构咨询了三次,但每次咨询,心理咨询师都是先让她做一套心理游戏,然后按她在游戏中暴露出的所谓问题,进行一番"说对也对,说不对也不对"的劝导。

咨询师好像说得比较空泛,而且更爱唱独角戏……有些心理师是在躲着孩子提问,他们习惯于按自己的"设计思路",像背台词般说一些套话,听一次还觉得新鲜,听多了就感觉失真了。

类似的上述案例让许多人把心理咨询与辅导等同于一般朋友间的谈话聊天,这还真是一大误解。那么心理咨询与辅导跟一般的谈话聊天到底有着怎么样的区别呢?学校一般教师如何借鉴或运用心理咨询与辅导的理论和方法来更有效地做好教育工作呢?

在第一章里我们谈到心理辅导和心理咨询的关系。学校青少年心理辅导主要是面向广大心理健康的青少年学生，使之能更好地发展，同时也包括针对个别有心理问题和心理障碍的青少年学生的心理咨询。由于心理咨询需要较为专业性的技术，因此有必要集中阐明心理咨询的技术问题，作为青少年心理辅导中更专业的内容。这就涉及咨询心理学领域。咨询心理学是心理学的一个独立分支学科。**咨询心理学**（counseling psychology）是运用面谈技巧来影响来访者的思维方式、人际状态与行为状态的一门心理学科。这是国际心理学界对咨询心理学的一个共识度较高的定义。这样的面谈需要研习和掌握一定的原则、程序和技术。下面我们先介绍心理辅导的基本方式，然后再进一步介绍心理咨询的基本原则、五大步骤和具体技术。

# 第一节  心理辅导的基本途径

在学校中对青少年学生进行心理辅导的途径很多，这里归纳出我国目前教育实践中采用较多的八种基本途径，供实践中借鉴。

## 一、通过课程教学进行心理辅导

心理发展任务多、普遍性强的特点决定了必须把心理健康教育纳入学校的课程体系，面向全体学生，分阶段、有层次地开展心理健康教育。为此，开设心理健康教育课程对青少年学生进行"面上"的心理辅导是一条十分有效的途径，课程可采取系列专题讲座的形式进行，也可采用一般意义上的课程形式进行。各年级分别开设学习辅导、人格辅导、生活辅导、职业辅导等内容的心理健康教育课程，帮助学生了解心理健康教育的基本理念和方法，掌握一定的自我调适技能。这对普遍提高青少年的心理健康意识，提高青少年的自助能力具有基础性的作用。

要注意的是，心理健康教育课程与一般课程的教学有所不同，在理论学习的基础上，一定要强调其应用性、启发性与体验性，可结合情境模拟、角色扮演、心理剧等多种形式，突出"课程中有活动，活动中有课程"的特色。

## 二、通过课外活动进行心理辅导

课外活动与实际生活联系紧密，比书本知识更能引导青少年学生仔细观察、积极思维、大胆想象；课外活动提供大量的实践和创造机会，有助于学生独立探索和自我发现，有益于学生创造力的发展;生动活泼的活动内容,灵活多样的活动方式,可以激发学生强烈的求知欲和好奇心,为学生形成积极、多元的学习动机奠定广泛的基础;课外活动中许多有益的文娱活动、艺术欣赏和创作活动,可以发展学生健康的审美情趣,陶冶学生的情操;而那些需克服较多困难才能完成的活动,则可以培养学生的耐心、坚持性,敢于挑战困难的良好意志品质。因此,丰富多彩的课外活动有助于塑造学生健全的人格,培养学生良好的个性。由此可见,课外活动确实是培养学生良好心理品质的有效途径。

我们可以通过组织课外活动对青少年学生进行心理辅导,将辅导与课外活动相结合,充分发挥第二课堂的作用,针对不同年级,分层次、分主题地开展不同特色的课外活动。对于高中一年级而言,重点是高中生活的适应、独立性的培养,可以开展以适应为主题的系列课外活动;对于高中三年级而言,重点是学习压力的调节,可以组织开展跳绳比赛、拔河比赛等以减压为主题的有助于大家放松的活动。

### 实践探索 6-1  心理辅导活动课实施的基本流程

一个完整的辅导活动课的流程应包括以下方面。

1. 暖身活动。正如开展体育运动需要进行身体预备活动一样,在实施心理辅导时也需做一定的暖身活动。心理辅导是一种心灵与心灵的沟通,要达到其辅导目标,必须营造安全、开放、轻松的气氛,让学生进入一种放松、温暖的情绪状态。暖身活动的形式很多,大肢体的运动是一种常用的技术,因为身体的放松会减少情绪上的紧张与焦虑。

2. 创设情境或设计活动。学校开展心理辅导的目的是帮助学生获取相应阶段成长的经验,而这种直接经验的获得大多要通过一系列专门设计的活动才能完成。因此,心理辅导活动课的基点是活动,而发挥学生的主体性和主动性是心理辅导活动课的核心。依据辅导目标,创设有效、合适的活动或情境,是整个课程设计的重点。辅导活动设计是否能达到帮助学生发展的目标,有三个关键性因素:(1)角色的承担。心理辅导强调体验性学习,因此一个成功的辅导活动设计必须提供一系列的角色活动,让学生取得角色扮演的机会,在安全的情境中尝试新的经验和行为。(2)保持挑战与支持的平衡。在情境或活动设计时,要向学生提供适度的挑战性任务。(3)辅导教师还要提供一定的支持。

3. 建立辅导关系。几乎所有的辅导理论都强调,辅导关系是决定辅导成功的第一要素。辅导活动课目标的达成也必须以良好的辅导关系为基础。

4. 鼓励自我开放。辅导的本质是一种人际互动的过程,而其中个人的自我开放则是人际互动的重要因素之一。自我开放是指将自己个人的信息,如感受、经验、行为与他人分享,借以增加彼此的人际互动。

5. 催化互动与分享。心理辅导活动课不同于一般教学的核心因素在于团体动力因素的应用与掌握,催化学生互动与分享是心理辅导活动课设计的精妙之处。

6. 促进自我探索。心理辅导活动是学生的自我教育活动,它以他助—互助—自助为机制。在真诚、理解、接纳和鼓励的态度面前,学生感到安全和自由。课程设计就应充分调动学生自身的教育资源,鼓励学生作深入的自我探索。让学生在适度的自我开放中,通过自我检查、自我领悟、自我实践,促进自我成长。

7. 引发领悟。学生在广泛良性的互动和分享中获取新的想法与感受,从而引发学生的领悟,开启改变与成长的契机。

8. 整合经验。学生的参与以及彼此间的分享与反馈,使学生能把别人的以及在活动中获取的新经验与自身的经验加以整合,从而深化辅导效果。

9. 促成行动。为落实学生领悟经验整合取得的效果,应鼓励学生即席采取行动和演练成果,以确保辅导活动的效果在知、情、行三个维度上的统整。

10. 彼此反馈。在活动结束前提供师生之间、学生与学生之间的反馈机会,不但能强化本单元的辅导效果,而且为延续下一单元的辅导奠定了一个良好的基础。

11. 活动延伸。辅导效果的取得,单单靠课堂活动是远远不够的,布置一定的作业,一方面能鼓励学生把课程中取得的领悟与演练的成果迁移运用到日常生活中,另一方面还能充分发挥"学校—家庭—社区"这一辅导网络的支持作用。

12. 评估效果。课程设计本身应包含效果评估的规划与设计,以提供课程自身改进和不断修正的机制,从而引发新的设计构想。

(刘宣文,2002)

## 三、通过班主任工作进行心理辅导

通过班主任工作进行心理辅导是将心理辅导有机地融入班主任管理工作中,使培养学生良好的个性和健全的人格成为班主任工作中一个必不可少的组成部分。班主任同时担负起管理班级和对学生进行心理辅导的工作,这就要求班主任教师不仅要有班级管理的能力,还要有一定的心理学知识和较强的心理健康教育能力。班主任实施心理辅导的途径主要有:以良好的心理素质来影响学生,开展形式多样的集体活动,在环境布置中渗透心育,以主题班会的形式对学生进行团体辅导,在处理学生间的矛盾时重视学生心理层面的分析。

## 四、通过学科教学进行心理辅导

学科教学是寓育于教的一条途径,也是心理辅导的又一隐性途径。事实上,各科教学内容中都蕴含着不少适用于心理辅导的素材,而各科教学过程中又都会出现不少实施心理辅导的机会,如各科教学中的学习方法和策略的教学便可与学习辅导相联系,而语文、历史、思想品德、社会等学科中有关处世、为人、立志、冶情等方面的教学内容又可与人格辅导、生活辅导与职业辅导相结合。因此,只要教师处处做有心人,巧妙加以阐述、延伸、拓展,便能够取得实效的,而且这恰是一般任课老师承担对青少年学生进行心理辅导的一条更为切实可行的途径。只不过,这种途径不仅要求任课教师有一定的辅导意识,而且要求他们具有一定的心理学知识,同时掌握一定的方法与技巧。

## 五、通过小组活动进行心理辅导

如果说以上几条途径都主要是以班级为单位而进行的辅导途径的话,那么这里则是以小组为单位进行的团体辅导途径。小组人数可控制在 4、5 人到 11、12 人之间,他们多为具有相似心理问题和发展问题的学生。由于规模小,又有共同的问题,成员之间的交互作用大,辅导的针对性更强。这种心理辅导适用于一部分有特殊需要的学生,他们往往需要解决一些共同性问题;需要与他人分享经验、看法;需要彼此了解,以培养合群性;需要与同龄人交往,学习社交技能。

> **实践探索 6-2**　　　　　　　　**小组辅导的目标**
>
> 对于小组组长及组员来说,小组辅导的目标如同建筑工人心中的建筑设计图,为此,学者们都强调组长必须清楚小组的目标。但是,不同理论模式的目标存在着区别,科里(Corey)对此进行了如下总结。
>
> 心理(精神)分析:提供一种气氛,以帮助当事人重新体验早期家庭关系;揭示出与那些影响现实行为的过去事件相伴随的被埋葬的情感;促使对失败之心理发展根源的洞察,激发矫治性的情绪体验。
>
> 阿德勒式:创造一种治疗关系,鼓励参与者探索自己的基本生活假定,实现对生活形态更广义的理解;帮助当事人认识自己的优点并作出改变;鼓励他们为自己所选择的生活形态和想要作出的任何改变承担充分责任。
>
> 心理剧:促进被掩藏情感的释放,提供洞察的机会,帮助当事人发展新而更为有效的行为,开发尚未探索的解决冲突和体验自我主导的可能性。
>
> 存在主义:提供种种条件以尽可能发展自我意识,并减少成长的阻力;帮助当事人发现和运用选择的自由,并为他们自己所作的选择承担责任。
>
> 个人中心:提供一个安全的情境使团体成员可以探索其所有情感;帮助团体成员逐渐能开放地接受新的经验,并建立对自己和自己的判断的信心;鼓励成员着眼于现实生活,发展开放性、真诚性、自发性;使成员能够就此时此地的情境与人交往,并把团体作为一个克服疏远情感的场所。
>
> 格式塔:使团体成员能够密切地注意他们随时随地的体验,以便能够对自身那些被否定的层面加以认识和整合。
>
> 沟通分析:帮助当事人在其互助中逐渐摆脱种种脚本和心理游戏;鞭策团体成员重新检查他们的早期抉择,并在觉察的基础上作出新的抉择。

> 行为治疗：帮助团体成员排除种种适应不良的行为，并学习新而有效的行为模式；各种远大的目标要被分解为具体的次目标。
>
> 理性情绪疗法：教导团体成员对自己的种种问题负起责任，帮助他们辨别并抛弃那种始终使自己陷于混乱困境的自我灌输过程，消除当事人不合理和自我妨碍的生活观，代之以更具有承受力的合理的生活观。
>
> 现实疗法：引导团体成员不断学习现实的、负责的行为，并建立起一种成功的认同；帮助团体成员对自己的行为作出有价值的判断，并制定出改变的行动计划。
>
> (张景芳,2007)

## 六、通过个别咨询进行心理辅导

这是一条个别辅导的途径，即通过教师与学生一对一的互动来进行心理辅导。这种心理辅导也就是心理咨询，是对上述各种团体辅导的一种补充，是贯彻个别化原则的一条必不可少的途径。由于心理辅导的精髓在于个别化对待，可以说个别辅导是一种不可替代的、更为深入的辅导方式。一所学校在开展心理辅导时无论以什么途径为主，如果不与个别辅导相配合，其辅导工作都是不完整的。个别辅导是一项专业性、技术性、科学性都很强的工作，它需要一定的物质条件去支撑，如专门的咨询场地、活动经费、专业咨询人员等。这就要求学校必须重视心理咨询中心的建设，完善学生心理咨询中心的必要条件，并使学生心理咨询中心成为学校的常设机构，成为学生的精神、心灵家园。这种心理辅导适用于有特殊情况的个别学生，这些个体的情况往往具有以下特点：需要高度保密；需要解决个体较为复杂或紧迫的问题；个体缺乏在团体中参与活动的心态(或怯于在团体中发言，或难以与他人分享自己的感受、看法，或其言行常被团体拒绝)。有关这种个别形式的辅导也叫咨询，我们随后作进一步的介绍。

> **知识小窗 6-1    个别辅导与团体辅导**
>
> 按辅导所涉及学生的人数可分为个别辅导和团体辅导。个别心理辅导是辅导教师通过与学生一对一的沟通互动来实现的专业助人活动，比较常用的方式有个别交谈、电话咨询、信函咨询、个案研究等，如有些学校开展的"知心姐姐信箱"活动，就是信函咨询的一种形式。个案研究是针对个别学生(通常是一些特殊学生)进行的持续时间较长的个别辅导方式。它要求广泛地收集资料，客观地分析问题的性质与成因，依据诊断的结果，拟定辅导方案，以协助学生解决问题(黄志法，2000；杨帆，2014)。
>
> 团体辅导是指在团体情境中提供心理帮助与指导的一种心理辅导方式。它是通过团体内人际互相作

用,促使个体在交往过程中通过观察、学习、体验,认识自我、探讨自我、接纳自我,调整改善与他人的关系,学习新的态度与行为方式,充分发挥自身的潜能和优势,以发展良好的生活适应的自助及助人能力的过程。它是一个相对个体辅导而言开展的一个针对多人共同进行的辅导形式(Jacobs, Masson & Harvill, 2009)。

团体辅导以每个成员的成长和发展为目标。其优越性在于它把受训团体设计成一个微型社会,为那些在现实生活中受到挫折、压抑的成员提供了一种信任、温暖、支持的团体气氛。在这个理解和支持的气氛中,参与者愿意尝试各种选择性的行为,探索自己与他人相处的方式,学习有效的社交技巧;团体成员之间能探讨他们彼此之间的相互觉察,并获得其他成员在团体中对其观察的反馈,使之由别人的观点来审视自己。团体辅导具有互相支持、集思广益、效率高的特点,辅导效果易巩固。与个体辅导相比,团体辅导具有很多优势,如发展和体验良好的人际关系,增强归属感,体验互助与互利,多元价值观与信息的交流,"和别人一样"的体验等。

## 七、通过校园文化渗透进行心理辅导

丘吉尔有句名言:"我们塑造了环境,环境又塑造了我们。"校园文化在青少年心理辅导中具有潜移默化的作用,对青少年的心理素质产生持久、稳定、广泛的影响。良好的校园文化具有调节心境、陶冶情操、愉悦身心的功能。因此,学校要建立健康向上的校园文化,营造一个有利于大学生心理积极发展的校园环境。开展树立良好校风、创建文明校园等行之有效的校园文化活动,强化学生的参与意识,以"润物细无声"的方式,使青少年在不知不觉中得到熏陶,达到促进其全面发展和健康成长的目的。

为达到在校园文化建设中渗透心理辅导的目的,可从以下四个方面着手:① 建设优良的校风、学风和班风。② 开展丰富多彩的校园文化活动,为青少年健康发展提供机会和条件。③ 开展生活技能教育活动,让学生参与其中,对遇到的问题自行解决,培养学生的动手能力,使学生充分体验到成就感,促进心理健康的发展。④ 美化校园物质环境。无论是外在的校园物质环境(学校的建筑艺术、布局、格调与特色)还是内在的校园物质环境(学习环境和生活环境)都蕴含着一定的价值观念、精神境界、行为规范,它对学生的认知、情感、意志、信念和行为乃至人生观、世界观、价值观等方面起着潜移默化的作用。

## 八、通过校内外网络进行心理辅导

影响青少年心理健康的因素是多方面的,我们应充分考虑到这些因素的影响,有组织、有计划、有目的地对学生进行系统的心理辅导,建立一个立体化的校内外相结合的心理健康教育网络。这个网络应包括以下三个方面。

**1. 建立学校与家庭的联系**

学生的心理压力和心理问题不仅来自学校,也来自家庭。家长本身不健全的人格,不健康的心理,不恰当的教养方式或不和谐的亲子关系,都会引发学生的心理问题,影响学生心理健康。因此,心理健康教育应延伸到家庭中去,使家长同时接受教育。为此学校可建立家长学校,向学生家长宣传、普及心理健康教育知识;帮助家长了解青春期学生心理特征及该阶段容易出现的问题;同时向家长及时反映其子女的心理动态以及出现的具体问题,家长与学校积极配合,共同做好学生的心理健康教育工作。

**2. 建立学校与社会的联系**

社会是一个大熔炉,精华与糟粕同在,它对青少年成长的影响具有双重性,我们应该尽量避免社会对青少年成长不利的一面,为青少年学生的成长营造一个良好的社会环境。作为学校来讲,应主动与社会有关部门取得联系,共同净化社会环境。一方面,学校可利用自身的人才优势,与社会相关部门或社区取得联系,开展有关心理健康方面的宣传,强化人民群众的心理健康意识,同时也可在节假日期间协助社区开展一些针对社区青少年学生的健康有益的心理健康教育活动;另一方面,社会有关部门应积极主动配合学校净化不利于青少年学生健康成长的社会风气,包括娱乐场所的管理整顿、广播电视节目的审批、媒体广告的规范等。

**3. 形成校内心理健康教育网络**

前几种方式都是校内心理健康教育网络的重要组成部分,但这些部分并不是孤立的,而应该是相互联系、协同工作的,从而形成一个校内心理健康教育网,共同营造出一种浓厚的校园心理健康教育氛围,以提高青少年学生的心理健康水平。只有真正将学校、家庭和社会这三股力量联合起来,青少年心理辅导工作才有可能取得良好的效果。

# 第二节　心理咨询的操作原则

在第一章里我们已经提到青少年心理辅导的基本原则,但由于心理辅导主要面向青少年群体,其基本原则也主要适用于群体辅导场合,而心理咨询在本书的界定中虽有与心理辅导兼容的一面,但它主要面向青少年个体,在遵循心理辅导原则的基础上,还应遵循针对它的一些基本原则。可以说,虽然现在咨询心理学的理论和方法已经发展得相当丰富,但是几乎不管什么学派的咨询理论和方法,都会共同强调遵循以下五条原则,这些原则通常被视为判断心理咨询是否有效的前提条件。

## 一、同感来访者

心理学界通常把有资质的咨询与辅导人员统称为咨询师,将咨询与辅导的对象称为来访者。在现代学校教育中,不仅有专职老师从事心理咨询工作,还要求所有教师特别是班主任教师,也要主动承担起一点心理辅导的工作,形成青少年学生心理健康人人有责人人关心的氛围。在学校教育的心理辅导活动中,上述两者被称为咨询老师(或老师)和来访学生。

怎么理解心理咨询过程中的同感要求呢?美国人本主义心理治疗理论创始人罗杰斯对同感的要求描述得相当形象。他称咨询师要同感来访者,就是要设法站到来访者的眼球背后,用来访者的眼光来看他所看到的那个世界(Even climb behind their eyeballs and see the world as they do.)。这是因为,每个人的眼睛看到的世界都是不一样的,作为一个优秀的助人者,应该努力看到来访者所看到的,努力感受来访者所感受的。这也是中国文化所崇尚的设身处地,将心比心的境界。

> **知识小窗 6-2　　　　共感的水平**
>
> 卡克赫夫(Carkhuff)曾将共感(同感的另一名称)划分为五个不同的水平:水平1,咨询师的反应有时不能表现甚至扭曲了来访者的话。水平2,咨询师在对来访者所表达的感受作出反应时,忽略或轻视了那些值得注意的情感因素;水平3,咨询师的反应与来访者的反应基本上是可以互换的;水平4,咨询师较来访者作出更高一个层次上的反应,强调指出那些值得重视的有意义信息;水平5,咨询者的反应比来访者更加准确,揭示来访者尚未认识到的深刻含义。可见,水平3的可互换的反应是相当安全和直接的,也是共感的最基本要求。水平4、5的反应能帮助来访者发现一个新的角度,但也可能意味着冒险,因为来访者可能还没有准备好或这种共感的运用没有考虑到来访者的需要。总之,正确地表达共感对咨询师是一种极大的挑战,正如艾维(Ivey)所言,"真正的共感要求你出现在来访者能听到你的地方"。
>
> (张碧云,2012)

许多心理咨询专业人员表示,一旦有意识地用同感的心来倾听来访者,观察来访者,尝试体会来访者的所处、所感,就会立刻产生一种新的感悟。那是一种在广度和深度上都迥然相异的深刻感受,是平时普通的人际交往中很难产生的感受。

一旦来访者感觉到自己的痛苦被同感了,被理解了,来访者的负性感受马上就会减轻许多。俗话说:与朋友分享快乐,快乐变成了两份;向朋友倾诉痛苦,痛苦减轻了一半。这里面的道理在心理咨询的过程中同样存在。难怪许多心理咨询师常常向来访者表示:"我能够理解","我也有过类似的经历"。或者咨询师会告诉来访者:"许多人在这种时候都会有这样的困扰。"这也是心理咨询所称的"普遍化"技巧。因为,根据咨询心理学的研究,容易导致人感觉痛苦的一个心理原因是"怎么不幸就发生在自己身上",感觉很难接受。咨询师通过同感,运用"普遍化"的技巧,就容易稀释来访者的痛苦。往往心理咨询与辅导到了这个时候,来访者的负性情绪都会出现一些释然的表现。其实,一个富有爱心的老师是很容易体会这样的心理学理论和技巧的。

## 二、接纳来访者

没有任何隐含条件,完全地接纳每一位来访者,也就是要更好地同感来访者,这是心理咨询产生效果的前提条件。

有人曾经疑惑,似乎无法做到无条件地接纳每一位来访者,因为有些人的行为和想法实在无法让人接受。

其实,"接纳"不等于"接受",也不等于"赞同"。接纳指的是不排斥来访者,完整地正视来访者,而不是选择性地注意来访者的某些方面,这样才可能真正同感来访者,理解来访者,才有可能达到帮助来访者的目的。心理咨询过程不要求咨询师必须赞同来访者,但是必须接纳、同感和理解来访者。

咨询心理学界在培训学员时经常会举如下的例子:假如你是一个女性咨询师,在一次咨询中,发现来的是一位20岁左右的男性来访者。这个来访者头发很长,披及肩膀。一般女性见到男子头发过长就会产生几分反感。而且,这个男子不但头发长,还戴耳环,甚至耳环不是戴在耳朵上,是戴在鼻孔上。作为一名女性社会人,你可能很容易产生反感。其实,这说明你很正常,因为你是一个女人。但是,假如你是一名心理咨询师,你就必须接受特殊的训练。你要动用意志的力量,迅速调整自己的感觉。在这个时候,你的感觉应该是这样的:哦,现在是几点几分,来了一位来访者,这位来访者是男性,头发披肩,耳环戴在鼻孔上,穿着短袖衬衫,右手戴手表……假如你能够以这样的心态来看待来访者,即完整地不加选择地关注来访者,你才可以说自己是一名心理咨询工作者了。

## 三、助来访者自助

心理咨询师必须遵循的又一条基本原则:帮助来访者是为了让来访者能够更好地帮助自己。

那么,如何才能在心理咨询的过程中做到"助人自助"呢?有两个方面的技术:第一,在心理咨询过程中,咨询师不是提供怎么做的具体方法,而是注意提供能够帮助来访者自己最终找到解决问题方法的各项前提条件。譬如,不是告诉来访者怎样处理因为同学关系导致的心理问题,而是通过同感、理解、解释、启发性提问等技术,让来访者自己找到最适合自身情况的、解决人际心理问题的具体方法。第二,适当地介绍一些咨询心理学的理论与方法。譬如,面对人际关系导致的心理问题,可以介绍一些方法,如暗示、投射,以及认知疗法和行为疗法的具体方法。这样的处理,比较容易帮助来访者在以后遇到类似问题的时候,能够自己帮助自己,甚至帮助身边的人。

在教育界有一则广为流传的美谈。有位校长要聘老师,他问一位先生:"您是教数学的吗?"假如这位先生回答"是的,我是教数学的",这位校长就会点点头,心里明白,这人顶多就是一个认认真真的教书匠,一般不会有太多特别之处。万一这位先生这样回答:"不,我不是教数学的;我是教学生学数学的。"哇,这位校长马上就会兴奋起来,暗暗赞叹:"这家伙不得了,有着'不是教数学,而是教学生学数学'的理念,他就有着相当高的可能性成为一名相当优秀的老师!"这个例子,对咨询心理学强调的"助人自助"来说,也是一则相当精彩的解释。

## 四、为来访者保密

这条原则是指在心理咨询过程中,咨询师要对来访者的个人资料、谈话内容等予以保密。它是良好咨访关系建立的基本条件,是来访者敞开心扉接受咨询的基础,同时也体现了对来访对象隐私权的尊重与保护。保密性原则主要表现在两个方面:其一,来访者的相关资料不能作为茶前饭后的谈资,不应出现在公开的课堂、讲演等场合;其二,因案例公开交流、科学研究等需要而不得不使用其相关资料时,须征得来访者同意,并作出相应处理,最大限度保护来访者的隐私和利益,尽量避免对来访者造成伤害。

但下列情况例外:发现当事人有伤害自身或伤害他人的严重危险时;当事人有致命的传染性疾病且可能危及他人时;当事人受到性侵犯或虐待时;法律规定需要披露时(中国心理学会,2007)。

## 五、价值中立原则

价值中立原则是指咨询者在咨询过程中要保持一种客观中立的态度,不对来访者及其思想行为作出是非好坏的价值评判,不把外在的价值观和价值标准强加给对方,而应由来访者自己作出价值判断和价值选择,并最终由自己解决问题。价值中立原则是人本主义心理学家罗杰斯提出的一条重要心理咨询原则。罗杰斯认为,任何人都有着奋发向上的、自我肯定的、无限成长的潜力。在咨询实践中,他强调对来访者的非指导性,要求咨询师对来访者提出的疑问坚持中立,不给予直接回答,也不给予任何规劝,而是让来访者自主决策。然而我国一些心理咨询工作者从文化差异的角度认为价值中立只是一种理想的境界,在实际的心理咨询工作中需要价值参与。研究(郭春雪,2010;潘柳燕,2012)认为,价值中立和价值参与可以是对立统一的关系,两者之间要注意尺度的把握。心理咨询是一个人际互动的过程,在这一过程中咨询师和来访者的价值观进行着交流与碰撞。咨询师要表明自己的立场和态度,这必然对来访者产生影响,所以完全的价值中立只是一种理论上的构想,来访者中心理论也承认咨访双方价值碰撞不可避免。极端的价值中立过于理想化,没有可行性;极端的价值参与甚至价值灌输在伦理道德上也不合理。因此,在心理咨询过程中适度的价值参与是必要的也是必然的,这样价值中立原则为价值参与提供了科学的限定,价值中立是价值参与的指导思想,价值参与是价值中立的可行性补充。

---

**热点聚焦 6-1　　　　　　教师心理健康标准**

第一,对教师角色认同,热爱教育工作,勤于教育工作,能积极投入到工作中去,将自身的才能在教育工作中表现出来并由此获得成就感和满足感,并免除不必要的忧虑。

第二,有良好和谐的人际关系。具体表现在:(1)了解交往双方彼此的权利和义务,将相互之间的关系建立在互惠的基础上,个人的思想、目标、行为能与社会要求相互协调;(2)能客观地了解和评价别人,不以貌取人,也不以偏概全;(3)与人相处时,尊重、信任、赞美、喜悦等正面态度多于仇恨、疑惧、妒忌、厌恶等反面态度;(4)积极与他人作真诚沟通。教师良好的人际关系在师生互动中表现为师生关系融洽,教师能建立自己的威信,善于领导学生,能够理解并乐于帮助学生,不满、惩戒、犹豫行为较少。

第三,正确地了解自我、体验自我和控制自我。对现实环境有正确的感知,能平衡自我与现实、理想与现实的关系。在教育活动中主要表现为:(1)能根据自身的实际情况确定工作目标和个人抱负;(2)具有较高的个人教育效能感(一般教育效能感指教师对教育在学生发展中作用等问题的一般看法与判断,即教师是否相信教育能够克服社会、家庭及学生本身素质对学生的消极影响,有效地促进学生的发展);(3)能在教学活动中进行自我监控,并据此调整自己的教育观念,完善自己的知识结构,作出更适当的教学行为;(4)能通过他人认识自己,学生及同事的评价与自我评价较为一致;(5)具有自我控制、自我调适的能力。

(俞国良,2006)

## 第三节　心理咨询的五大步骤

一个完整的心理咨询通常都会有如下五个步骤。

### 一、建立关系

这里的**关系**(relationship)指的是心理咨询师和来访者之间的关系。假如两人之间原来就存在着另外的亲密关系,如家人关系、恋人关系或上下级关系等,他们之间就不适合发生心理咨询关系。

一项心理咨询能否成功,建立良好的咨访关系是一个关键的影响因素。美国咨询心理学会前主席布拉德利(Bradley)对影响心理咨询成功的因素做了研究,列出四个因素及其影响权重:咨访关系(40%)、当事人拥有的支持系统(30%)、当事人改变期望(15%)和咨询技巧(15%),结果表明咨访关系最重要(见图6-1)。而能否建立合适的咨访关系,关键不在于怎么做,而在于怎么说和问,在于

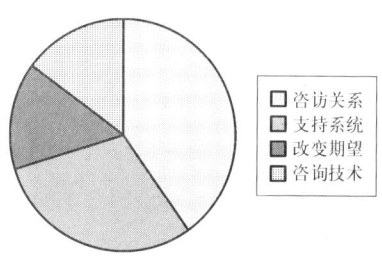

图 6-1 影响心理咨询效果的四大因素
(2003,上海)

能否实实在在地让当事人感觉到,在心理咨询师的帮助下,自己的心理问题和困扰能被解决,自己能恢复正常,获得发展。在这个过程中,咨询师的人格魅力,如诚实、正直、勇敢、勤奋、豁达和睿智等,对咨访关系的建立起着相当重要的作用。咨询师自身的这些品质是促使来访者形成积极心理的重要条件。"治疗师对来访者而言不是一个冷静的观察者和技术员,而是一个完全充满活力的伴侣和走向新生活的引人模仿的典范。"(Bugental,1987)

当然,咨询师在咨询过程中的一些形体细节,也影响着咨访关系的建立。在国际心理学界流传比较广的SOLER技术(SOLER skill)就是对咨询师在咨询过程中自我形态的具体要求。"SOLER"是五项要求中每项要求的关键词的首字母。

S(face the client squarely)——直面来访者

在心理咨询的过程中,咨询师和来访者所坐的椅子可以是面对面地摆放,也可以成直角摆放,但是,咨询师的坐姿最好能够正面对着来访者,所以两人的椅子如果成直角摆放,咨询师也最好能够侧转一些身子,正面相对来访者。当然,有人担心,这样坐着可能会让来访者有压迫感,不利于来访者形成适当的放松状态。这个担心是有道理的,在整个咨询过程中,让来访者有一种安全舒适和放松的感觉,有利于取得咨询效果。但是,让来访者产生压迫感的不是因为怎么坐,而常常是因为咨询师不当的言语表达方式等。许多比较资深的咨询师都有一种体会,让自己的身体直面来访者(距离适当,不要太远或太近),更加能表示对来访者的一种真诚和对整个咨询过程的全神贯注。而这个效果恰是咨询师更应追求的。

O(open posture)——开放的身姿

咨询师在整个心理咨询的过程中,应该始终保持着一种意识,就是要整个地接纳面前这位来访者,同感于他。因此,咨询师的身姿,往往是一种很自然的、仿佛随时准备相迎的

开放的姿态。这时候的咨询师不能作出两手交叉在胸前,或者用一只手搂住另一只手的上臂,护住自己胸部的姿势。因为那种姿势表示的是一个人内心的抗阻和对面前这个人的排斥,对咨询师来说,这是忌讳的。

L(lean towards the client)——适当前倾

在心理咨询的过程中,咨询师需要积极地关注来访者,努力同感来访者的内心感受,这时候咨询师坐着的身姿往往会稍稍有些前倾。或者,我们也可以这样说,在做心理咨询的时候,假如咨询师的坐姿时不时地适当前倾,有助于表示对来访者的积极关注。这种效果是成功的心理咨询所必需的。

当然,咨询师身姿的前倾,很容易导致腰部肌肉的疲劳。而职业咨询师也非常需要保护好自己。比较合适的做法是,咨询师坐的时候,要把整张椅子坐满,也就是臀部坐到椅子的根部。这样咨询师就比较容易坐直,时不时地适当前倾,腰部因为有着椅背的抵托,也就不容易感觉疲劳。而且咨询师把整张椅子坐满,也容易给来访者一种踏实的感觉,觉得面前的这位咨询师是完完全全地准备好要花时间陪伴自己的。假如一个人椅子只坐一半,甚至坐到了椅子边沿,容易给人感觉这个人是随时想要离开了,这会使对方感到焦虑。

E(maintain the good eye contact)——保持良好的目光接触

咨询师在心理咨询的过程中,往往是怀着一种真诚、同感、探究的心态,坦然地看着来访者的眼睛,尤其当来访者想要对咨询师表达似乎难以表达的意思时。咨询师与来访者保持良好的目光接触,有助于咨询师更好地了解来访者,同时也有助于让来访者感知咨询师的真诚和专业化的自信。这样的效果与咨询成功与否密切相关。

国内有些人认为,在心理咨询的时候,不要看着对方的眼睛,而是看着对方的额角、衣领、第二粒纽扣等,理由是避免让来访者有压迫感、局促感。这种说法已流传甚广。其实,在欧美以及亚洲的日本和韩国,心理咨询界都强调在咨询的时候,咨询师要和来访者保持良好的目光接触。据美国一位资深咨询专业人员的分析,国内有关避免目光接触的说法,可能是因为咨询心理学在中国大陆兴起的时间还比较短,有些咨询师在做心理咨询的时候,感觉目光接触使对方产生局促感、焦虑感,其实是咨询师因自身经验不足产生的自我焦虑的一种投射。

当然,我们在强调"保持良好的目光接触"的时候,不会有人理解为直直地瞪着来访者。另外,还应该讲清楚一个情况,许多来访者在咨询的时候,常常会出现一种宣泄现象,会流眼泪。一个人一旦流泪,多半会伴随有鼻涕流淌。每到这种时候,也就是来访者在处理眼泪鼻涕的时候,咨询师一般会故意把目光移开一会儿,当来访者处理完了,再回过脸来继续看着来访者。

R(relax)——自然放松

在整个心理咨询的过程中,咨询师能否做到自然放松,会关系到来访者的状态,关系到最后的咨询效果。难怪国际咨询心理学界会把自然放松视为咨询师必须具备的一项要求。

常使新手咨询师感到为难的是,由于缺乏足够的经验,容易紧张而不自然。为此,咨询师首先应该设法让自己充满自信,有助于自然放松。解决这个问题的方法是,咨询师也可给自己做做认知调整。一旦咨询师坐在来访者跟前,就满脑子想着"我此时此刻是真心想帮助面前这位来访者的!"一位咨询师,哪怕是新手,也完全可以把自信建立在这样的意念上。

上面介绍了心理咨询的第一个步骤——建立关系,以及它的意义和一些具体做法。在美国一些超市的付费处,常可看到为普通市民提供的小册子,有的就是教市民如何去寻找适合你的心理咨询专业人员。在这类小册子的第一页几乎都有这样的提醒:假如你在一个心理咨询师面前坐下来,十分钟后还没感觉到舒服自在,你就应该离开。这种提醒,反过来对咨询师来说,也就是意味着必须在十分钟内,要让来访者对自己提供的咨询环境和咨询师本人感觉自在。

## 二、探讨问题

大约有70%的来访者在咨询师面前坐下来,首先说出来的不是其真正的困扰和焦虑。导致这种现象的原因大致有以下两类。

第一类原因是来访者自己也不很清楚,总觉得最近很不爽,一团糟,很难受等。一位高三女生的陈述:她的睡眠极其不好,和妈妈关系非常糟糕,离高考的时间又越来越近,已经不到一个月了,感觉自己简直要发疯了。一位大四男生的陈述:最近,女朋友和他分手了,同寝室甚至隔壁寝室的同学老是乱拿他的东西,爸爸妈妈不停地吵架,好不容易通过几乎半年的实习争取到的一份工作,又被人家开后门挖掉了。他觉得自己最近特别烦躁,特别容易发火。

心理咨询的功能就是在咨询师的作用下,使来访者的情绪逐渐平静,理智程度提高,看清自己最近究竟有哪些困扰,尤其争取能够看清楚问题与问题之间的关系,因为有些问题是其他问题派生出来的。在心理咨询的这个步骤里,通常有一个比较重要的任务,就是要找到元问题,也就是导致其他问题的问题,这个问题往往也是来访者在这段时期里面临的根本问题。

第二类原因是来访者出于各种各样的顾虑,无法一下子说出自己的问题。有个初中男生有一次做梦,梦见自己家的窗口伸出了一根粗粗的竹竿。这个梦的意义很清晰,第二天,他在网上居然看见一篇文章,解释这样的梦说明了性欲旺盛。后来他发现自己真的是这样,有时候在课堂上、操场上,甚至在商店里阳具也会无法控制地勃起,他感到十分窘迫。但是他来做咨询的时候,一坐下来谈的问题是:自己感到很不舒服,不知怎么回事,似乎也没有好朋友,爸爸妈妈也根本没有时间能够和他坐下来谈谈,一些同学又老是取笑他等。缺乏经验的咨询师往往就会聚焦在来访者的同学关系上,或者是如何与父母进行沟通的问题。

在心理咨询的实践中,心理咨询师遇到这类来访者的可能性还相当高。难怪心理咨询界特别强调咨询师要努力与来访者建立良好关系,尽快让来访者消除顾虑,感到自在。一旦觉察来访者吞吞吐吐、欲言又止,或字斟句酌时,咨询师应用平和的语气告知他:这里是心理咨询场所,在心理咨询的过程中,咨询师会对来访者所说的事情严格遵循保密原则。假如咨访关系建立得比较好,来访者就能够消除顾虑,鼓起勇气把自己真正的困扰说出来,这样就充分具备了解决来访者心理问题的可能性。

在探讨问题的时候,还要注意一个具体的技术要求,即心理咨询工作者不能用自己对来访者在描述他的问题时所用的词的理解来了解来访者的情况。如来访者说"我最近一到学校就特焦虑",心理咨询工作者就不能用我们对焦虑的理解来了解来访者目前的状况。心理咨询师接下去通常会问两类问题:一类是具体症状:"你能否描述一下怎么焦虑的?具体表现在哪些方面?"另外一类是请来访者解释一下概念:"你说你'特焦虑'。你是怎么理解'焦虑'这个词的?"这一技术能够避免心理咨询师误解来访者的问题,也有助于来访者更加清晰地感知到自己面临的到底是一些什么困扰。这些效果都是心理咨询第二步骤——探讨问题所要追求的。

在心理咨询的时候,有时候还会遇到这样的情况,来访者年纪比较小,或自己的感受有局限,这给探讨问题带来了困难。另外,有些来访者虽然能够很好地描述自己的问题,但是按照认知治疗的理论,有些表层的心理问题是受个人深层的不健康的认知模式所制约。这些深层的认知模式具体指的是这个人的信念、假设和认知图式等。这些因素虽然影响着来访者的日常心理过程,但往往来访者自己意识不到。因此,咨询师也可借助沙盘游戏、绘画、手工制作、心理评估等手段,来更好地发现和探讨当事人的问题。

## 三、确定目标

许多咨询师在初做心理咨询时,常会感到受挫,觉得自己做得一点效果都没有。其实,在很多时候,咨询的效果已经开始有了,咨询师自己却没有意识到。这是十分有意思的现象。问题出在哪里?这是咨询师没有好好领会心理咨询的第三个步骤——确定目标。在下意识里,往往会认为通过自己的咨询,来访者就应该像正常人那样健康,所有问题全部都解决,否则就感到挫折,很没有能力。这里就存在着确立适当目标的技巧问题。说得形象一点,就是会把来访者的困扰分解成一个个可以一步一步加以解决的具体目标。

在欧洲或美国,通常一次心理咨询的时间是50分钟。在我国,一般也是一个小时左右,很少有超过一个半小时的。在这样一次有确定时间的心理咨询里,很难解决来访者的所有问题。这就要求心理咨询师要善于聚焦目标,把目标分解得越具体越好。譬如前面提到的那个高三女生,在确定目标的时候,完全可以先确定为:"我们先来分析一下,你提出的所有问题之间的关系如何,好吗?"一旦来访者清晰地意识到,高考焦虑是元问题,这就可以说明心理咨询开始起作用了。让来访者和咨询师都意识到这样的效果(哪怕还是微小的效果),就有助于咨访双方都对心理咨询建立起信心,自然也有助于建立起较好的咨访关系。前面提到过,建立良好咨访关系最有效的措施,是让来访者实实在在地感觉到心理咨询的效果。

在一次心理咨询中,究竟应该聚焦在哪个问题上,最后的决定人是来访者。咨询师可以影响来访者,甚至向来访者作建议,但是不能勉强来访者。如果来访者一定要聚焦某个问题,先谈某个问题,很可能这样的现象底下埋伏着其他什么原因,所以,一般咨询师都会答应来访者的要求,先聚焦在来访者急着要谈的问题上。

在确定目标的问题上,当然还有一个具体要求,就是要注意整个咨询目标、阶段目标和每一次咨询目标之间的区别及联系。

## 四、解决问题

心理咨询,狭义地理解,往往指的就是第四个步骤:解决问题。在20世纪90年代的粗略统计表明,全世界公开发表过的心理咨询的理论和方法已有420多种。不过,大家公认的流派主要还是上一章提到的四种:精神分析治疗理论、行为主义治疗理论、认知主义治疗理论和人本主义治疗理论。咨询师在解决问题时不会只用某一种理论和方法,而是整合使用各种理论和方法。要知道心理咨询就是这样一个过程:来访者进入了一个特殊的阶段,感到自己在认知、情绪或行为等方面适应不良,我们作为一个助人者,用咨询心理学的专业方式去陪伴来访者度过这一特殊阶段,有助于来访者看清自己,激发并运用自身的资源,克服自己的认知、情感或行为问题,摆脱痛苦,获得成长。

人本主义治疗理论的创始人罗杰斯(Rogers)在他的晚年曾经说过一段话,会对新手咨询师理解心理咨询有很大帮助。他说:"有一种简便的方法来形容我自己发生的变化:在我职业生涯的早期,面对来访者我就会急急地思索:我该怎样治疗、帮助或改变这个人？现在,我面对来访者,则会自然而然地关注我该怎样来提供一种关系,形成一种氛围,以使这个人可以借助这种关系和氛围,来解决自己的问题,实现个人成长。"

### 五、延续性结束

一旦设定的问题基本解决了,咨询师就应该果断地中止心理咨询,结束咨访关系。在心理咨询的实践中,这通常由咨询师首先提出来。

许多有着心理问题的来访者,在他们的生活中缺乏的往往是心理咨询师提供的那种人际情境。在他们的生活中一般没有人能够像咨询师那样关注他们、倾听他们、理解他们。有的来访者会特别向往这种被关注、被理解的感觉。因此,社会上俗称,有些人做心理咨询会"上瘾"。这样就容易理解,为什么把咨询师能果断中止咨访关系也视作一项专业技术能力提出来的道理。

有些来访者在结束咨访关系的时候,会产生一种被遗弃的感觉。咨询师适当地给来访者一些积极的反馈有助于避免这种现象。咨询师在结束咨访关系时告诉来访者在心理咨询过程中他发生的变化和成长,也可以用相关心理学知识为背景,告知当事人在他人格中蕴含的积极成分,以对来访者形成积极暗示。这里的技术要求是,用词尽量比较客观,以避免给来访者一种咨询师在故意夸奖他的感觉。

另外,心理咨询师通常还会对来访者表示,以后有什么心理问题,欢迎你随时再来预约咨询,以对来访者明确表示,你没有被遗弃,欢迎你下次再来。这样说也是对一般来访者的那种希望与咨询师保持联系的习惯性感觉的尊重。

最后,心理咨询结束的时候,有些心理咨询师还会特地就来访者的情况,在经来访者同意以后,给来访者支持系统中的主要人物做一些反馈。尤其是一些青少年来访者,咨询师一般都会对其家长做一个积极反馈。反馈的内容是来访者在咨询过程中的进步与成长,以及今后家庭如何对该青少年来访者进行教育的积极建议等。

## 第四节 心理咨询的具体技术

心理咨询中的步骤和基本原则渗透于整个咨询过程,对此我们已有所了解,但是应该怎样具体来做咨询帮助来访者呢？这就涉及咨询的具体技术。咨询中的具体技术是通过咨询会谈表现出来的,这些技术在咨询辅导过程中起着不可替代的作用。许多学校老师学习借鉴了这些技术以后,自己的日常教学教育工作也上了一个新的台阶。

## 一、全心倾听

在心理咨询过程中,咨询师能否倾听,是否具备较好的倾听能力,决定着心理咨询的效果。这也是咨询师需要花比较大的精力来自我培养的能力。我们只要仔细观察,就会发现一般人的交流规律:当一人在说话的时候,常常发现对面的另外一个人根本不是在好好地听,而是在等待并寻找机会,发现对方讲话稍有间隙,马上就会插上来说话。人们相互之间交流得越热烈,这种现象越明显。我们了解了人际交流常有的现象,也就比较容易理解心理咨询的特殊要求。

咨询师是特殊的助人者,在心理咨询的过程中,善于倾听是专业要求和习惯。一些主流咨询心理学派认为,咨询师就是运用专业方式,在来访者面前当好一面"镜子",有助于来访者在咨询师的帮助下,更好地看清自己。咨询师善于倾听,就会有助于来访者比较尽兴地表达自己,表达自己遇到的各种事情,表达自己的想法,表达自己的感受,然后在咨询师的"陪伴"下,能够对自己有新的认识、新的感悟。这是来访者最终得以唤起自我内在的资源,积极解决自我心理问题的重要基础。难怪在介绍心理咨询的通俗小册子里面,常常可以看见,有人称心理咨询其实就是"出租善于倾听的耳朵"。

在心理咨询的过程中,通常不存在"女士优先"的做法。哪怕咨询师是一位女性,来访者是男子,万一遇到两人同时要讲话的时候,咨询师都要马上停下来,然后做一个自然的手势,用一副认真倾听的表情,提醒来访者"你说……"。

在普通人的交流中,为了表示热情、关注或投缘,一般人很喜欢接嘴。但是,如果心理咨询师在咨询过程中接嘴,那就是忌讳了。接嘴对调动来访者自我表达和探究的积极性不利。万一接错了,还会破坏咨访关系。即使有时候来访者的表情似乎希望咨询师接嘴,如来访者吞吞吐吐地想表达"窘迫"的意思,咨询师想到了这个词一般也不会说出来,而会略略侧斜着脸,用期待的表情耐心等待来访者自己说出来,看他用什么词语来表示这个意思。万一来访者有点词不达意,用了"很难受"这个词,咨询师也会等他把这个词说出来以后,再提示着问:"你说的'很难受'是不是'窘迫'的意思?"让来访者加以确认,而不是在来访者似乎还没有表达完的时候,接嘴帮助他表达。

那么,咨询师在倾听来访者的时候与普通人在交谈时听他人说话有什么区别?心理咨询师在倾听的时候有一个基本格式,就是要听清"ABC"。A——"发生了什么事情",B——"当事人是怎么想这件事情的"以及C——"当事人的情绪和行为结果是什么"。这是心理咨询师倾听的三个要点。

衡量一个心理咨询师是否听清楚的一个标志，就是看咨询师能否用语言来表达自己倾听后的"同感"。大致的语言格式是："你现在感到……，因为发生了……，而你认为……"。譬如，面对一个表现高考焦虑症状的中学生，心理咨询师在倾听了以后，可能会用这样的格式来表达自己的同感："你现在感到越来越紧张，因为还有一个月就要高考了，而你又下定了决心非名牌高校不去。这样的情况我能够理解。"

## 二、敏锐观察

在倾听过程中，还有一个需要强调的技术问题是，为了判断倾听的准确性，咨询师还要注意观察。一个人在表达自己的时候，并不仅仅使用言语，同时承担表达功能的还有语调、脸部表情和肢体形状与动作等。

埃克曼(Paul Ekman,1934—　)

美国心理学家，加利福尼亚大学医学院心理学教授，1991年获美国心理学会颁发的杰出科学贡献奖，并被列为20世纪百位最有影响力的心理学家之一。他主要研究情绪的表达及其生理活动和人际欺骗等，其主要著作有《情绪的解析》《说谎》《直面内心的恐惧：分裂、抑郁、强迫、歇斯底里四大人格心理分析》等。

图6-2　埃克曼实验

图6-2是埃克曼所做的一个研究。让一个年轻女子看着荧光屏说："真好看，真愉快。"但是她的表情和她说的话完全不吻合。其实，这时候让这位女子看的画面是尸体解剖。所以，当发现一个人的脸部表情与其所说的话不吻合的时候，应该相信的通常不是其所说的话语，而应该是表情。

有些来访者在咨询的过程中，出于某种原因会极力地想掩饰自己。咨询师为了能够更好地同感来访者，也需要掌握一些观察技术。

一个人假如想要掩饰自己，他会努力控制自己的行为。但是，很有意思，一个人在无意识中，最容易将自己内在的感受反映在两只脚上，也就是说，一个人的意识最容易疏忽的是他的两只脚。人在紧张或焦虑的时候，两只脚会不知不觉地靠近椅子腿，紧紧地顶着椅子腿，或者是两只脚紧紧相抵。难怪做心理咨询的时候，通常咨询师要能够看清楚来访者的全身，咨询师也会让来访者看清自己的全身。也难怪公安在审讯嫌疑犯的时候，都要嫌疑犯坐得远远的，以便能够看清他的全身。

人躯体中的内消化神经系统同时主管人体两方面的功能,一个是人的情绪感受和反应,另一个是人的消化过程。也就是说,人的消化过程和情绪感受是联系于同一套神经系统的。难怪一个人在情绪大好的时候,会胃口大开,在情绪低落难受的时候,会吃不下饭。这样一来,就可以通过一个人消化通路上的体征反应来看这个人内在的情绪感受。

当一个人处于紧张、焦虑的时候,虽然他可能不承认,但是很容易表现出如下这些迹象:嘴巴发干,干咳,吞口水,下意识地咬嘴唇、咬指甲,包括咬东西。抽烟有时候也表现了这样的心理活动需要,用嘴巴含住一样东西,可以起到镇静神经、控制焦虑的作用。难怪巴顿将军每当重要的战役打响之前,嘴巴里总喜欢含着一支雪茄。当助手来帮他点火的时候,他往往会把助手推开。他不是要吸烟,在那个时候,他更加需要的是嘴巴里含着一样东西的感觉。

一个人内在的异常和焦虑还会表现为较多地眨眼睛。通常一个人每分钟眨眼睛 15 下,女性比男性略多一些,约 20 下。但是当一个人感觉紧张焦虑,眨眼睛的次数就会明显增多。呼吸也会变得快而浅,而且还会在鼻尖、额头等处出现冒汗现象。一般人出汗是全身出汗,假如某个人其他地方没有汗,光是额角、鼻尖,或者手掌心出汗,那就属于心理性的出汗,这些迹象往往是这个人内在紧张焦虑的外显反应。

有的时候还可以看到一种颇为有趣的、与紧张焦虑症状相反的现象,心理学界称之为**转化反应**(conversion reaction)。就是当一个人感觉紧张焦虑的时候,会在外表上故意表现出一种"很轻松"的小动作。譬如,你会发现这个人用手指去理理头发,正正领带或衣领,或者轻轻拍拍自己肩膀处的衣服等。这种时候你仔细去看,往往会发现这个人的头发其实一点没有乱,领带也很周整,衣服上也根本没有灰尘。来访者的这种小动作其实就是想掩饰其内在明显感觉到的某种不安和焦虑。

在人际对话的时候,还常常可以看见有人会用手指去碰自己的嘴巴,甚至用整个手去捂嘴巴。依照行为心理学的研究,一个人在说话的间隙,不自觉地用手去碰自己的嘴巴,往往也表示这个人讲到这个地方时,开始有些紧张焦虑了。很有可能在这个地方撒谎了,因为一个普通人,撒谎是会感到焦虑的。那么,有的时候是我在说话,对方在听我说话,偶尔也会看见对方在用手碰嘴巴。这种现象说明了什么呢?这里有两种可能,一种可能是这个人这时特别想让自己显得突出一些、矜持一些,另外一种概率更高的可能,是这个人对你所说话语的真实性不自觉地感到怀疑。难怪人的本能,你一意识到对方在用手捂嘴巴,你在讲话的时候就会不自在,往往就很难会有笑意和轻松的感觉。这样也就可以理解,为什么谈话类电视节目,只要主持人一把手放在嘴巴处,往往对方就会显得有些拘谨,很难看见笑容了,因为主持人的姿势客观上是在向对方施加压力了。当然,事实上,主持人在下意识里面多半只是想突出自己的镜头感，这或多或少也与主持人的自信不够有关。因此，在国外心理学界流行着一句口号：假如你想做一个良好的言说者，把你的手从嘴部挪开。

在人际对话的时候，还有一个挺有趣的现象，就是当两个人在认知和情感上趋于一致的时候，常常可以发现，两人在动作和体姿上也会趋同，这就是心理学界有人指出的**人际同趋**(interactional synchrony)现象。譬如，当一男一女两个人坐在餐厅里的时候，你用不着走近去听，只要远远地看看，就可以知道这两个人的关系如何。如果两个人关系很好，那么在交谈的时候，突然那个男子端起杯子喝口啤酒，发生了这样一个比较大的动作以后，你马上看那个女子，那个女子的动作居然会复制男子，或者会出现一个十分相近的动作。那个女子也会端起杯子喝一口饮料，或者，会拿起筷子夹一筷子菜。假如那个女子一动也不动，那就说明他们两人的关系很一般。相反也一样，如果那个女子突然把自己的椅子往前拉了一点，出现了一个比较大的动作的时候，你看那个男子，多半也会出现一个类似的动作，会去动一下椅子，最起码也会把身体朝着对方方向靠近一些。假如男子没有相应的反应，那么，这时候他们的关系不属于十分亲密。

因此，在心理咨询的时候，来访者对心理咨询和对心理咨询师的感觉如何，从来访者的外部形态上也可以看出来。譬如，咨询师在交谈的过程中，不自觉地用手去抚摸了一下自己的耳朵，假如你发现来访者居然也出现了一个与你相似的动作，可能他是用手去抚摸一下自己的脸颊，那就说明这个来访者的心理活动已经很认可咨询师，表现为很容易接受面前这位咨询师的暗示了。

### 三、巧妙提问

有专业人员曾经把心理咨询的技术称为提问技术，可见心理咨询界还相当重视专业人员的提问能力。在心理咨询中常常涉及的提问技术有如下六种。

**1. 尽量不连用封闭性提问**

提问可以分为**封闭性提问**(closed question)和**开放性提问**(open-ended question)。封闭性提问，对方只要用类似"是"或"不是"一个词就可以回答。开放性提问则无法用一个词来加以回答。譬如问："你早饭吃了吗？"这就是封闭性提问，因为只要用"吃了"或"没吃"就能回答了。假如问："你早饭吃的是什么？"那就是开放性提问，因为在回答的时候，往往可以说上好几句话。

在心理咨询时，通常的规则是，刚刚开始交谈的时候，可以先问一些封闭性问题，然后逐渐过渡到开放性问题，这样有助于形成比较自然的交谈气氛。

当然,封闭性提问不能接连着用得太多,尤其交谈的开始阶段已经过去之后。假如封闭性提问接连着用了三四次,很容易导致来访者形成一种对话格式:等着咨询师提问,然后他来回答,而且这种回答不是展开的,只是用一个词来应答,这很不利于心理咨询要求让来访者"打开自己"的追求目标。而且,过多的封闭性提问还容易导致来访者产生责任转移的心理,他就是被动地等着咨询师提问,等着咨询师来帮助解决问题。这非常不利于咨询效果,事实上也往往容易引起来访者的阻抗情绪。

> **实践探索 6-3　　　　　　开放式提问和封闭式提问**
>
> 　　根据对案例的分析,可以发现大多数有效的问话都是开放式的,它们常常以"什么""怎样""为什么""何时""何地"或"谁"等疑问代词开头。根据艾维等人(Ivey, Ivey & Simek-Morgan)的观点,开放式问句的引导词非常重要。调查显示,以"什么"开始的问句更倾向给出事实和信息,以"怎样"开始的问句与过程和情绪相关联,以"为什么"开始的问句多给出原因;同样,以"何时"和"何地"打头的问句要提供出时间和地点的信息,而以"谁"开头的句子则与人物联系在一起。
>
> 　　开放式提问在咨询情境中会起到多种作用,包括:A. 开始咨询会谈。B. 鼓励来访者说更多的信息。C. 诱导来访者讲出行为、想法和感受的具体例子,以便于咨询师能更好地理解那些造成来访者当前问题的原因。D. 通过鼓励来访者讲话以及指导他们进行有目的的沟通,促使来访者发展其与咨询师之间的关系。开放式提问容易让来访者感受到咨询师对自己的关心,更容易使咨询师扮演好他的亲近者角色。
>
> 　　与开放式问句相反,如果咨询师需要得到特别事实或寻求某一具体信息时,封闭式或集中式问句则是很有用的。这类问句会以助动词和情态动词开始,并以"是""不"或一个短句作为回答。下面是采用封闭式问句的例子。
>
> 　　A. "在我们讨论的所有问题中,哪一个问题令你最感困扰?"
> 　　B. "你们家庭成员中有人有抑郁症病史吗?"
> 　　C. "你计划在未来的几个月内找到一份工作吗?"
>
> 　　封闭式问句有如下几个作用:A. 通过要求来访者给出具体的回答来缩小讨论的范围。B. 收集特别的信息。C. 确认问题的指标参数。D. 打断喋喋不休讲故事的来访者。但在咨询过程中不要随便地使用封闭式问句。过多地运用会妨碍讨论,也会令来访者觉得咨询师允许他们只进行简单的回答,因而可以避开谈论敏感、重要的话题。
>
> (王丹,2007)

## 2. 尽量不用"为什么"的开放性提问

问"为什么"是典型的开放性提问。但是,在心理咨询过程中对着来访者问"为什么",特别容易形成一种暗示,似乎咨询师在责备来访者的行为、想法和情绪,这很容易导致逆反心理。而且,许多来访者尝试心理咨询,本来就想弄清一些"为什么",你咨询师还要对着他问"为什么",这就很容易导致烦躁。

那么,应该怎样问才比较合适呢?有两种方法可以代替问"为什么"。一种方法是问原因。譬如,来访者说:"我不想去学校。"咨询师问:"你说你不想去学校,可以说说原因吗?"另外还有一种方法等于问了"为什么"(确实,问"为什么",来访者回复的可能性最无限制),但又可以避免问"为什么"的一些负面效果,那就是将来访者的话重复一遍,结尾语音用升调:"你说你不想去学校?"

当然,有人曾经怀疑,万一咨询师这么问,来访者回答:"是的,我就是不想去学校。"那又怎么办?要知道,来访者的心态假如是这样的话,你即使问"为什么",或者问"原因",他(她)多半也是不会说的。如果咨询师是重复来访者的话,而且用升调结尾,可以表示咨询师是在关注他(她)、倾听他(她)、同感他(她),而且也体现了咨询师的一种素养。相比较而言,用这样的方式来代替问"为什么",产生积极效果的可能性最高。

**3. 善于运用积极暗示的语言提问**

在心理咨询的过程中,有经验的咨询师会非常注意运用暗示技巧,提问过程也是如此。

咨询师在提问的时候,努力带着来访者进入一种积极心态的假设中。譬如来访者在陈述情况时提到了自己的外语学习成绩比较差。咨询师不是问:"你自己认为是什么原因导致你外语成绩这么差呢?"而是问:"你自己认为是什么原因导致你在外语上不能获得理想的成绩呢?"假如来访者提到自己在人多的场合就不敢说话,咨询师不是问:"你是从什么时候开始,一到人多的地方就不敢讲话呢?"而是问:"你是从什么时候开始,一到人多的地方就不能自如表达呢?"两种提问,意思一模一样,但是提问者的专业素养一下子就反映得清清楚楚。"理想的成绩""自如表达",相比较"成绩差""不敢说话",对人影响的效果区别相当明显。前者是指出了一种模式、一种目标,容易引起来访者形成一些积极的内心体验,后者只是聚焦了问题所在,定格了来访者的缺陷。心理咨询就是要帮助来访者明确进取目标,而且一个人看着目标,远比看着缺陷更加容易改变自身。

**4. 善用比较性提问**

判断性提问往往用的是一个判断性陈述句,然后再加上一个无疑而问的句尾。譬如:"你爸爸妈妈是关心你,你这样发脾气应该吗?""这种想法是错误的,我认为应该……你说是不是?"这样的咨询问话很难取得合适的效果,因为这些道理来访者多半都是懂的,但这种提问方法根本无法触动来访者的原有意识,无法产生真正的改变。

有一个情绪很激动的初中男生来到心理咨询室,陈述自己非常恨自己的妹妹,简直想要杀了她。心理咨询师假如说:"作为一个哥哥,不管怎么说,都应该努力设法和妹妹搞好关系的呀,你说是不是呢?"这句话非常有道理,但是在心理咨询的时候这么说,效果只能是零。

那位心理咨询师不是用判断性提问,而是用比较性提问,慢慢地帮助来访者逐渐看清自己。他在咨询过程中曾经用了如下这些提问:

"你说你恨你妹妹。恨一个人和不喜欢一个人,你觉得有区别吗?"

"恨一个人和恨一个人所做的事情,你觉得会有区别吗?"

"你说你其实是不喜欢你妹妹和你待在一起,那么有没有某些时候你也是喜欢你妹妹和你在一起的呢?"

最终那个学生的情绪慢慢地平息了下来。他心服口服地意识到,其实自己不是恨妹妹,只是有时候不喜欢妹妹。他虽然有时候不喜欢妹妹和他待在一起,但其实也有很多时候他还是很喜欢妹妹在自己身边的。

心理咨询师的说话确实与普通教育者的说话有些不一样。

**5. 根据不同需要采用不同类型的提问**

在心理咨询的过程中,一般咨询师不会为提问而提问,提问都是有目的的。咨询心理学界也概括了一些提问的类别。咨询师通常用得比较多的是如下五类提问。

① **例外型提问**(exception question)。来访者假如说,爸爸不好,爸爸对他很凶,咨询师在表示听清楚了这个陈述之后,多半会就这个话题再反过去提问:"你说爸爸不好,爸爸很凶,这令你很难过。另外,我还想问一下,那么有没有你觉得爸爸好的时候?有没有爸爸能够和你好好说说话的时候?"这种例外型提问有助于来访者从原来深陷的角度转移到一个比较全面的角度来看清现象,同时也有助于咨询师能够更加全面地看清来访者的问题及相关因素。

② **预想型提问**(preconception question)。假如来访者表现有消极的思维反应习惯,"糟了糟了","完了完了","都是我不好",或者遇事总习惯于做消极假设,"假如考不好怎么办呢","我肯定不行的",这时候,咨询师就常常会用一些预想型提问,把来访者原来消极的先期假设换成积极的先期假设,引导来访者去体验一种全新的积极的感受,以便来访者意识到自己的思维习惯需要调整。

咨询师会引导着提问:"假如你面临考试,脑子里经常想着的是'我肯定能考好','我肯定能考出自己最理想的成绩',感觉会怎样?试试看,仔细体会一下。感觉是不是有点不一样了?"相比较来访者原来习惯性想着的"考不好怎么办"或"肯定不行,肯定不行",这时候常常会发现来访者的呼吸变得深沉了,脊背显得挺直了许多,整张脸也显得有些上扬了。

有时候,需要弄清楚某件事情与来访者目前状况的关系,咨询师也会就某件事情用预想型问题来提问:"假如你通过了那场考试,今天的情况会怎么样呢?区别在哪里呢?"有可能那场考试其实对来访者今天的问题关系不大，也可能那场考试确实有影响。这样就帮助来访者和咨询师都弄明白了，接下去是否要聚焦在那场考试上。

③ **奇迹型提问**(miracle question)。假如来访者有什么顾虑，或者咨询师特别想启动来访者的大胆想象，特别是针对青少年来访者，有些咨询师，尤其是女性咨询师很喜欢用这种提问：

"假如有奇迹会发生，你希望这个奇迹是什么？"

"假如有一个仙女能够满足你三个愿望，你会提出哪三个愿望呢？"

甚至有的咨询师为了产生效果，努力让来访者更容易地进入面对此类提问所需要的想象中，有时会在咨询场所备有"仙女""阿拉丁神灯"或者"宝葫芦"等道具，在提问的时候，像模像样地举在来访者跟前，尽量让假设做到极致。

④ **打分提问**(scaling question)。就是请来访者就自身的负性症状用分值(通常是0～10)的方式来评估描述。咨询师会这样问来访者："假如你说的紧张焦虑用0～10来打分，现在，就是此刻，你会打多少分？"通常，这种打分评估请来访者描述的是即时的感觉，即在心理咨询的此时此刻的感觉。

打分提问一般用在咨询开始的时候。在咨询快要结束的时候，通常还会请来访者用打分的方式对自己的即时感觉再作一次评估，以衡量咨询的效果。假如咨询开始的时候打的是8分，将要结束的时候来访者打出来的是2分，咨询师就要对此作一个聚焦，指出并分析这里的变化和进步，以使来访者(包括咨询师本人)对这样的心理咨询抱有信心，也有助于增进咨访关系。

⑤ **转换型提问**(different question)。例外型提问是就一个"点"的相反性质的提问。如果来访者陈述"爸爸不好"，咨询师会提问"爸爸有没有好的方面"。转换型提问是就"点"之间的转移来提问，咨询师不谈"爸爸"了，而是提问："那么你妈妈呢？"或者，也可以转移到来访者自身："那么，你觉得自己对爸爸的态度是怎样的？"

转换型提问也是在心理咨询的过程中用得比较多的一种提问类型。当咨询师就某一个"点"的问题感觉暂时无法有什么进展的时候，就会先移开一下，在相关的其他"点"上进行聚焦，以利于推进整个咨询过程。

## 四、解除阻抗

在心理咨询的过程中，来访者不愿意涉及某一人物、事件、时间或地点等，因为这些会引起来访者痛苦，这时表现出的种种现象就是**阻抗**(resistance)。一般来访者都会有不同程度的阻抗现象。假如阻抗不是很影响咨询的进程，许多咨询师会不予理睬。因为，有些阻抗在咨询的进程中会自行消解,有些阻抗咨询师往往要在咨询的后期再来处理。但是,假如来访者的阻抗比较严重,已经明显影响了心理咨询的进程,那就需要咨询师来及时加以处理了。

来访者的阻抗表现为多种形式,譬如:言语少,停顿时间长,诉说"想不起来了",过分地斟酌用词,故意掩饰信息,故意转移话题,或者来访者迟到,遗忘咨询时间,甚至取消预约的咨询。在咨询心理学界,通常大家把来访者对咨询师发生的**正移情**(positive transference)(即来访者把爱慕的感觉移到了咨询师身上)和**负移情**(negative transference)(即来访者把怨恨的感觉移到了咨询师身上)都视为阻抗表现。

阻抗发生在心理咨询的过程中,但是它反映了来访者在现实生活里存在的一些问题。假如咨询师能够化解,并帮助来访者分析阻抗,就有可能使来访者在现实生活中发生改变。一般心理咨询师会按如下程序来处理阻抗。

① 和谐关系。良好的咨访关系有助于消除来访者对咨询师的戒备和不安,增进来访者对心理咨询师和心理咨询过程的信任,这对尽可能降低来访者的阻抗心理非常重要。

② 评估阻抗。假如阻抗不影响咨询进程,暂时忽略它;假如阻抗明显影响咨询进程,着手处理阻抗。

③ 处理阻抗。一种方法是咨询师不提及来访者在阻抗,而是具体面质阻抗表现,以引导来访者作进一步的自我分析与自我认识;另外一种方法就是直接指出来访者对心理咨询存在阻抗态度,帮助来访者调整一下对心理咨询或心理咨询师的认识。通常在心理咨询的过程中,咨询师采取第一种方法比较多。

④ 记录阻抗。心理咨询过后,咨询师需要做一些记录。一般会把来访者在什么时候、什么问题上特别容易产生阻抗记录下来,以便在以后的咨询中注意。另外,这样的记录也便于咨询师在整个咨询过程的后期,假如需要,可以适当地处理一下来访者曾经发生过的阻抗现象,帮助来访者看清自身在平时生活中的一些人格特点。哪些特点导致了曾经有过的阻抗,而它们对来访者的正常生活来说是不合适的。

---

**实践探索 6-4　　咨询师面质来访者的阻抗**

下面我们来看几则实例。注意咨询师是怎样面质来访者具体的阻抗表现的。

**实例一:来访者躯体表现和说话内容不吻合**

来访者说:"我父亲的去世并没有怎么样影响我。"他语调低沉,轻轻叹了口气,并在椅子上挪动着身躯。

咨询师："当你说父亲去世并没有怎样影响你的时候,我注意到你的语调与平时说话的时候相比,好像低沉了一些,你还深深地叹了口气,身体也似乎有些不安地在椅子上挪动了一下。"

注释:咨询师反馈了自己听见和观察到的不吻合,提醒当事人注意这一点,并引导当事人去尝试对自己作进一步的剖析和理解。

**实例二：来访者在有关的问题上多次故意扯开话题**

来访者表现：来访者在一次咨询中多次简短地提到了一个朋友所干的伤害他的行为,但每每到此马上又讲一些琐碎的小事把话题扯开。

咨询师："我有些困惑。我注意到你已经几次提到你朋友的行为伤害了你,但只要一提及,你自己又马上用讲个笑话之类的方法,把话题转开了……"

注释：咨询师用"我有些困惑"起头,跟着用很具体的描述来表达自己的观察,其间没有任何咨询师的主观解释。这种方法不给当事人施加压力,就像当起一面"镜子",让来访者自己看清自己,思考自己。这种方法比较容易进一步启动来访者探究自己的自觉。

**实例三：来访者一涉及具体行动就多次退却**

来访者表现：来访者在一次咨询中埋怨自己所处的环境,并声称自己要干些什么来改变这一切,然后又一次次找些借口来解释自己为什么没有去做。

咨询师："我一直在仔细听着。你目前的处境中是有着一些困难,你也一直有愿望想要克服它,这都很好。我现在想知道,你有没有什么具体的步骤和方法来克服它?"

注释：这个面质用"我一直在仔细听着"表示关注,用"这都很好",表示一个支持,一个结论,一个段落,暗示下面应该转移聚焦了,即应该聚焦在具体怎么行动上了。这个面质很具体,没有责备,这有助于激发来访者去面对自己光有愿望和决心而没有具体行动背后的消极被动的人生态度。

---

**学术研究 6-1    音 乐 治 疗**

音乐治疗是以医学心理学理论为指导,运用音乐艺术形式实施治疗的一种方法。它使患者处于特定的音乐环境中,感受音乐的艺术意境,协助患者在疾病或残障的治疗过程中达到生理、心理、情绪的整合,从而产生愉快的体验。

音乐治疗是应用音乐这一特殊艺术手段,将其优美协调的旋律、音调和节奏通过听觉等系统作用于大脑等部位,起到良性调节的一种治疗手段,是集医学、生理学、音乐美学等学科为一体的综合疗法。音乐作为一种辅助医疗手段,对疾病治疗、身心康复具有独特的效果,在治疗过程中,让患者感受音乐,通过音乐的旋律节奏、频率、声压来影响患者的心理与生理,从而在治疗上起到作用。

## 五、深层解释

解释(interpretation),几乎是所有的心理咨询与治疗理论和技术的重要组成部分。

解释也可以称为剖析、解析或深层分析。解释是要将一个人思想和行为中的潜意识意义加以揭示。具体地说,解释是要引导来访者从一个全新的角度审视自己的想法、行为、情感和意愿的过程。解释的目的是帮助来访者从导致当前问题的原有的不健康的思维模式中脱离出来。从心理治疗的观点看,解释就是通过这一过程让来访者去面对治疗所必需的一些新的视角和新的理解,这些往往是来访者原来排斥的,或者是仅仅意识到一部分,或者是完全没有意识到的特殊东西。

在心理咨询的实践中,常常会遇见一些来访者略带几分痛苦地问咨询师:"老师,我怎么会变成这个样子?"解释不是强加的,而是要让来访者有一种若有所思或恍然大悟的感觉。解释要让来访者接受,要让来访者几乎是突然之间对自己又有了新的认识。

一个咨询师要做好解释是比较不容易的。曾有专业人员感叹,如何做解释是心理咨询师一辈子的修炼。它需要依据两方面的积累:一方面是咨询师对咨询心理学理论以及相关心理学和其他学科理论的掌握与理解;另一方面则是咨询师自身的生活阅历。难怪在北欧有些地区,职业心理咨询师的证书领取者必须年满25周岁。因此,做一个心理咨询师,自己能否拥有积极的人生观,能否拥有各种各样丰富的生活经历,尤其是与人交往、助人的经历,都是非常重要的前提条件。

## 六、行动建议

这是在咨询心理学里面,与解释一起特别引起大家关注的又一个技术。它是指用来帮助来访者寻找并确定最适合自己的行动方案。英文单词"suggestion"含有暗示的意思。也就是说,在心理咨询的过程中,咨询师要帮助来访者找到一些解决问题的方法和途径,但不是如普通人交谈的时候"我给你一个建议"。心理咨询的"建议"不是咨询师给来访者什么建议,而是咨询师陪伴来访者,由来访者自己找到最适合自己的"建议"的过程。

那么,咨询师该怎么陪伴来访者找到解决问题的方法呢?主要有以下三个途径。

① 从来访者自身的经历中找。来访者过去是否有过类似的经历?来访者采用了哪些应对的方法?有没有类似的经验可以借鉴?在来访者的人际关系中,有没有可以借鉴的信息?等等。

② 从咨询师自我袒露中找。在心理咨询的过程中,咨询师会适当地作一些自我袒露。2000年以后,世界心理咨询与治疗界对咨询师的要求越来越高,越来越强调心理咨询的过程,即咨询师用自身的人格魅力带动来访者的过程。在这个过程中,咨询师也会适当地袒露一些自己曾经有过的困扰和解决过程,以帮助来访者寻得一些启发。

③ 从他人的经验中找。有的时候,咨询师也会概要地提一下,通常人们遇到此类问

题,会采用哪些应对方法。咨询师不要求来访者要使用其中的某个方法,其实,咨询师有时也不知道究竟哪种方法最合适面前的这位来访者。咨询师是根据一般规律介绍一些方法,供来访者思考,说不定其中某种方法对这位来访者有用,也可能某种方法会导致来访者根据自己的情况,想出更加适合自己的、稍稍有些改变的其他方法。

在讨论来访者用何种方法解决自己的困扰的时候,不管采取何种途径或方法,咨询师的立场不应是居高临下地指导或给予,不是说"我给你一个建议",或者说"我认为你可以采用这个方法",而是一种陪伴的心态,站在来访者的角度,咨询师说的往往是:"哪些方法对解决这些困扰比较合适呢?我们一起来看看。"

> 让我们回到本章开头提到的那个案例。小荃可能碰到了一些咨询技术不太熟练的咨询师。心理咨询跟一般性谈话有着本质区别:首先,在咨询过程中,咨询师要非常到位地同感来访者,要没有任何隐含条件地完整地接纳每一位来访者;其次,心理咨询的谈话有着明确的目标,咨询师看似闲谈的提问是有目的的,是在从各个方面收集来访者的信息;再次,心理咨询讲究助人自助。咨询师不会像普通的聊天那样直接给人提建议,也不会进行说教性质的指导,而是通过启发、引导让来访者自己发现问题,自己解决问题。同时,咨询辅导自身有一套完整的理论和技术体系。通过对心理咨询与辅导理论和方法的学习,应该感觉一个普通教师也完全能够理解并掌握这个还比较新型的学科,以使我们的日常教育能够进入一个新的境界。

## 本章小结

- 在学校教育中可通过课程教学、课外活动、班主任工作、学科教学、小组活动、个别咨询、校园文化渗透和校内外网络等多种方式对青少年学生进行心理辅导。
- 咨询心理学是运用面谈技巧来影响来访者思维方式、人际状态与行为状态的一门心理科学。
- 心理咨询的操作原则:同感来访者、接纳来访者、助来访者自助、为来访者保密、价值中立原则。
- 心理咨询的五大步骤:建立关系、探讨问题、确定目标、解决问题、延续性结束。建立关系的五个具体要求:S——直面来访者,O——开放的身姿,L——适当前倾,E——保持良好的目光接触,R——自然放松。
- 提问技术:尽量不连用封闭性提问,尽量不用"为什么"的开放性提问,善于运用积极暗示的语言提问,善用比较性提问,根据不同需要采用不同类型的提问。
- 在心理咨询的过程中,来访者不愿意涉及某一人物、事件、时间或地点等,因为这些会引起来访者痛苦,这时表现出的种种现象就是阻抗。处理阻抗的方法包括：和谐关系,评估阻抗,处理阻抗,记录阻抗。
- 解释是指要将一个人思想和行为中的潜意识意义加以揭示。具体地说,解释就是要引导来访者从一个全新的角度审视自己的想法、行为、情感和意愿的过程。
- 心理咨询的"建议"不是咨询师给来访者什么建议,而是咨询师陪伴来访者,由来访者自己找到最适合自己的建议的过程。

## 思考题

- 通过课程教学进行心理辅导与通过学科教学进行心理辅导的区别是什么？
- 要产生良好的咨询效果,咨访关系与咨询技术相比哪一个对咨询师来说更为重要？
- 来访者为什么会出现阻抗？
- 咨询师对来访者的倾听与一般人之间的交谈有何不同？
- 来访者要求咨询师"告诉他们应该怎么做"时,咨询师可以直接给出建议吗？

## 问题探索

- 咨询模拟：三人一组,分别扮演来访者、咨询师和观察者。运用同感、倾听、提问、解释、面质等技术,模拟咨询情境。三人轮换角色,最后交流分享感受。
- 分析自己在日常对话中使用开放性提问的频率及使用开放性提问的收获如何。

# 下 编

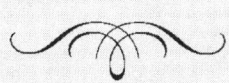

青少年发育中的身心问题与辅导
青少年情感生活问题与辅导
青少年学习心理问题与辅导
青少年社会交往与辅导
青少年行为适应不良问题与辅导

# 第七章 青少年发育中的身心问题与辅导

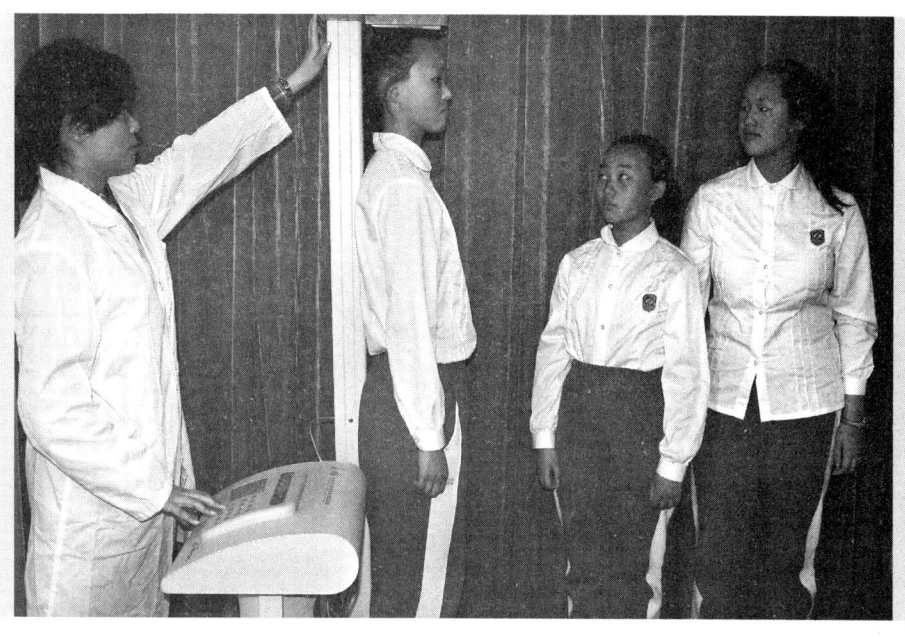

---- 本章细目 ----

**本章要点**

**第一节 青少年身心发展概述**

一、青少年发育中身心问题的含义

二、身体发育的个体差异

1. 体形发育的个体差异

2. 发育时间的个体差异

三、性发育

**第二节 青少年发育中的身心问题**

一、发育的体形差异对青少年心理的影响

1. 青少年的体形观

2. 体形对青少年心理的影响

二、发育时间的早晚对青少年心理的影响

1. 发育早晚对男青少年心理的影响

2. 发育早晚对女青少年心理的影响

三、性发育对青少年心理的影响

1. 对性发育最初的心理反应

2. 性意识的觉醒和发展

**第三节 青少年发育中身心问题的辅导**

一、对青少年体形发育差异方面的辅导

二、对青少年发育早晚方面的辅导

三、对青少年性发育方面的辅导

四、对青少年性意识发展方面的辅导

1. 疏远阶段的心理辅导

2. 亲近阶段的心理辅导

3. 依恋阶段的心理辅导

**本章小结**

**思考题**

**问题探索**

## 本章要点

- 青少年发育中的身心问题含义
- 青少年身体发育的个体差异
- 发育时间早晚对青少年心理的影响,并针对发育早晚对青少年进行心理辅导
- 性发育对青少年心理的影响,并针对性发育对青少年进行心理辅导
- 在发育的体形差异、发育早晚、性发育对青少年最初的心理反应、性意识发展等方面对青少年进行心理辅导

---

**想试着回答一下吗……**

- 青少年男女的正常交往和早恋真的有质的差别吗?
- 某中学将高二年级的学生分成"男生班""女生班",目的是让学生安心学习,防止男女生之间的交往影响学习,你如何看待这种做法?
- 青少年期又被称为"第二镜像期""心理断乳期",为什么会有这些不同的叫法?
- 进入青春期的小菁想通过减肥使自己的身材更加苗条,你如何看待她的想法?
- 有人认为"性教育会导致孩子产生更多的性行为",你如何看待这种观点?
- 发育早晚对青少年心理的影响存在性别差异吗?

---

李老师是一位初中老师,她所教的学生正值青春期,如果她看见一对男女同学经常在一起学习、一起活动,就免不了担心他们会早恋,但有时也觉得自己的担心是多余的,男女同学之间需要一定的交往,但究竟如何区分早恋和健康交往呢?如果男女同学真的发生早恋又该如何处理呢?

青少年学生正处在青春发育时期,身体发生了急剧的变化,不仅在身高、体重、外形等方面发生了巨大的量变,而且在身体内部也出现了一系列的质变,尤其是性成熟带来的深刻变化。这一切给青少年期个体赋予了标志性特征,但同时也对青少年期个体的心理产生一定的影响,如何正视这方面的身心问题,并予以正确对待,是青少年学生在过渡时期面临的一个不可忽视的生活课题。对此,学校教师也应加以关注并给予必要的辅导。

# 第一节　青少年身心发展概述

青少年是一个特殊的群体,他们既不同于成人,也不同于儿童。他们正处于"人生的高峰",身体的增长速度极快,生理的发展变化也是多种多样且十分显著的;而且不同的青少年个体在发育上也呈现出程度和时间上的不一致。

## 一、青少年发育中身心问题的含义

**青少年发育中的身心问题**(psychosomatic problems)是指青少年期个体在身体发育过程中由于身体变化引起的心理方面问题。一个人的身体和心理本就是相互影响的,而这里主要涉及的是青少年这一特定阶段个体生理方面的变化对心理产生的较为普遍且又有持续影响的那些问题。

首先是青少年身体发育上的个体差异对其心理产生的影响。个体进入青少年期,身体急速发育,到青年中期才基本结束,形成成年人的体形。但在整个发育过程中也存在着明显的个体差异。从体形上看,有的人个子高大,有的人个子矮小;有的人身体肥硕,有的人身体纤细;有的人体格强壮,有的人体格瘦弱。从发育时间上看,有的人发育时间适中,有的人发育时间较早,有的人发育时间较晚,而且这种早晚在程度上也有很大差别。青少年期是个体一生中对自己身体发育、外貌特点最关心的时期,青少年经常要在镜子前消磨许多时间,冷静而"客观地"观察和评价自己。这种照镜子的兴趣在孩提时期也曾有过,到了青少年期又一次出现,故亦称青少年期为"第二镜像期"。同时,这一阶段也是对他人关于自己的评价最为敏感的时期。因此,这种身体发育上的个体差异,不仅决定了青少年的生理特点,而且直接影响他们的心理,对青少年个性的发展具有不可忽视的作用。

其次是青少年性发育对其心理产生的影响。个体进入青少年期,随着身体的急速发育,性发育也加速进行,开始了性生理走向成熟的历程,从而构成富有特色的青少年期生理发展总貌的又一个重要方面。性发育使青少年获得新的感受、新的体验,引起了新的向往和新的追求,但也常引起困惑、不安,给个体带来问题和烦恼。特别是性生理发展导致的性意识觉醒更为青少年期个体的心理赋予了相应的特色。因此,这里青少年性发育对其心理产生的影响主要反映在两个方面:一是对性成熟最初的心理反应;二是性意识的觉醒。

## 二、身体发育的个体差异

不同的个体在身体发育方面存在着显著的个体差异,这种差异不仅体现在个体的体形发育上,如身高、体重、胸围等方面,更体现在个体的发育时间上。

**1. 体形发育的个体差异**

虽然个体在青少年期都经历了身体发育上的急速增长阶段,都经历了从矮小体弱的儿童体形发育为高大强壮的成人体形的过程,但是由于遗传和环境上的种种原因,个体在体形上存在发育差异,仍是一个普遍的事实。从2000—2014年我国进行的四次国民体质监测结果,不难看出,自2000年来我国青少年身高、体重、胸围的生长发育水平呈现继续增长趋势,目前处于历史最高水平。与2000年相比,2014年男生身体形态增长更为明显。以13岁组为例,男生身高增长了4.4厘米,体重增加了6.9千克,胸围增加了9.8厘米;女生身高增长了2.7厘米,体重增加了4.5千克,胸围增加了2.7厘米。

表7-1  2000—2014年青少年身体形态指标均值比较(男生)

| 年龄组 | 身高(厘米) | | | | | 体重(千克) | | | | | 胸围(厘米) | | | | |
| --- | --- | --- | --- | --- | --- | --- | --- | --- | --- | --- | --- | --- | --- | --- | --- |
| | 2000年 | 2005年 | 2010年 | 2014年 | 差值 | 2000年 | 2005年 | 2010年 | 2014年 | 差值 | 2000年 | 2005年 | 2010年 | 2014年 | 差值 |
| 13岁 | 157.0 | 157.9 | 159.9 | 161.4 | 4.4 | 45.1 | 46.7 | 49.4 | 52.0 | 6.9 | 67.5 | 74.2 | 75.8 | 77.3 | 9.8 |
| 14岁 | 162.7 | 163.7 | 165.3 | 166.5 | 3.8 | 49.8 | 51.6 | 53.8 | 56.2 | 6.4 | 70.1 | 77.3 | 78.8 | 79.9 | 9.8 |
| 15岁 | 166.8 | 167.7 | 168.8 | 169.8 | 3.0 | 54.1 | 55.3 | 57.2 | 59.5 | 5.4 | 73.8 | 79.8 | 80.9 | 82.0 | 8.2 |
| 16岁 | 169.2 | 169.7 | 170.5 | 171.4 | 2.2 | 57.0 | 58.0 | 59.2 | 61.5 | 4.5 | 76.8 | 81.5 | 82.4 | 83.5 | 6.7 |
| 17岁 | 170.2 | 170.8 | 171.4 | 172.1 | 1.9 | 58.9 | 59.6 | 61.0 | 63.3 | 4.4 | 79.7 | 83.0 | 83.7 | 85.0 | 5.3 |
| 18岁 | 170.2 | 171.1 | 171.4 | 172.0 | 1.8 | 59.6 | 60.3 | 61.5 | 63.3 | 3.7 | 81.9 | 83.7 | 84.3 | 85.3 | 3.4 |
| 19岁 | 170.0 | 171.0 | 172.1 | 172.4 | 2.4 | 59.5 | 60.8 | 62.6 | 63.5 | 4.0 | 83.3 | 84.2 | 85.0 | 85.8 | 2.5 |

表7-2  2000—2014年青少年身体形态指标均值比较(女生)

| 年龄组 | 身高(厘米) | | | | | 体重(千克) | | | | | 胸围(厘米) | | | | |
| --- | --- | --- | --- | --- | --- | --- | --- | --- | --- | --- | --- | --- | --- | --- | --- |
| | 2000年 | 2005年 | 2010年 | 2014年 | 差值 | 2000年 | 2005年 | 2010年 | 2014年 | 差值 | 2000年 | 2005年 | 2010年 | 2014年 | 差值 |
| 13岁 | 154.3 | 154.9 | 156.0 | 157.0 | 2.7 | 43.5 | 44.7 | 46.2 | 48.0 | 4.5 | 73.6 | 74.0 | 75.0 | 76.3 | 2.7 |
| 14岁 | 156.6 | 157.0 | 157.8 | 158.7 | 2.1 | 46.4 | 47.4 | 48.6 | 50.4 | 4.0 | 75.9 | 76.1 | 76.9 | 78.3 | 2.4 |
| 15岁 | 157.6 | 158.0 | 158.5 | 159.4 | 1.8 | 48.7 | 49.4 | 50.1 | 51.6 | 2.9 | 77.5 | 77.6 | 78.1 | 79.1 | 1.6 |
| 16岁 | 158.3 | 158.6 | 159.0 | 159.8 | 1.5 | 50.3 | 50.5 | 51.1 | 52.7 | 2.4 | 78.7 | 78.6 | 79.2 | 80.2 | 1.5 |
| 17岁 | 158.5 | 159.0 | 159.3 | 159.8 | 1.3 | 50.9 | 51.2 | 51.7 | 53.0 | 2.1 | 79.2 | 79.1 | 79.8 | 80.9 | 1.7 |

续 表

| 年龄组 | 身高(厘米) | | | | | 体重(千克) | | | | | 胸围(厘米) | | | | |
|---|---|---|---|---|---|---|---|---|---|---|---|---|---|---|---|
| | 2000年 | 2005年 | 2010年 | 2014年 | 差值 | 2000年 | 2005年 | 2010年 | 2014年 | 差值 | 2000年 | 2005年 | 2010年 | 2014年 | 差值 |
| 18岁 | 158.4 | 158.9 | 159.2 | 159.4 | 1.0 | 51.4 | 51.5 | 51.7 | 52.6 | 1.2 | 79.7 | 79.5 | 80.0 | 80.6 | 0.9 |
| 19岁 | 158.8 | 159.6 | 160.1 | 160.2 | 1.4 | 51.2 | 51.6 | 51.9 | 52.4 | 1.2 | 79.6 | 79.8 | 80.3 | 80.8 | 1.2 |

数据来源：2000年数据来自《2000年国民体质监测报告》，2005年数据来自《第二次国民体质监测报告》，2010年数据来自《2010年国民体质监测公报》，2014年数据来自《2014年国民体质监测公报》，差值为2014年与2000年同一指标的差。

从表7-1、表7-2可以发现，不同年代的个体在体形上存在发育差异，而且即使同一年代青少年在体形发育中也存在巨大的个体差异。单从2000年国民体质监测报告中分组(13～15岁，16～18岁)的身高、体重、胸围的标准差数据便可显示出这种差异。首先，从身高方面看。2000年13～15岁男中学生身高的一个标准差为7.08厘米，16～18岁组的一个标准差为6.24厘米。说明男中学生身高的差距非常悬殊，尤其在13～15岁年龄段，差异更大。女中学生的差异虽然没有男中学生那么巨大，但差距也比较大。2000年13～15岁女中学生身高的一个标准差为5.98厘米，16～18岁组的一个标准差为5.59厘米。同样是13～15岁年龄段的差距更大。

其次，从体重方面看。2000年13～15岁男中学生体重的一个标准差为10.34千克，16～18岁组的一个标准差为9.29千克。说明男中学生体重的差距很大。同样，女中学生的体重也有比较大的差距，2000年13～15岁女中学生体重的一个标准差为7.80千克，16～18岁组的一个标准差为7.04千克。同样是13～15岁年龄段的差距更大。

再次，从胸围方面看。2000年13～15岁男中学生胸围的一个标准差为5.98厘米，16～18岁组的一个标准差为5.49厘米。女中学生的胸围差距也比较大。2000年13～15岁女中学生胸围的一个标准差为5.98厘米，16～18岁组的一个标准差为5.45厘米。胸围是反映体形的重要指标，说明无论男女，个体差异都很巨大。

从上面的数据可以看出，青少年不仅在体形方面存在明显的个体差异，男女之间也存在明显的性别差异。除了身高、体重，在青春期，男孩肩宽、胸围的突增幅度大，女孩盆宽的突增较男孩明显；臂围与腿围的突增男孩较女孩幅度大，而且青春期后这些差别随着年龄增大，越来越显著。

于是在一个青少年团体中出现形形色色参差不一的体形特征，有高个的，有矮个的，有胖的，有瘦的，有强壮的，有薄弱的等，形成显著的个体差异。

**2. 发育时间的个体差异**

个体身体发育是按一定的时间表进行的。这个时间表既有民族差异,也有地区差异,即使在同一民族、同一地区里,也仍有时间早晚上的个体差异,出现早熟、正常、晚熟三种情况。

所谓早熟和晚熟,就是以个体所在地区的青年群体的平均开始成熟时间为参照系,身体发育时间向前提早或向后延晚。那么提早或延晚到什么程度才算是早熟和晚熟呢?这里没有一个精确的界限,只有一个相对的界定。国外一般采用这样的划分指标:早熟是以青少年群体的百分之二十个体进入身体发育期的时间为界,在这以前为早熟;晚熟是以青年群体的百分之二十个体尚未进入身体发育期的时间为界,在这以后为晚熟。但我们认为,为便于把握起见,可采取更明确的适合我国情况的标准,即比所在地区青少年群体开始成熟的时间提前或延晚一年半以上就可视为早熟或晚熟。

这里要指出,早熟和晚熟情况有两种:一种是在正常范围内的早熟(early maturation)和晚熟(late maturation),其偏离正常时间并不多;另一种是超出正常范围的提前发育(precocious puberty)和延迟发育(delayed puberty),其偏离常态甚远。例如,有的女孩8岁以前就来月经,有的则到19岁还未来潮。这往往出于体质性因素(如下丘脑对垂体控制失调,使垂体过早释放促性腺激素)或病理性因素(如中枢神经系统疾病)的缘故,需要作医学上的治疗,以抑制或促进身体发育,但这种情况所占比例很小。我们这里谈的是正常范围内的早熟和晚熟。

由于早熟和晚熟现象的存在,我们可以看到这样一种普遍而又有趣的情况:一个班级(主要在初一、初二年级里)的学生在上课,一般是中等的个子,带着稚气未脱的脸,一个典型的少年形象;但是前排却坐着那么些学生,小小的个子,幼稚的脸蛋,未有任何发育迹象的体形,完全是儿童的模样;而在最后几排里,却有坐着已充分发育的、具有成人体形的大个子学生。从上面看下去,是一个大小不一、高低错落的不协调的场面。然而,这正是处于身体发育初期阶段特有的成熟程度参差不齐的同龄团体。

上述两种身体发育上的个体差异对青少年的心理究竟有什么影响呢?教育者和家长往往没有很好地思考过这个问题,只是接受这个事实,承认生理上的个体差异存在而已。而青少年自己虽受这种影响,也缺乏自觉认识。心理学家对此却饶有兴趣并进行了大量探索,虽然有些研究结果尚待进一步证实,却已给我们积极有益的启示,对我们更好地了解、关心和引导青年,有着十分重要的现实意义。

### 学术研究 7-1　　儿童青少年认知能力发展与脑发育

在儿童青少年阶段,个体心理特征发生着显著变化,大脑神经元也在不断进行突触修剪和髓鞘化(Casey, Giedd, & Thomas, 2000)。儿童青少年时期的大脑发育呈现以下趋势:总脑体积随年龄增长基本没有显著变化;皮层灰质体积随年龄增长呈倒"U"趋势,具体表现为在青春期前随年龄增长而增加,青春期后随年龄增长而减少;而全部白质体积随年龄增长线性增加,灰质/白质绝对体积的比率随年龄增长线性下降(Giedd et al., 1999)。研究发现,不同认知能力的发展顺序与其对应的大脑皮层发育成熟的顺序具有一致性。比如,索尔尔等人(Sowell et al., 2003)绘制了 176 名健康被试各脑区皮层灰质密度随年龄的变化图,结果发现,从 7 岁到 60 岁的个体脑区灰质密度发生了明显变化,尤其是外侧和大脑两半球之间的背侧额叶以及顶叶皮层联合区,其中视觉、听觉和边缘皮层等与个体基本感知觉功能对应的大脑皮层在个体早期就开始出现髓鞘化,而与语言能力对应的颞叶皮层后部开始髓鞘化的时间则相对较晚。戈塔伊等人(Gogtay et al., 2004)也对个体认知能力发展与皮层发育成熟的关系进行了分析,他们采用结构磁共振扫描技术对 13 名年龄在 4~21 岁个体的皮层发育进行了长达 8~10 年的追踪研究,并且每两年对被试扫描一次,结果发现,主要的感觉皮层先成熟,然后才是顶叶外侧及其他区域,即与基本功能(比如感觉、运动)相关的脑区(感觉和运动皮层成熟)最早成熟,然后是与空间导向、语言发展和注意相关的颞顶叶联合皮层,最后才是与执行功能、注意以及协调动作相关的前额叶和外侧颞叶皮层;同时,并不是单一脑区完全成熟后其他脑区才开始发育,研究表明前额叶中与味觉和嗅觉加工相关的脑区以及枕叶中与主要视觉功能相关的脑区也很早成熟。这些研究表明,个体认知能力发展与其对应大脑结构的发育成熟确实存在先后顺序的一致性,与感觉、知觉等基本生活技能相关的脑区发育成熟较早,而与决策、推理等高级认知活动相关的脑区发育成熟较晚。

(李艳玮,李燕芳,2010)

## 三、性发育

个体性发育可以分为两个阶段。第一阶段称为性成熟前期,女子从 8、9 岁开始,到 13、14 岁结束,男子从 9、10 岁开始,到 14、15 岁结束。第二阶段为性成熟期,女子从 13、14 岁开始,到 18、19 岁结束,男子从 14、15 岁开始,到 19、20 岁结束。男子比女子都相应迟一至两年。个体从第一阶段进入第二阶段的标记主要是女子月经初潮和男子首次遗精。性成熟前期的主要生理特征是个体在体格(如身高、盆宽、体重等)方面的加速发育。例如,个体在这一阶段身高平均每年增长 5~7 厘米,而整个第二阶段身高增长的总和一般也不超过 5 厘米。性成熟期的主要生理特征是生殖系统的发育和完善。这是人体内最后发育的系统。例如,女子的卵巢在月经初潮时,即第二阶段开始之初,仍只有成熟重量的 30%,到第二阶段结束才发育成熟。

性发育是以性器官——性腺的发育为核心的,并包括附性器官在内的第一性征的发育、性机能的发育和第二性征的出现。性腺在男女体内分别为睾丸和卵巢。它们在青春期之前发育缓慢,进入青春期后才急速增长。到成熟时,睾丸和卵巢分别为出生时重量的40倍和25倍。男女附性器官(如男性的附睾、阴囊、阴茎、输精管,女性的子宫、阴道、阴蒂、输卵管等)也分别从10岁和8、9岁以后才开始加快发育。

性腺发育引起的性激素在推动整个性发育进程中起着关键性的作用。性腺早在个体胚胎期形成后就开始分泌性激素,发育成熟后又能产生生殖细胞(精子和卵子)。在儿童期男女都分泌同等少量的性激素,通过反馈抑制下丘脑促性腺释放因子的分泌量。接近青春期,由于下丘脑觉察细胞对性激素的敏感性降低,少量性激素失去了对下丘脑的抑制作用,以至下丘促性腺释放因子分泌量增加,从而使脑垂体分泌促性腺激素增加,这一方面促进性腺本身发育,另一方面又使性腺分泌更多的性激素。于是在新的提高了的水平基础上性激素对下丘脑实施反馈作用,从而使性激素最终稳定在适当的水平上。性激素的主要作用是促进男女性器官的发育、性机能的成熟和第二性征的出现及性欲的产生。

在大量性激素的作用下,个体性机能加速发育成熟。性机能的发育成熟是以男性的遗精和女性的月经为标志的。男性首次遗精的年龄一般在14~16岁,女性月经初潮的年龄一般在12~14岁。不少调查发现,青少年进入性成熟期的年龄有提前的倾向。例如,最近100年多年来,女性月经初潮年龄平均每10年提前3~4个月。据中国人口宣教中心发布的《青少年网上咨询青春期问题评估报告》所做的结论,进入20世纪90年代,中国青少年性成熟普遍提前:女孩月经初潮平均年龄为13.38岁,男孩首次射精平均年龄为14.43岁,分别比60年代提前了1年和2年。青少年首次出现关心性事、性冲动、手淫、性梦幻以及想接触异性身体等心理体验的平均年龄在14~16岁之间,出现初恋、约会、拥抱、接吻、爱抚乃至性交低龄化倾向。研究者(罗军,等,2013)对浙江地区的中小学生进行性成熟年龄的调查,结果发现,杭州地区男生的首次遗精时间为14.52~14.79岁,女生的月经初潮时间为12.18~12.52岁,与2005年学生体质与健康报告的汉族女生月经初潮平均年龄为12.68及男性首次遗精平均年龄为14.13相比,女性更早熟,而男性略微落后。

首次月经或遗精只表示个体的性机能开始成熟,到完全成熟往往还需四五年时间。例如,女子月经初潮时,卵巢重量还未到成熟时重量的1/3,在初潮之后一段时间里,月经很不规则,这都表明性机能尚需进一步成熟。

在大量性激素的作用下,个体的第二性征也逐渐出现。女性第二性征的发育,乳房发育是最早的标志。青春发育早期,乳腺开始发育,有少量乳腺组织生长,乳晕增大类似肿块,乳房稍隆起;青春发育中期,乳晕和乳腺组织生长迅速,乳房圆形隆起;青春期晚期,乳头生长突出,乳晕变宽,乳房更加丰满隆起。同时,阴毛和腋毛也先后开始长出,阴毛一般呈倒三角形分布;骨盆变宽,臀部变圆,皮脂腺分泌增加,脂肪增厚,体态日益丰满。男性第二性征的发育,毛发的变化最为突出。青春发育早期,阴毛开始长出,先是于阴茎根部的两侧,毛短而细;青春发育中期,阴毛颜色由浅变黑,变得粗而卷,胡须、腋毛开始长出;到了青春期晚期,额部的发际逐步后移,尤其于两鬓角处凹入,而成为特殊的男性型发际,阴毛则从脐部以下至阴部呈菱形分布。同时喉结开始变大,嗓音逐渐变得低沉,肌肉坚实,体格日趋魁梧。

这一切的变化都是男女青少年获得从未有过的体验,发生了从未有过的与性相联系的心理上的反应,并引起了性意识的觉醒。

> **知识小窗 7-1    男女性激素分泌中的交叉现象与体毛生长**
>
> 人体内的性激素并非人们以往认为的那样单一:男性只分泌男性激素,女性只分泌女性激素,而是呈现一种复杂的交叉现象。在男性的睾丸中除分泌雄性激素睾丸酮(testosterone)外还分泌少量雌性激素,而在女性的卵巢中,除分泌雌性激素、孕激素外,也分泌少量雄激素,只是数量上差异很大。例如,在女性血液中睾丸酮的含量仅为男性血液中的六分之一。除性腺外,男女肾上腺也会分泌雄性激素(androgen)和雌性激素,作用与性腺分泌的性激素相似。例如,正常情况下是由卵巢分泌的雌性激素停止后产生的女子月经出血现象,也能通过实验,由肾上腺分泌的雌性激素来诱发。正因为男女性激素分泌呈交叉现象,也就可以更好地理解男女体毛的生长情况。原来,男女体毛就是靠雄性激素刺激生长的,但人体各部位体毛生长所需要的刺激是不同的。其中阴毛所需要刺激量最少,腋毛其次,胡须、胸毛、腹毛等则要求刺激量最多。因此,女性依靠其体内少量的雄性激素,便能长出阴毛和腋毛,而男性需要大量雄性激素才能长出胡须等,一旦雄性激素分泌失调,女性也会因过多分泌雄性激素而长出胡须,男性会因过少分泌雄性激素而长不出胡须。

# 第二节  青少年发育中的身心问题

发育的体形差异、时间早晚和性发育对青少年的心理发展造成了深远的影响,在本节中将予以深入阐述。

## 一、发育的体形差异对青少年心理的影响

如前所述,青少年期个体在身体发育过程中出现各种体形上的差异,这种差异究竟对青少年有何心理上的影响呢?为了探索这一问题,我们首先要深入到青少年群体中去,了

解他们对体形的种种看法。

**1. 青少年的体形观**

青少年自我意识发展的规律告诉我们,处在青少年期的个体,尤其是处在少年期的个体,由于自我意识的觉醒,对自己身体发育上的巨大变化极为敏感,对自己的体形,以及其他青少年(包括异性)的体形,表现出任何其他人生发展阶段所未曾有过的关心。他们经常对着镜子观察自己的体形,也经常对其他青少年的体形加以评价。几个青少年在一起,总不免要相互比高矮,论胖瘦,谈身材。而且,在青少年群体中,这种体形的评价标准与成人社会的标准有所区别,形成独特的体形观。例如,根据我国和世界卫生组织的标准,"绿豆芽"体型,即体重与身高之比过小的体型,是不壮实的身体素质的反映,但在青少年群体中,尤其是在女青少年中,则被视为"颀长""苗条"的好身材而备受青睐。因此,青少年的体形观,也可以说是独特的青少年亚文化的一个方面。

心理学研究表明,在青少年群体中对体形的关心主要集中于体型、身高和体重三个方面,并且评价有明显的男女性别差异。

体型是男女青少年最为关心的。一般青少年认为,男的体型应该是高大、挺拔、体格健壮、胸脯厚实、肩宽、盆窄、肌肉结实、饱满,显示出男性的体魄和力量;女的体型应该是匀称、修长、胸部丰满、臀圆腰细,显示出女性的曲线和妩媚。具体说,青少年最喜欢的是中胚叶型的体型(身体健壮,骨骼、肌肉发达),比较不喜欢外胚叶型的体型(身体瘦长),最讨厌内胚叶型的体型(身体圆胖)。研究发现,甚至5～6岁的男女孩子已经具有对中胚叶型的偏爱和对内胚叶型的否定态度(Lerner & Korn,1972)。在一项研究中男孩被试被分为5～6岁、14～15岁和19～20岁三个年龄组,这些被试包括两种体型:正常和肥胖,然后让他们对画片中三种体型(外、中、内胚叶型)评价。结果发现,所有年龄组的男孩都喜欢中胚叶型,很不喜欢内胚叶型,其次是外胚叶型。对女孩的研究也有类似结果。在另一项研究中,蔡等人(Tsai et al., 2006)的一项选择玩伴类型的研究显示,受测儿童选择不同体型儿童图片时,他们把肥胖者归为最不喜欢的玩伴。另有研究也发现,理想的男人身体是声音好听、富有肌肉、V字体型和短头发;理想的女人身体是漂亮、长头发、苗条而曲线美(Dittmar, Lloyd, Dugan, Halliwell, Jacobs, & Cramer, 2000)。

对身高的关心,在青少年中仅次于对体型的关心,而且在男青少年中尤为突出。男青少年十分赞赏,甚至崇尚高个身材,只要不是高得出奇,不是高而过瘦,高个身材总是获得男青少年的羡慕和向往。苏联心理学家科恩指出,在青少年心目中,高大几乎和伟大是密切联系着的。正如一位学生所说:"我觉得伟大的人必然应该是身材高大的。"而个子矮小对男青少年的威胁较大,往往视为被缺乏男子体魄的一个重要因素。因此,为了能长高,愿付出高昂的代价。女青少年则对身高没有如此关注,而且并不希望很高,适中即可,甚至稍矮问题也不大。相反,对过高感到烦恼。当然,随着时代的发展,女青少年对身高的要求也在提高,尤其是时装模特职业的出现,对高个女子的评价也逐渐趋于积极。这种趋势在国外也得到证实(Rogiers,1977)。

体重在青少年的体形中也占据重要地位,并在女青少年中尤甚。女青少年希望瘦,以显示其颀长、苗条的身材,并视其为女性美的一个重要方面。然而,在生理发育上却恰恰事与愿违。青春发育后,脂肪组织在男子中逐渐减少,但在女子中则一直在增加。这就使得矛盾格外突出,肥胖成为对女青少年的一大威胁。为了减肥,有的增加活动量,进行健美锻炼;有的减少睡眠时间,但更多、更普遍的是采取节食措施,不仅不吃油腻荤腥的食物,饭量也减到最低限度,实在饿得受不了,喝上几口白开水充饥也好。可见,女青少年对细瘦长的身材的渴望是何等强烈!当然,她们也不喜欢过瘦,这会失去女性应有的丰姿。总之,女青少年对体重是十分敏感的。男青少年则对体重并不予以多关心,也不苛求,胖一些瘦一些,都没关系。但也不喜欢过胖,尤其是又矮又胖。

**2. 体形对青少年心理的影响**

在青少年群体中,同龄人之间就是以上述这种为青少年所特有的体形观进行着有形或无形的评价,这种评价在青少年期之初尤为频繁。一般说,凡是符合青少年群体的理想体形标准的个体,易在同龄人中受到尊敬、讨人喜欢、引起羡慕;而偏离标准较大的个体则易受到同伴的轻视、冷遇,甚至遭到奚落、嘲弄。正如科恩所说:"少年们总是把体格匀称、肌肉强壮同领导者的品质、运动健儿、精力充沛等联系在一起,反之,肥胖的人则经常受到嘲弄,而肥短型少年处理和同龄人的关系困难最大,在同龄人中间很少居于重要地位,经常受人嘲弄,择友的可能性很小,并且经常感到需要别人支持。"特斯克也指出,青少年往往把中胚叶型的体型视为领导能力、运动能力和心理稳定品质的象征,而外胚叶型和内胚叶型的体型则往往与服从、胆怯的特点相联系。这种评价以及由此产生的偏爱态度,事实上也就直接地或潜在地影响着青少年在其群体中的地位和人际关系。体形也因此在青年群体中被赋予特有的社会意义。

这一切都必然极大地影响青少年个体的自我评价、自我体验和行为。因为一个人的自我评价都受他人评价的影响,而青年早期的个体一方面对自己体形特别关心,在心目中占特殊的地位,另一方面自我评价正处在发展、成熟的过程之中,较易受他人,尤其是同龄伙伴评价的影响和左右。青年往往会因自己体形获得同伴好评,而倾向于产生对自我的肯定评价,并由此产生积极的自我体验——愉快、陶醉、自信,行为也偏向活泼、开放;反之,会因体形差而倾向于产生否定的自我评价以及消极的自我体验——焦虑、烦恼、自卑,行为偏向拘谨、退缩。研究发现,肥胖儿童的自我意识受损,自我评价低,有更多的焦虑、不合群、幸福与满足感差等自我体验(杨勤,等,2001;王荣芳,王一青,王媛,2011;丁大为,钟燕,游诚,等,2014)。美国加利福尼亚大学对5~16岁被试的纵向研究,也证实了这种体形与心理的某种依从关系。例如,高大而魁梧的个体举止比较自然,较少做作,要求自己少惹人注意,而小个子的举止正相反。这种影响有时当个体进入青年中期也仍存在。例如,在大学生群体中发现不同的身体形态对其心理健康产生了很大的影响。王毅和姚正宁(2011)调查研究发现,身材瘦小(营养不良)和肥胖的女大学生较其他女生都存在焦虑、抑郁和自卑心理。营养不良的女生更加焦虑和抑郁,对于社会交往也是更加的畏惧,不善于与人交往。

同时,体形特点本身对青少年的自我评价、自我体验和行为施与有直接的影响。一个女生,坦率地表达:"我以前的眼睛很小,有点胖。觉得自己的眼睛很无神,照相时都不敢使劲笑,因为一笑眼睛就没了。初中时候班里转来了一个女生,眼睛更小,那时候就觉得很高兴。眼睛小的时候自己觉得不漂亮,也没人觉得好看,没有人会关注你。高中时候班里的漂亮女生都很受欢迎,男生卧谈会的主题都是围绕她们的,就连老师都对她们有无限的耐心。那时候一面避免跟漂亮女生接触,一方面羡慕又嫉妒,又很无奈,内心里又会保持着一种高傲。总要使自己心理平衡一点。割过双眼皮后,眼睛大了,看着也有神多了,自己就觉得变漂亮好多。大二那会儿也瘦了,就很疯狂的买衣服。割双眼皮之后觉得自己的自信心增强了很多,对自己肯定也多了,跟男生交往也更大方了,尤其跟陌生人交往更自信,因为他们不知道你以前是什么样子。"

此外,体形特点也会引起他人对其人格特点的某种预期,而这种预期反过来又影响了该青少年的人格和行为的相应定向。有研究发现,在评价与工作相关的个人特质时,人们对于中等体形的人印象更积极。相较于中等体形的人,人们倾向于将胖人与消极的工作相关个人特质相联系。原因可能是肥胖本身是由于个人缺乏自控力造成的,基于此人们可能就容易将胖人与懒惰、缺少自制力等消极特质相联系。其次,媒体上常出现的各种信息,例如电影电视中肥胖角色多是倒霉可笑的,时尚潮流对瘦的推崇,这些都强化了人们对肥胖人群的消极看法(崔馨淇,2014)。这也可以说是社会心理学中标签效应的作用。

综上所述,我们可以提出一个模式来揭示体形与人格之间的关系(见图7-1)。

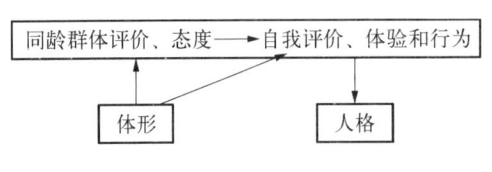

图7-1 体形与人格关系的模式图

由图可知,青少年主要是通过"同龄群体评价、态度——自我评价、体验和行为"这一中介环节,沟通其体形发育与人格发展的某种联系,并以一定程度的正相关现象反映出来。在这一关系模式中,"同龄群体评价、态度"是主要的外部影响因素,而在"自我评价、体验和行为"背后的自我调节是主要的内部影响因素。

从图中可以看出,体形与人格的关系是非常复杂的,它通过"体形"与"同龄群体评价、态度","同龄群体评价、态度"与"自我评价、体验和行为","自我评价、体验的行为"与人格三个主要衔接的次一级的关系取得联系的,而其中每一种次一级的关系又都受多种因素的影响,因而体形绝不能简单地决定人格特点。例如,同样是体形不理想,有的青少年屈从于同龄群体的消极评价,产生自卑;有的青少年通过积极的锻炼,力争改善;还有的青少年则致力于用其他方面的成就来补偿体形的不足,不仅不自卑,而且具有充分的自信心,立于群体之中,重新赢得同龄青少年,乃至社会的尊重和钦佩。这就取决于各人的自我调节的能力和整个自我意识的发展水平。因此,我们既要看到体形特点确有影响人格特点的可能性,又不能将这种关系绝对化、简单化。

## 二、发育时间的早晚对青少年心理的影响

前面也已提到,个体进入青少年期,即身体发育的时间是有早晚之分的。发育早晚对青少年具有种种意想不到的心理影响,其中有的影响之深,直到个体踏上成人社会以后,发育早晚造成的身体上的差异早已看不出了,而心理上的痕迹依然存在,并融入其个性之中,成为个性的组成部分。因此,了解这方面的情况,对青少年学生进行必要的心理辅导,使之发展健康人格是有益的。

**1. 发育早晚对男青少年心理的影响**

(1) 早熟对男青少年心理的影响

早熟的男青少年在同龄青年尚未或刚刚开始进入人生第二生长发育高峰区域时,就已经接近或达到这一生长发育的高峰之巅。他们与其他同龄人相比,体格明显高大、宽阔,肌肉发达,逐渐显示出成年男子的那种魁梧而强壮的体形。他们在同龄青少年中已是鹤立鸡群,甚至超过女教师和自己的母亲,而与男教师或自己父亲相差无几,只是还不够粗壮结实而已。生理上的这种早熟,使青少年较早体验到成人感,发展成人意识,较多倾向于观察、模仿成人的行为举止,与同龄人相比显得较沉着、老练、寡言。他们体大力强,在需要高度、力量、耐力的运动性、游戏性活动中处于优势地位,而这种优势在早期青年群体中具有较高的社会价值。因此,他们易为同龄青少年所羡慕、尊重,获得较高威望,往往自然成为同龄人的首领,有一定的号召力。这使早熟男青少年易产生自信感和支配欲。他们的体格和行为表现比较符合成人的期望,更易被学校教师选拔为干部,委以重任,有

更多的参加社会工作的机会。由此他们较多体验到社会责任感,他们的社会活动能力、交往能力也得到相应的锻炼。这一切对于早熟男青少年个性的发展都是有益的。许多有关早熟与个性发展关系的研究都证实了这一点(Jones, 1958; Weatherley, 1964; Clausen, 1975)。

但同时,早熟使男青少年在生理上过早进入青年期,心理、生理和社会发展不同步的矛盾在早熟青年中尤为突出,而且过早进入青少年期,也无形中延长了整个过渡期时间,使早熟男青少年对于过渡期特有的矛盾体验的时间也比一般青少年更长。例如,早熟男青少年性意识觉醒较早,与异性交往的意向比同龄青少年较早产生,但往往受同伴"舆论"的牵制不得不有所压抑,成人对早熟男青少年的社会期望主要基于他们生理上较为成熟的外部体形,而往往超出他们内部的心理成熟水平,易加重他们的心理负担,甚至对他们的日益强烈的独立性和职业选择上的决定,也由于过渡期的"延长"而受到限制。这一切对早熟男青少年又是不利的。帕斯金和利维森(Peskin & Livson, 1972)研究指出,早熟青少年只有较少时间去发展处在儿童期的自我,更多受生理上迅速变化和性发展的威胁,于是试图通过社会方面的成功来寻求安全感,从而表现得更加顺从和刻板,以求符合成人的期望。粟丹、凌辉和孙中平(2016)研究指出,青春期提前组男生焦虑得分显著高于适时组和延迟组,且攻击行为、学习适应不良行为、违纪行为也更多。

(2) 晚熟对男青少年心理的影响

晚熟的男青少年,与早熟的情况正好相反,在同龄男青少年都已发育得高大、健壮的时候,尚未或刚刚进入生长发育高峰区域,据调查,15岁未发育的青少年身高比早熟青少年要低20厘米,体重要轻10千克以上。没有发育的瘦小体格,纤细的手臂,仍是儿童的嗓音,使他们虽跻身于青少年群体之中,却又滞留于"儿童"世界,处于青少年群体中的"小人国"里。他们被视为"小僵瓜""未开化者"而排挤在同龄群体的外围,甚至连女青少年也根本不把他们放在眼里。这使晚熟男青少年首先有一种冷落感的体验,而他们又不甘心于这种冷遇,喜欢寻非惹事、多嘴好动,以引起周围的注意,表明他们的存在,这就使他们在行为上显得愈加不安定。同时,晚熟男青少年体格弱小,力量单薄,动作协调性、反应性都较差,在各种运动和游戏活动中自然处于劣势,这在竞争性较强、崇尚高大与力量的早期青少年群体中往往遭到轻视。同龄青少年搞什么活动,小个子往往跟随从众,处于配角地位,既无支配权,也无号召力。这使他们又易产生自卑感。明明腿不长,却要跨着大步走;明明处在"被遗忘的角落"却要发表"高见",似乎也是对这种自卑心理的一种典型补偿。此外,在早期男青少年群体中攻击性行为比较多,在相互嬉谑、作弄时,晚熟男青少年又往往担心成为"恶作剧"的对象、受攻击的目标,从而产生不安全感。许多有关晚熟与个性发展关系的研究也都证实了这一点(Jones,1958;Weatherley,1964;Grinder,1973;Livson & Peskin,1980)。

但同时,晚熟的男青少年进入身体发育阶段时由于生理变化产生的焦虑要比早熟的男青少年低得多,由于缺乏体力上的优势,在各种活动中倾向于从智力上巧取,加上社会责任感较差,所以思维和行为表现得更为灵活而不拘一格。研究也表明,晚熟的男青少年受到了团体的忽略,再加上漫长的青春期调适,使得晚熟的男青少年通常在认知上及适应技巧上有较好的表现(Livson & Peskin,1980)。

**2. 发育早晚对女青少年心理的影响**

早熟或晚熟,对于女青少年的心理影响不如对男青少年那样差别很大,但也有一定的区别,特别是早熟对女青少年心理影响的情况较复杂,也需要我们分别予以论述。

(1) 早熟对女青少年心理的影响

女青少年进入身体发育阶段的时间本来就比较早,一般在初一,比男青少年早一年半到两年。早熟的女青少年则小学五年级就开始急速生长发育。不仅体格在同龄男女青少年中十分突出,几乎与女教师或自己母亲一般高,而且乳房也逐渐隆起,臀部发达,全身圆润丰满,逐渐显示出成年女性的体态。这一较早的变化使她们与周围同龄伙伴太不相称了,因而感到害羞、不自在。为了不使自己显得太高,胸部太突出,她们尽量避免挺立的姿势,走路也含着胸,甚至连合身些的衣服也不敢穿,只得穿宽大些的,以遮掩身体上太成熟的曲线。对月经产生的焦虑、不安也更为厉害,因为周围同龄女伴还没有这种经历,不能从她们那里得到慰藉。在青年早期之初,她们的过早成熟往往为同龄伙伴所轻视,甚至遭到排斥,而她们也感到与同龄伙伴缺乏共同的语言和兴趣,因而易在同龄团体中感到孤独,进而倾向于同大年龄的男青少年交往,以获得安慰和归属感(Frisk et al.,1966)。总的来说,早熟最初对女青少年的影响是不利的,尤其是在小学阶段。但进入中学以后,当大多数女孩都开始身体急速发育时,早熟女青少年比较成熟的女性体形则往往引起同龄女伴的羡慕,引起男青少年的注意,她们在青年群体中的威望反而有上升的趋势。这种转变似乎是富有戏剧性的,它与女青少年群体中评价标准的改变有着直接关系。福斯特(Foster)在20世纪60年代进行了一项有关研究。她让六、七、八、九四个年级的女同学提出与女青少年威望相联系的各种个性品质,同时把各年级女同学发育成熟的程度分为未发育、发育、发育后和发育晚期四种水平,然后测试各种个性品质在不同年级里的四种水平间的分布情况(见表7-3)。由表可知,在六年级时,在与威望相联系的18种个性品质中有15种为未发育女同学所具有,早熟者处于明显的不利地位。但在七年级早熟者反而获得优势,在17种个性品质中有9.5种为她们所具有,在八、九年级,这种优势更加明显。

可见,早熟和晚熟女青年的社会优势在不同年龄阶段是不同的(Conger,1977)。在中学阶段,早熟女青少年比同龄伙伴具有较积极的自我概念,较好的社会和家庭调节能力和较好的人际关系。

表7-3 与威望相关的个性品质在不同年级里的四种发育水平间的分布

| | 与威望相关的个性品质数 | 未发育 | 发 育 | 发育后 | 发育晚期 | 显著性水平 |
|---|---|---|---|---|---|---|
| 六年级 | 18 | 15 | 3 | 0 | 0 | 0.003 |
| 七年级 | 17 | 17 | 4 | 3.5 | 9.5 | 0.035 |
| 八年级 | 18 | 1 | 3 | 1 | 13 | 0.000 3 |
| 九年级 | 15 | 0 | 1.5 | 5.5 | 8 | 0.05 |

(2) 晚熟对女青少年心理的影响

晚熟女青少年,与早熟的情况也正好相反,当中学里大部分同龄伙伴都已得到较充分的发育,显示出女性丰满、优美的体态的时候,尚未或刚刚进入生长发育高峰区域。她们不仅个子矮小、纤细,而且没有显露出任何女性特有的体形特征,像小女孩一样,在同龄女青少年中缺乏社会威望和地位(见表7-3),易受到冷遇、轻视。她们常常未能受到同伴给予的与其年龄相称的看待,时有发生令她们生气的事,甚至连自己父母也要在这方面开她们的玩笑。这一切使她们像晚熟男青少年那样,易产生冷落感、自卑感。如果说在小学高年级的时候,她们看不起早熟的同伴,有贬低、排斥的倾向,那么到了中学里,她们则产生羡慕,甚至有些妒忌的心理体验,并为至今自己仍未出现女性应有的体征而感到担忧和焦虑(Rice,1984)。她们有时简直怀疑自己能否像同伙那样发育得成熟、充分,热切祈望着自己能早日跻身真正的女性行列。

但值得欣慰的是,晚熟女青少年的发育虽然滞后于女性群体,却与正常发育的男青少年基本同步,因而她们与处于正常发育阶段男青少年有更多的共同之处,易于发展友谊,她们的冷落感也由此得到部分缓解,处境比晚熟男青少年要好。此外,由于较晚进入生长发育高峰,她们较少体验到早熟女青少年发育时所有的那种害羞和焦虑,由此引起的情绪紧张和波动也都相对缓和。顺便还可指出,虽然早熟女青少年的身高开始时大大超出晚熟的,但最终却是晚熟的身高超出早熟的(Hopkins,1983)。布莱斯(Blyth,1981)发现,在六年级中早熟的女孩子比晚熟的女孩子,对于自己的身体形象显著的感到满意。但是到了十年级,当她们的发育都已经成熟了,反而是那些晚熟的女孩子对于自己的身高、体重及体形感到较为满意。可能的原因为,晚熟的女孩子通常较高、较苗条,因此较符合一般审美的标准。

上面我们分别论述了发育早晚对男女青少年心理的影响,从中也可看出发育早晚与心理特点关系的一般模式(见图 7-2)。

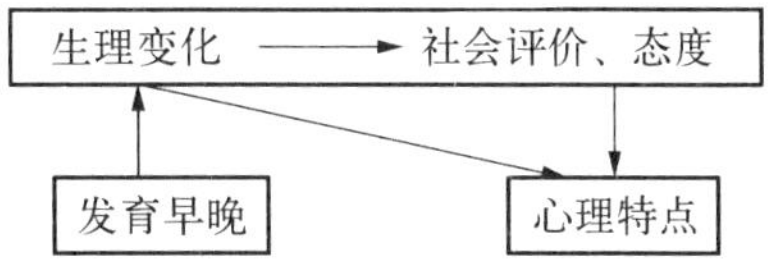

图 7-2 发育早晚与心理特点关系的模式图

由图可知,发育早晚对青少年心理的影响,并不只是生物因素的作用,而是生物因素和社会因素共同作用的结果。其中"生理变化——社会评论、态度"这一中介环节是沟通发育早晚与心理特点之间联系的主要渠道。例如,同样是早熟,男青少年比女青少年要有利得多,其原因主要是社会评价和态度不同,在青少年群体中较高社会价值是与男子具有的高大、力量等生理特点相联系,而对女子来说,高大、力量则不具有这种社会价值,相反过早成熟会降低其在同龄群体中的社会威望。

这里的"社会评价、态度",既包括同龄青少年群体的,也包括成年人的,虽然前者对青少年的影响更大些,但也不能忽视后者的作用。例如,成人对晚熟男青少年的评价——缺乏体格上的魅力和男子气、不修边幅、较幼稚、紧张、不成熟、过多要求他人注意(Jones & Bayley,1950)和对早熟男青少年的态度——给予较高的社会期望、委以重任等,自然对他们产生不同的消极与积极的影响。

这里的"心理特点",既包括自我评价、体验和行为上的特点,也包括某些个性特点。虽然发育早晚引起的生理变化上的差异是暂时的,但是有些心理影响却会持续较长时间,甚至融入正在形成中的青少年个性结构。在一项对早熟和晚熟男青少年的跟踪研究中发现,到了 33 岁,尽管生理上由于发育早晚造成的差异大部分已消失,但某些个性差异依然存在。例如,晚熟青少年比早熟青少年相对较少表现出自我控制、责任心和支配欲,而较多寻求他人帮助和支持(Jones,1957)。另一项追踪到 38 岁的研究也发现,早熟青少年在社会活动积极性和担任领导角色等方面都超过晚熟青少年(Rice,1984)。

## 三、性发育对青少年心理的影响

面对突如其来的性发育,青少年的心理是微妙而又复杂的。生理的发育不仅仅使个体的身体得到了成长,更对青少年的心理产生了巨大的影响,此时青少年的性意识也开始慢慢觉醒、渐渐发展。

### 1. 对性发育最初的心理反应

如前所述,性发育有两个阶段。个体对第一阶段——性成熟前期的身体加速发育的心理反应,一般是和缓的、积极的,他们为自己在日益增大的体格和逐渐充沛的体力中,体验到最初的成人感而满足、自悦,但个体对第二阶段——性成熟期的开始性标志——初潮或首次遗精的心理反应就比较复杂了。

(1) **女青少年对初潮的心理反应**

初潮是女性性成熟开始的最显著标志,它反映女性生理上的初步成熟,具有生殖的最初能力,自此女性将开始周期性的月经。然而女青少年对这一突然到来的重大的性成熟事件的心理反应是不同的。有的持积极态度,为自己的成熟感到高兴;也有的相对平静,认为这是正常的,必然要发生的现象;但更多的是怀有消极体验:或惊恐、害怕、不知所措;或害羞、难言、见不得人;或觉得倒霉、恨自己的性别、有做人的痛苦等。对上海地区100所中学的调查发现,67.1%的女生对初潮持消极态度,只有32.9%有积极体验(姚佩宽,1994)。与国外研究结果也大致相似。如苏联发现,也有70%女青年对初潮有不良心理反应,而且这种不良心理反应不只表现在对初潮的消极体验上,还表现在其他诸方面,如活动积极性降低、孤独、自信心不足、学习兴趣减弱等。现代心理学研究指出,这种心理反应,尤其是消极的心理反应,不仅对女青少年当时的行为活动有影响,而且具有长期效应。例如,初潮时受到心理创伤的女青少年,在以后每次月经前都会感到紧张、害怕,甚至由此形成自卑的个性特征。

影响对初潮心理体验的因素主要是初潮发生的年龄、对这方面的知识、母亲的态度等。一般而言,早熟的女青少年年纪较小,缺乏心理准备,又没有同龄女伴的借鉴,易产生消极体验。有的甚至会吓得晕厥。缺乏有关知识也是产生消极体验的重要因素。由于女青少年与母亲在这方面的沟通最为密切,因而母亲对月经的消极态度影响也就更大,事实上,女青少年许多有关的偏见正是从母亲那里承袭下来的。

(2) **男青少年对遗精的心理反应**

遗精是指非性交状况下的射精。首次遗精意味着男性性功能开始走向成熟,被视为男性性成熟的重要标志。与女青少年对初潮的反应不同,男青少年对首次遗精的心理是普遍消极的。据调查,引起害羞和恐慌的占52.7%(邓明昱,1989)。对于随后的遗精现象或害怕,怀疑自己得了病;或紧张,担心元气大伤,萎靡不振;或觉得不光彩,产生罪疚感等,有的甚至作出极端反应,如为遗精恐慌不已竟用小刀把自己的睾丸割掉。

造成男青少年对遗精消极体验的原因,主要是出于认识上的误解和偏见。社会上流传"一滴精,十滴血"的说法,视精液为人体精华,一旦外泄,元气大损。也有这样的流传:遗精是情欲冲动所致,色情冲动所致,与色情幻想相联系,视遗精为"下流"的东西。这都会给男青少年带来诸多的心理压力,导致各种消极的反应。而事实上,遗精是正常的性生理现象,是"精满自溢"的结果。

## 2. 性意识的觉醒和发展

(1) 性意识的觉醒

**性意识**(sexual consciousness)是个体在性生理发育成熟过程中,逐渐领悟两性关系,并随之产生从未有过的特殊的心理体验。对我国有代表性地区作过的系统、全面、定量的调查,不仅发现这种特殊的心理体验在我国青少年中的一些表现和发展顺序,而且更发现了前倾的趋势(姚佩宽,1993)(见表7-4)。

表7-4 青少年自身性体验的发展顺序

| 自身性体验的表现 | 女 性 年 龄 | 男 性 年 龄 |
| --- | --- | --- |
| 对自身性发育感到惊奇、羞涩 | 9～11 岁 | 10～12 岁 |
| 开始知道性别差异、内涵 | 11～13 岁 | 11～13 岁 |
| 开始关心性方面的事 | 14～15 岁 | 14～15 岁 |
| 初次性冲动 | 15～16 岁 | 14～15 岁 |
| 初次手淫 | 15～16 岁 | 15～16 岁 |
| 初次性梦幻 | 15～16 岁 | 15～16 岁 |
| 想接触异性身体 | 14～16 岁 | 14～16 岁 |

这种特殊心理体验的出现是性意识在青少年期觉醒的重要标志,对其作进一步分析,主要包括性兴趣、性情感和性兴奋三个方面。

青少年期最重要的心理特征也许是初步的性的兴趣(Krech, Grutchfield, & Ballachey, 1962)。**性兴趣**(sexual interest)是指个体对性知识产生的强烈的神秘感、好奇心。青少年的性兴趣往往表现为对性生理现象的探究和自我认识。因此,他们对诸如男女生殖器官的构造和功能、月经、遗精、手淫、第二性征、第三性征等方面的知识特别感兴趣,而且往往羞于向父母教师询问,大多通过私下同龄人的交流获得零星的知识。青少年开始对自己的生理结构和功能发生兴趣,他们好奇为什么会开始有这样或者那样的生理期现象;他们不明白为什么对异性越来越有兴趣,恋爱又是怎么回事;他们也对刚刚萌芽的性欲懵懵懂懂。这些未知都使得青少年产生了性兴趣,促使他们不断地探究。

**性情感**(sexual feeling)是指个体对异性的好感、倾慕、欲与之亲近、依恋的情感。青少年的性情感往往表现为对异性同学的关注、向往,喜欢与之多接触、交往。一旦在与异性交往中受到挫折,他们会体验到一种难以言明的沮丧、惆怅、痛苦,甚至妒忌、愤恨。因此,与异性间的情感上的纠葛也就从此增多。性梦幻和思念异性的"白日梦",也多出于青少年期早期阶段。而所谓中学生的早恋,也就是性情感作用下表现出的一种异性间的过早的恋爱现象。性意识的萌发产生了对异性的向往,伴随年龄的增长和年级的升高,中学生会呈现出更加强烈的与异性交往的期望。初中时期,女生与异性交往的水平比男生高;而高中时期,男生与异性交往的水平显著高于女生。初中时期,中学生的友谊主要发生在同性伙伴之间,直到初三时,中学生选择异性伙伴比例还比较低,但同初中低年级相比较,异性伙伴的选择率开始有了很大程度的提高,而且伴随着年龄增长,中学生更加容易接纳异性伙伴。对于女生来说,初二到初三同异性同伴交往的水平会迅速提高,在初三以后基本保持稳定。对于男生来说,初二到高一是其同异性同伴交往水平发生明显变化的时期,在高二以后基本保持稳定(吴莹,2015)。可以说,对异性的向往是青少年在进入性生理发育期后出现的一种特有的情感体验,而且随着年龄的增长,向往的比例也逐年提高。

**性兴奋**(sexual exciting)是性欲的体现,与性兴趣同步产生。青少年的性兴奋在性发育的初期常伴以未曾有过的冲动和激动。他们往往处于易激起冲动,又感到羞耻和内疚,既想自控又易失控的矛盾境地,这也与青少年心理成熟一时跟不上生理成熟,造成不协调所致。在性冲动下,青少年易采取一些性代偿行为和自慰行为。性代偿行为是通过观看影视、画报、书籍中的某些有关异性的描写来满足性冲动的行动。青少年可以通过心理上的"透视""想象"使有关的描写成为满足性冲动的对象。个别意识不良的青少年还会进而作出某些有悖于道德规范甚至违法的性代偿行为,应引起教育者的警惕。性自慰行为是通过手淫来满足性冲动的行为。这一现象在青少年中比较普遍。图7-3、图7-4反映的是上海青少年出现手淫的起始年龄分布情况。2013年中山大学校园媒体《中大青年》发起一项调查,调查显示85.86%的学生有过手淫行为,其中男生所占比例高达96.15%,女生仅占70%,少男生近30%。至于对手淫的看法,多数青少年持否定态度,有的认为是"危害健康的不良习惯",有的认为是"不道德行为",有的甚至认为是"犯罪行为",这就使青少年在手淫的同时,又承受了较大的心理压力,产生不安、罪责、自惭等心理。

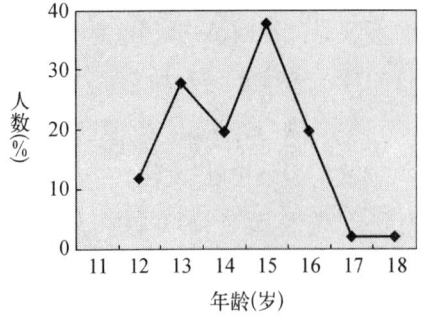

图7-3 男孩手淫起始高峰年龄

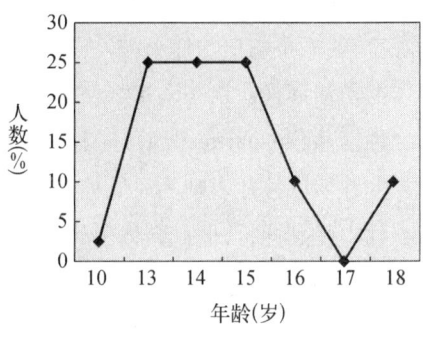

图7-4 女孩手淫起始高峰年龄

> **热点聚焦 7-1　　我国青少年生殖健康状况**
>
> 在 2009 年 4 月,由国务院妇女儿童工作委员会办公室、联合国人口基金会以及北京大学人口所联合发布的《中国青少年生殖健康调查报告》中的调查数据显示,在我国 15～19 岁的青少年当中,有 8% 的女孩有过性经历,在这些女孩中 21.4% 的人有过怀孕经历,4.9% 的人则有过多次怀孕经历。在我国,青少年未婚怀孕发生率越来越高,年龄也越来越小龄化。更让人痛心的是,这些怀孕的女孩大多数缺乏对性知识的基本了解,有很多都不知道女孩来月经就意味着有了生育能力。有的女孩怀孕后,因为怕学校和家长知道,不敢去正规的大医院处理,往往选择一些黑诊所做流产手术或者自己买药来吃,而这样的结果,有可能造成大出血,甚至会危及生命。
>
> 由此可见,对性的无知会造成多么严重的后果。不仅在身体上给青少年造成损害,在心理上也给这些"少女妈妈"带来了一生都无法承受的痛苦。
>
> (于华丽,2013)

(2) 性意识的发展

有不少研究指出,性意识在个体中的发展是有阶段性的,并有几种不同的对象划分。这里,从我们所在的社会文化背景上可以分为中性阶段、疏远阶段、亲近阶段、依恋阶段和爱情阶段五个阶段,其中疏远、亲近、依恋三阶段是青少年学生经历的阶段。

1) 疏远阶段

这是个体刚进入青少年期阶段。在这一阶段,个体性成熟带来的身体突变造成对个体心理上的冲击,使心身骤然失去平衡。个体开始注意自己的性特征,当他们在镜子面前观察、打量自己的时候,感到自己形象既熟悉又陌生。他们既为自己体形日益男性化或女性化而油然产生一种成人感,又为自己性生理反应感到惘然、不安,有的焦虑,甚至恨自己的性别角色。同时,个体对自身性生理的情绪反应又进而泛化、扩散到对性、异性的看法上,引起不同程度的反感,认为性是与"下流"的概念相联系的,男女接触是不光彩的,往往对异性采取回避态度。原来男女两性两小无猜、心地坦然的自然亲近开始消失。这种现象最早发生在女性身上,而且在整个疏远期,女性都比男性更为敏感,更为突出。因为随着青春发育期的到来,女性比男性更早也更明显地感到了自己生理上的变化,这种变化使她们产生害羞感。她们会紧紧束住渐渐隆起的乳房,唯恐异性发现她们的秘密,因而她们总是有意无意地回避异性,而且还常常故意疏远异性。在她们看来男女交往是不光彩的,是不可思议的。男性在青春发育期开始后也会出现这种疏远异性现象,他们自以为已长大为男子汉,因而对异性不屑一顾,总感到异性太拘泥、太婆妈,在内心深处总有一种隐隐约约的反感之情。这样,在这个阶段,男女青少年只要私下悄悄说上几句话,或者男女同学一起被教师叫到黑板前演算例题,他们立刻就会大惊小怪,女同学会窃笑、讥讽,男同学会嘲弄、起哄。这就更使他们惧怕相互之间的接触和亲近。如果彼此不得不交际的话,也是严肃有余,显得极为别扭或一本正经。有的学生甚至故意对异性表现出冷淡、粗暴以博得同性伙伴的赞赏。在一项有关儿童对同伴态度的调查研究中(刘金花,1987)发现,男子否定女子的高峰与女子否定男子的高峰分别在七年级和五年级,其持否定态度的百分数分别为51.5%和64.2%。可以说这一阶段的女学生对男学生更觉讨厌,更富有"攻击性"。这正如调查中男学生所普遍反映的,女孩从五、六年级开始很"疯",很"凶","老爱发威","一看到就讨厌"。对中学生的一项研究中,发现伴随年龄的增长和年级的升高,会呈现出更加强烈的与异性交往的期望(吴莹,2015)。而且在这一时期,另一研究调查显示,48.1%的初中生存在不同程度的交往困扰,女生交友困扰高于男生,初中生的人际交友及异性交往的困扰随年级的上升逐渐增加(李锦堂,李洪娟,2015)。这一阶段男女之间的典型行为是:同桌上划"三八线"、操场上分男女两群,谁越雷池一步,就会遭到非议或攻击。男女之间典型的情感特点是,彼此冷落、互有隔阂。

2) 亲近阶段

在这一阶段,个体对突如其来的性成熟的冲击逐渐适应了,心身不平衡状况得到相对缓和。其间,个体对自己性特征,从原来的陌生、惘然、不安发展到日益注意、关心、感兴趣。他(她)们不断照镜子,经常审视、评价自己的外貌是否符合理想标准。"恐貌不美综合征"也大多发生在这一阶段。同时,对异性的态度也发生戏剧性的变化,由前阶段的抵触、反感,悄悄发展到彼此暗暗感兴趣、关注和吸引。在上述一项对北京700名初高中学生的调查也发现,从13岁开始有与异性交往愿望的比例激增,并有随年龄明显增长的趋势:13岁占21.4%、14岁占26.9%、15岁占34.1%、16岁占47.5%、17岁占64.7%(李春玲,1996)。男女青少年在这一阶段表现出的性意向是复杂多样而微妙独特的。这一阶段性意识具有以下三个特点。

第一,相互显示。喜欢在异性面前表现自己,以引起对方的注意并对自己表示肯定。女性会着意打扮自己,总觉得异性老盯着自己,因而言谈举止显得紧张、羞涩、腼腆;男性会有意在异性面前显示自己的风度和能力,以引起异性的好感。正是因为这个特点,所以有时会引起同性间的矛盾,女性会由于同伴受到异性更多的注意而产生嫉妒心理,男性会由于同伴在异性面前奚落自己而产生愤恨心理。

第二,感情隐秘。在与异性接触时的感情交流是隐晦的、含蓄的,常常以试探的形式进行。女性用眼神传情,或借口求助异性帮助以获取对方对自己感情流露的反应;男性则借口与女性说话,或通过主动帮助异性做事以得到对方对自己感情反馈的信息,因而很少能真正达到感情上的交流。正因为这个缘故,所以男女青少年常常会把异性对自己的好感当作对自己的倾心,把自己对异性的爱慕感情当作"爱情",从而造成精神上的苦恼。

第三,对象广泛。一般说来,周围的同龄异性,只要有某种契机拨动了自己的感情,都有可能成为亲近的对象,因而爱慕对象带有不确定性。这种不确定性,有时也会表现在喜爱、向往、崇拜年龄稍长而有一定威信和名声的异性上,不仅会由于激动而给自己思慕的电视电影演员、歌星、作家写信甚至寄赠相片、礼物,翘首以待希望能得到他们的回信并与之交往,成为名副其实的追星族,而且有时对异性教师也会产生超过尊敬的亲近感情,以致在与异性教师进行学习方面的接触时也显得手足无措、极不自然。心理学上把这一阶段的青少年对年长异性的崇拜和迷恋现象称为"童年时的恋爱"——牛犊恋(calf love)。

但总的说,这一阶段的男女青少年只是处于好感、关注的状态,他(她)愿意在集体活动的背景上以团体为依托相互接触、彼此帮助。异性青少年团体也就在这阶段出现并急速发展。这一阶段男女之间的典型行为是相互吸引、集体聚会。他们对男女一起参加的联欢活动、参观旅游、集体跳舞等表现出极大的兴趣和热忱。男女之间典型的情感特点是,友谊盛时,情窦初开。

3) 依恋阶段

这是个体的性意向由朦胧向清晰发展的阶段。个体对自己的性特征不只停留在观察、注意、审视和评价上,而且力求按社会性别刻板模式来塑造自己的形象。对自身美表现出强烈的愿望和刻意的追求。爱打扮修饰、爱健美锻炼也都在这一阶段达到高峰。这在女青少年身上尤为突出。如果说当初曾为自己高高耸起的乳房而感到害羞、不自在,那么现在却为此自赏、自豪,并在服饰穿着上努力表现匀称的身材和优美的曲线。同时,青年男女在对异性普遍好感的基础上,各自形成一个或几个异性的理想模型,并在众多男女的共同交往过程中,逐渐把这种理想模型投射到特定的对象上。这一阶段青少年性意识具有如下四个特点。

第一,异性之间开始按照各自心中的偶像寻找自己的"意中人"。追求的对象是特定的异性,喜欢与自己选择的异性单独在一起活动,出现了不喜欢参加集体活动的带有"离群"色彩的心理倾向。

第二,爱情带有浪漫性。浪漫的爱情被视为一种神秘的、奇妙的、难以理解的力量。这个阶段的青少年,有的认为爱情是一种缘分,可遇不可求,有缘无分,即使苦苦追求也是白费心力,故十分崇尚"一见钟情";有的认为爱情同任何其他感情一样,是可以培养出来的,有缘就有分,只要锲而不舍、穷追猛求,即使是"骄傲的白天鹅"也有可能心甘情愿地飞到自己身边;有的认为真正的爱情一生只有一次,错过了机会,就再也无法找回,因而只要产生了爱情,就非她不娶,非他不嫁,什么天下何处无芳草,我就只要这芳草丛中那么一点红。显然,这种带有浪漫色彩的青少年特有的爱情,与稳定的、和谐的、以注重现实为特点的带有责任感的爱情是不尽相同的。

第三,开始摆脱爱慕期的隐晦态度,彼此之间出现交流内心感情的强烈倾向,试图通过幽会等方式,来显示对彼此的爱恋感情。

第四,产生了占有欲,出现了毫不掩饰的嫉妒心理。当然这种占有欲,主要还是精神性的、情绪性的。青少年会寻找一切机会留意自己爱恋的异性的一举一动,对自己爱恋的异性与自己的同性同伴的接触表示不满,甚至疑神疑鬼,对自己的同性同伴与自己爱恋的异性接触表现出尴尬、愤恨,显得心胸极为狭隘、极为自私。

总之,这阶段男女之间的典型行为是密切交往、个别接触。典型的情感特点是,互倾互慕、纯洁天真。

## 第三节 青少年发育中身心问题的辅导

围绕青少年发育中的身心问题进行辅导,是学校教育中有关青少年生活辅导中的一个重要方面。从以上论述中我们已经看到,青少年在生长发育过程中面临的各种身心问题,不仅对青少年能否健康、顺利地通过过渡时期有着直接意义,而且会影响青少年今后的个性发展。

### 一、对青少年体形发育差异方面的辅导

正如前文所提到的,体形发育不良会使得青少年产生自卑、苦闷等消极情绪体验,对青少年造成难以磨灭的终生影响。故而,有必要在发育的体形差异方面对青少年进行适当的辅导。

第一,要积极鼓励青少年发展健美的体魄。这不仅有利于青少年的身体健康,而且有助于青少年个体品质的良好发展。以往教师在关心青少年身体健康方面,更多关心的是身体机能方面的健康,而对身体外形方面则缺乏应有的重视,以为外形好坏非健康的本质,殊不知体格完美对于青少年的重要意义。为此应更新观念,鼓励青少年参加各种促进健美的体育活动。

第二,要理解并关心青少年在体形方面产生的各种烦恼。为自己的体形欠佳而烦恼,乃至苦闷、痛苦,是青少年期个体特有的心理体验。有研究发现,在12～18岁的中学生中有69.4%的学生对自己的高矮胖瘦等身体发育感到忧虑,其中经常感到忧虑者占12.4%,

而且女生对自身发育的敏感性明显高于男生(余小鸣,等,2006;郑冬琳,2013)。教师要善于洞悉、细察,予以青少年体贴入微的关心,做到**同感理解**(empathic understanding),即教师能设身处地地去感受青少年在这方面特有的苦恼,与之交流沟通,排忧解烦,积极引导。

第三,要帮助、引导青少年克服在体形方面产生的心理障碍。教师可以运用自己的威信纠正学生中有关体形方面的不良评价,引导他们多从内在品质上去看待体形有缺陷的同学,尤其要制止给体形有缺陷的同学起绰号,这会加重对他们来说本来就沉重的心理负担。苏联心理学家做过一个有趣的实验,让全班同学故意给一位外貌不佳并因而自卑、内向的女同学以积极的评价,当面背地都说她长得漂亮起来了。由于大家都这么说,以致她自己照镜子也发现好像是比以前可爱了。大家又选她担任班干部,她也热忱为大家服务。一学期下来,这位女同学的自卑感居然消失了,性格也活泼、外向了。可见,调节同龄群体评价对一个青少年心理发展起着多么重要的作用。教师也要引导体形有缺陷的青少年正确评价自己,让他们认识人的真正价值不在外表体形,而在于内在的品质和才能,在于对社会的作用和贡献。古今中外有不少名人个子较矮,据说大文学家鲁迅只有一米五六,哲学大师康德才一米五二,但他们在人们心目中的形象却是无比高大。他们堪称人类的精英,永载历史的丰碑,与世长存,与日月争辉。

## 二、对青少年发育早晚方面的辅导

青少年的发育时间必然存在早晚,但是不论早晚,总是对青少年的发展有着或积极或消极的影响。对于积极的影响,我们当然可以坦然接受,但是对于消极影响,则有必要进行一定的干预和辅导。

第一,要关心青少年在发育早晚上的个体差异。以往教师只注重从年龄或年级上划分青少年,对同一年龄、同一年级的青少年实际存在的发育早晚的差异往往疏忽,在教育要求和教育方法上都采取一刀切的做法。这样的做法不能很好地适合他们不同发育时间上的心身特点。因此,这里也需更新观念,要关心青少年在发育时间上客观存在的早熟和晚熟的个体差异,充分考虑到青少年因发育上的早晚差异而形成的各种身心区别,力求在这方面贯彻因材施教原则,对这一年龄段的青少年要根据他们发育的早晚及接受知识的水平和能力进行适时、适量、适度的青春期教育。

第二,要给予早熟和晚熟的男女青少年有侧重的指导。根据前面的分析,我们已经知道,早熟和晚熟对于男女青少年的影响是不同的。一般而言,早熟有利于男青少年,对女青少年则先弊后利,而晚熟对于男青少年最为不利,对于女青少年的不利影响次之。鉴此,教师尤其要关心的是晚熟的男青少年和早熟的女青少年。他们正好处在整个青少年群体发育阶段上的两个极端,存在的问题相对比较突出(见图7-5)。对于晚熟的男青少年,针对其易自卑、压抑又好寻非惹事、多嘴好动、缺乏沉着等不良的品质,要多采取补偿性措施,以求矫正。而这里的核心问题则是要重视他们,予以更多的信任和关注。对于早熟的女青少年,重点在于早期,帮助她们克服因在同龄群体中最早成熟带来的害羞感、孤独感,积极创造条件让她们为同龄群体所悦纳。至于早熟的男青少年,教师可以让他们多得到些锻炼,多委以重任,更好地发展成人感、责任感,而晚熟的女青少年,教师在必要时也应给予劝慰,以消除过分的担忧和焦虑。

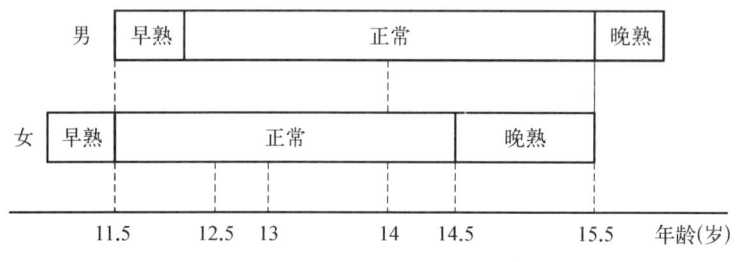

图7-5 男女青少年发育早晚的时间对应图示

第三,要帮助青少年正确处理同龄群体内的相互关系。如前所述,青少年群体内的评价和态度对早熟或晚熟的青少年个体的心理影响极大,可以说,造成对青少年心理压力的主要不是早熟或晚熟这一事实的本身,而是周围青少年对这一事实的评价。因此,要帮助青少年正确处理同龄群体中的相互关系,提倡大个子和小个子、早熟和晚熟同学之间的互尊互爱、互让互谅的良好班风、校风,把学生之间评价的热点从生理性方面转向社会性方面、从外表特点转向内在品质。

第四,教师自己要防止对发育早晚青少年的偏见。充分尊重每一位同学,注意让晚熟青少年担任一定的社会工作,提高他们在青年群体中的地位,为他们消除自卑感,发展良好的个性创造有利的外部条件。对早熟青少年的社会期望和要求也不能过高,社会工作担子也不能压得过重,而超出他们心理成熟的程度和心理承受的能力。

## 三、对青少年性发育方面的辅导

生理发育的袭来冲击着青少年,性发育知识的匮乏不仅会使得青少年对自己身体的变化产生疑惑和误解,更会加剧他们的不安和焦虑,此时应进行辅导和帮助。

第一,应以授课的形式进行集体辅导。这一方面的心理辅导,本是青春期教育的一个组成部分,教师应不失动机地为适龄青少年开设青春期生理卫生课和专题讲座,使青少年及时获得有关性发育的知识,克服各种误解和偏见,能大大减轻生理上造成的影响,有利于平稳过渡。事实上，男女青少年对月经和遗精的消极体验主要并不是来自生理上的变化，而是来自心理上的认识。有一项实验证实心理因素对这类体验的影响，并发现心理因素会夸大个体对正常生理反应的自我感受。研究人员对18～24岁的女青少年进行脑电检查，然后告诉其中一组说，他们将在1～2天内出现月经，而对另一组则说，在7～10天内会月经，其实他们都处在同样的月经周期阶段。接着让她们对表上列出的48种与月经反应相联系的症状进行自我评价。结果有趣地发现，第一组有明显的不良感觉的自我体验，如下腹沉、疼痛、食欲不好、情绪压抑、急躁、不愉快等，而第二组则没有这些明显症状。还要指出的是，通过学校教育的主渠道让学生获得有关这方面的知识，也有助于减少青少年私下探索而易受到的某些负面影响。

第二，可通过一对一的接触进行个别辅导。由于青少年对性发育最初的心理反应有很大的个体差异，加上青少年刚遇到这类事，羞于在大庭广众咨询，因此，教师也要注意观察，主动关心那些有这样或那样问题而又难以启口的学生，以针对性地消除顾虑，克服误解。例如，手淫现象在青少年中十分普遍，在个别青少年中甚至发展到非常严重的地步，同时又出于对手淫的无知而产生很大的心理压力，引起较为尖锐的矛盾。为此，教师可在适当场合与之坦诚交谈，向他传递这样的信息：一是手淫不是不道德的行为或变态行为，没有必要为此产生罪疚感、恐惧感，苏联著名性学家斯维亚多什甚至指出：青少年期适度的手淫通常具有调节性功能的性质，有助于降低已经升高的性欲感，因此是无害的；二是过度手淫的最大危险倒是在于对青少年心理上的自我挫伤，对人格发展的不良影响，应通过把精力集中到学习和工作上去，来逐步克服这一习惯。在进行这方面辅导时，男女教师要有分工，男教师对男学生，女教师对女学生，这样易于沟通、理解。同时，还要求教师运用有关的专业知识和同感态度，以取得学生的信任和接纳。

**实践探索 7-1　　　　　　纯洁性教育模式**

纯洁性教育模式又称为禁欲性教育模式或人格性教育模式，其性教育的内容除了性生理知识外，还包括性价值观念的教育。这种模式强调，青春期性教育要把性与品德教育结合，加强青少年的性心理教育，在性教育中进行人格教育，把男女自尊、自我意识、个性等方面结合起来，培养青少年正确的性价值观和健康的性伦理道德观，如尊重、责任、良好的自我等，从而通过人格的健康发展使处于青春期的青少年的性教育取得良好效果。20世纪80年代，由于青少年性问题的高居不下，美国民众感到不满，民间组织要求开展性纯洁教育的呼声与日俱增。美国一些反对性自由的民间组织就开始在一些中学尝试一种与无指导性教育截然相反的性教育，这就是有指导的性教育。以美国性健康医学研究所(MISH)为主要代表提出了性和品德教育目标，提倡以品德为基础的性教育，即青春期性教育课程应主要进行人格教育，促进学生保持童贞，直到他们找到准备与之生活一辈子的人,结婚时再发生性关系。1993年7月,20万青少年在白宫前草坪宣誓恪守性纯洁的大规模活动,把宣誓贞节运动推向了高潮。这样的活动引起了美国政府的高度重视,克林顿政府开始拨款支持禁欲教育。"禁欲性教育"也成为布什政府倡导"婚前禁欲"性革命的一部分。布什在就职之初就反对堕胎,砍掉这方面的联邦政府补助;在2003财政年度拨款1.35亿美元,用于倡导杜绝未成年性行为;2005年预算专门划拨1.7亿美元"禁欲教育专项基金"。据最近公布的两个全国性研究报告,美国中小学性教育的重点越来越集中于禁欲方面,越来越多的美国人渴望真正的爱情和稳定的家庭生活。

日本从第二次世界大战后开始在学校开展"纯洁性教育",主要传授性生理知识,使青少年获得正确的性知识,保持身心纯洁。到20世纪60～70年代,开始传播性科学知识,打破长期以来性约束的禁锢。20世纪80年代以来,日本在学校采用"性学习""性指导"的方式,传授性生理、性科学知识,并且把性约束、性道德,尤其是性文明教育、性伦理教育和性道德教育放在重要位置,尊重人的精神,追求男女两性之间的平等与自由,形成正确的男女之间平等的异性观念。日本制定的性教育目标,把性作为人格的基本部分,树立男女平等的正确异性观,使自己的行为符合社会规范,形成高尚的人格。所谓"性的学习"是指向学生传授科学的性知识,使他们理解生命的宝贵性,具有正确的异性观和性行为的自我决定能力等。"性的指导"主要通过特别活动让学生形成应有的态度和良好的行为,掌握面临性问题时需要的各种能力。日本中小学性教育的内容最有特色的当属符合日本民族文化特点的"自我控制能力"的培养,教授学生正确而有效控制性欲望的能力和对待性冲动的方式。

(石国亮,鲁慧,2008)

## 四、对青少年性意识发展方面的辅导

处于不同性意识发展时期的青少年会面临不同的问题和困惑,这里可从青少年学生性意识发展的几个关键性阶段分别加以有针对性的心理辅导。

**1. 疏远阶段的心理辅导**

在疏远阶段,教师的注意点首先要放在男女学生的团结友爱方面,要引导学生增进男女之间的接触、交往,发扬男女学生各自的优点,鼓励他们相互学习、相互帮助,促进他们相互理解、相互尊重。要明确支持在学习中、班级工作中主动与异性同学搞好团结关系的同学。对为之起哄、嘲弄的行为,要坚决制止;对在起哄、嘲弄中受到委屈的学生,要给予安慰、鼓励;对在起哄、嘲弄中不明是非的同学,要晓之以理,树立良好的男女生团结互助的班风。其次,要对学生进行了解异性的教育,帮助学生认识另一半,以消除性别隔阂,克服性的神秘感、罪恶感和男女交往的害羞、不安,甚至称之为"下流行为"的不健康心理。在辅导的方式上,既可面向全班的辅导,也可辅之以男生女生的小组辅导。

**2. 亲近阶段的心理辅导**

在亲近阶段,教师要在消除隔膜的基础上注意培养男女生之间的正常友谊。这是一种积极的引导性意识发展的策略。因为这一阶段男女生之间已开始产生好感,性意识的萌发已经过最初的低谷而日趋明显。这时,如"前怕虎,后怕狼"不敢让男女生发展正常友谊,反而使性意识发展受挫,而产生种种消极的后果,如焦虑、不满、敌视等,并会从公开交往转入"地下"接触,产生一种强烈的逆反心理。但同时也要不失时机地进行性道德方面的教育,使他们异性间的友谊得到不断的"纯化"。对一些不良的倾向及时给以重视和解决。如一些歌星的歌声曾激起许多少女心中的涟漪,许多女学生争相购买他们录制的原声带,因为那里不仅有他们动人的歌声,还有他们的英俊容貌(原声带盒子封面上有他们的照片),对他们来说吻上一下也是够刺激的!这其实也就是前面提到的"牛犊恋"现象。教师既要理解,又要及时进行正确引导,不能熟视无睹。据上海电视台反映,有位郊区学校的少女思慕费翔至极,但又自知不可求得,于苦恼彷徨之中向该电视台写信诉说衷情,以求精神上的帮助,电视台工作繁忙,此类信件又多,无法一一作答,谁知时过不久,消息传来,那少女竟为此殉情自杀了!

**3. 依恋阶段的心理辅导**

在依恋阶段,教师的重点是妥善处理青春恋现象。从性意识的发展上说,这一阶段的到来是十分自然、正常的。德国诗人歌德的名句"哪个男子不钟情,哪个少女不怀春"之所以能激起少男少女们的共鸣,并流传至今,正说明了这些现象的普遍性和自发性。但是,人类文明社会的发展给青少年提出越来越繁重的社会化任务,学习文化知识,发展智力、掌握劳动技能,内化各种社会道德规范和行为规范等,已成为青少年期个体最主要的生活课题。因而,性意识发展与社会成熟不同步引起的矛盾,成为青春恋作为一个社会问题出现的最根本原因。因此,教师的责任在于正确引导青少年学生,以积极的态度来对待这一矛盾,既不使性意识受挫,又要使爱情之花延迟到适宜的时机开放。由于青春恋比较复杂,教师在辅导时必须注意以下四点。

(1) *要防止扩大化*

从性意识发展的阶段上看,所谓青春恋是指青少年男女间在异性吸引的初级阶段建立起来的友谊和朦胧的情感现象。这是男女青少年之间的一种相互爱慕、真挚、纯洁的情感,在人生历程中是十分短暂而值得珍视的,一般在 20 岁以后就难以出现了。苏联心理学家科尔班诺夫斯基特别强调指出:"初恋(青春恋)是一种建立在不知不觉的吸引基础上的纯洁、忠诚的关系,它与性的占有的意义毫不相同。""青年期深刻纯洁的初恋,对道德的健康和个性的完善起着巨大作用。因此必须注意,不能让周围人庸俗嘲笑或恶意讽刺伤害这种情感,要鼓励互相爱慕着的男女青年彻底摆脱别人不正当的猜疑。"而所谓早恋则是过早地由性意识发展的依恋阶段向爱情阶段过渡,并往往寻求性欲的满足。我们不能把青少年在亲近、依恋阶段的性意识种种表现都划入早恋之列。尤其要注意,教师若把青春恋视为早恋,予以干涉,势必将问题扩大化,这不仅损害青少年的这种纯洁的感情,使青少年蒙受极大的委屈、不满与愤懑,而且有时还会导致青少年的性变态,影响性意识的正常发展。

(2) 要谨慎对待

对确实存在的早恋现象,也要细心处理、热心帮助,切不可粗暴对待。因为这涉及青少年最敏感的隐秘世界,任何过激的做法,都有可能造成青少年心灵上的创伤,甚至导致意想不到的严重后果。江南山区某中学有位品学兼优、活泼、漂亮的女学生干部,深受学生和教师喜爱。她是个小说迷,随着年龄增长,对男女的恋情也朦朦胧胧地知道一些,一时冲动,向班长写了一封表示爱慕的信。事发后,她认错并苦苦哀求班主任替她保密,否则她没脸见人。班主任说:"作为老师,我不能庇护你。我去找校长反映,看校长如何处理,你,先回去写份深刻检查。"校长得知后,把她作为谈情说爱歪风的典型加以整治,先让她在全校大会上公开检查,然后当场宣布:"姑念某某平时团结同学,乐于助人,学习努力,所以作一年留校察看处分。"她回到家,欲向父母诉说委屈,却遭父亲打骂。于是,她在羞怨交加之中离家出走,跳入水库自杀。临死前她怀着满腔悲愤,给父母和教师留下最后的遗言:"老师、爸爸,你们不该这样对待我……。"由于处理早恋问题的措施失当,甚至导致学生愤而纵火烧学校,用炸药炸课堂的事件也有发生,教育者应从中吸取教训。

(3) 要晓之以理

一可晓之以早恋的危害性:分散精力,影响学业;易在内部感情缠绵和外部社会压力下,产生剧烈的心理冲突,导致心理障碍;自控能力不强,易冲动而发生意外。据医务系统调查,未婚少女怀孕的主要原因是早恋。又据司法部门调查,早恋又往往是青少年性犯罪的一个因素,由于早恋失败使一些性意识被强化而又缺乏控制的青少年转而通过猥亵、奸淫女孩来得到性满足。

二可晓之以早恋的不利因素:由于早恋是发生在青少年尚不具备恋爱的条件下,变化曲折很大,最终的成功率极低,到头来,往往是一场美梦,无限烦恼;由于早恋发生在青少年狭小的生活圈子里,往往不是最佳选择,一旦踏上社会,扩大接触面,又会悔恨当初的草率。《情爱论》的作者瓦西列夫说:"一个人轻易地过早地获得幸福,那人一定不是唯一被爱的人。"更不用说,由于青少年对恋爱对象认识肤浅,导致选择上的失误。一位18岁的女生在毕业前对班主任讲,她曾非常喜欢一个男同学,由于学校不准谈恋爱,始终克制住自己的感情,很痛苦。但等感情的高潮过去,慢慢冷静下来,才发现他有许多地方并不可爱,因而庆幸自己没冒失制造一场爱情的悲剧。

**(4) 要循循善诱**

一是根据不同的早恋原因进行有针对性的诱导。调查表明,青少年早恋的原因主要有以下七种:第一,由于性早熟而导致的思想意识上的早熟;第二,受电影小说的影响,产生对恋爱生活的好奇和向往;第三,出于同龄人间的模仿、攀比,出现早恋的"流行病";第四,缺乏学习兴趣,生活无聊,导致精力的不合理转移;第五,缺乏家庭温暖,希望通过异性爱获得补偿;第六,因才能、外貌出众,但经不住别人的追求(不忍心伤别人的心);第七,以谈恋爱为名,满足性欲。只有针对不同原因进行诱导,才能抓住关键,劝说在点子上。

二是注意诱导的方式方法。一般说,宜个别施教,不宜公开张扬,避免伤害青少年自尊感,防止产生逆反心理和过激行为;宜细雨润物,不宜操之过急,必要时可采取冷处理,如有的青少年一下子感情上扭不过来,可劝导其保持一般友谊以待条件成熟再予以发展。

> 让我们回到本章开头提到的那个案例。李老师的担心也不是没有道理,但作为老师,如果想要正确看待男女生之间的交往,关键在于不要把男女生之间在异性吸引的初级阶段建立起来的友谊和朦胧的情感现象与早恋混为一谈。男女生正常交往中的异性效应有助于个性的发展,对于学习也可以起到促进作用。但如果发现男女生之间确实存在早恋现象,也要细心处理,切不可粗暴对待,要根据不同的早恋原因加以诱导,并争取学生家长积极配合,多给予学生尊重和关爱,使学生意识到早恋的危害性,用理智的力量战胜冲动的情感。

## 本章小结

- 青少年发育中身心问题的内涵,以及身体发育的个体差异和性发育。
- 发育的体形差异对青少年心理的影响以及青少年的体形观。
- 发育的时间早晚对青少年心理的影响,发育时间早晚对男女的影响不一致。
- 性发育对青少年心理的影响,尤其是性意识从觉醒到发展,并经历了疏远阶段、亲近阶段和依恋阶段。
- 针对青少年发育中身心问题的辅导建议。

## 思考题

- 青少年体形发育的个体差异对青少年心理会有何影响?男女青少年的感受有何不同?
- 体形和发育早晚对青少年影响的机制是什么?

- 男女青少年对性发育最初的心理反应各有何特点？应如何加以辅导？
- 性意识发展经历了哪几个阶段？针对每个阶段,辅导的重点是什么？

## 问题探索

- 了解学生青春发育的大致时间,当时遇到了哪些青春烦恼,又是如何面对的。
- 如果要为初中男(女)生做一次青春期健康讲座,你将会准备哪些内容。

# 第八章　青少年情感生活问题与辅导

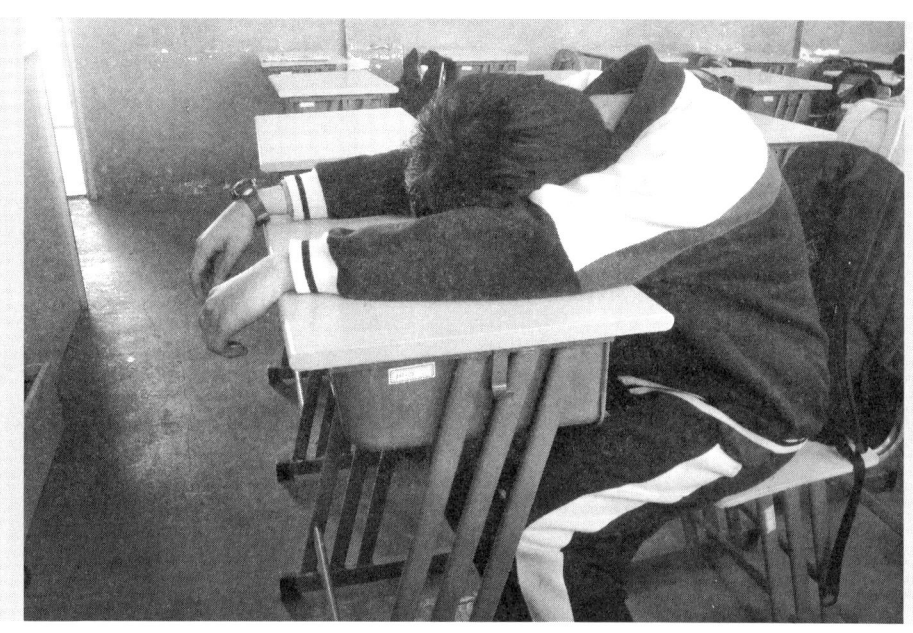

---

**本章细目**

---

**本章要点**
**第一节　青少年情感生活概述**
一、情感生活辅导的含义
二、青少年的情感生活问题
1. 青少年情感生活问题现象
2. 青少年情感生活问题的特点
3. 青少年情感生活问题的现状
三、青少年不良情感的危害
1. 影响身心健康
2. 影响人际交往
3. 影响学业成效

**第二节　青少年常见的情感生活问题**
一、焦虑
1. 焦虑的表现
2. 焦虑的发生原因
二、孤独
1. 孤独的表现
2. 孤独的发生原因
三、抑郁

1. 抑郁的表现
2. 抑郁的发生原因
四、暴躁
1. 暴躁的表现
2. 暴躁的发生原因
五、自卑
1. 自卑的表现
2. 自卑的发生原因
六、嫉妒
1. 嫉妒的表现
2. 嫉妒的发生原因
七、强迫
1. 强迫的表现
2. 强迫的发生原因

**第三节　青少年情感生活问题的辅导**
一、克服焦虑的辅导
1. 典型案例分析
2. 克服焦虑的一般方法
二、克服孤独的辅导

1. 典型案例分析
2. 克服孤独的一般方法
三、克服抑郁的辅导
1. 典型案例分析
2. 克服抑郁的一般方法
四、克服暴躁的辅导
1. 典型案例分析
2. 克服暴躁的一般方法
五、克服自卑的辅导
1. 典型案例分析
2. 克服自卑的一般方法
六、克服嫉妒的辅导
1. 典型案例分析
2. 克服嫉妒的一般方法
七、克服强迫的辅导
1. 典型案例分析
2. 克服强迫的一般方法

**本章小结**
**思考题**
**问题探索**

## 本章要点

■ 情感生活辅导的含义
■ 青少年情感生活问题的现状
■ 不良情感对青少年造成的消极影响
■ 青少年常见情感生活问题的表现形式和发生原因
■ 青少年常见情感生活问题的心理辅导策略与技术

---

**想试着回答一下吗……**

● 小张考试时经常会感到头昏脑涨,无法集中注意力,对考场发出的任何轻微响声也会烦躁不安,甚至会出现手发抖、小便急、腹痛的现象,即所谓的"怯场"。你知道这是什么原因吗?

● 小王是个男生,身材矮小,家境贫寒。为此,他经常感觉自己不如别人,有时甚至觉得自己一无是处,你有什么好办法帮助小王克服这样的自卑心理吗?

● 最近小李感到很困惑,原因是他很喜欢一个人独处,比较安静、自由,但独处时内心却很孤独、无助。假如你是小李,你会作何抉择?

● 小胡在人多的地方很容易紧张、焦虑,更别说讲话了,这影响了她正常的人际交往,为此她很苦恼。你能帮助她吗?

● 在你的周围是否存在这样一些人,他们就像武侠小说里的"独行侠",总是独来独往,既不喜欢与人交往,也不喜欢参加集体活动。在他们的内心深处到底隐藏着什么秘密呢?

● 在校园里,你可能会看到这样一些人,他们就像《红楼梦》里的林黛玉一样,经常表现出"郁郁寡欢"的样子。你知道这是什么原因吗?

● 不少青少年都为自己的暴躁脾气而苦恼,却找不出什么好的方法来克服。你能帮助他们吗?

---

"活着真没意思"是 16 岁的小斌近年来的生活"体验"。作为独生子,小斌在家里备受两代长辈的呵护。从小学到初中,小斌的成绩始终处于上游,每次考试拿到优秀的成绩单,他都会从父母或爷爷奶奶那里得到相应的物质奖励。初二下学期,小斌和班上一个女生谈起了恋爱,可谓春风得意,精神也处于极佳的状态。然而当考入高中后,小斌的生活却发生了巨大的变化。在高手如云的班级里,小斌的学习成绩不再突出而只能居于中等水平,跟他相恋的女友也被一个男生"抢"走。从那以后,小斌产生

> 了强烈的自卑心理,心情也变得越来越抑郁。随着学习成绩的下滑,小斌又成了爷爷奶奶唠叨和父母出气的对象。为了发泄心中的闷气,小斌常常用拳头砸墙壁,直到血流不止。面对学习和生活上的种种不如意,小斌"深有感触"地说:"活着真没意思!"如果你是小斌的班主任,你该如何帮助他?

青少年的情感生活生动、独特而丰富,为其人生历程的画卷抹上了最具青春活力的色彩。然而,青少年发展又充满了各种冲突和矛盾,反映在情感生活中也会出现种种问题,特别是由于青少年在情绪发展上表现出来一系列特点——情绪易激动、不稳定、有心境化趋势等,使他们因各种矛盾或冲突而产生的不良情绪更容易被加剧,并还会因不良情绪的累积,对他们产生诸多的不良影响。因此,对青少年情感生活中常出现的问题进行适当的辅导就显得非常必要。

# 第一节 青少年情感生活概述

青少年和其他人群一样,在日常的学习和生活中,无论做什么事也都会带有一定的情感色彩:考试取得好成绩时,会感到喜悦;失去珍贵的东西时,会觉得惋惜;人格遭到侮辱时,会爆发愤怒;错怪了好同学时,会心怀内疚;受到老师无微不至的关怀时,会充满感激;初次与异性同学交往时,会腼腆不已;进入一个陌生的环境时,会局促不安等。这些喜怒哀乐的心理活动,组成了青少年的情感生活。

## 一、情感生活辅导的含义

由于青少年正处于青春期,其发展特点导致了他们的情感生活更为色彩斑斓、起伏跌宕:时而情绪饱满、精神抖擞,时而情绪低落、萎靡不振;时而热情洋溢、意气风发,时而情绪淡然、沉默寡欢;时而激情骤起、惊涛拍岸,时而情意缠绵、欲剪不断。其中不免有相当的消极情感体验,一旦缺乏适当的调控和排解,这些消极的情绪就会对青少年的学习、生活和社会性发展产生不利的影响。这就产生了需要针对青少年的特点进行必要的情感生活方面的心理辅导问题了。

**情感生活辅导**(affective life counseling),是指运用有关心理学理论和技术,通过诱发青少年学生自我教育的力量,帮助青少年正确处理自己的情感生活,增进心理健康而进行的一种辅导。它主要包括四个方面的内容：帮助青少年正视和理解自己的情感；帮助青少年恰当地表达自己的情感；帮助青少年养成乐观的生活态度，增强对快乐的情感体验；帮助青少年学会控制自己的情感，处理自己的情感困扰。

青少年情感生活辅导旨在面对青少年学生的现实情感生活进行积极导向，重在解决青少年的情感困扰，帮助其恢复心理平衡。虽然本章将着重针对青少年易出现的情感问题进行论述，但要始终不忘辅导的发展性目标，因此情感生活辅导并不仅仅是青少年有了较为严重的情感问题时才需要进行的。青少年在成长的过程中，由于缺少生活的经验和必要的心理准备，很容易出现这样或那样的情感问题。这时为青少年及时提供适当的心理辅导，不仅可以防患于未然，而且还可以帮助他们度过身心剧变的青春期，坚强地面对人生道路上的各种挫折和考验，以免出现不必要的失误，促使青少年的情感得到健全发展，形成较好的情感素质，增强他们今后主动适应社会生活的能力。

## 二、青少年的情感生活问题

**1. 青少年情感生活问题现象**

现实生活中，关于青少年自卑、孤独、抑郁等案例随处可见。例如，杨同学总觉得自己太胖，就算穿得再漂亮，也不好看。一到大庭广众面前就浑身发僵，开口就脸红心跳，新学年第一节课，每人上台自我介绍，往讲台跨去的每一步，都感到难受极了，以为人人都看到她的丑陋。这是自卑的表现。

君君在上初中以后，繁重的学习，频繁的考试，考试后每次成绩的揭榜公布，使她的焦虑症一次一次变得严重。她常常感到惶惶不安，时常感到害怕和焦急，担心成绩的跌落和考试失败。在学校的竞争中自信心被削弱，耐挫能力降低，时常怀疑自己的能力，害怕在集体中表现自己。每次焦虑过度则感到胸闷、眩晕、呼吸、心跳加快、虚汗、不思进食，严重时还会头痛、昏晕、呼吸急促、心动过速。这是焦虑的表现。这些都是一部分青少年的情感生活问题的真实写照。

**2. 青少年情感生活问题的特点**

青少年时期年龄一般指12~25岁的少年及青年，是心理上的"断乳期"，处于身心发展的关键时期。有一些学生是这样的生活状态，在家庭、学校和成绩上产生了这样的心理问题。他们开始渴望独立，不过度依赖父母。独立意识增强，不爱受约束，对家庭和学校的教育产生对抗心理。比如，在生活中我们常听到这样的抱怨：老爸、老妈真是麻烦，看一会电视都要管，整天盯着我学习，这样下去，不得神经病才怪。青少年由于自我意识发展还不成熟,对事物的识别能力不足,看问题往往片面主观,加上心理的敏感性和脆弱性,一旦遇到挫折和失败,往往会走入极端。另外,青少年阶段是人生压力相对集中的阶段,来自身体发育、学习活动、人际关系、异性交往等诸多方面的问题都有可能诱发不良情绪,阻碍青少年的健康发展。

**3. 青少年情感生活问题的现状**

近年来,青少年的情感问题日益严重。2014年5月9日在上海召开的世界心理治疗大会上,有关专家指出,我国抑郁症患者总数达3 000万人,仅有10%的人接受正规治疗,以致出现不少悲剧。

世界卫生组织于2014年发布的报告显示,抑郁症在"青少年疾病及残障"的致因排行中高居榜首。虽然各个地区的统计数据有差异,但整体而言,抑郁症在儿童及青少年中的流行率约为5%~12%。

中国科学院心理研究所王极盛教授的调查结果显示,61%以上的学生承认自己情绪不良,55%以上的学生承认自己适应不良。40%左右的青少年在某个时期,由于日常压力、激素水平波动和人际关系因素,而出现抑郁心境;约5%~6%的青少年会发展为抑郁综合征。而患有抑郁症的青少年大约有15%会采取自杀行为。2004年,国际心理学会议公布了一组令人担忧的数据:在中国大陆,20%的青少年患有抑郁症,其中4%为重度抑郁,需要进行心理和药物治疗。无独有偶,2005年,台湾举行的"儿童青少年抑郁症与自杀防治研讨会"上也发布了台湾地区的儿童青少年抑郁、自杀盛行率调查结果:整体而言,少女比少男更有自杀意念,但自杀成功的青少年当中,男性是女性的2~3倍。0.3%的小学二年级学生有轻度抑郁情绪;0.1%~0.5%的初中男生有轻度抑郁情绪,1.1%~4.6%的初中男生有重度抑郁情绪;1.1%~4.6%的初中女生有轻度抑郁情绪,5.3%~5.6%的初中女生有重度抑郁情绪。

2005年,中国青少年研究中心和共青团中央国际联络部发布的《中国青年发展报告》称,在我国17岁以下的儿童和青少年中,约3 000万人受到各种情绪障碍和行为问题的困扰。

2006年,北京青少年研究所发布的一项最新调查结果发现,34.9%的青少年对孤独感到担心、忧虑,经常提及"孤独""郁闷"之类的词。随着年龄的增长,青少年中对孤独感到担心、焦虑的比例呈下降趋势,其中,初中生中占39.2%,到了高中、大学,依次减少为34.1%和32.8%。

2007年,共青团郑州市委公布的《郑州市青少年心理健康问题调查报告》表明,被调查的青少年的心理问题主要反映在人际关系敏感、强迫症、焦虑和敌对情绪四个方面。其中,78%的青少年认为自己遇到了人际关系敏感的问题,74%的青少年存在不同程度的强迫症症状,68%的青少年感到焦虑,而66%的青少年自认为出现了敌对情绪。

这些数据提醒我们,当前青少年表现出来的情感生活中的问题不容忽视。作为教育工作者,我们不仅要关注青少年的学习活动,还应当关注他们的情感生活,帮助他们有效处理自己的情感问题,使他们健康、快乐地成长。

## 三、青少年不良情感的危害

现代心理学研究表明,情感具有各种独特的功能,这些功能在不同情况下会在个体身上发挥不同的作用,表现出特有的两重性特点:良好的情感会对个体的实践活动产生一系列积极的促进作用,而不良情感不仅会对个体的实践活动产生消极的干扰作用,还会对个体的身心健康产生负面的影响,这对正处在身心发育阶段的青少年来说,情况尤为突出。

青少年不良情感体验主要包括两种形式:一种是持久性的不良情感体验,即在引起不良情绪的因素消失之后,个体仍长时间沉溺在不良情绪状态中,不能自拔;另一种是过度性的不良情感体验,即情绪体验过分强烈,超出了应有的反应程度。持久性和过度性的不良情感体验对青少年的负面影响是多方面的,有时甚至是极为严重的。

**1. 影响身心健康**

首先,不良情感对青少年身体健康具有明显的消极影响。如焦虑、抑郁、暴躁等,可能导致青少年心率加快、血压升高、消化腺活动受阻等,若长期受这些不良情感的影响,还会引起青少年生理机能发生变化,出现植物性神经功能紊乱、内分泌活动失调和免疫功能下降等,从而引发高血压、胃溃疡等多种疾病。而过度的焦虑会导致青少年四肢乏力、头晕目眩、失眠多梦等异常的生理反应,还会导致胃酸分泌失常而产生胃病。长期处于紧张的情感状态,还可能会导致神经衰弱。其次,不良情感会直接影响青少年心理健康,这是因为情感状况本身就是心理健康的一项重要指标。这都是由于不良情感导致情感保健功能(情感具有增进或损害个体身心健康的效能)转向消极影响的缘故。

**2. 影响人际交往**

首先,不良情感会影响他人对青少年个体的交往倾向。当一个人处于友善、亲密、热情的情感状态下,自然就会有许多人走近他,乐于与他交往,周围就会有很多朋友;反之,一个人若处于冷漠、嫉妒、暴躁、敌意的情感状态下,周围人就会对他采取疏远、躲避的态度,敬而远之。其次,不良情感还会使青少年自我封闭,回避与他人的交往。这里,社交焦虑是导致青少年人际交往困难的直接原因之一,而自卑是束缚青少年自己与他人正常交往的又一重要原因。这其实都是由于不良情感导致情感协调功能(情感具有促进或阻碍个体人际交往的效能)转向消极影响的缘故。

**3. 影响学业成效**

首先,不良情感会明显降低青少年学习的动力。学习缺乏热情,缺乏自信,情绪低落,会使青少年的学习积极性受到严重挫伤、压抑,导致学习内驱力不足,求知欲不强,知难而进、坚韧不拔的学习精神和意志丧失,无法在充满艰辛和挑战的学习道路上取得成效。这其实都是情感的动力功能在学习活动中产生的消极影响的结果。其次,不良情感会明显降低青少年学习的效率。负性情绪,特别是过度的紧张和焦虑会抑制青少年的智慧活动,使认知操作水平下降,这符合心理学中耶克斯-多德森定律(Yerkes-Dodson law)适用的情况。有关创造性科学问题提出能力的研究表明,积极情绪状态下被试能够提出更多更富有创造性的科学问题(胡卫平,周蓓,2010;张玉静,2013)。格鲁泽利尔等人(Gruzelier, Thompson, Redding, Brandt, & Steffert, 2014)发现,针对脑电 α 波与 θ 波的生物反馈训练,能够降低个体的焦虑水平,从而提高个体在创造性多用途测验中的成绩。针对团队创造性的研究表明,对于团体组织而言,积极情绪有利于调节人际关系,促进内部信息交流,提高工作团队的创造性水平(刘小禹,刘军,2012;潘安成,刘爽,2013)。总的来说,这些研究者普遍认为,处于积极情绪状态下的个体通常采用自上而下的认知策略整合加工信息,善于利用已有的知识背景,倾向于采用启发式的信息加工模式进行发散思维,因此完成创造性任务的效率较高。

# 第二节 青少年常见的情感生活问题

一旦青少年出现不良情感,就应该及时有效地给予疏导。作为教师,在这方面有义不容辞的责任。因为教师的职责不再囿于传统意义上的"传道、授业、解惑",还应为青少年的不良情感做好疏导工作,为青少年的心理健康做好咨询工作。

需要指出的是,本节涉及的只是青少年一般性情感生活中存在的几种不良情感,属轻微的心理失调,具有很强的情境性,持续时间较短并且不存在病理性的精神症状,与症状较为严重的心理障碍有着本质的区别。

## 一、焦虑

**焦虑**(anxiety)是由紧张、不安、忧虑、担心、恐惧等感受交织而成的复杂情感状态。焦虑大多是因为个体遭遇到威胁和内心冲突而引起的,不过这些威胁的想象成分一般多于真实成分,因为焦虑中的人往往会夸大威胁的严重性。焦虑可以是正常的,也可以是病态的;它可以是偶尔发生的,也可以是持续存在的。目前,绝大多数青少年的焦虑情感,不是由于个体内部深层的人格障碍造成的,而是由于他们受到外界的压力太大的缘故,越是到了初三、高三毕业阶段,他们承受的压力越大,更易导致焦虑。

**1. 焦虑的表现**

为了便于教师对青少年学生中出现的一般性焦虑情感有一个清晰的把握,以利于及时疏导,这里归纳出焦虑情感较为典型的三个方面的症状表现。

① 生理状态异常。焦虑产生时,个体的交感神经和副交感神经都会有所反应,因此,焦虑可能会导致许多生理上的症状。如消化方面,口干舌燥、吞咽困难、消化不良、胃口不佳、上腹部不适、腹胀等;呼吸方面,胸闷、吸气急促、过度提气等;心血管方面,心跳加快、血压升高、呼吸收缩等;泌尿方面,尿频、尿急、痛经、月经紊乱等;神经系统方面,耳鸣、幻听、视力模糊等。此外,过度焦虑还可能导致盗汗、四肢乏力、战栗、肌肉颤动、头晕目眩、失眠、多梦等异常的综合性生理反应。

② 紧张与过分警惕。具体表现为个体为将来可能发生的、难以预料的某种危险或不幸事件而担心,容易紧张不安、激动、受惊吓,随时处于"备战"状态,以致终日惶惶不安,俨然一副大祸临头的样子。此时一点小小的刺激也会使焦虑者烦躁不安、不知所措、注意力难以集中,甚至出现头脑空白、失去正常判断力、行为失控、健忘等情况。这种症状在考试焦虑中最为常见。

③ 运动性不安。焦虑者常常伴有明显的动作特征,如搓手、顿足、吸手指、咬指甲、来回走动、唉声叹气、频繁眨眼、用手拨弄东西或反复擦汗等。这些动作往往是焦虑者作出的一些无意识反应,在生活和影视中较为常见。

**2. 焦虑的发生原因**

焦虑的发生原因至今仍不甚明确。就学校范围内,青少年群体中出现的焦虑而言,有家庭因素,如父母不良的教养态度和教养方式、父母对孩子的过高期望或敌对态度都会影响孩子的发展,容易导致青少年产生焦虑。也有社会因素,如激烈的社会竞争压力、周围环境中成年人的焦虑症状等也会潜移默化地影响青少年,使得他们"学会"焦虑,但主要是来自学校方面的因素。

首先,青少年焦虑情感的产生与其在学业方面的压力有密切的关系。包括耶克斯-多德森定律在内的诸多心理学研究发现,个体在适度的觉醒状态下,学习效果最好。如果压力过大,则会造成个体的紧张、不安和焦虑,最终可能导致学习效率下降。有研究指出,考试焦虑发生的环境因素可能包含以下原因：一是家长对子女期望值过高或一味地追求学习成绩，都会使子女担心无法达到父母期望时感到焦虑；二是考试过于频繁，老师或学校对成绩要求过高，而学生在无法达到这些要求时，内心就会产生被教师批评或告诉家长的担忧与恐惧感，这些情况都会使学生出现考试焦虑甚至厌学的情绪。同时，学生之间在成绩上的竞争，也会使学生过于看重学习成绩，各种压力导致学生在学习时不能专心，在考试时负担过重，从而产生焦虑情绪(陈怡名，2011；曲冰，2016)。这种情绪在青少年学生中较为常见。在老师、家长都以考试成绩优劣作为评定标准的今天，考试成为他们的主要压力来源，造成了学生相当普遍的考试焦虑。有些学生明明考前准备非常充分，面对考卷却感到非常紧张，思维迟钝，甚至头脑一片空白。更有甚者在考前一周或更长时间前，就因为担心考试而出现记忆力减退、学习效率低、注意力不集中，甚至出现失眠、头晕目眩、食欲减退、恶心呕吐、坐立难安等严重影响学习生活的生理反应。

其次，青少年焦虑情感的产生可能与团队活动有关。尽管团队活动是学校生活的重要方面，是学生学习活动的有益补充，但在竞争激烈的今天，团队活动也演变成了学生的压力源。当选中队长、在学校大型活动中一展身手、在班级活动中担当班干部角色等都成了教师评定优秀学生的硬性指标。处在学业负担和考试压力"双重压迫"下的青少年在面对本该轻松愉悦的团队活动时似乎又多了一份沉重和无奈。在后面要介绍的案例中，小辉正是被"在大型演讲比赛中为班级和自己赢得赞誉"这一无形压力击垮，出现了严重的焦虑反应。

再次，学校内不良的人际交往也是导致青少年产生焦虑情感的重要来源，主要包括师生关系和同伴关系两个方面。一些青少年因为学习成绩、自我形象和家庭条件等缘故而产生焦虑情感，这种焦虑又导致他们多疑敏感、行为怪异，久而久之容易受到同学的议论，甚至遭到老师的冷眼。如此的恶性循环不但加重了他们的焦虑程度，而且严重影响了他们的学习和生活。如初中生小雨因为成绩不佳而羞于和老师交流沟通，但老师却认为小雨态度傲慢，对学习漫不经心，成绩不好又不主动请教，因此常常在班会上批评她。如此一来，小雨对老师产生了抵触情感，却又不得不面对老师的批评，从而导致她倍感焦虑，学习成绩也越来越差。

## 二、孤独

**孤独**(loneliness)是个体感到自身和外界隔绝或受到外界排斥时产生出来的孤寂苦闷的情感，是一种封闭心理反应。当一个人不能按照自己的意愿或计划行事；耽于梦想，而又不可能实现；内心有难言的羞耻；被排斥在想加入的团体之外；被他人嘲笑或轻视；处处和他人意见不合而不能融洽自然地相处;不敢向他人吐露心事,因为害怕会被人嘲笑;受人冷淡而得不到同情;被父母限制了自己的活动和交往;新的环境改变了自己的生活;对别人做的一切都不感兴趣或不想去做;无聊空虚,不知该做什么;怯于和他人交谈或交往;觉得"没人理解我"时……孤独感就会悄然而至。每个人在一生中都或多或少地体验到孤独。有孤独感并不可怕,可怕的是当这种心理得不到恰当的疏导而发展成习惯时,人就会变得孤僻古怪,严重的甚至可能会变成孤独症,这就需要心理医生的治疗了。

**1. 孤独的表现**

为了便于教师对青少年学生中出现的一般性孤独情感有一个清晰的把握,以便于及时疏导,这里归纳出孤独情感较为典型的四个方面的症状表现。

① 心情伤感,伴有比较明显的抑郁情感表现。情感低落,感到很压抑,因而整天闷闷不乐,很难有什么事情能让自己开心。

② 感到无聊、烦躁,有想发泄的冲动。比如用脚猛踢桌椅或者想找个没人的地方大声地叫喊一阵,但往往没有真的去实施。这种感觉会周期性的出现,这个时候最容易通过外界的刺激来发泄内心的烦躁,比如大量地抽烟、酗酒或购物,更有甚者会作出一些违法乱纪的事情。

③ 整天被孤单寂寞的情感包围,对其他的事情兴趣索然。内心非常渴望别人的关注、理解和支持,有很强的倾诉欲望,但行为上却表现得不太合群,与人保持距离,在与人交往时心存戒备。

④ 常伴随一些生活上的不适应。比如经常失眠、身体不适,饮食也常不规律,要么没有食欲,吃饭时常随便对付一下、草草了事;要么不断地吃零食,但多是食不知味。

**2. 孤独的发生原因**

就青少年学生来说,造成内心孤独的主要原因可以概括为以下两个方面。

(1) 环境因素

学习环境的变迁往往会引起青少年的孤独情感。一般而言,造成环境变迁的原因主要是升学、搬家或因某个原因不能在原地方继续学习等。在新的学习环境中,一切都是陌生的,同学、老师都不认识,重新建立起熟悉的关系和氛围需要一切从头开始,这个时候往往会对过去熟悉的环境、同学和老师非常怀念。在这种情况下,一般人在经历了短暂的不适之后会努力调节自己的情感,并积极适应新环境。但如果一个人的适应较慢或缺乏有效的支持,那他将陷入对过去的怀念和对新环境的抵触中,由此产生孤独情感。

环境因素的另外一种情况是一个人自身所处的是一个孤立、不和谐的环境。比如,有一位同学很能干,可是同学们都不愿意和他在一起,因为他对同学的要求很苛刻,经常为一些小事指责同学,还经常向老师打小报告。一段时间之后,同学们都不太理他了。下课了,其他同学三个一群、五个一伙聚在一起,而他只有独来独往的份。他很想和其他同学接近,但屡次都遭到冷落,看着别人快乐的样子,他感到非常失落,孤独感由此向他袭来……在这种情况下,一个人如果不能及时地采取措施来改善自己所处的不和谐环境,孤独情感就会持续影响他的生活和学习。

(2) 心理因素

青少年的独立意识和自我意识正在逐渐发展,他们强烈地渴望与别人交往,这对于他们的心理发展与人格健全是有益而且必要的,但也正是这种强烈的愿望使得他们经常感到自己的这种需要没有得到足够的满足而陷入孤单和寂寞之中,从而出现孤独情感。对于个体来说,以下一些性格上的弱点较易引起孤独情感。

① 胆怯。胆怯的人多半性格比较内向、少言寡语、行为拘谨、慎于交往,且在与人交往过程中比较紧张、压抑,长此以往,别人也就不太愿意和他们交往,这样就容易引发孤独情感。

② 自卑。因自卑而引发孤独情感是比较普遍的。在学校教育中,青少年会由于学习成绩不好、经济条件差、社交能力弱、人际关系不佳、外貌不佳等原因而产生自卑心理,总感到自己抬不起头,不愿与人交往,从而导致孤单寂寞,孤独情感由此而生。

③ 内心空虚、无所事事。人一旦没有远大的目标,就会整天无所事事,生活懒散,缺乏乐趣,空虚无聊,孤独情感也会随之接踵而至。

**知识小窗 8-1** 　　　　　　　　**孤　独　症**

孤独症不同于孤独情感,它是一种较为严重的发育障碍性疾病,又叫自闭症。2013 年 5 月 18 日推出的美国《精神障碍诊断与统计手册(第五版)》(*Diagnostic and Statistical Manual of Mental Disorders*, DSM-V),取消对自闭症的分组,将以前分组中的阿斯伯格综合征(Asperger syndrome)、典型自闭症(autism disorder)、儿童崩解症(childhood disintegrative disorder)以及非典型的广泛性发展障碍(PDD-NOS)合并统一称为"自闭症谱系障碍"(autism spectrum disorder, ASD)。

在 DSM-V 中将自闭症的障碍规范为两个领域,即社会沟通和交往障碍,以及受限制、重复性模式、兴趣或活动。被诊断者需满足社会沟通和交往障碍中的三项;在受限制、重复性模式的行为、兴趣或活动中至少满足两项,且有新增项目:对感官方面过高或过低的反应;症状必须存在于早期发展时期。对自闭症的诊断标准改为:

1. 在跨越多场景的社会沟通和社会交往上存在持续性缺陷,现时或历史地表现出下列几项:社会情绪互动、用于社会交往的非语言沟通行为及发展、维持和理解关系存在缺陷。

2. 受限制、重复性模式的行为、兴趣或活动,现时或历史地表现出以下至少两项:刻板或重复的动作、讲话或使用物品;坚持千篇一律,僵化固守常规惯例,或仪式化的模式或语言非语言行为;高度限制、依恋的兴趣,且异常强烈或集中;对感官输入有过高或过低的反应性或对环境中的感官因素有异常的兴趣。

    3. 症状必须发生于早期发展时期。

    4. 症状导致现时的功能运作在社交、职业或其他重要领域临床上严重受损。

    5. 这些失调都不能用智力残疾(智力发展障碍)或广泛性发展迟缓更好地解释。

## 三、抑郁

**抑郁**(depression)是一种由持续的心境低落、悲伤、消沉、沮丧、不愉快等综合而成的情感状态。抑郁状态发展到一定程度就会成为抑郁性神经症。抑郁在认知上一般表现为自我评价比较低、自责愧疚、对未来悲观失望等;情感上一般表现为沮丧、悲伤、闷闷不乐,甚至绝望;行为上一般表现为萎靡不振、沉默寡言、兴趣减少、行动迟缓、不想活动等。如果说适当的焦虑有一定的积极意义,那么抑郁基本上没有什么积极作用。

**1. 抑郁的表现**

为了便于教师对青少年学生中出现的一般性抑郁情感有一个清晰的把握,以便于及时疏导,这里归纳出抑郁情感较为典型的五个方面的症状表现。

① 消极的情感表现。在抑郁情感的症状表现中,消极情感最为典型和突出。具体表现情绪低落、心情较差,绝大多数时间愁眉不展、郁郁寡欢、闷闷不乐,给人一种心事重重的感觉,有时会独自一人发呆、唉声叹气等。

② 兴趣索然、缺乏活力。抑郁者对学习、工作、日常活动(包括业余爱好和娱乐活动等)的兴趣都有明显的下降,对什么都提不起兴致,热情减退,懒散乏力,少言寡语,显得有点萎靡不振。

③ 社会活动性降低。抑郁者社会活动性明显降低,基本上不主动参加学校、班级以及同学之间的活动,消极面对人际交往活动,怕见人、不愿与人主动交往,常常有意地避开老师、同学等熟悉的人。

④ 心理反应水平下降。出现抑郁症状之后,个体的注意力往往不能高度集中,容易分散,思维活动较之正常时反应不够敏捷,而且常常不自觉地回想那些已经发生的不如意、不顺利、不愉快的事情。正是由于这种不可控制性使得抑郁者看一切事物都好像笼罩着一层灰色的雾,周围一片暗淡的感觉。

⑤ 可伴有相应的躯体表现。伴随着抑郁而产生的躯体上的变化或不适很多,如头痛、头晕、耳鸣、口干、心悸、胸闷、腹胀、多汗等症状表现。但就某个抑郁者来说,一般只有

其中的一种或几种症状,而且情况也不是很严重。

**2. 抑郁的发生原因**

青少年时期正是身心逐步发展,逐渐成熟的阶段。处在这一阶段的个体朝气蓬勃、风华正茂,但同时他们也受到家庭、学校和社会等多种因素的影响。面对如此多的烦恼,"少年已识愁滋味",抑郁时常在他们的心头萦绕,成为学习、生活中一丝挥之不去的阴影。在学校教育中,影响青少年产生抑郁的因素主要有两大方面。

(1) 客观的情境性原因

由于抑郁的发生具有明显的情境性,所以引发抑郁的原因多具有客观性,即抑郁的发生多有客观的原因。就青少年学生群体来说,这种客观的情境性原因一般有以下四个。

① 学习挫折。学习困难、考试失利是引发青少年抑郁心境的最常见因素。青少年最主要的任务就是学习。在当前的大环境下,几乎每一个青少年都在追求学业成功,家庭、社会也对此推波助澜。当分数成为"命根"时,考试就成为考验青少年的关卡。对一部分青少年来说,一两次考试失败引起的只是心情上一时的不愉快,一般不会产生什么心理问题。但对另外一些青少年来说,考试失利几乎等于人生失败,尤其是当考试意义重大、影响前途或是一贯成绩优秀的青少年对考试失手缺乏心理准备时,考试失利将带来心理上的强烈落差、失落和抑郁。除了考试失败这个原因以外,在学习上感到力不从心也是引发青少年抑郁的一个重要因素。例如,有的青少年以前成绩在同学中出类拔萃,进入新的学习环境后,竞争非常激烈,以往的优势不复存在,感到学习起来力不从心,引起心情抑郁。

② 工作与活动挫折。在学校生活中,青少年除了学习还会参与学校中的社会工作,参加学校、班级组织的活动等。如果他们在参与工作或参加活动中遭遇了失败或不顺利,那么也容易引起抑郁的产生。例如,组织班级新年晚会,由于工作不力,造成一些疏漏,引起同学们的不满,因此很自责,整天郁郁寡欢。

③ 人际关系紧张。青少年特别重视发展与同学的友谊,重视与教师的良好关系。和谐的师生关系、同学关系能促进青少年的发展与进步,但如果没有处理好的话,它也会引起他们不良情感的产生,抑郁便是其中的一种。例如,同学的冷落将使一些青少年找不到集体归属感,同学之间的冲突和误会也足以使他们苦恼不已,老师的误解和忽视也会伤害他们敏感的心灵,如此种种都可使青少年倍感抑郁。

④ 遭遇感情问题。青少年的生理发育逐渐趋于成熟,他们的性心理也逐渐得到发展。这个时期青少年逐渐对异性产生强烈的兴趣,并带有很强的好奇心。但由于环境、社会观念的限制,同时由于心理的成熟没有生理成熟快,因此在同异性交往中矛盾重重、有压力感,对此常感抑郁不快。如果他们没有得到正确的教育和引导,很可能会一时冲动作

出一些错误的举动。一旦暴露,就极有可能导致抑郁的产生。例如,鼓足勇气给女同学写纸条,表明爱意,遭到了拒绝,觉得没面子,因此整天情绪低落。

**(2) 自身的心理品质**

青少年自身的心理品质也是抑郁产生的一个重要的影响因素,它虽然不能直接导致抑郁的产生,但却起着催化剂的作用,往往成为抑郁产生的"温床"。据一些研究结果表明,在客观情境性条件相同的情况下,依赖性强,性格内向、孤僻、怯懦、悲观的个体更容易产生抑郁。

---

**学术研究 8-1    抑 郁 的 测 量**

已有青少年抑郁的研究大多使用问卷调查法,研究者根据各自的理解编制了各种量表,常用的有以下四种。

1. 庄自评抑郁量表(Self-Rating Depression Scale,简称 SDS),由庄(Zung)于 1965 年编制,为美国教育卫生福利部推荐的用于精神药理学研究的量表之一,由量表协作研究组张明园(中华医学会精神卫生学会主任委员)、王春芳等于 1986 年对我国正常人 1 340 例进行分析评定修订中国常模。该量表因使用简便,应用颇广。

2. 汉密尔顿抑郁量表(Hamilton Depression Scale,简称 HAMD),由汉密尔顿(Hamilton)编制,是临床上评定抑郁状态时应用的最为普遍的量表。测量七类因子结构:焦虑/躯体化、体重、认识障碍、日夜变化、阻滞、睡眠障碍和绝望感。因子分可以更为简捷清晰地反映病人的实际特点。

3. 抑郁自评问卷(Beck Depression Inventory,简称 BDI),亦称贝克抑郁自评量表(Beck Depression Rating Scale),由美国心理学家贝克(Beck)编制于 20 世纪 60 年代,系美国最早的抑郁自评量表之一,早年应用该量表者很多,至今仍有一定影响。问卷中各项症状分别为抑郁、悲观、失败感、满意感缺乏、自罪感、自我失望感、消极倾向、社交退缩、犹豫不决、自我形象改变、工作困难、疲乏感和食欲丧失。各项都以四级评分。

4. 拉德洛夫流调中心抑郁量表(Center for Epidemiologic Studies Depression Scale,简称 CES-D),特别为评价当前抑郁症状的频度而设计,主要用于评价抑郁情感或心境,同其他抑郁问卷相比更适合用于一般人群的抑郁评定。它包括 20 个条目,共反映了抑郁状态的五个方面:无助与孤独感、绝望与无价值感、能力减退感因素、不良心境因素和生理症状。

研究表明,青少年抑郁的普遍性、增长趋势是明显的,但不同研究得出的抑郁流行率变化较大。分析其原因可能是由于使用的量表不同、调查时间的差别和样本选择的不同。已有研究虽然得出了一些较为一致的结论,但随着时代的进步,有的研究结果尚待进一步的探讨与验证。本研究采用适合正常青少年使用的流调中心抑郁量表中文修订版来测量中学生的抑郁状态。

(薛文霞,2008)

## 四、暴躁

暴躁(irritability)是指在一定场合受到不利于自己的刺激就暴跳如雷的情感状态。暴躁有相当的情境性，并不是在任何场合都会显露出这种心理现象。暴躁一般是在熟人或亲朋好友之中才会表现出来，在陌生人或生疏的环境中则能控制。因为在熟人或亲朋好友中可以无所顾忌，因而一不顺心就会激动愤怒，甚至争吵谩骂，而在陌生场合，为了保持自己的气度和自尊，即使受到不利于自己的刺激也会尽量忍耐，所以除了平时经常与之接触的人以外，其他人未必能发现。暴躁与易激惹、病理性激情不同。易激惹虽然也表现为遇到刺激就产生强烈的激动、愤怒、与人争吵等情感反应，但并没有明显的情境性，即在任何场合都可能发生，且不会主动加以控制，常给人一种惹不得的感觉；病理性激情则是一种短暂而强烈的、伴有冲动行为的情感爆发，来势凶猛而残暴，可伤人、毁物、纵火，常伴有明显意识障碍，事后多不能回忆。暴躁并不具有这些特点，它只是伴有消极激烈的暴躁脾气，自身能意识到，也有改变的愿望。

**1. 暴躁的表现**

为了便于教师对青少年学生中出现的一般性暴躁情感有一个清晰的把握，以便于及时疏导，这里归纳出暴躁情感较为典型的四个方面的症状表现。

① 焦躁易怒，敏感多疑。在自己熟悉的情境中稍有不顺就沉不住气，很容易焦躁愤怒，这是暴躁者的典型表现。他们听到不顺耳的话，受到身体上的约束、行为受到干涉、私人物件被移动、被攻击时，往往表现出与事实不相符的、程度更激烈的狂怒，而且听不进别人的劝说，一意孤行，事后又特别后悔。对于别人的言行敏感多疑，面对生活中的挫折，唯一的解脱方式就是发怒。

② 自我中心。暴躁除了遗传影响外，很重要的一个原因就是家庭教育中的放纵和溺爱。这种"小皇帝"式家庭教育使得大多数暴躁的青少年都以自我为中心，不尊重别人，自私，爱狡辩，喜欢嘲笑讽刺别人却难以接受他人的任何批评。

③ 攻击行为。攻击行为往往是暴躁情感的伴随物，也是辨别暴躁情感的重要指标。由于暴躁的青少年往往缺乏个人修养，自我克制能力很低，因此他们很容易因为琐事而火冒三丈，甚至大打出手。

④ 明显的情境性。暴躁具有明显的情境性，并不是在任何场合都会显露出来。在生人面前或在陌生的环境中，青少年往往能很好地控制自己；在父母、教师、同学中间，他们就会无所顾忌，稍不顺心就会被激怒，甚至与老师争吵对峙、对同学拳脚相加。

**2. 暴躁的发生原因**

造成青少年产生暴躁情感的原因主要有以下三个方面。

① 父母不良的教养态度和教养方式。父母对孩子的溺爱或放纵都会影响孩子的发展，导致青少年出现暴躁，甚至攻击行为。在后面的案例中，小柳的父母对小柳非常溺爱，他们开始发现小柳逃学后并没有积极引导他，而是想方设法满足他的无理要求。这种做法不但没有解决小柳厌学、逃学的问题，反而助长了他"自我中心"、不接受别人批评的错误认知。

② 周围环境中成年人的暴躁和攻击行为以及影视作品中的暴力场面等社会因素都会潜移默化地影响青少年，为他们富有攻击性的暴躁情感树立不好的榜样。在后面的案例中，电子游戏里激烈的打斗场面也为小柳的暴躁情感和攻击行为的产生起了示范和诱发作用。

③ 学业负担、考试压力、校内人际交往问题等学校因素也是造成青少年暴躁情感的重要因素。沉重的学业压力和考试负担是青少年暴躁情感的一大源头。在一项对上海中学生的调查中，92.7%的人选择了"我的情感与学校的功课和考试紧密相关"，81.4%的人选择了"会因为考试成绩不理想而焦躁愤怒"，更有96.3%的人选择"想通过打人来发泄心中的怒气"。目前市场上有一种玩具叫"出气娃娃"（就是任由主人打骂、出气的普通布娃娃）在青少年群体中十分流行，正说明暴躁情感倾向在青少年中已经普遍存在。同时，与老师和同学的人际关系是青少年学校生活的重要组成部分。良好的师生关系和同伴关系可以减缓压力，促进学习；不良的师生关系和同伴关系则会导致青少年产生对老师和同学的抵触情感，引起暴躁情感，甚至导致他们选择用攻击性的方式来解决一切问题。在美国枪杀了导师和同学的卢刚正是这种暴躁情感的极端典型，他在一封回信里写道："他们都看不起我，我要用拳头和子弹来报复这个世界。"这表明糟糕的人际关系也是引发暴躁情感的重要因素。

# 五、自卑

**自卑**（inferiority）是一种因过多地自我否定而产生的自惭形秽的情感体验。当人的自尊需得不到满足，又不能恰如其分、实事求是地分析自己时，就容易产生自卑心理。一个人形成自卑心理后，往往从怀疑自己的能力到不能表现自己的能力，从怯于与人交往到孤独地自我封闭，本来经过努力可以达到的目标，也会认为"我不行"而放弃追求，从而看不到人生的光华和希望，领略不到生活的乐趣，也不敢去憧憬美好的明天。

**1. 自卑的表现**

为了便于教师对青少年学生中出现的一般性自卑情感有一个清晰的把握，以便于及时疏导,这里归纳出自卑情感中较为典型的三个方面的症状表现。

(1) 自我评价过低。表现在对自己的生理条件如外貌、身高以及对学习、交往等各方面能力的评价过低。由于先天或后天的原因,有些青少年常因个子矮、肥胖、身体有缺陷、学业成绩平平等抑制了自己天性的发挥,感到精神上压力重重,常怀疑、担心自己被人看不起,认为自己在各个方面都明显不如他人,从而离群索居,不愿意主动交往或接受友谊。

(2) 某一方面自卑情感的泛化。**泛化**(generalization)是指青少年由于某种原因造成的自卑情感容易泛化到其他方面上去。例如,一位男同学因身材不好引起自卑,并认为同学看不起他,使他感到自己的言谈举止及社交能力均不如别人;因在数学考试上遭受了几次打击之后就觉得自己在学习其他各科时也都不如别人等都是不合理的泛化。

(3) 有意识地掩饰"缺点"。具有自卑心理的青少年往往在内心深处过分夸大自己的缺点,并因为害怕听到别人对这些缺点的评价而逐渐变得非常敏感,常把别人的一些与自己无关的言行看成是对自己的轻视。他们经常对自己的缺点加以掩饰或否认,表现出较强的虚荣心。同时,他们把自己封闭起来,采用回避与别人交往的方法来避免别人看出自己的缺陷和不足。这样的行为将导致他们失去许多朋友,继而产生孤独的体验,这样很容易形成闭锁性的性格。

**2. 自卑的发生原因**

青少年产生自卑情感的原因,既有来自外部环境的影响,也有他们内在身心因素的作用。

(1) **外部环境因素**

主要包括家庭和学校两方面的因素。

① 家庭因素。家庭中父母过高的期望和不良的教育方式是造成青少年产生自卑情感的主要因素。对孩子期望过高是目前家长中普遍存在的一种现象。每当孩子考试失败或不能达到父母的预期目标时,他们常常会大发脾气。有的青少年甚至会因此受到家长严厉的斥责、谩骂,甚至挨打。对于具有强烈自尊心的青少年来说,家长的这种教育方式容易使他们形成"我真的不行,我不如别人……"的心理定势,产生自卑情感。家庭气氛的不和谐是造成青少年自卑情感的另一个重要因素。那些在父母关系不和、单亲家庭等家庭环境中成长的青少年由于得不到家庭应有的温馨和幸福,缺少安全感,很容易产生自卑情感。此外,家庭的经济状况或父母的文化水平等也有可能导致某些青少年产生自卑情感。如有的青少年由于出身贫寒,生活困难,与别的同学相比,觉得自己家庭经济条件太差而感到自卑,或者因为父母没文化、父母工作不体面而感到自己很寒酸、出身低微,害怕被别人笑话而感到自卑。这类青少年一般不愿意与比自己优越的同学交往,也不愿在别人面前提及自己的父母和家庭。

② 学校因素。学校中教师的不良教育方式常常是直接导致某些青少年产生自卑情感的重要因素。有些老师在教育学生时经常会不恰当地批评他们,甚至对他们进行讽刺、挖苦和嘲笑。例如,有的老师不但会讽刺和批评那些所谓的"双差生":"学习这么差,整天就知道玩,脸皮比城墙还厚呐",还不让其他同学与这些"双差生"交往,害怕他们被同化和感染。这些老师的这种言行使得"双差生"们深深感到了他人对自己的冷落和羞耻,自尊心受到严重伤害,再加上学习上的困难和落后,他们便觉得无地自容,从而导致严重的自卑情感。另外,学校的性质也会使一些青少年产生自卑情感。例如,与重点学校的学生相比,一些非重点学校的学生和来自农村的学生或外地的借读生会产生"低人一等"的自卑感,他们往往害怕别人问起自己在哪所学校读书,甚至不愿跟在重点学校的原来同学来往,有的农村学生和借读生只与同类学生交往。

**(2) 内在身心因素**

主要是自身身体上的缺陷、过强的自尊心以及不良的自我评价等方面的因素。

① 身体缺陷。先天存在生理缺陷或体弱多病、体形欠佳的人大多会形成心理上的某种自惭形秽感。对于青少年来说,强烈的自我意识和自尊心使得他们对于自己的生理缺陷或不完美更加关注和敏感,身体的形象在其自我意识中占有很重要的地位,一些人甚至认为它决定着自己在同龄人中的形象和声望。因此,那些身高较矮、皮肤太黑、相貌不佳的青少年较容易产生自卑情感;有生理缺陷的青少年更容易产生深深的自卑感,他们往往更加脆弱和敏感,脾气暴躁,易激惹或易退缩。

② 自尊心过强。自尊心是一种尊重自己的人格、不容别人歧视和侮辱、希望受到别人尊重的自我态度。没有自尊心也就不会有自卑感,自尊心越强烈的人越易产生自卑感。随着青少年自我意识的发展,其自尊心越来越强烈。此时,他们强烈地关注自己,非常在意别人怎样看待自己,特别重视自己在集体中的地位。为了得到别人的承认和重视,他们往往喜欢争强好胜,以各种方式来表现自己。当这种强烈的自尊心与失败、不如意的现实相冲突时,比如受到老师或家长的批评,考试的不理想,学习成绩的下滑,同伴或集体的冷落,甚至感到自己的衣着不时髦、自己长得不够漂亮,等等,都可能产生自卑情感。

③ 自我评价不良。自卑感具有很强的主观性质,同样的家庭、学校、身体缺陷等因素未必会导致青少年的自卑情感。从内在心理过程来看,自卑是由于青少年不当的自我评价所导致的。由于自我意识的发展,青少年更加关注自己的外表、能力、自我价值、个性品质以及别人对自己的评价,当他人的评价不符合自己的理想和愿望(如"我必须是全班学习最出色的人","我应该是所有人当中长得最帅的","所有的人都得喜欢我"等)时,他们便会产生某些片面的、消极的、不合理的自我评价,导致他们常常会因为某一件事的失败

而导致对自我价值甚至是对整个人的否定,从而产生自卑的情感体验。可见,面对同样的因素,是否会引起自卑,关键在于个体对于它们的看法和评价。

## 六、嫉妒

**嫉妒**(jealousy)是由于看见别人某些方面,如才华、成就、品质甚至相貌高于自己而产生的一种冷漠、贬低、排斥或敌视的情感。在现实生活中,许多人具有嫉妒心理。有调查表明,84.1%的中学生时常感到心理不平衡,存在不同程度的嫉妒心理。嫉妒心理在青少年中很常见,如在学习上,当看到同班同学的成绩超过了自己,具有嫉妒心理的人,心里便觉得很不舒服;在人际交往中,当看到自己的朋友与其他同学来往密切,便会生气、怨恨;在社会评价中,当别人获得成功得到赞扬、称颂,心中便会愤愤不平,充满妒意。嫉妒心理会对人的身心健康产生一定的危害。因此,关注青少年的嫉妒心理,分析其表现及产生原因,并寻找有效的对策具有重要的意义。

**1. 嫉妒的表现**

青少年的嫉妒心理具有不同表现形式,嫉妒心理的不同形式对人的心理和行为具有不同的意义。嫉妒心理主要有嫉慕、嫉怨和嫉恨三种。

(1) 较浅的嫉妒——嫉慕。即对别人的成功或成就产生羡慕之情。心理体验表现为自我羞愧、感觉心里很不是滋味。嫉慕是青少年嫉妒心理形成的第一步,常常表现为:言谈话语中流露出对某同学的佩服、欣赏;自己成绩平平觉得很惭愧,感觉到父母为自己在校的状况感到难为情;集体文娱活动时,羡慕别人能歌善舞,讨厌自己五音不全,因而逃避班集体的活动等。嫉慕会产生两种可能性,积极的可能性是,善于理性思考和自我调节的学生会很快转化注意力,把嫉慕变为自己前进的动力,把别人的成功和优点变为自己努力的方向和学习的榜样,走出嫉妒的困境。消极的可能性是自我调节能力差的学生会死钻牛角尖,认为别人的成功阻碍了自己风采的展示,怀恨在心,采取敌对手段对他人或集体造成伤害。

(2) 较深的嫉妒——嫉怨。即对自己的失败和别人的成功,满怀怨气,愤愤不平。认为自己的失败来自对方的存在和威胁,"既生瑜何生亮"。于是采取冷淡对方、疏远对方的做法,希望看到别人的失败,并感到幸灾乐祸。中学生常表现为:成绩好的同学之间相互不借给对方自己的资料;成绩不好的同学,拉拢一帮人孤立学习比自己好的同学,或在自己嫉怨的对象回答问题出错时起哄嘲笑。嫉怨过深,如不善自我调节,会演变为嫉恨,甚至产生变态的暴力行为。

(3) 强烈的嫉妒——嫉恨。指嫉妒心极度膨胀而采取报复性的行为侵害嫉妒对象。

中学生的嫉恨行为表现为两种形式：一种为他虐，一种为自虐。他虐是对嫉妒的对象采取造谣、诽谤、诬陷等形式来达到破坏性的目的。自虐指因痛恨自己的无能和不争气，自己虐待自己，自罪自责、自我惩罚。造成精神压力加重，心理失衡，甚至导致精神抑郁。

**2. 嫉妒的发生原因**

对于青少年嫉妒的成因，我们主要从外部因素和内部因素两个方面进行探讨。

外部原因主要有学校环境和家庭环境等。在家庭方面，家长们更是全力以赴地把所有精力放在孩子的学习上，学习成为学生生活的唯一，一切业余爱好变成了点缀，甚至被剥夺。这样人们能够展示个人才能的空间变得异常狭小，学业成绩成为体现个人价值、满足个人成就动机的主要途径。在这种背景下，当一个学生的学业成绩无法满足个人的成就动机时，就有可能转向对别人的成就不满，导致嫉妒心理的产生。父母的言传身教以及世界观、信仰、思想、作风等都会影响学生的态度和看法。如果在不好的家庭环境下生长，必定会成为心胸狭隘的人。在学校方面，学校主要看重学生的学习成绩，忽略了对学生心理素质的培养。在学习成绩方面肯定有好有差，如果老师只看重学生的学习成绩，必然会让那些成绩相对比较落后的学生产生嫉妒心理。因此，老师应该关注学生各个方面的成长，不要只注重学习成绩。

嫉妒心理的产生主要取决于其内部原因，即由个体的性格特征决定。例如，个体具有狭隘、自卑、不安全感、自私、过分争强好胜等方面的性格特征或具有偏执型人格的人，处事敏感、多疑、主观、固执、心胸狭窄、报复心强就容易导致嫉妒心理。他们不易接受现实，一旦自己的地位低于别人就运用想象来编织他人的缺点，捕风捉影，吹毛求疵，制造事端。这种人不管关系远近、是否对其构成直接威胁，他(她)都会自觉或不自觉地流露出嫉妒和不满。而且当被嫉妒者的内在条件和外在条件与自己大体相当，且有某种利益关系或是竞争关系的直接对手时，更容易产生强烈的嫉妒心理，甚至出现攻击行为。此外，自我中心意识过强的人也容易产生嫉妒心理。具有强烈自我中心意识的人，把个人的利益看得高于一切，喜欢在各个方面超过别人，一旦自己的欲望得不到满足，无法或不愿超过他人时，常常会产生对他人的嫉妒，以求得心理平衡。

# 七、强迫

强迫是一种以强迫观念和强迫动作为主要特征的情绪状态。其特点是有意识的自我强迫和反强迫同时存在，两者冲突不断，使学生产生焦虑、紧张和痛苦等情绪体验。由于青少年身心发展具有阶段性的特点，这种情绪反应开始并不特别明显，有的到青春期之后才日益突出，有的学生因具有强迫思想或行为而感到深深的羞耻，他们常选择隐瞒甚至不愿意告诉父母和同学,因此其强迫思想或行为可能会持续多年而未被觉察。学生体验到的观念和行为冲动主要来源于自己,如果违背了自己的意愿,虽尽力抵制,却也难以控制。

**1. 强迫的表现**

为了便于教师对青少年学生出现的一般性强迫有一个清晰的把握,以便及时疏导,这里归纳出强迫较为典型的两个方面的症状表现。

(1) 强迫观念

强迫观念包括四个方面:① 强迫怀疑。可能反复怀疑自己言行的正确与否,自己知道毫无必要,却也无法克服;寄信时总是怀疑自己是否写错了收件人的地址,是否贴好了邮票。② 强迫回忆。可能会对经历过的事件不由自主地反复在头脑中回忆,没完没了,痛苦难忍。③ 强迫联想。脑子里出现一句话或一个观念,便控制不住地想到另一句话或一个观念。④ 强迫意向。反复体验到某种违背自己意愿的行为冲动,明知自己是不可能去做,但却摆脱不了这种冲动。例如,走到河边,出现一种跳到河里的意向。

(2) 强迫行为

强迫行为也包括四个方面:① 强迫检查。可能为减轻强迫性怀疑引起的焦虑,采取一定的措施。如出门时反复怀疑门是否锁好,虽然检查过了,但还要反复检查。② 强迫洗涤。学生可能担心手、衣物受到细菌、病毒等感染,为确保干净,便反复洗手或洗衣服。③ 强迫计数。可能不可控制地对某些东西进行计数,如数高楼的层次、楼梯的台阶等。④ 强迫性仪式动作。这些动作在别人看来是荒唐可笑的。如,睡前要锤自己胸部两次才睡觉,出门前要先后退两步才正式出门等。

**2. 强迫的发生原因**

青少年产生强迫特征的原因是多方面的,这里从以下三方面进行论述。

(1) 神经失调是出现强迫观念或行为的生理基础

一些研究者从具有强迫特征的患儿的遗传、脑解剖及生化改变进行探究,以揭示其产生的根源。一项通过对家系调查的结果表明,父母等一级亲属中的强迫症状风险率为 15.6%,显著高于对照组的 2.9%。这种强迫特征在同卵双生子中的同病率显著高于双卵双生子。这一结果提示了遗传所起的重要作用。有研究者从脑解剖学领域进行研究,研究涉及大脑皮层,特别是眶额皮层、扣带回等区域的功能失调。结果发现,强迫观念的严重性与大脑皮层中的眶额叶活动密切相关,眶额皮质具有明显的干扰控制作用,如果该区受到损害,那么就会表现出一些无关刺激难以排除。在生化研究方面,有研究者从 5 羟色胺神经递质的改变来探究具有强迫特征的儿童。研究发现,具有强迫特征的患儿血小板中的 5 羟色胺浓度明显较低,而且强迫行为儿童的血小板 5 羟色胺浓度显著高于强迫思维的儿童(符惠群,郭敏,彭小兰,李玲,2010)。

(2) 强迫性人格是出现强迫观念或行为的人格特征

有人统计大约有三分之二的具有强迫特征的人同样具有强迫性人格特征。这些人格特征包括：犹豫、拘谨、瞻前顾后、深思熟虑；喜欢清洁、整齐,追求有秩序、有条理的生活；富有一定思想,遇事爱钻牛角尖,做事仔细认真,力求完美无缺,缺乏灵活性；由于过分严格要求自己,事事追求完善,因而容易产生不准确、不完善、不安全等心理感觉。当增加学习等任务之后,客观要求他们提高对环境的灵活性和适应性,这时这些青少年学生就会产生强烈的焦虑、担心,为避免出现缺陷、错误,他们往往在行动上付出很大的努力。

(3) 认知改变是出现强迫观念和行为特征的心理因素

认知理论认为,出现强迫特征是对侵入性思维加剧反应的一种必然结果。正常人和具有强迫观念的人都会有侵入性思维,但是,两者对侵入性思维的意义解释却存在很大区别。当个体将侵入性思维视作一种危险信号,会对自己或他人的一定的伤害,并且自己是造成伤害的责任方时,他们就会产生出现了强迫观念的认知改变,即过度的责任心(谢静涛,2011)。过度责任心导致这些人顽固坚持某些观念,不愿接受即便是偶尔出现的坏念头,因此他们常陷入深深的自罪感和强烈的焦虑之中。在完美信念的驱使下,即使很小的消极事件也可能引起他们严重的焦虑不安。于是,他们会采取某些强迫行为,这样焦虑症状就会有所减轻。最终,强迫思维与用以减轻焦虑的强迫行为形成了联结。

# 第三节 青少年情感生活问题的辅导

青少年常见的情感生活问题主要包括焦虑、孤独、抑郁、暴躁、自卑、嫉妒、强迫等方面,它们对青少年的生活和学习都造成了不容忽视的影响,如果这些情感生活问题不能及时得到解决,就会对青少年造成很多消极的影响,如正常的生活受到干扰,学习成绩得不到提高,严重的甚至导致心理疾病的发生。因此,作为教育者,我们有责任对青少年进行情感生活问题的辅导,让他们学会一些有效的疏导方法,学会自己解决问题。

## 一、克服焦虑的辅导

焦虑是由紧张、不安、忧虑、担心、恐惧等感受交织而成的复杂情感状态。它可以是正常的,也可以是病态的。病态的焦虑会影响青少年的学习和生活,使青少年的能力得不到正常发挥,妨碍青少年进行良好的人际交往。

**1. 典型案例分析**

（1）案例

为庆祝五四青年节，某重点中学计划举办一次由电台节目主持人主持，著名作家担任评委的大型演讲比赛。由于这次演讲比赛规模空前，全校上下都拭目以待。为了确保能在比赛中夺得好成绩，高三(1)班不但派出"演讲常胜将军"小琦，还选出小辉作为二号选手参赛。虽然是二号选手，小辉仍然非常高兴，他希望自己可以在这次比赛中一展风采，为班级和自己赢得赞誉。就在小辉紧张备赛的时候，小琦由于种种原因放弃了比赛，小辉这个二号选手自然成了高三(1)班唯一的希望。对此，小辉既紧张又兴奋，他一遍又一遍地修改、背诵演讲稿，直到他认为"完美无缺"。大赛临近了，大家都非常希望了解小辉的备战情况，因此班主任决定利用班会时间让小辉做一次"预演"。一登上讲台，小辉的手突然不听使唤地发抖，准备好的开场白也变得毫无头绪，台下同学们唏嘘声不断……试讲失败了，老师和同学们都非常失望，感叹这次演讲比赛高三(1)班没戏了。为此小辉心情非常沮丧，开始变得寝食难安，甚至整日紧张、焦躁、害怕。有时听到同学们议论演讲比赛的事，小辉就情不自禁地出汗、头晕、恶心甚至胃痉挛。这样，时间一天天过去了，比赛前一天，小辉决定好好休息，迎接明天的挑战，可是一闭上眼睛，眼前就会出现试讲失败的情形。晚上，小辉梦见自己登上讲台却怎么也说不出话……第二天，小辉坐在选手候讲席上，看着其他选手轻松自如的精彩演讲，心中十分羡慕。终于轮到小辉上台演讲了。霎时，一束强烈刺眼的灯光打到小辉身上，台下黑压压一大群人的目光聚集过来，小辉感到万分紧张。"亲爱的老师们，尊敬的同学们……"，"嗨，哪个班的？第一句就错了"，台下同学们议论纷纷，小辉顿时头脑一片空白，什么话都说不出来了……

（2）分析

一般而言，焦虑可以分为特质焦虑和状态焦虑两大类。**特质焦虑**(trait anxiety)是指相对稳定地表现在人格中的焦虑；**状态焦虑**(state anxiety)是在特定环境中产生的不安状态。这里所说的焦虑，指的是后者，即状态焦虑，这是青少年日常生活中较为多见的一种焦虑。它具有暂时性和不稳定性，故而又被称作情境性焦虑。

在上面的案例中，高三学生小辉因为即将到来的大型演讲比赛而整日坐立不安，经常"莫名其妙"地紧张、焦躁、害怕，甚至出现盗汗、头晕、恶心、胃痉挛等生理反应，以至于在演讲比赛现场头脑一片空白。小辉的这些反应其实并不是由现实生活中实际存在的威胁或危险引起的(他担心的比赛失败在比赛前并不是定局)，其紧张、恐慌的程度也与他现实的处境很不相称。因此，小辉表现出来的焦虑症状是与大型演讲比赛息息相关的，具有明显的情境性，可以断定上述案例涉及的是典型的情境性焦虑。

就本案例而言,原本准备充分的小辉为何会在演讲比赛现场有如此焦虑的反应呢?这当然与小辉的挫折耐受性差、心理承受能力低以及其他个别心理因素有关(在这一方面个体之间存在着很大的差异,对此我们不在本章中赘述),但小辉对演讲比赛的过度关注和班级老师、同学对他的过高期望则是直接的诱发因素,而试讲的失败加剧了小辉的焦虑感。由于小辉对试讲给自己造成的心理冲击没有及时处理,因而在过度关注、过高期望的双重压力和已有失败经历的包袱下,不堪重负,表现出坐立不安,经常"莫名其妙"地紧张、焦躁、害怕,甚至出现盗汗、头晕、恶心、胃痉挛等生理反应,最后在演讲比赛现场砸锅也就不奇怪了。

(3) 辅导策略

本案例中涉及的焦虑在青少年群体中十分常见,教师可以按照情感疏导原理,采用一系列的方法来引导青少年,帮助他们战胜过度焦虑。

① 认知辅导。认知辅导的目标在于帮助小辉改变自己对比赛结果的过度关注和正确对待他人对比赛的期望值以及自己的试讲失败。具体而言,有以下几个要点:一是比赛具有竞争性质,因而总是有输有赢,输赢都是合理的、正常的结果。二是对比赛的过度关注将使自己背上心理包袱,影响水平的发挥,还不如轻装上阵,尽力而为。三是既然大家公推我为比赛选手,说明老师、同学对我能力的信任,即我是有实力的。要是我的参赛结果不如大家期望的好,那其他人参赛肯定还不如我。四是试讲毕竟不是正式比赛,试讲的欠缺让我找到了努力的方向,使我备战更加有针对性了。

② 肌肉放松技术。首先,教师要就焦虑问题与小辉进行交谈,以确定他体验到的焦虑程度及焦虑产生的原因;再用主观感觉尺度将焦虑程度表示清楚(尺度范围为0~100,一般分为10个等级,单位缩写为SUD,意即主观不适感觉单位);然后将小辉感觉到焦虑的事件按等级程度由低到高的顺序排列。例如:比赛前一周想到比赛场景时,焦虑尺度为20 SUD;比赛前的晚上想到比赛场景时,焦虑尺度为30 SUD;坐在选手候讲席上,焦虑尺度为50 SUD等。与此同时,教师还可以引用实例来说明"境由心造"的道理,使小辉明白焦虑产生的根本原因在于他对比赛的不合理评价。

接下来,教师可以指导小辉进行放松训练。通常先让他坐在柔软舒适的座位上,从头部、颈部、上肢、胸部、腹部到下肢,逐渐放松,直至全身感到轻松为止。这时教师可以引导小辉想象焦虑梯度中焦虑程度最低的情境,同时要求他尽可能保持身体的放松状态。如果小辉不能保持放松,则教师可以引导他停止想象,回到原先的放松状态;如果小辉能够保持放松状态,教师则可以要求他想象焦虑情境和放松身体交替进行,直至小辉能在想象焦虑情境时也保持放松为止。克服了较低程度的焦虑以后,教师要循序渐进地引导小辉树立正确合理的认知,同时引导他进行更高程度的焦虑情境想象……如此逐级推进,直到焦虑梯度中程度较高的情境能被很好控制,正确合理的认知牢固树立为止。

另外,教师还可以指导小辉在类似的比赛情境发生前,用肌肉紧弛放松、自我暗示等小技巧克服焦虑情感。

> **实践探索 8-1　　　　　　　　战胜焦虑的策略**
>
> 1. 延迟焦虑。延迟焦虑就是对于那些可能出现的使自己焦虑的问题,产生一种信念:当事情发生时再去考虑,事情还没有发生时,决不杞人忧天,努力控制自己的情感。例如,在考试还没有到来时,绝不设想如果自己考好了会怎样、考不好又会怎样,避免产生自我烦扰。
> 2. 驳斥焦虑。人们通常感到焦虑的事情,事实上没有想象的那么严重。人们在生活中经常会遇到这种情况,人人都会体验到这种情况。因此,当自己感到焦虑时,要学会反问自己:自己焦虑的事情确实会发生吗?在过去有许多次类似的情形不都是空担忧一场吗?何必如此惶惶不可终日?我的焦虑是不是多余的?
> 3. 正视恐慌。面对可能出现的问题,要积极地、建设性地面对它,不要回避。可以回答这样一些问题:可能的最坏结果是什么?我应该做些什么?我怎样防止出现坏的结果?然后制定一个计划,并积极行动。
> 4. 掌握原则。在生活中人们做事有很多原则,在这里有一个重要原则:能做的事情,不能做的事情,都没有必要担心。如果有些事情自己无能为力,焦虑只是瞎操心,就干脆放弃,不必恋恋不舍。如果有些事情自己能够做到,又何必去瞎操心?

**2. 克服焦虑的一般方法**

发现青少年出现焦虑情感后应及时进行疏导。目前焦虑的疏导方法有很多,一般来说,针对青少年群体中的焦虑,教师可以采用一些既有理论依据又富有操作性的方法来帮助学生克服焦虑。

(1) 系统脱敏法

**系统脱敏法**(systematic desensitization therapy)可以追溯到早期行为主义者华生等人以条件作用为基础的两项实验研究(使正常儿童阿尔伯特对大白鼠变得恐惧的实验和使对动物恐惧的儿童彼得消除恐惧的实验)。南非精神病学家沃尔普进一步结合自己的研究提出了交互抑制的系统脱敏法,即通过将焦虑刺激和另一个与焦虑不相容的反应(如身体放松)相结合,以小步子逐渐接触焦虑对象,同时进行一些与焦虑相对抗的活动,以此来削弱原来的焦虑刺激与焦虑反应之间的联系,最终达到克服焦虑的目的。此法可以通过以下三个步骤来实施。

第一步,根据焦虑者的实际情况制定焦虑梯度表。这一步首先要帮助焦虑者确定与焦虑反应相联系的特定环境或事件,并明确焦虑者对该环境或事件体验到的焦虑程度,正如前面提到的教师对小辉所作的那样。通常这种主观程度用主观感觉尺度来表示,分 10 个等级,范围为 0~100,单位缩写为 SUD。然后教师与焦虑者沟通交流,将焦虑事件按照焦虑程度由低到高排序。这一步骤可以由教师辅导学生进行,也可以鼓励学生自己完成。不过,最后教师必须认真核查,与焦虑者共同商议讨论确定焦虑的等级梯度。

第二步,放松训练。放松训练需要在教师指导下完成。通常教师可以让学生坐在柔软舒适的座位上,从头部、颈部、上肢、胸部、腹部到下肢,逐渐放松,直至全身感到轻松为止。放松训练一般需要多次练习,每次历时约半小时。为了取得更好的效果,教师在指导学生放松训练时可以配合音乐进行。

第三步,逐级配对脱敏。这一步是整个疏导过程的关键,它要求焦虑者把前面两个步骤结合起来加以操作,即引导焦虑者按照焦虑梯度逐渐进入某种情境,同时要求他努力放松并尽可能保持。具体操作程序如下:

焦虑者进入放松状态后,教师引导他尽可能想象焦虑梯度中焦虑程度最低的情境,同时要求他尽可能保持身体的放松状态。如果焦虑者不能保持放松,就向教师汇报,然后停止想象,回到原先的放松状态;如果焦虑者能够保持放松状态,也要向教师发出信号,教师可以引导他"想象焦虑情境"和"放松身体"交替进行,直至在想象焦虑情境时也完全放松为止。克服了较低程度的焦虑以后,教师就可以引导焦虑者进行焦虑梯度中更高程度的焦虑情境进行上述练习……如此逐级推进,直至达到焦虑梯度中程度最高的情境也能被焦虑者很好地控制为止。

(2) 放松技术

**放松技术**(release technology)是作为焦虑症状的颉颃反应应用于治疗的,它可以用于帮助个体克服焦虑、消除疲劳、焕发神采。由于放松法简便易行,可以在广大青少年学生中普遍推广。一般来说放松训练有以下四种。

① 一般放松。在安静整洁、无干扰的房间里,教师用轻柔的语气让焦虑者靠坐在沙发上,并告诉他:"现在我来教你如何使自己放松。为了做到这一点,我先让你体验紧张,然后再放松。"接着,教师先让焦虑者想象一个焦虑情境,引起他的紧张,然后指导学生从深呼吸开始,逐渐放松手臂、双脚、小腿、大腿、头部、躯干、双肩及臀部……如此往复训练。

② 丹田呼吸放松。丹田呼吸就是一种呼气、吸气均产生于腹压的呼吸方式,其重点在于掌握呼气要领:双手沿胸部向上,充分扩展胸腔,同时徐徐吸气,然后上体逐渐向前弯曲,双手缓缓落下,力入丹田,同时慢慢使肺内气体全部呼出……如此反复训练。

③ 想象放松。放松前首先请焦虑者坐好,闭上双眼,然后教师用轻柔的语气、适中的节奏告诉焦虑者:"我静静地躺在舒适的海边,周围没有其他人,温暖的阳光照在我的身上,海浪有节奏地唱着歌,我感到全身无比的舒适",接下来请焦虑者配合深呼吸进行自我想象。

④ 深呼吸放松。焦虑者站定,然后双肩下垂,闭上眼睛,慢慢做深呼吸。教师可以配合焦虑者的呼吸节奏给予类似:"呼……吸……呼……吸……"或"深深吸气,慢慢呼气"等指导语。

当然,还有很多方法可以用来克服焦虑,教师可以根据青少年的实际情况有针对性地进行甄别,选择行之有效的方法来引导他们战胜焦虑。

## 二、克服孤独的辅导

孤独是个体感到自身和外界隔绝或受到外界排斥时产生出来的情感,是一种封闭的心理反应。孤独感就像人的影子一样,始终伴随在人们的左右。有孤独感并不可怕,可怕的是我们被孤独感掌控,无法逃离它对我们的支配。因此,我们要学会对孤独感进行恰当的疏导,以摆脱它对我们的控制。

**1. 典型案例分析**

(1) 案例

李云有着来自江南水乡女孩的典型特征,长得娇小玲珑、活泼可爱。一个月前,她离开生活了18年的江南故乡,满怀着好奇和对未来的憧憬来到这个陌生的北方城市读大学。但现在她却怎么也高兴不起来,感觉自己整个人都要崩溃了,几乎每天晚上都躲在被窝里哭鼻子。细心的辅导员老师看出了李云的情感变化,于是他找到了李云,关心地问她怎么了。在老师热情而耐心的开导下,李云终于向老师说出了自己面临的困境。原来李云家境比较殷实,父母都是工人,就她这么一个宝贝女儿,在家她就像一个公主,衣来伸手、饭来张口,一切事宜都由父母料理。父母对她的唯一要求就是努力学习、考上大学。顺利地通过了高考,她考上了这所全国有名的大学,父母和她自己都很高兴,对自己的未来都充满了希望。但来到这儿后才发现困难重重,一切都得自己动手,最重要的是来到这个地方,一切都是陌生的,一个熟人也没有,看着来自五湖四海的同学,她感到孤独极了。虽然老师和同学对她都很热情,很照顾她,但感觉上总认为这些都和自己格格不入,自己就像一只离队的鸟儿,在茫茫的天空中孤翅独展、孑然寂寞。如果这个时候父母或以前的同学在身边安慰安慰自己,听自己一诉委屈,那该多好呀!可是在这个陌生的环境中有谁能了解自己的苦楚呢……

**(2) 分析**

从上面的案例中,我们可以看出,李云的心中充满了深深的孤单和寂寞,却又找不到人可以倾诉,自己也无法排解。据此我们可以初步判断,李云出现了孤独情感。

正像千千万万的中国父母一样,李云的双亲也是望女成凤,为此他们对自己的女儿给予了无微不至的关怀,一切生活起居都为女儿包办了,目的就是让自己的女儿能安心地努力学习。殊不知,正是这种良苦用心造成了李云的生活自理能力极差,优越的生活条件和面面俱到的家庭关怀使得李云形成了孤傲的性格,不善与人交往,和同学以及老师之间的交流和沟通比较少。这样一旦离开了父母的怀抱,来到陌生的环境中,就会茫然不知所措,更不要说调节自己的情感,努力适应新的环境了。这个时候出现孤独情感也就在所难免了。

**(3) 辅导策略**

为了使李云的孤独情感得到良好的疏导,教师可以从三个方面着手采取措施。

首先,教师要取得李云的信任,建立良好的双方关系,使她能够放心地把自己的困难或心事向教师诉说。教师应用理解的态度,以朋友的身份与她交谈,解除其戒心,使她感受到这种交谈的轻松和安全,能够推心置腹地交谈。

其次,教师要以听为主,少发表意见。在听的同时要适时给予鼓励,使她感受到你在认真地听她诉说,不仅理解且感兴趣。此举对深感无人倾诉的孤独情感者尤为重要,如此可使心里有很多话或委屈但没有一个亲近的或值得信赖的人可以一诉衷肠的她,有这样一个机会宣泄不良情感,从而缓解孤独的苦楚。另外,教师还可以从她的倾诉中了解到更多的情况,以利于对她疏导。

最后,在谈话的基础上,教师可以采取一些进一步的措施:① 带着她一起在校园以及周围的一些地方走走,让她熟悉这里的环境,使周围的一切从感觉上的遥远与陌生变得熟悉与亲近。② 鼓励她坚持体育锻炼,坚持把自己的个人生活事务解决好,比如洗衣服、整理内务等,以正常、积极的生活行为为良好的情感获得精神上的支撑。③ 鼓励她主动和同学、老师交往、交流,积极参加学校和同学之间的活动,同时也让同学们在她困难的时候给予热情的帮助,让她充分感受到周围的温暖。

**2. 克服孤独的一般方法**

孤独情感的疏导主要可以采用以下两种方法。

**(1) 宣泄法**

**宣泄法**(catharsis therapy)是让接受疏导的人把自己心中的苦闷和问题诉说出来,从而减轻他们的心理压力并最终消除不良情感的影响的一种心理分析疗法。比如,在日常生活中遇到什么挫折或委屈时,很多人非常想大哭一场,哭了之后心情会有所舒畅,这就是宣泄法的应用。教师用宣泄法疏导学生的孤独情感时可以按以下步骤进行。

首先,建立良好的双方关系。教师要在言谈举止中让青少年学生从内心认可你、信任你,从而消除戒备心理,把自己心中的抑郁毫无顾虑地倾诉出来。这一步是整个疏导过程的开始,也是成功与否的关键。

其次,认真倾听。教师要以朋友的身份、耐心的态度去认真倾听青少年学生的诉说,在整个倾诉过程中不要或少打断对方,对他们所说的内容要给予充分的理解和信任,不做带有导向性的评价,但可以适当运用面部表情等非言语技巧,给学生以积极的回应和支持,让他们感觉到教师正在仔细听他们说话,并对其内容非常感兴趣,这样可以促进他们进一步宣泄,从而达到良好的宣泄效果。

最后,适当干预。在宣泄进行到一定程度后,教师可以给予青少年学生一定的干预或指导,和他们一起分析产生这种不良情感的原因,指出这些想法或症状的不合适的地方,在共同形成正确认识的基础上,让他们领悟到要以恰当的、正确的观念去思考和看待自己所面临的问题。

*(2)行为指导法*

这种方法侧重于对学生具体的生活、学习方法的指导,可按以下步骤进行。

首先,引导青少年认识到引起孤独情感的一个重要原因是空虚而无所事事,因此要井井有条地安排好自己的学习、生活、交友等活动,在实践中培养自己的兴趣爱好。

其次,引导青少年积极地进行人际交往,以真诚友好的态度扩大自己的交往范围,争取能和各种类型的人交往,在交往中培养同学感情和友谊。同时,鼓励青少年多参加各种集体活动,这也是一个进行人际交往的好机会,是迅速扩大交际面的有效方法。在参加集体活动的过程中既可以扩大自己的知识面,又能锻炼自己的人际交往能力。

最后,引导青少年培养广泛的兴趣。一般来说,兴趣越广泛多样,越具有与他人交往的共同语言和机会,不仅能使生活丰富多彩、充满活力,而且也减少了孤独的空间,扩大了交往的范围。

## 三、克服抑郁的辅导

抑郁是一种由持续的心境低落、悲伤、消沉、沮丧、不愉快等综合而成的情感状态。抑郁状态发展到一定程度就会成为抑郁性神经症。在青少年群体中,就有很多的抑郁症患者,他们当中有些人因为得不到及时的辅导,而最终走上了绝路。因此,如何对青少年的抑郁进行恰当而有效的疏导,就显得十分必要了。

**1. 典型案例分析**

(1) 案例

雨若今年 14 岁,是家里的独生女,已经是一名初二的学生了。父母都是机关干部,平时对她爱护备至,视若掌上明珠,同时对她抱有极高的期望。雨若从小就受到较好的教育,活泼可爱,聪明伶俐,而且学习成绩一直很好,顺利地考上了重点中学,全家人都特别高兴。然而,这几天老师发现雨若好像有点闷闷不乐,整天无精打采的,话也很少说。见到老师也不像以前那样主动问好,而是低头而过或是故意躲开。雨若这是怎么了?老师仔细地观察了几天,决定找她谈谈心。经过老师亲切、耐心的询问,雨若终于向老师说出了事情的原委。原来,上个星期学校进行了期中考试,当时她患了重感冒,为了不影响成绩,她仍来参加了考试。由于身体不好、精神不振,再加上心情紧张,数学没考好,其他科的考试成绩也不太理想。这对成绩一贯优秀的她来说无疑是一个沉重的打击,因此一直压力很大、心情很不好,同时感到无法向父母交代……

(2) 分析

一向活泼可爱、成绩优秀的小姑娘突然一反常态,变得沉默寡言、心事重重,整天闷闷不乐。这些表现与抑郁的症状表现基本相符,同时根据雨若与老师的谈话内容,我们可以判定这是一例由考试失败而引起的抑郁的案例。

从上面的案例中可以发现,雨若的问题可能出在两个方面:首先,雨若在学习和生活中一直一帆风顺,成绩很好,父母对她的照顾也是无微不至,基本上没有遇到过什么挫折,因而她非常自信,或者说自视甚高。因此,在没有什么心理准备的情况下,期中考试的失败让她感到强烈的失落和反差,自尊心受到了严重的创伤,甚至对自己以往的优秀表现产生了怀疑和未来的学习生活产生了迷茫。其次,雨若的父母一直以来对女儿都寄予很高的期望,这种期望一方面可激励她树立远大的理想和目标,但也可能适得其反,成为孩子精神上的巨大压力和负担,尤其是在学习上遭遇挫折的时候,这种压力和负担就更加突出了。雨若的情况正反映了这一点。

(3) 辅导策略

针对雨若的情况,教师可以从两个方面着手,帮助她疏导这种不良情感。

首先是认识上的分析与澄清。可以和雨若一起回忆入学以来她的学习、生活情况以及这次考试失败的细节,肯定她的能力和学习表现,正确分析考试成绩不理想的原因,把这次考试的失利与一贯的优秀表现区分开来,即这次考试失利主要是由于患病这一偶然因素造成的,不能因为这一次失利就抹杀了自己以往的成绩和表现。同时也要指出,失败并不可怕,重要的是如何面对失败。如果面对挫折一味消沉和抑郁,那我们将成为挫折和抑郁的俘虑。如果面对挫折能够反思失利的原因,并奋发努力,那我们将使自己前进一大步。其实,无论是在学习还是工作、生活中,困难和挫折总是难免的,一帆风顺反倒是偶然的。

其次是在认识的基础上,采用行为训练法,通过调整生活和学习的作息制度,帮助雨若走出抑郁。具体可以采取以下措施:① 坚持体育锻炼,如早起跑步,课余打球健身等;适当的身体运动不仅有益于健康,也能使抑郁情感无处安家。② 坚持完成力所能及的事,比如洗衣服、叠被子、帮父母做一点家务,以活动来排解抑郁。③ 在学习上进行必要的调整和计划,比如在限定的时间里完成一定量的作业,对自己感兴趣的多安排一点时间,不感兴趣的少安排一点时间,作业方式多选用竞赛题、趣味题的形式,增强学习的有趣性,学习计划不要排得太满,但一旦定出计划就要遵守和坚持。

再则,由于雨若父母的高期望值也是她的压力源之一,所以在辅导中有必要与其父母进行良好的沟通,让雨若父母了解过高期望对雨若造成的精力压力已经超过孩子能承受的范围,是引发孩子不良情感的重要原因,父母要调整过高的期望值,为雨若营造一种宽松和谐的家庭氛围。

**2. 克服抑郁的一般方法**

抑郁的克服方法主要有以下四种。

(1) 认知领悟法

**认知领悟法**(cognitive-insight therapy)是通过解释让来访者改变认识,得到领悟而使心理症状得以减轻或消失的一种心理治疗方法。教师运用认知领悟法来疏导学生的抑郁,可以分为三个步骤,具体可概括为三次谈话。

第一次谈话,内容主要是引导青少年叙述和澄清自己现在的具体情感感受、行为表现以及这种情感产生前后发生的生活事件等,这样既帮助教师了解问题又起到宣泄的作用。同时要告诉他们这只是一种不良情感,是完全可以纠正和疏导的,但前提是必须配合老师的工作,疏导效果的好坏取决于自己的努力程度。教师作为一个具有同感的良好倾听者,要注意与青少年建立相互信任的关系,为以后的情感疏导打下基础。

第二次谈话,内容主要是和青少年一起客观地分析他们的情感性质及特点,让他们认识到这种情感的情境性及造成这种情感的主、客观原因,并明白已经发生的客观事件我们不能改变,能够改变的是我们对该事件所持的不合理态度和看法,以及潜藏在背后的以偏概全的不合理思维方式。无论是生活中还是学习中,困难和挫折都是难免的,不如意的情况十之八九,不能"一叶障目,不见泰山","钻入死胡同"。

第三次谈话,在前两次谈话的基础上,告诉青少年抛弃以前不合理、不现实的想法和做法,要用正确的方法看问题,做事情。前面的失败和挫折已经过去了,现在已经事过境迁，应该重新回到现实中来，积极地面对现实。这样就能使他们在理解领悟的基础上，逐渐排解掉抑郁的情感。

> **实践探索 8-2　　　　抑郁情感的自我疏导**
>
> 对抑郁情感进行自我疏导要掌握以下法则：
>
> 1. 不下无依据的结论。不要毫无例外地把责任往自己身上揽，许多事情的发生根本就与自己无关。
> 2. 抑郁情感只不过是一种体验，自己什么坏事都没有做。尽管感觉不舒服，这种感觉不是因为自己做了什么坏事造成的。
> 3. 不要放大自己的缺点，不要缩小自己的优点。
> 4. 自卑是抑郁情感的根源，一定要战胜它！
> 5. 抑郁使我的认识变得荒谬，要认真、现实地对待问题。现实才是真实的。
> 6. 我的情感扭曲了我的想法，使我的认识片面、消极、灰暗。我要调整这种感觉，并客观地意识到我的行为其实是正确的。
> 7. 用信心挤掉让我产生抑郁的"抑郁源"。非要找到是什么让我抑郁，记录下来，看看是不是值得抑郁！赶走抑郁！
> 8. 找心理辅导老师和亲近的人倾诉。寻求情感支持，转变认识，坚持不懈。
> 9. 积极肯定自己的成绩，对自己说"我行！"
> 10. 是什么妨碍了我的自信？是什么锐减了我的勇气？赶走他们！赞许自己，承认自己，为自己加油！

（2）支持法

这种方法的核心在于以青少年为中心，在取得他们充分信任的基础上，鼓励他们充分说出自己的内心感受，把那种不愉快的情感完全发泄出来。在这个过程中，教师对青少年所述内容表现出足够的理解、接纳和兴趣，并不时协助他们找到自身的优势和潜能，但不做任何评价和引导，也不提诱导性问题。这样，他们就会把自己的行为表现、感受等完全说出来，在叙述的过程中逐渐找到自己的价值和潜能，从而把自己从抑郁的不良情感中解脱出来。

（3）行为训练法

行为训练法的要点是：老师和学生以及家长共同制定一个训练计划作为训练的依据和标准，周期可以定为一个学期或一学年，视具体情况而定。中间如果出现特殊情况再由三方共同商量予以调整解决，计划可包括以下四个方面。

其一，学习上的训练。比如制定合理的学习目标；限时完成作业或其他练习；必须在完成作业之后才能做其他事情等。

其二，生活上的训练。多参加劳动，坚持自己的事情自己完成，比如洗衣服、叠被子、打扫卫生等,还可以分担一定量的家务劳动等。

其三,身体上的训练。坚持早起锻炼身体、健身、打球等运动。

其四,将音乐、绘画、郊游等引入生活中,以生活的丰富多彩来排解黑色的抑郁。

(4) 社交适应性训练法

鼓励青少年多参加群体性活动,经常参加集体性活动和人际交往活动可以使自己的情感在一个更为广阔的范围内得到调节,接受来自群体的生机和欢乐的感染,从而使自己的抑郁疏导出来,更健康更快乐地投入到学习生活中。

## 四、克服暴躁的辅导

暴躁是指在一定场合受到不利于自己的刺激就暴跳如雷的情感状态。它的爆发具有一定的情境性,一般只有在特殊的场合,如受到强烈的刺激、没有陌生人在场等,才会爆发出来。暴躁情感持续作用于个体,可能会使其产生生理上的病变,严重影响青少年正常的学习和生活。

**1. 典型案例分析**

(1) 案例

小柳出生于干部家庭,父母都是单位里的领导。作为独生子,小柳被父母视为掌上明珠,在家里备受宠爱。读书以后,小柳非常顽皮,学习成绩一般,但因为长了一张白净的娃娃脸,穿戴又整洁漂亮,因此教师都夸小柳是"可爱的洋娃娃"。升入初中后,小柳常常因为功课数量多、难度大而疲于应付、怨声载道。后来他迷上了电子游戏,特别喜欢其中英雄人物的打斗场面,对学习则更加不感兴趣,并开始逃学。班主任将这些情况反馈给小柳的父母,父母非常担心,打算通过交流沟通,规劝小柳。但小柳却发火说:"我逃学并不是因为不想上课,而是班主任老师歧视我学习成绩不好,对我从来不管不问。除非将班主任解雇,否则我再也不去上学了。"直到小柳的父母千方百计地将小柳转到由另一个老教师执教的班,小柳才重新背起书包回到学校,事件才算平息了。开始几天小柳对新班级的一切都很陌生,因此处处循规蹈矩,即使同学叫他娃娃脸,他也从不反驳(其实这是他最痛恨的绰号),完全像一个乖孩子。后来他在班上找到了几个精通电子游戏的玩友,大家常常凑在一起讨论最近新出的某某游戏。于是,一切又开始重演了。小柳和他的玩友们上课不认真听讲,专看电子游戏杂志;课后不做作业,专钻电子游戏机房。当然小柳的成绩也一落千丈,几乎总是全班最后一名,任课老师当众批评他,小柳不但充耳不闻,甚至和老师发火、顶嘴、摔东西;班主任在班会上点名指责小柳,小柳则认为是任课老师告黑状,班主任也在和他作对,于是火冒三丈,摔门而去。小柳的父母对此十分懊恼,严厉地批评了小柳并没收了他所有的电子游戏软件。小柳因此越来越觉得"全世界的人都在和他作对"。直到有一天,小柳听到同班的两个女生悄悄议论说:"新来的娃娃脸真逊。功课虽然倒数第一,脾气却是世界第一大。不成熟,和他的娃娃脸真相配。"此时,小柳再也忍不住了,他跑向前去,把那两个女生重重地摔在地上,然后举起手里的书包拼命向她们身上砸去……

(2) 分析

在上面的案例中,从小娇生惯养的小柳因为同学对他的背后议论而火冒三丈,大打出手。但小柳的这些反应并不是在任何场合都会显露出来。在生人面前或在陌生的环境中(如刚转到老教师的班级时),小柳能很好地控制自己;在父母、教师、同学中间他就无所顾忌,稍不顺心就会被激怒,甚至与老师争吵对峙、对同学拳脚相加。他对事件的反应程度与他现实的处境也很不相称。因此,小柳的愤怒、攻击、多疑等行为表现是与特定的刺激情境息息相关的,具有明显的情境性,可以断定上述案例涉及的是典型的暴躁症状表现。

那么,备受宠爱的"可爱洋娃娃"小柳为何会变成动辄大打出手的"不良少年"呢?具体而言,有以下三个方面的因素。

其一,与小柳从小的娇生惯养有关。父母的娇纵养成了小柳骄横的性格,听不得批评和不同意见。对自我过度关注,表现出自我中心,正如本案中提及的,小柳出生于干部家庭,父母将他视为掌上明珠,因此小柳从小备受宠爱。

其二,与小柳的学习成绩不佳和迷恋电子游戏有关。学业成绩不佳使小柳难以找到成就感和同伴归属感,于是只好在电子游戏中寻找朋友和乐趣。但玩电子游戏多受到家长、老师的劝阻和批评,于是小柳感到非常失望和挫折,内心的苦闷无从发泄。同时,电子游戏中英雄人物的打斗场面也为小柳的暴躁行为树立了榜样,起到了诱发作用。

其三,任课老师和班主任的当众批评方式是处于青春期的小柳所难以接受的。他们虽然都有着"规劝小柳好好学习"的良好动机,但由于方法欠妥,反而造成了小柳的抵触情感,诱发了他的愤怒情感和攻击行为。

(3) 辅导策略

本案例中涉及的暴躁表现在青少年群体中十分常见,教师可以按照情感疏导原理,采用一系列的方法来引导小柳,帮助他克服暴躁情感,避免攻击行为。

首先,教师要与小柳进行真挚的交谈,了解暴躁产生的根源,并使他意识到暴躁的危害性和攻击行为的严重性。

其次,教师可以和小柳共同商议明确签订一份控制暴躁和攻击行为的契约,明确规定双方在三个月内必须严格按照契约执行,如小柳要每周制定活动安排表;每天与教师交谈一次;请教师帮助监察他的情感和活动;在受到刺激需要努力克制自己时就用力拉弹手腕上的橡皮圈来转移注意力;每周写一篇日记,记录自己一周的体会和辅导的心得等。通过这些措施,教师不但可以有效约束小柳的行为,还可以通过每天一次的交谈,改变他的过度自我中心的观念,引导他尊重他人,不断提高自制能力,彻底克服暴躁。

再次,教师也可以指导小柳在遇到不利于己的刺激时,用口中默念"发火很愚蠢,解决不了问题"或"别生气,这样有失风度"等句子,以自我暗示法来控制自己的情感,战胜暴躁。

**2. 克服暴躁的一般方法**

用于治疗暴躁和攻击行为的方法有很多,一般而言,针对青少年群体中出现的暴躁情感,教师可以根据实际情况,采用一些既有扎实的理论基础,又简单易行的方法来帮助学生战胜暴躁,避免攻击行为。

(1) 行为契约疗法

**行为契约疗法**(behavior contract therapy)是要求暴躁者本人自己准备一份契约作为治疗的计划并据此来进行行为矫正的方法。它的理论基础是行为主义的操作性条件作用原理。当个体作出一个特定的行为后,该行为导致周围环境发生变化,产生对个体来说是积极的或消极的结果:如果结果是积极的,个体就会倾向于作出同样的行为;如果结果是消极的,个体则会抑制该行为。这一观点推论到人的行为和学习上也是如此。

教师和青少年学生要在彼此沟通的基础上制定一份行为约束与控制契约,并要求他们严格遵守。契约必须明确规定需要约束和控制的目标行为、计数方法、强化物、惩罚方法,说明暴躁者的何种行为会得到怎样的强化,并明确规定契约实施的时间期限、严格执行的要求。例如,暴躁者要做到:① 每周制定活动安排表。② 每天与教师交谈一次,请教师监视他的情感和活动。③ 在出现任何不利于自己的刺激时,马上求助于教师,并努力克制自己,转移注意力或离开。④ 向周围所有的人宣布自己要彻底改变,并请他们共同监督自己的言行。⑤ 如果发现他有暴躁或攻击行为就要他将自己隔离一段时间。⑥ 每周写一篇日记,记录自己一周的体会和执行契约的心得。通过这种方式,教师不但可以有效约束暴躁者的攻击行为,还可以彻底改变他们的不良认知,引导他们尊重别人,不断提高自制能力,彻底克服暴躁。

(2) 厌恶匹配控制法

厌恶匹配控制法又叫**回避学习**(avoidance learning),是指将需要戒除的不良行为与痛苦刺激联系起来,以消除这种行为的一种治疗方法。厌恶匹配控制法的理论基础是经典性条件作用。在学校教育中适用的有以下四种。

① 橡皮圈弹痛法。将一个橡皮圈套在暴躁者的手腕上,如果出现要戒除的不良行为,就拉弹橡皮圈,以产生疼痛感,作为厌恶刺激,来抑制不良行为。选择此法时要注意,

一旦不良行为出现就立即拉弹橡皮圈,并仔细数拉弹次数,直到不良行为消失为止。如果拉弹超过 300 次不良行为仍不消失,就要考虑改用其他方法。

② 想象性厌恶匹配法。引导暴躁者想象暴躁和攻击行为带来的恶果,使自己产生对不良行为的厌恶感,从而消除不良行为。

③ 暂停疗法。当青少年出现暴躁或攻击行为时,就将他们转移到令人厌恶的新情境中,即建立暴躁和攻击行为与厌恶新情境的联系,从而达到使暴躁者有意识(为了避免新情境)抑制自己的暴躁和攻击行为的目的。

④ 情境转移法。当可能引发暴躁和攻击行为的情境出现时,教师立即转移暴躁者的注意力,引导他们注意与暴躁情境不相干的对象,诸如窗外的树木、行人、车辆等,或者要求暴躁者立刻离开暴躁情境去从事自己感兴趣的活动,如玩电脑游戏、看电视等。等暴躁者心情完全平静后,再伺机行动,如劝他们重新评价刚才的情境是否值得暴跳如雷,甚至大打出手。

## 五、克服自卑的辅导

自卑是一种因过多地自我否定而产生的自惭形秽的情感体验。自卑感人人都有,只是程度不同。适度的自卑对个体而言是正常的,但是,如果自卑情感得不到及时疏导,持续积累,影响到了个体的正常学习和生活时,就需要认真对待了。

**1. 典型案例分析**

(1) 案例

小强是一名以优异成绩从农村初中考取市重点高中的高一学生,父母都是老实巴交的农民,靠种地的微薄收入勉强维持他的学费和基本的生活费。以前因为在初中时的成绩拔尖,小强深受老师的器重和同学的钦慕,自己也因此似乎忽视了家庭的贫困和普通。自从来到这所重点高中后,小强总觉得自己在穿着、饮食、语言、动作,以至风度上都不及城市里的同学,也不再像以前那样受到关注,从而产生了处处不如别人的消极心理。但他同时又不甘心、不服气,想以优异的成绩来显示自己的才能。可是在高手如林的同学中间,小强的成绩并不突出。因此,他不得不拼命地学习,但成绩并没有达到预期的目标。由于过分紧张的学习和沉重的心理压力,他开始出现了失眠现象,不再愿意与同学交往,学习成绩也不断下降……

(2) 分析

从上面的案例中可以初步判断出,小强的主要问题是适应障碍伴随的自卑。由于他初中时成绩拔尖,一直受到关注和重视,使他得到了充分的心理满足,从而忽视了家境本身的贫困和普通。而进入市里的重点高中后,一方面不再如过去那样受关注,失去了原来心理满足的基础,导致他第一次认识到了自己的农村生活环境所造成的与周围其他人之间的差距,而他又过分夸大地看待了这种差距。同时,他又对自己提出了不合理的目标,期望以获得好成绩的方式来掩饰自己内心的自卑。但当他发现并不如自己所想的能通过优异的成绩来获得别人的认可和内心的平衡时,就产生了一种挫折感,并由挫折走向自卑。

(3) 辅导策略

针对小强的情况,可以从两个方面进行心理辅导,帮助他克服自卑情感。

首先,帮助他分析目前的情况。教师可以指出,在高一新生的适应过程中,从农村到城市的同学,都普遍存在这种心态。他们往往为自己的语言、服饰、言谈举止的乡土气息而自卑,却忽略了自己淳朴、上进、能吃苦等农村孩子身上具有的优点。正是这种自我认知的失调造成了心理上的种种不平衡,引起了紧张和焦虑。

其次,要求他正确对待由于城乡生活环境差异造成的同学之间的差别。既要承认农村学生由于生活环境的限制而存在的一些不如城市学生的地方,如知识面窄、外语水平低等,又应看到这些差距是可以通过学习来弥补的,更应看到农村学生勤奋刻苦、吃苦耐劳、生活自理能力较强等长处;既要通过进一步学习来拓展自己的知识面,培养自己多方面的兴趣爱好,更应客观地分析自己的学习能力,坦然接受自己尽了最大努力而取得的成绩,这样才能消除心理上的紧张焦虑,克服自卑感,在良好的心境中从容地参加考试,发挥出自己的最佳水平,去争取理想的学业成绩。

**2. 克服自卑的一般方法**

> **实践探索 8-3　　　　　　克服自卑的方法**
>
> 1. 学会微笑。微笑会增加幸福感,进而也能增强自信心,是医治信心不足的良药。
> 2. 心理暗示。每个人都有自己的优点和长处,要学会欣赏自己,表扬自己。把自己的优点、长处、满意的事情统统找出来,在心中炫耀一番。遇到困难时,一定不要放弃,反复激励和暗示自己"我能行!""我能做好!"等,重复念叨有信心的语句,是一种正面自我心理暗示,有利于不断提升自己的自信心。
> 3. 认准自己的优势。人的价值主要体现在通过自己的努力达到最大潜力,要善于挖掘和发展自己的特长,以补偿自己的不足。
> 4. 昂首挺胸快步走。心理学家告诉我们,身体的动作是心灵活动的结果,要想拥有良好的心境,表现出超凡的自信,走路时要保持矫健的身姿,昂首挺胸,将走路的步伐加快,有力匆忙的脚步告诉人们:"我很忙!我很重要!"自信心会油然而生。
> 5. 合理设置目标,并努力去实现。正确分析自己的现状,合理调节自己的抱负水平,把目标定位在"跳一跳,摘得到"的位置上,并把目标细化,分解到每一天,然后落实到位。从完成目标的过程中获得快乐感和成就感,成功会促使你的自信心不断提高。

> 6. 突出自己,多给自己"显眼"的机会。比如,在大庭广众面前讲话,是培养和锻炼自信心的重要途径。每次上课争取主动发言,大胆发表自己的见解。
>
> 7. 多与自信的人交往。心理学指出,人的心境是相互感染的,朋友交往在潜移默化中相互影响。你若常与心胸豁达、自信心强的人在一起,一定会乐观、开朗、勇往直前。
>
> (邵建平,周凤华,2008)

自卑情感会造成青少年在学习、生活、交往等各方面的适应不良,久而久之,还可能发展成心理疾病。针对青少年群体中出现的自卑,在优化教育方式和教育环境,创造民主、和谐的学校及家庭氛围的同时,教师可以根据实际情况,采用以下三种方法进行辅导。

(1) 辩论法

辩论法指的是教师运用科学的辩论方式向青少年持有的引起自卑的非理性信念进行挑战和质疑,通过多次积极主动的提问,使他们不断去审视和思考与自己原来认知相反的事实,从而逐渐改变原有的不良认知。这类提问技术又分为质疑式和夸张式两种形式。

① 质疑式辩论。教师根据自卑者不合理的信念,如"我一点也不优秀,是个最无能、笨透了的人"进行质疑式提问"你用什么来证明你最笨呢"等,引导自卑者有意识地去思考和寻找证明自己原先想法的事实,当他们最终不能够证实自己原先那些过于片面的观点时,就会逐步改变并放弃它们。

② 夸张式辩论。针对青少年的不合理信念提一些夸张性的问题,把青少年想法和观点的不合理、不现实及荒谬之处用夸张的方式放大给他们自己看。例如,针对认为自己笨的青少年的片面认知,教师可以采用"你是天下第一大笨蛋"等夸张式提问,引导他发现自己想法的可笑与荒谬,关注那些与自己认知不相符的事实,从而逐步改变那些绝对化的想法和要求。

与不合理信念辩论的方法就是要让事实来说话,要使自卑的青少年在全面反省和概括事实的基础上重新认识和评价自己。但在辩论的起始阶段,自卑者一般不会轻易地放弃自己形成已久的信念,面对教师的质疑和辩论,他们会千方百计地为自己的信念辩解。因此,教师需要耐心和真诚,借助这种辩论过程的不断反复,最终使自卑者感到理屈词穷、无法为自己的片面想法辩护。此外,教师在辩论中要让自卑的青少年把他们找到的某个优点进行具体化,就是要让他们具体说出自己曾经在或能够在什么时候、什么情况下表现出这些优点,使得这些优点更加生动、明确,更有意义,从而进一步强化自卑青少年的优秀品质,调动起他们的积极情感,使得他们对自己越来越感兴趣,越来越具有自我认同感和自信心。

(2) 自我陈述法

自我陈述法是让自卑的青少年通过积极、合理的自我对话和暗示来对抗和破坏那些消极的、非理性的自我暗示和观念。例如,引导自卑的同学运用积极的语言告诉自己:"别人行,我也能行","尺有所短,寸有所长","天生我材必有用!我要试一试,我要尽我所能","天外有天,人外有人,只要我竭尽全力了,就不在乎成与败"。这种积极的自我暗示可以增强自卑青少年的信心,并学会宽容和接纳自己,帮助自卑的青少年找到较多且有效、积极的自我对话,促使他们坚持这样做是该方法的成功要点。

(3) 家庭作业法

家庭作业法是心理辅导方法中的重要组成部分,它对其他技术起着辅助和巩固作用。其要点是:让自卑者制定每日活动计划安排表,并要求他们在次日对每项活动的完成程度(M)和愉快感受(P)作出自我评定,每种活动均按0~10分来评定。当然,自卑者计划的活动不必是什么大事情,哪怕是日常生活中芝麻粒大的事情也行。例如,让自卑的青少年试着跟一两位同学打招呼或聊聊天、在课堂上当众发言一次、记住一些英语单词或数学公式、独立完成物理作业等——只要它们能够使自卑者富有自我成就感和愉悦感就行。通过这类形式的行为活动作业,自卑的青少年可以逐步提高对自己能力的成就体验和信心,增强对学习和生活的兴趣与积极性,并开始从一个新的视角来观察、看待和肯定自己,最终改变对自我的消极态度,愉悦地接纳自己。

## 六、克服嫉妒的辅导

嫉妒常常表现为看见别人某些方面,如才华、成就、品质,甚至相貌高于自己而产生的一种阴暗心理,它常常以多种形式表现出来,如疑惧、怨恨、失望等。在个体成长的各个年龄阶段都普遍存在。在现实生活中,许多人具有嫉妒心理。我们应该做的是取长补短,克服嫉妒心理,化嫉妒为人生不断前进的动力。

**1. 典型案例分析**

(1) 案例

童童,女,17岁,高二年级学生,曾任班长。

童童学习成绩优秀,工作积极主动,聪明,智力发展水平较高,学习成绩优秀,在唯成绩论的应试教育评价下她就是"好孩子"。在家里,深得长辈的喜欢,被爷爷、奶奶视为掌上明珠。从小在老师的赞扬和同学的羡慕中长大,童童一直是优秀干部、三好学生。即使偶尔耍耍小脾气,也瑕不掩瑜。童童从不主动与父母谈心,也几乎没有什么朋友,初一时,母亲对她说可以带朋友来家里玩,她却说"什么朋友,她们都嫉妒我!"但为人多疑、爱计较,同学关系极差,以致发展到班上没人理她,这次班长竞选因没人投她票而落选。童童认为她的落选是这次当选为班长的刘璐搞的鬼,于是装病请假回寝室,把刘璐的一条漂亮的白裙子扔到地上踩踏,仍觉不解气,随后又用剪刀把裙子剪成一条条的……这件事令许多同学和老师都感到震惊和不解,她学习成绩优秀、工作能力突出,怎么会做这样的事呢?

(2) 分析

根据上面的案例,我们从以下三个方面进行分析。

第一,不良的家庭环境使她以自我为中心。家里父亲因书念得少,学识不高,难有更大的发展,所以把希望全寄托在孩子身上。女儿继承了父亲的聪明,深得长辈的喜欢,被爷爷、奶奶视为掌上明珠。大家都顺着这个"小公主",以至只要她向父母开口,父母必然满足她的要求。父母的正常管教往往也由于爷爷、奶奶的袒护而无效。从小就形成一种思维定势:凡是我想要的,就应该让我得到。父母也认为:只要孩子学习好,将来能上大学,完成父辈未竟的心愿就可以了,因而放松了管教,致使童童以自我为中心、骄纵任性。第二,学校教育评价的片面性助长了她的畸形心态。童童聪明,智力发展水平较高,学习成绩优秀,在唯成绩论的应试教育评价下她就是"好孩子"。从小在老师的赞扬和同学的羡慕中长大,童童一直是优秀干部、三好学生。即使偶尔耍耍小脾气,也瑕不掩瑜。因此,她形成了"我就是最好的,谁都不能比我强"的畸形心理。第三,高中学业压力增强,童童嫉妒、焦虑、敌对和猜疑。童童学习总是一帆风顺,没有受到挫折,没有体会过失败的滋味,上高中后同时面对许多学习好的同学,她没有任何心理准备,内心产生了严重的焦虑和不安,但从小形成的思维定势使她不能正确认识同学和自己,对比她优秀的同学产生强烈的敌对情绪。嫉妒蒙蔽了她的理智,使她斤斤计较、胡乱猜疑,从而导致她和同学关系紧张,没有知心朋友,越发地与别人格格不入。童童因而产生了极重的心理负担。当她看到刘璐当选而自己落选时,产生了强烈的嫉妒情绪,就实施了疯狂的报复行为。

(3) 辅导策略

对于童童嫉妒心理的辅导需要从以下四个方面进行。

首先,指出嫉妒的危害,矫正不良性格。童童是在顺境中长大的学生,同时也是很聪明的女孩。直接揭她的伤疤,触她的痛处,恐怕会引起她的过激反应而拒绝辅导,因此,老师可以对她的问题避而不谈,而是和她共同观看了一则心理访谈节目,让她对案例中的学生进行分析。接着,引导童童分析了自己的心态,帮助她认识到这件事件包括以前的种种都是嫉妒心在捣鬼。若能正确认识,化嫉妒为动力,则"柳暗花明又一村"。

其次,进行挫折教育,提高心理承受力。案例中童童很少受到挫折,所以面对挫折时就会接受不了。让童童意识到挫折是任何人都不可避免的,产生的原因内外都有,不要过分强调自己的不足,既要看到自己的缺点,更要看到自己的长处。做每件事之前,都应充满自信,但也要有失败的心理准备,这样日积月累,耐挫折能力会逐渐提高,从而做到荣辱不惊,成败坦然。让她明白,挫折本来就是生活的组成部分,既要看到光明,又要看到黑暗;既要看到顺利,又要看到挫折,长大后才能迎难而上,勇往直前。

再次,培养交往能力,重塑童童的人格。童童的学习和工作能力很强,但不善与同学相处,帮助她认识到自己的错误是个性导致的之后,童童产生了要与同学友好相处的愿望。因此,老师告诉她,处理人际关系是一种能力,必须通过学习和实践才能培养和提高。要增加交往频率,在紧张的学习之余,主动找同学谈心、讨论问题,交换一些意见,互相传递信息加深感情联系,还要真诚关心同学,宽容待人。让她知道人与人交往中最大的美德是宽容,人与人是平等的,应该互相尊重;让她思考当她做了错事时,别的同学还依然关心、帮助她,这是为什么?她慢慢觉悟了,开始主动给差生补课,学会了主动关心别人。

最后,传授家教方法,寻求社会支持。老师多次家访,和童童的父母共同研究解决之道。他们承认了自己的失误,希望掌握正确的教育方法。老师告诉他们,仅仅满足孩子的物质需求是不够的,孩子更需要和父母进行心灵的沟通;父母是孩子的第一任老师,所以在生活中要全方位来关心她,让她感觉出父母的变化,要当她的知心朋友。每周末童童回到家,有可口的饭菜,父母主动和她聊聊学校里的事,这些变化让她吃惊,不习惯,继而慢慢接受了。同时,老师要求她父母对童童提出合理要求,不能一味娇宠。若遇到情况,及时与老师沟通,共同为塑造童童健康人格而努力。

**2. 克服嫉妒的一般方法**

(1) 认知疗法

认知疗法(cognitive therapy)是根据认知过程影响情感和行为的理论假设,通过认知和行为技术来改变患者不良认知的一类心理治疗方法。认知疗法的基本观点是:认知过程及其导致的错误观念是行为和情感的中介,适应不良行为和情感与适应不良认知有关。认知疗法常采用认知重建、心理应付、问题解决等技术进行心理辅导和治疗,其中认知重建最为关键。

认知疗法一般分为以下四个治疗过程。

① 建立求助的动机。在此过程中,要认识适应不良的认知—情感—行为类型,对其问题达成认知解释上意见的统一;对不良表现给予解释并且估计矫正所能达到的预期结果。比如,可让患者自我监测思维、情感和行为,治疗医师给予指导、说明和认知示范等。

② 适应不良性认知的矫正。在此过程中,要使患者发展新的认知和行为来替代适应不良的认知和行为。比如,治疗医师指导患者广泛应用新的认知和行为。

③ 在处理日常生活问题的过程中,培养观念的竞争,用新的认知对抗原有的认知。

在此过程中,要让患者练习将新的认知模式用到社会情境之中,取代原有的认知模式。比如,可使患者先用想象方式来练习处理问题或模拟一定的情境或在一定条件下让患者以实际经历进行训练。

④ 改变有关自我的认知。在此过程中,作为新认知和训练的结果,要求患者重新评价自我效能以及自我在处理认识和情境中的作用。比如,在练习过程中,让患者自我监察行为和认知。

(2) *精神分析方法*

精神分析法主要把来访者不知晓的症状产生的真正原因和意义,通过挖掘潜意识的心理过程将其招架到意识范围内,使来访者真正了解症状的真实意义,便可使症状消失。精神分析的基本原理在于由治疗者的解释来协助患者能对自己的心理动态与病情有所领悟与了解,特别是压抑的欲望,隐蔽的动机,或不能解除的情结,通过由自知力的获得,了解自己的内心,洞察自己适应困难的反应模式,能进而改善自己的心理行为及处理困难的方式,间接地解除精神症状,并促进自己的人格成熟。精神分析的理论特别强调情感与欲望是行为的主要原动力,如何纠正更改感觉,情绪和情感乃是治疗的焦点。

精神分析一般通过以下三种途径显示其效果。

① 精神宣泄。患者能自由表达被压抑的情绪,或对早年经验的再体验。如果让患者重新在心理上体验过去的挫折,并把压抑的感情宣泄出来,患者就有了认识它、克服它的可能性。此案例中,要着重分析她的家庭结构,是否在以往的经历中存在挫折,发觉以往的经历中类似的情况,家庭给予的什么态度,家庭教养方式又是怎样的。

② 自省。通过分析,让患者了解自己内心冲突、嫉妒的根源,于是就有了自省的可能性。经过自省,把症状的潜意识意义和动机揭露出来,使患者意识到症状的真正意义而达到领悟,并要求从理智上感情上都能接受。让来访者自己探索自己的内心,然后进行反省,进行重新认识并把嫉妒的根源挖掘出来,以求达到正确认识自己的内心矛盾。

③ 反复剖析。即反复扩通。由于患者的症状已成为其心理活动的组成部分。因此,即使患者领悟病症的隐意,但在行为中仍会出现反复。心理治疗是个漫长的过程,要求医者和患者都必须有耐心,不断分析、理解、更正、体验,才能逐步从根子上改变患者的思维逻辑方式。

妒忌之心,人皆有之,关键在于看你如何去把握。成功人士在往往能够很好克服内心的妒忌心,而失败的人总是在妒忌的泥潭中自怨自艾。在生活中我们要努力克用妒忌心理,正确看待他人成功与幸福,这样社会的发展更加美好和谐。

## 七、克服强迫的辅导

强迫是一种知道没有必要,却会没完没了、无法克服的观念和行为。强迫状态任其发展,最终可能会发展成为神经性强迫症。虽然强迫还没有成为一种严重的心理疾病,但它会给人的学习和生活带来严重困扰。

**1. 典型案例分析**

（1）案例

刘峰是一所农村中学的高三学生。自从上高中以后,刘峰就被一些烦恼困扰。他不仅觉得自己成绩不够突出,还被一些不必要的观念和行为缠绕着自己,无法摆脱。例如,只要和女生打交道,他就产生可能会找自己麻烦的念头,于是就在行动上设法躲避女生。他也觉得这种想法是不对的,但却难以控制。他在读初中时成绩较好,父母对其有较高的期望,希望他能考上好的大学。在初二时,刘峰曾和家住邻村的一位同班女同学关系要好,他们在学校经常一起讨论学习问题,两人也经常一起放学回家,有时天晚了,他还会单独送她回家。后来女孩的母亲知道他俩要好的情况,并到他家告状,说他追求她女儿,这么小的年龄太不要脸,再这样下去就告到学校。虽然他当时喜欢和这位女同学在一起,但绝没有明确提出追求她。父亲知道后,还把他打了一顿,呵斥他不将精力放在学习上,还想歪点。父亲常年在外地打工,对其管教很少,但当听说他不好的时候,常以恶言"教育",直至体罚。那时他特别恐惧,害怕女同学父母会闹到学校或产生其他更严重的行为。渐渐地,他也觉得经常和女孩在一起可耻。

自从那件事之后,刘峰对与别人一点小的摩擦或那些没有发生的事情都会反复思考,直至自己感觉舒服一些才会停止。升入高中之后,他常会为一些琐事而想得太多。例如,不小心踩了别人的脚,他会反复向别人道歉,就这样还会担心别人会找他麻烦;他从同学借书,因担心同学的书里会夹着钱或重要的东西,他会多次和同学确认书里没有夹东西。这样反复确认,有时同学都烦了,但他控制不住自己。

（2）分析

从上述案例中可以看出,刘峰出现了强迫观念,他也知道这些观念没有必要,但就是难以控制自己。下面从三方面分析刘峰的出现问题原因。

其一,创伤事件。刘峰后来出现的强迫观念与那次女同学母亲告状是分不开的,那次告状可能是后来出现强迫观念的诱因。和同班女同学在一起,他当时觉得是一件十分愉快的事情,但自己没有想到会出现让他感到无比羞辱、被人骂不要脸的结果,还要整天担心怕事件会闹到学校,给自己带来更大的影响。自此,他开始不愿和女生交往,担心交往就产生可能会找自己麻烦的念头。随着进一步发展,直至在一些生活中的琐事上也担心别人找自己麻烦。

其二,生物因素。初高中这一阶段在心理学中被称为"暴风骤雨期""第二次诞生""危险期"等。处于这一阶段中的青少年因生物成熟与心理成熟的不一致,容易出现困惑、矛盾,但又充满生机和活力。刘峰就是在这一阶段出现各种各样的问题,但这一阶段可塑性强。如果给予正确引导和帮助,他们的恢复能力是很强的。

其三,父母教育。刘峰父母在教育孩子方面是存在一些问题的。父母对孩子的期望值较高可以理解,但不能以粗暴的态度教育孩子,不能动辄打骂子女。如果父母在女同学家长告状之后,没有打孩子一顿,而是选择和孩子沟通、讨论。情况可能完全不一样。更何况,父亲经常在外打工,平时给孩子的温暖就不够。

(3) 辅导策略

根据刘峰同学的实际状况,教师可采用以下三种方式,帮助他克服强迫。

首先,帮助改变不良观点。教师要和刘峰分析,虽然自己曾在初中时受到女同学母亲告状,但这只是个特殊情况,未必在以后和女生的相处中会发生相同情况。而且,在以后和女生交往的内容也完全不同,不可能再发生类似以前的事,从而从根本上改变刘峰扭曲的认知。

其次,引导父母改变教育方式。教师要利用各种机会,让刘峰的父母认识到什么是正确的父母教育方式。责骂、体罚等只会使孩子朝着不健康的方向发展,而沟通、协商、民主才是教育孩子的正确方式。教师可举一些因父母教育方式粗暴而使孩子走入歧途的一个个活生生的案例,让家长从中吸取教训,认识到科学的父母教育方式在孩子成长中的重要性。

再次,帮助了解和异性交往的知识,认识到青少年的可塑性。鉴于刘峰也曾认为"经常和女孩在一起可耻",这可能导致和女孩相处出现问题的原因之一。为此,教师要帮助他认识到和女生交往的正当性和必要性。鼓励他只有多和女生交往,才能可能克服产生的误解。另外,还需要帮助刘峰认识到青少年阶段是一个特殊的阶段,虽然充满着各种矛盾,出现各种问题,但可塑性还是很大的。只有正视自己的问题,并努力去改变,是可以克服强迫这一问题的。

**2. 克服强迫的一般方法**

克服强迫的方法主要有以下三种。

(1) 合理情绪疗法

帮助学生认识到导致自己出现困扰的不是日常生活中各种事件,而是他本人对各种事件具有的不合理信念导致他陷入反复思考而不可自拔。例如:"只要和女生打交道,他就产生可能会找自己麻烦的念头。""与别人一点小的摩擦或那些没有发生的事情都会反复思考。"先从这些改变不合理的信念入手,帮助他认识到哪些是错误观念,应该用什么正确观念来代替,从而改变不合理的思维方式,使学生在人格上获得成长。

(2) 思维阻断法

思维阻断法是指在想象其强迫观念的过程中,通过外部控制,人为中断思维,经过多次抑制促使强迫观念逐渐消失。也就是先学做放松练习,再帮助学生进行纠正强迫性回忆、强迫性怀疑等非理性认知的训练。具体做法是:让学生熟练掌握自我放松技术,要求能在短时间内达到全身放松。在前期准备和放松训练的基础上,开始进行思维阻断法训练。学生全身进入放松状态,想象自己能诱导产生出强迫状态的念头等思维活动,当学生头脑中出现清晰想象活动时,要求自己出声喊"停"。同时,自己拿着一个木棒用力敲击一下凳子,发出刺耳的声响。训练见效后,以后学生只需叫"停",不再敲击凳子,再逐渐在心里叫"停",不发出声音。每次进行20次思维阻断训练。

(3) 暴露和反应预防

暴露使学生面对引起焦虑的环境或物品,反应预防则要求自己推迟、减少直至放弃能减轻焦虑的观念或行为,尽可能控制强迫观念或行为,如减少洗手频度,缩短洗手时间,甚至放弃频繁洗手。

在实施行为干预的过程中,首先应有专业教师协助学生本人制订干预计划,帮助其增强治愈的信心,要求家庭成员多给予鼓励,督促学生自己完成家庭任务。干预初期,学生需要和专业教师一起商讨,共同制定一个激发焦虑的计划。通过和专业教师的会谈,学生知道如何去做,如何独立去完成以后的家庭作业,并逐步增加难度。有效的暴露和反应预防不是通过一两次就能完成的,而是需要多次会谈和长时间的家庭作业。会谈的频度以一周一次为宜,会谈时间通常为30~60分钟。

让我们回到本章开头提到的那个案例。小斌从小就被家人无微不至地照顾并寄予厚望,到初中为止一直过着没有挫折的生活,所以在没有任何心理准备的情况下,当接连遭受成绩下滑和恋爱失败的双重打击时,小斌会说出"活着真没有意思"这样的话。通过本章的学习,我们知道了小斌的问题基本上是适应性困难并因此而产生了自卑和抑郁等不良情感。根据小斌的情况,可以从几个方面来帮助他:首先,教师要帮助他正确看待自己当前面临的问题,使他认识到从初中到高中遇到一些不适应的情况是十分普遍的;在学习方面,只要勤奋刻苦、坚持不懈就一定能取得和以前一样优异的成绩;在生活方面,女朋友的"移情别恋"只是偶然的事件,并且他现在的年龄也不适合谈恋爱。其次,家长也要努力帮助小斌度过这一关键期,父母和爷爷奶奶不应该在这个时候一味地责备小斌。小斌需要的是大家适度的鼓励,帮助他全面正确地认识自我,不要因为一时的不如意就自我贬低。相信通过教师和家长的共同努力,小斌的情感一定会发生改变并取得可喜的进步。

## 本章小结

- 情感生活辅导是指运用有关心理学理论和技术,通过诱发青少年学生自我教育的力量,帮助青少年正确处理自己的情感生活,增进心理健康而进行的一种辅导。
- 焦虑是由紧张、不安、忧虑、担心、恐惧等感受交织而成的复杂情感状态。
- 孤独是个体感到自身和外界隔绝或受外界排斥时产生的情感体验,是一种封闭心理反应。
- 抑郁是一种由持续的心境低落、悲伤、消沉、沮丧、不愉快等综合而成的情感状态。
- 暴躁是指在一定场合受到不利于自己的刺激就暴跳如雷的情感状态。
- 自卑是一种因过多地自我否定而产生的自惭形秽的情感体验。
- 嫉妒是由于看到别人某些方面,如才华、成就、品质甚至相貌高于自己而产生的一种冷漠、贬低、排斥或敌视的情感。
- 强迫是一种以强迫观念和强迫行为为主要特征的情绪状态。
- 焦虑情感辅导的一般方法有系统脱敏法(根据焦虑者实际情况制定焦虑梯度表、放松训练、逐级配对脱敏)、放松技术(一般放松训练、丹田呼吸放松、想象放松、深呼吸放松)等。
- 孤独情感辅导的一般方法有宣泄法、行为指导法等。
- 抑郁情感辅导的一般方法有认知领悟法、支持法、行为训练法、社交适应性训练法等。
- 暴躁情感辅导的一般方法有行为契约疗法、厌恶匹配控制法(橡皮圈弹痛法、想象性厌恶匹配法、暂停疗法、情境转移法)等。
- 自卑情感辅导的一般方法有辩论法、自我陈述法和家庭作业法等。
- 嫉妒情感辅导的一般方法有认知疗法、精神分析方法等。
- 强迫情感辅导的一般方法有合理情绪疗法、思维阻断法、暴露和反应预防等。

## 思考题

- 什么是情感生活辅导?主要从哪几个方面对青少年的情感生活进行辅导?

- 为什么不良情感会对青少年造成诸多消极影响?
- 青少年有哪些常见的情感生活问题?有哪些表现?它们是如何产生的?
- 如何对青少年常见的情感生活问题进行辅导?

## 问题探索

- 深入到学生中间,了解他们平时学习生活中的情感特点和可能存在的情感问题。
- 针对学生的自信心培养,请设计一个"心理周"活动方案。

# 第九章　青少年学习心理问题与辅导

―――― 本章细目 ――――

**本章要点**
**第一节　青少年学习心理概述**
一、青少年学习的重要性
1. 为走上社会做好准备
2. 帮助形成良好的人格
二、青少年学习心理的概念
1. 青少年学习心理的内涵
2. 青少年学习心理的主要表现
三、青少年学习心理的作用
1. 增强学习动力
2. 提高学习质量
3. 有助于终身学习
4. 有利于人格发展

**第二节　青少年常见的学习心理问题**
一、学习动机问题

1. 学习动机缺失
2. 学习动机过强
二、学习情绪问题
1. 学习厌倦
2. 学习自卑
3. 学习焦虑
三、学习意志问题
1. 学习自制力差
2. 学习坚持性差
四、学习策略问题
1. 不能合理规划学习
2. 缺乏时间管理策略
3. 缺少心智操作策略

**第三节　青少年学习心理问题辅导**
一、学习动机辅导

1. 激发学习动机
2. 调节学习动机强度
二、学习情绪辅导
1. 提高学习兴趣
2. 增强学习自信
3. 克服学习焦虑
三、学习意志辅导
1. 提高抗干扰能力
2. 增强学习坚持性
四、学习策略辅导
1. 学习规划策略
2. 时间管理策略
3. 心智操作策略

**本章小结**
**思考题**
**问题探索**

## 本章要点

- 青少年学习心理问题概念的内涵和外延
- 青少年学习心理问题的主要表现
- 青少年学习动机的辅导
- 青少年学习情绪的辅导
- 青少年学习意志的辅导
- 青少年学习策略的辅导

---

**想试着回答一下吗……**

- 为什么有的学生每天醒来,想到要上学就很苦恼?
- 有的学生学习非常努力,但成绩就是不见提高,原因何在?
- 为何有些学生谈"试"色变,不仅一考就"砸",而且一想到考试就会头晕?
- 在学校中,你会发现对学业成绩排名次感兴趣的人,总是那些名列前茅的人,很少会有学生在看到一张自己注定要"叨陪末座"的名次表时,还会继续努力。这是为什么呢?
- 西方有这样一句俗语:"你只能牵马到水边,但不能保证它一定饮水。"将此话引申到教育上能说明什么现象?
- 同样一天24小时,为什么有的人可以将学习活动安排得井井有条,有的人则不行,总觉得时间不够?
- 同是一位学生,记忆效率会一下子提高,你信吗?

---

小容是一个酷爱流行音乐的高中生,期中考试前的两个星期才开始学习,一边学习一边听MP3,美其名曰"自我放松"。她暗自发誓要考出好成绩,至于好到什么程度就没太多想了。复习文科科目只要死记硬背就可以了,数学、物理就很麻烦了。她觉得自己缺乏学习数学的能力,不愿意在上面花费太多的时间,遇到自己不会解的题目,也不好意思去问教师和同学,害怕被人笑话。最后,她的成绩非常糟糕,尤其是数学,她很失望,一说起学习就头疼,觉得自己再也不可能学好数学了。如果你是小容的辅导老师,你会给出什么样的建议呢?

学习是青少年时期学生的主导性活动，因而伴随学习活动发生的学习心理也就成为青少年心理的重要方面。学习心理对青少年的学习活动具有重要影响。良好的学习心理对青少年学习起到了推动和促进作用，是青少年有效乃至高效学习的有力保障；不良的学习心理则会阻碍、干扰，甚至破坏青少年的学习。而青少年在学习过程中会出现各种各样的学习问题，因此，作为教育者，不仅要组织正常的教育教学活动，而且要关注青少年学习心理并进行必要的辅导。

# 第一节　青少年学习心理概述

要对青少年的学习心理进行辅导，首先就要了解青少年学习心理的内涵、主要表现和作用。

## 一、青少年学习的重要性

青少年时期是个体社会化的重要阶段。在这一阶段中，学习是青少年社会化过程中的主导活动。一方面，青少年通过学习掌握人类社会文化知识、习得社会规范，为青少年走上社会做好准备；另一方面，学习也有助于青少年形成良好的人格品质。因此，学习对于青少年有着重要的作用。

**1. 为走上社会做好准备**

学习是青少年阶段的主导活动。在学习活动中，学校学习是学习的最主要形式，学校学习可以帮助青少年有效地掌握科学、社会、文化知识。现代社会是知识型社会，这些科学文化知识的掌握和运用有助于青少年更好地适应社会，增加社会竞争的优势，为今后走向社会做好准备。

同时，除了科学文化知识的学习，青少年在校园生活中，尤其是在人与人的交往中还会学习到人际交往、社会规范等知识，这些知识不同于科学文化知识，很大程度上不依赖于教师的讲授，而依赖于青少年的社交实践，这些知识的掌握可以为青少年今后的社会发展建立良好的人际环境。有学者指出，社会规范的习得是"人"成为"社会人"的前提条件，尽管社会规范的习得是终身的过程，但青少年期的学校教育仍然是其中最主要的部分（裘指挥，张丽，2010；贾雪玲，2013，2015；徐俊，2015）。

通过学习，无论是科学文化知识的学习，还是社会交往技巧、社会规范的学习，都可以为青少年今后走向社会做好充分的准备。

**2. 帮助形成良好的人格**

青少年阶段是个体从童年向成年的过渡,这种过渡不仅体现在生理的不断发育上,还表现在人格的不断形成和完善。人格是一个人在社会生活实践中形成的相对稳定的各种心理品质的总和。而青少年的社会生活实践主要是学习,因此,青少年的良好人格品质需要通过学习这一实践活动形成。

## 二、青少年学习心理的概念

青少年主要的任务是学习,因而学习心理活动是青少年主导的心理活动。青少年的学习心理不仅影响其学业成败,还会影响其智能乃至人格的发展。因此,详细了解青少年学习心理的概念,将有助于教育者对其进行积极有效的引导。

**1. 青少年学习心理的内涵**

这里的学习主要是指青少年个体在完成学校教育任务过程中发生的学习活动。因此,广义的**青少年学习心理**(adolescent learning psychology)指的是青少年在这一学习活动中表现出的心理现象;狭义的青少年学习心理则主要是指对青少年学习活动有重要影响的那些心理现象。

**2. 青少年学习心理的主要表现**

青少年学习心理包含的内容很多,这里主要涉及对青少年学习活动影响较大的四个因素:学习动机、学习情绪、学习意志和学习策略。那么,它们在学习中是如何表现的呢?让我们一起走进青少年的学习情境,来了解青少年的学习动机、学习情绪、学习意志和学习策略。

上课铃响了,那就让我们走进一个中学的物理课堂,感受一下他们的学习氛围吧。这堂课老师要给同学们讲力学的原理,同学们的姿态是不尽相同的。一些同学两手平放在课桌上,脚尖朝前,心平气和地等着老师开始上课。等到了上课时,眼睛一直注视着老师,心思也跟着老师的讲述走。当老师给同学们演示小球从斜面上滑落的现象时,这些同学立刻表现出聚精会神的样子。当老师提出问题的时候,他们个个都把手举得老高老高,回答问题的同时也向老师请教自己不懂的问题。可另一些同学在上课铃响后,慢吞吞地回到自己的位子上,还时不时地和其他同学交头接耳。上课时不是趴在桌子上睡觉就是在做小动作,一点也不愿意积极地思考老师提出的问题,讨论时间也完全变成了他们的聊天时间。那么,为什么同样是一个班级的学生,上课状态会有这么大的差别呢?其实,这都是学习动机在起作用。**学习动机**(learning motivation)指的就是直接推动一个人进行学习活动的内部动力。显然,那些积极听讲、主动提问的同学具有较高的学习动机,而那些不认真听讲的同学则缺乏一定的学习动机。

离开那个教室,往校园里眺望,我们又被一个班的课外小组活动吸引了,让我们走近他们看个究竟吧。原来这个班的同学在进行课外练笔,老师让同学们到教室外感受校园环境,分组进行采风,看哪个小组的同学写的句子又多又好:老师布置完任务后,只见有的同学立即就投入了小组讨论,兴高采烈地开始分配采风任务,一会儿露出若有所思的表情,看着眼前的大榕树,一会儿像发现新大陆似的开心欢呼,满脸喜悦,同时还不亦乐乎地与同组的伙伴一起交换自己的写作成果,当激烈讨论到不知谁的措辞更好的时候,还会满怀期待地跑到老师面前,请老师帮忙分析。可我们也看到另一些同学在小组讨论的时候,悄无声息地站着,嘴里好像想说些什么,但又因为胆小而不敢表达,观察校园的时候也是怯生生地躲到大家很难发现的角落里;还有个别同学在老师布置任务和小组讨论的时候,心思完全不在学习上,不是对着天上的小鸟叫唤,就是极不耐烦地东晃西晃,被老师批评后还愁眉苦脸很不情愿地消停一小会儿。可以看出,任何学习活动都是在一定的情绪背景下进行的,所以这些同学流露出的不同神情反映出他们不同的学习情绪。**学习情绪**(learning emotion)指的是学生在学习过程中对学习是否满足需要而产生的情绪体验。显然,前一部分同学的学习情绪比较高涨,而后一部分同学则表现得比较厌倦学习,学习情绪也比较低。

结束了一天的课程,我们来看看同学们在家里的学习情况吧。经过一个孩子的窗口时,只见他正在埋头做功课。他的桌子上摆放着今天一天的家庭作业和明天上课的预习本。突然一群伙伴踢着足球经过了窗前,呼唤他一起去踢球,可他却说:"你们先玩,我做完功课再来。"接着,他又继续做功课。现在,我们把目光转到隔壁的同学家,他也正在做作业,突然,另一个房间隐隐约约地传出了电视的声音,爸爸在看足球比赛。只见他按捺不住,不时地向那个房间张望,最后终于忍不住走进了那个房间。才一会儿,妈妈就不断催促他赶紧写作业,被"监督"得实在烦躁时,才勉强地回到了写字桌前。可他坐了不到五分钟,又悄悄溜去看电视了。是什么让两个孩子有如此大的差别呢?没错,就是学习意志。**学习意志**(learning willingness)是指学生根据学习的目标,在学习过程中自觉地实施、调节和控制自己的学习行为,不断排除干扰,克服困难,以完成预定的学习任务的心理过程。显然,前一位同学拥有比较强的学习意志,而后一位同学的学习意志比较薄弱。

很快,一个学期就要过去,期末考试已经到来,让我们再把目光放在一个地理课的考场中,看看同学们的各种表现吧。考场上虽然每个同学都在埋头奋笔疾书,但他们思索的成果究竟是什么样的,还得要看看他们的试卷和草稿才能分辨出。有些同学看上去有条不紊地在草稿上书写着,仔细一看,在回忆长江的支流,他划了一条长线代表长江,按上、中、下游支流汇入长江干流的顺序把每一条支流无一遗漏地回忆了出来;有的同学在记忆七大洲的面积大小时,则在草稿上写下了"亚非北南美,南极欧大洋"这样的口诀。考试还没有结束,就已经做完并检查了几遍试卷了。可有一些同学不时地挠头转笔,试卷上凌乱地写着一些长江支流和毫无顺序的一些大洲的名字,总是丢三落四,答不全一道题。相同的考试时间、考试内容和考试环境,为什么学生答题的差别会如此之大呢?这里,除了其他一些因素外,还涉及学习策略的问题。所谓**学习策略**(learning strategy)就是指学生优化学习活动效果,提高活动效率的一种技能。显然,那些作图画支流、口诀记洲名的学生是运用了学习策略的,而另一些死记硬背的同学却没有运用学习策略。

## 三、青少年学习心理的作用

青少年学习心理伴随着青少年的学习活动发生,渗透于学习活动的方方面面,影响着青少年的学习活动,发挥着一系列的作用。

**1. 增强学习动力**

学习心理对学习活动的作用首先体现在对学习活动的推动上,这一作用主要表现在学习动机上。学习动机是激励人们去行动的力量,对学习活动起着激发、定向、维持和调控的作用。因此,在青少年的学习活动中,有学习动机的学生,能够更加积极、主动地投入到学习中,朝着既定的学习目标不断奋进。

此外,学习情绪也是影响学习动力的重要因素之一。情绪和认知活动是相互影响的,认知活动的顺利进行会产生积极的情绪,积极的情绪体验又能推动个体对事物进行更加深入的认识,反之则不然。例如,自信感会增强学生的学习动力,促使他们投入学习;而焦虑、失败感则会减低学生的学习动力,甚至产生逃避学习、厌学等不良后果。

**2. 提高学习质量**

学习心理对学习活动的作用还体现在学习质量的提高上,这一作用主要表现在学习策略上。学习策略能够优化学生的学习活动效果,提高学习效率。良好的、被优化组织的智力活动能够促进学习,使学习进行得又快又好。例如,记同样的学习内容,使用巧妙的方式记忆单词,能够达到事半功倍的效果,反之则事倍功半。另有研究表明,在多篇章学习中,提取学习策略的学生相较于重学策略的学生在高阶技能(概念性问题、应用性问题、分析性问题和评估性问题)发展上存在显著差异,即提取学习这种学习策略学生的成绩好于重学策略学生的高阶技能成绩(周爱保,杨天成,程晨,马小凤,赵静,2015)。

此外,学习情绪和学习动机也会影响学习质量。首先,已有的研究表明,积极情绪会提高个体的认知操作水平,而消极的学习情绪则会降低学习效率。例如,高兴、愉快等情绪会提高记忆的准确性、思维的灵活性，从而提高学习效率；反之，焦虑、抑郁等情绪则会导致记忆减退、思维混乱，从而降低学习效率。另有研究发现，在积极情绪状态下学生能够提出更多更富有创造性的科学问题(胡卫平，周蓓，2010；陈志娟，2014)。由此可见，学习情绪在提高学习效率的同时，也提高了学习的效果，从而改善了学习质量。其次，学习动机的强弱也会影响到个体的学习质量。值得注意的是，过低的学习动机无法较好地激发个体的学习行为，而过高的学习动机则会引发个体的学习焦虑等消极情绪，过高或过低的学习动机对提高学习质量而言都是不利的。个体的动机必须维持在一个适当的范围内，既能较好地激发学习行为，又不会诱发消极学习情绪，只有这样才能提高学习质量。

**3. 有助于终身学习**

1972年任联合国教科文组织终身教育部部长的E. 捷尔比提出："终身教育应该是学校教育和学校毕业以后教育以及训练的总和；它不仅是正规教育与非正规教育之间关系的发展，而且也是个人(包括儿童、青年、成人)通过社区生活实现其最大限度文化及教育方面的目的。"终身教育的提出和发展就向个体提出了终身学习的要求，终身学习也就成为当今教育发展的一种趋势。终身学习要求个体从小养成乐学的情感、对真理的执着追求和一定的自学能力。

情感心理学告诉我们，情感的形成需要相应情绪体验的不断积累。只有当个体在青少年阶段的学习中不断地获得愉快的情绪体验，才能形成乐学情感，才能在今后的生涯中葆有终身学习的热情。我们可以试想，一个在青少年时期的学习中就产生厌学、畏学甚至恨学的情绪体验的学生，缺乏乐学的情感，怎么可能在今后的人生中走上终身学习的道路呢？

学习意志决定了学生是否能在学习的道路上克服各种困难，朝着既定的目标，锲而不舍，持之以恒。在青少年阶段的学习活动中，一旦形成了优良的学习意志品质，就有助于个体在终身学习的过程中排除各种干扰，执着进取，不断地追求真理。反之，一个在青少年时期的学习中没有形成良好意志品质的学生，就难以想象他能在不断出现的工作和学习、家庭和学习等矛盾的终身学习道路上坚持到底。

终身学习特别需要自学能力。在青少年阶段的学习生活中，能有效地掌握学习的策略，学会学习，无疑为终身学习奠定了自学能力方面的基础。倘若在青少年时期的学习中，就没有掌握有效的学习策略，不会学习，那怎么有能力进行终身学习呢？

**4. 有利于人格发展**

如前所述，学习是青少年的主导活动，学习活动也就是青少年的主要社会实践活动。那么，学习为什么会成为人格形成和发展的重要途径呢？这是因为，在学习过程中发生的学习心理,如学习动机、学习情绪和学习意志等,是作为人格的重要组成部分来发挥其促进人格整体发展的作用。例如,学习动机强的学生,在求学过程中长期处于对自己高标准严要求的情况下,长此以往,就会发展成为具有人格特质的成就动机,而这种成就动机又会带动其意志品质和理智情感的发展,从而促进人格的优化。

# 第二节 青少年常见的学习心理问题

虽然学习是青少年时期个体的主导活动,但是由于青少年时期充满着各种矛盾,其心理发展尚处在由幼稚走向成熟的阶段,因此在青少年学习的过程中会出现种种学习心理问题。这些问题不仅影响他们的学习,还会阻碍他们的健康发展。**青少年学习心理问题**(adolescent problems of learning psychology)是指青少年在学习活动中出现的、影响其学习活动进行的心理问题。学习心理问题可分为两种类型:一是指影响青少年学习活动正常进行的心理问题,如有些学生由于缺乏自制力整天上网打游戏而无法完成学习任务;二是指影响青少年学习潜力被充分发掘的心理问题,如有些学生尽管很用功但由于不善于运用学习策略而导致学业上的高原现象。学校教师遇到最多的也是最迫切希望解决的是第一类学习心理问题,但也不应忽视第二类学习心理问题,因为对其关注是心理辅导的主要目标之一。因此,在了解学习心理现象的基础上,还要进一步认识青少年阶段常见的学习心理问题,以便对青少年进行有针对性的辅导。

## 一、学习动机问题

青少年学习动机问题主要表现为学习动机缺失和学习动机过强两个方面。前者将会影响青少年正常学习活动的开展,后者将会影响青少年学习活动的效率。

**1. 学习动机缺失**

学习动机缺失是指个体的学习没有内在的驱动力量,没有明确的学习目标,无求知欲望。朱晓红(2011)指出学习动机缺失是指在学校教育情境中,学生由于对学习任务和自己的消极认知与消极体验从而表现出在学习上的消极意向和低投入行为。其中,消极认知有对学习目的、意义、价值的消极认识,对学习任务特征的消极观点,消极的能力观,消极的归因定向;消极体验主要指兴趣丧失、厌倦、在学习中的低自信心、低自主感、低归属感和低自尊等;消极意向有不想学习、不想做作业等;回避行为有迟到、旷课和逃学等;低投入行为有课堂学习不专心、不积极回答教师的问题、不能够主动提问问题和抄作业等。

平特里奇(Pintrich,1996)认为,可以根据学习者如下四个方面的行为表现来推测内在的学习动机状况:① 学习者对学习活动的选择,这种选择涉及两个方面,一个是学习活动与非学习活动之间的选择,一个是对不同学习活动的选择。② 学习者对学习活动的投入程度。这种投入既包括行为上的参与,也包括认知上的参与。行为上的参与,如做详细的笔记、课堂上积极提问等。认知上的投入则包括对学习材料进行深入细致的思考,主动掌握各种学习策略等。③ 学习者对学习活动的坚持情况。如果面临困难、厌倦、疲劳等情况下仍能坚持学习,说明学习者的学习动机较强。④ 学习者取得的学习成就,包括学习的等级分数、升学与毕业考试上的得分等。

针对以上观点,我们可以发现学习动机缺失的学生具有以下五方面的表现:在任务选择上,总是选择较容易的,甚至放弃学习任务;在目标选择上,没有自己的明确目标,而是随大流;在投入程度上,投入的时间少、精力少;在持久性上,一旦遇到困难,就会马上放弃,不能坚持学习;在成绩追求上,不在乎学习成绩的高低。

学习动机缺失在当代青少年身上主要表现为:在内在动机缺失方面,对学习没有兴趣,缺乏强烈的求知欲望,不是为了获取知识而学习,只是为了应付家长、教师而学习;在外在动机缺失方面,不再为了获取老师的表扬或迎合家长的要求等外在刺激而学习;在远景性动机缺失方面,没有远大的学习目标,只是为了应付眼前的考试;在近景性动机缺失方面,没有踏实践行的近期目标,只有好高骛远的理想。

大量的学习心理研究表明,学生动机缺失主要是由内外部的不良因素造成的:从内部因素看,学生自身意志薄弱、主动性和自觉性差、学习屡遭失败的体验、缺乏理想和学习的兴趣等,都对其学习动机的形成产生不良作用;从外部因素看,错误的社会舆论导向、不良的家庭环境以及家庭教养、不良的学校环境以及不科学的教育教学方法等,都会对学生学习动机的形成起消极的作用。

**实践探索 9-1**       为 谁 学 习

小华是今年高一,他在初中时,成绩名列前茅,同学羡慕,老师器重,使他有"众星捧月"的优越感。到了高中,同学们都是佼佼者,他的比较优势就不存在了,因此感到很不自在。在高一上期的几次考试测验中,他的成绩只能排在全班的中等水平,哪怕是他自认为加倍努力了,也无济于事。这时他发现,围绕在自己身边的"鲜花和掌声"没有了,同学们羡慕的话语没有了,老师赞赏的眼神没有了,父母殷切的希望没有了……他开始变得沮丧,烦躁,情绪一落千丈。同时他又受到周围环境,特别是"读书无用论"思想的影响,他的学习动机开始慢慢消失,他开始讨厌学习。

> 考试成绩不理想、学习不适应等挫折使小华失去了自信心,最终失去了学习兴趣、丧失了学习动机。小华慢慢地演化为我行我素,他上课经常迟到,课堂上要么搞小动作,和同桌讲话打闹,影响别人学习;要么就无精打采,干脆趴在桌上睡觉,一睡就是一上午,提不起一点学习的兴趣;他痴迷于打电脑游戏,有时甚至为了打游戏,直接逃学旷课,作业基本被他无视不做,即使做了,也是胡乱写的,字迹潦草……
>
> 曾经的一名优秀的学生开始慢慢堕落,老师和家长看到小华的变化都感到十分痛心,很多初中生进入高中后,因为初中时的学习习惯、学习方式没有改变,面对新的老师、新的课程,他们不能及时作出调整,一旦学习上遇到困难,就会出现沮丧失落的心理,甚至丧失学习动机,转变为差生。那么,如何激发学生的学生动机迫在眉睫。
>
> (何美蓉,2015)

**2. 学习动机过强**

学习动机过强是指个体具有远超出正常水平的内部驱动力量,对自己持有过高的期望,急于达成一定的目标。学习动机强固然可以提高学习的推动力,但是学习动机过强会造成个体内心过度紧张的状态,以致干扰了正常的认知活动,降低学习效率。例如,在学校中,我们经常发现,有些平时成绩优秀的学生,由于对自己期望太高,学习动机过强,结果在一些重要的考试中反而发挥失常。

学习动机过强的学生,他们的主要表现:期望过高,往往设置难以达成的学习目标,给自己施加过大的学习压力;投入过多,几乎把所有的时间都用于学习,不允许自己从事其他与学习无关的活动;好胜心强,非常看重分数、名次,处处要胜过他人,不甘服输;过分追求完美,对自己的要求严格而近乎苛刻,总觉得自己应当做得更好。

学习动机过强是在个体、家庭、学校、社会等因素的共同作用下产生的。一般来说,造成学习动机过强的原因主要有:个体存在不合理的认知信念,如凡事绝对化,认为"努力了就一定能获得成功",过分概括化,认为"一旦学习失败,我就一无是处了";偏激的教养方式,如父母灌输给子女"唯分数论"的观念,导致了青少年的学习动机过强;学校、社会不恰当的强化,动机强的学生往往被认为是勤奋、优秀的,故而学校和社会一味地给予其肯定和支持,从而导致原本较强的动机一再被强化。

耶克斯(Yerkes)和多德森(Dodson)的研究表明,动机水平与学习效果并不是线性关系,而是呈倒"U"形曲线关系。也就是说,动机强度处于中等水平时,学习效率最高;动机过强或过低都会对学习活动结果产生一定的负面影响。因此,要想达到学习的最理想效果,就必须切实解决学习动机的问题。而最能有效解决这一问题的办法就是让学生保持中等的或适度的学习动机。

## 二、学习情绪问题

学习情绪是青少年在学习过程中产生的情绪体验。目前青少年常见的学习情绪问题主要有学习厌倦、学习自卑、学习焦虑等。

**1. 学习厌倦**

学习厌倦,俗称厌学,是指个体在学习过程中产生的一种对学习活动失去兴趣,不愿从事该活动的消极情绪。厌学情绪是诸多学习心理障碍中最普遍、最具危险性的问题,直接影响到青少年的健康成长。

2001年6月,中国儿童中心"中国少年儿童素质状况"抽样调查的结果表明,因为兴趣而学习的中小学生不足30%;根据国内的一项调查研究发现,约20%的学生对学习不感兴趣;约30%的学生认为学习内容枯燥乏味;约10%的学生不愿意上学(周秀菊,2010)。从上述调查结果可以看出,青少年学生在学习活动中存在一定的学习厌倦情绪。在心理表现上,学习厌倦主要有以下三点特征:① 对待学习的态度消极,不想学习,往往在教师和家长的压力下才勉强学一下,并伴有不愉快的情绪体验;② 对学习兴趣的缺乏,不喜欢学习,认为读书是件苦差事,没有意思,缺乏好奇心;③ 对学习活动规避,不去学习因而常出现上课迟到、早退、开小差,直至旷课、逃学,甚至弃学出走或辍学。

学习厌倦的直接原因是学生在学习过程中长期缺乏愉快情绪体验,反而有消极情绪体验的积累。此外,填鸭式的教学方法、应试教育下的题海战术和"读书越多,收入越少""文凭越高,待遇越低"等读书无用的言论也是造成学习厌倦的间接原因。

**2. 学习自卑**

学习自卑是个体在学习过程中对自己的学习能力过低评价的消极情绪体验。在学校中,我们经常会看到这样的青少年学生:心灰意懒、自暴自弃,害怕学业失败,并由此产生担忧、恐惧等种种消极情绪;认为自己的学习能力不足,难以应付正常的学习任务,在学习上低人一等;尽量选择容易的学习任务,回避困难的作业,遇到不懂的内容,羞于求助他人或不懂装懂。这些都是青少年学生学习自卑的表现。

青少年学习自卑不是一朝一夕形成的,而是个体在经常性的学业失败情境中习得的。它主要是由以下四个原因造成的:① 频繁体验失败。一个学生在学习的过程中如果经常体验到失败,而没有成功的经验,久而久之,自然会感觉自己的学习能力不如别人,甚至没有办法改进,从而形成学习自卑。② 不正确的归因。在学习上缺乏自信的学生在成败归因上存在着障碍,他们倾向于把自己学习上的失败归于不可控制的、稳定的内部因素,如智力低、能力差,而把偶尔的成功归于运气、任务容易等不稳定、不可控制的外部因素,这样,无论成功还是失败,都无法增进学习的信心。③ 缺乏良好的心理素质。面对挫折和失败时,心理素质好的人能把失败看作是对自己的考验,积极勇敢地迎接挫折,克服困难,而心理素质不好的人受挫后却往往灰心丧志,把失败背在身上,久而久之,就会产生一种无助感。④ 教师、家长的消极评价。当青少年学生不能顺利地完成学习任务时,常常受到老师和家长的批评、责骂,自信心遭受打击,从而造成学习自我效能感的低下。

**3. 学习焦虑**

学习焦虑是个体对学习中将要出现的、难以应对的学习情境产生的紧张、不安、忧虑等复杂的负性情绪体验,并且常伴以明显的生理反应。每个学生在学校中都体验过某种程度的焦虑,适度的焦虑有利于学习活动的进行,但过度的焦虑会阻碍他们的学习和发展,严重者甚至导致心理障碍的产生。这里所指的学习焦虑主要是过度焦虑。

青少年学习焦虑是近些年国内外研究较多的一种负性学习情绪。国外的一项对中学生的研究发现,随着年级的升高,女生的焦虑水平越来越显著地高于男生,且主要表现在担心、紧张和身体反应三个因素上(Nasser, & Benson, 1997)。国内毛莉婷等人(2010)发现,在学习焦虑倾向和人际焦虑倾向上高一学生得分高于高二学生。顾宇莲等人(2012)对安徽省1 200名初中生进行了学习焦虑状况的调查。结果显示,所有被试的平均成绩大于8分,均为高焦虑者。孙月吉、庞鑫鑫和林媛(2011)对大连市的647名中学生(包括初中生和高中生)的考试焦虑发生情况进行了调查。结果显示,中学生考试焦虑的发生轻度占25.97%,中度占45.65%,重度占28.38%。

一般而言,按照学习的情境来说,可以把学习焦虑分为一般学习焦虑和考试焦虑。前者是由于不能克服一般学习情境中的威胁而形成的一种紧张不安、带有恐惧的情绪状态。具体表现为:精神紧张、睡眠质量差、注意力不集中、思维迟钝、记忆力减退、学习效率下降等。而后者是由于面临无法回避的考试威胁时形成的一种相对短暂的、紧张不安的并带有恐惧的情绪状态。具体表现为:考试前过分担心考试失败或考试成绩不理想,出现精神紧张、恐慌、心烦意乱、肠胃不适;在考试时情绪过分紧张、慌乱,记忆受阻、思维抑制,心跳加快、呼吸急促、出汗、头昏、尿急等。严重者全身发抖,两眼发黑,甚至晕倒。

**实践探索 9 - 2    考试过度焦虑案例**

张丽,高一女生,17岁,自我感觉学习非常努力,但考试成绩却总不够理想。张丽向心理老师反映,升入高中后,她学习特别认真,比别的同学都要刻苦学习,但成绩却不突出,每次考试排名都在班级10~15之间,从未考进前十名,这让她感到很郁闷,因为她一直认为自己有实力考进前十名,并且班里所有老师也都

> 认为她有考进前十名的潜力。可是不知为什么,每次考试时,她的身体总是有点不适,不是头疼、拉肚子就是感冒发烧,为此考前总会生病打针,这样会使她很不愿意考试,考试时也有点信心不足,而且特别害怕某科考砸了。但是怕什么来什么,每次考试,尤其是数学、地理经常犯些低级错误,导致成绩不理想,让她很气愤,也对自己很失望。而且,最近她学习时注意力也不太集中,经常会胡思乱想,有时明明正在学习,但头脑中却会突然闪现以前看过的电视或书中的某个情节,这让她很担心,害怕自己是不是不正常?张丽总是花很长时间学习,但效果总是不尽人意,从而张丽一直处于焦虑、担心、疲倦的状态中,努力去做却怎么也做不好。
>
> (刘金敏,2016)

## 三、学习意志问题

学习意志是指个体排除干扰、克服困难,坚持完成预定的学习目标的心理过程。青少年学生在学校生活中的学习意志主要存在学习自制力差和学习坚持性差两方面问题。

**1. 学习自制力差**

学习自制力是指个体在学习活动中自觉调控自己的行为、排除干扰的意志品质。学习自制力差是当代青少年中常见的现象,主要表现为:缺乏自控能力,容易受外界因素干扰。他们虽也知道学习的重要性,也想认真学习,但是在一些外界诱惑的影响下,不能有效控制自己的行为,如学生在做功课时,经不住电视节目、网络游戏或同伴玩耍等诱惑,而中断学习。心理学家安吉拉认为,不能按时完成任务属于消极拖延。目前,不少学生患有拖延症,学习任务不拖到迫不得已,绝不完成,总不愿走出自己的舒适区。研究发现,经常拖延与自制力差密切相关。

**2. 学习坚持性差**

学习坚持性是指个体对既定的学习目标锲而不舍、持之以恒的意志品质。学习坚持性差是当前青少年学生的又一个突出弱点,主要表现为:学习行为虎头蛇尾,虽有行动计划却不能长期坚持。如学生在新学期开始时制定了每天课外阅读的学习计划,但往往半途而废;又如学生规定每天背若干个单词,想日积月累有所成,但最后不了了之。

> **实践探索 9-3          在学习的道路上独立行走**
>
> 在物理学中我们都学过电磁感应定律和法拉第电解定律,这是英国物理学家和化学家法拉第分别于1831年和1834年发现的。你知道吗,法拉第出生在一个贫苦家庭,每天都吃不饱,根本没钱上学,连小学都没有念过。12岁当报童,一边卖报,一边学认字;13岁在印刷厂当学徒工,一边装订书籍,一边学习,甚至在

送货的路上,他也不肯放过学习的机会。法拉第能看懂的书越来越多,学习能力也更强了,他便开始读《大英百科全书》,并对电学和力学产生了兴趣。于是他找来有关电学和力学的书自学,此时科学已经使法拉第产生了极大的钻研兴趣,于是他鼓足勇气给赫赫有名的学术权威戴维写信,表示:"极愿逃出商界进入科学界,因为据我的想象,科学能使人高尚而可亲。"

戴维非常欣赏法拉第的才干,决定把他招为助手。法拉第一边勤勤恳恳地干着勤杂工的工作,一边当实验助手,他很快地掌握了实验技术。戴维外出到各国有名的实验室去考察,在外出一年半的时间里,法拉第就一边作为戴维夫人的仆人,一边参加学习,这使他大长见识,还学会了法语。

回国后,他独立进行科学研究,不久后就发现了电磁感应现象。1834 年,他发现了电解定律,被命名为法拉第电解定律。他的发现震动了科学界,被恩格斯称为"到现在为止的最大电学家"。

法拉第有强烈的求知欲,对科学有非常浓厚的兴趣,特别是他有那么一股锲而不舍的钻研精神,从一个没有上过学的一般工人,跨入世界一流科学家的行列。

## 四、学习策略问题

学习策略是指个体优化学习活动效果、提高活动效率的一种技能。目前青少年学生学习策略问题主要集中于不能合理规划学习、缺乏时间管理策略和缺少心智操作策略三个方面。

**1. 不能合理规划学习**

合理规划学习是青少年学习管理的一项技能。部分青少年不能合理规划学习的主要表现为以下三方面。

① 没有适当、明确、具体的学习目标。目标是青少年学生努力的方向与动力,只有制定适当、明确、具体的目标才有助于青少年学习成绩的提高。适当,是指合乎学生自身能力;明确,是指不要含糊其辞,如"今后要努力学习,争取更大的进步"这一目标就不明确,若改成"本学期争取取得班级前十名"就明确了;具体,是指将目标细化便于操作,如怎样才能使成绩达到前十名,可以细化为若干个操作目标。在青少年中,有部分学生虽树立了很多远大的目标,但缺乏具体可实施的操作手段,使其远大目标成了一句空口号。

② 学习处于无计划状态。青少年的学习主要是在教师指导下进行的,这种学习一般是由预习、听课、练习、复习四个环节组成。有的学生学习处于无计划状态,课前不预习,对老师要讲的内容没有事先的整体了解;听课时没有准备好上课的材料,跟不上老师的节奏;课后不能安排好各门功课的作业;不及时安排复习,复习时也不能对前后知识进行合理的衔接和联系,甚至根本不复习。

③ 不能制定适合自己的学习计划。有的学生不能根据自身的基础、能力、学习资源来制定适合自己的整体和阶段性的学习计划,从而使学习计划缺乏针对性、适切性,如有

些学生只是盲目跟从教师的教学进度而没有考虑自己的实际情况。殊不知老师并不能了解每位学生的情况,老师的教学节奏和复习计划不一定适合每位学生,尤其是当面临中考和高考时,每位考生应当根据自己各门学科知识掌握的程度以及所能支配的时间多少等客观实际来合理安排自己的学习计划。

**2. 缺乏时间管理策略**

在学习中,有效管理自己的时间,是一种非常重要的策略。大量研究发现,学业成绩好的学生,他们善于管理自己的时间;而那些成绩差的学生,则表现出较差的时间管理能力。

缺乏时间管理策略的学生主要表现为:不能合理安排时间、不善于利用最佳时间学习、不能灵活地利用零碎时间等。不能合理安排时间是指缺乏科学的作息安排,不懂得劳逸结合;不善于利用最佳时间是指不能找到自己的最佳学习时间,无法使自己的学习效率达到最优化;不能灵活利用零碎时间是指没有充分利用零碎时间进行学习。

---

**热点聚焦 9-1　　　　　　　高效利用时间**

学生如何有效利用时间,提高学习效率和效果,可以从以下四个方面进行。

**1. 有效利用在校时间,提高学习效果**

学校是学生学习的主战场,由于实行了以学生为主体以调动学生内动力的新课堂模式,学生在课堂上不在被动地听老师讲课,而要主动地发现、探究、讨论,最终自主总结本堂课上要学些什么,做什么。关于课后时间,学生通常有懈怠心理,这种心理需要学生用自我意识去克服。

**2. 学习要有计划,凡事预则立,不预则废**

首先,计划要考虑全面,计划中不能除了学习还是学习,还要兼顾其他各个方面。否则,一味地学习既对身体不好,计划本身更是不可执行的。其次,安排好常规学习时间和自由学习时间,学生主要利用常规学习时间来完成教师布置的学习任务,消化当天所学的知识。再次,要从实际出发来制定计划,制定计划,不要脱离学习实际,要符合自己现在的学习压力和水平。

**3. 加强自控能力**

一部分学生由于自控力不强,很容易成绩下滑,所以提高自控力就显得非常重要,可以从以下几个方面入手:如教育学生加强思想修养、提高文化素养,并强化意志力量,遇事要沉着冷静,自己开动脑筋,排除外界干扰或暗示;要帮助学生养成良好的学习、生活习惯,借助习惯的力量可以弥补意志力薄弱的缺陷。

**4. 有效利用零碎时间**

零碎时间虽短,但日复一日地积累起来,其总和将是相当可观的,凡在事业上有所作为的人,几乎都是能有效利用零碎时间的人。对时间计算得越精细,事情就做得越完美,如果在学习上能以分为单位,对那些看起来微不足道的零碎时间也能充分加以利用,在学习中必有大的收获。

(刘晓霞,2016)

### 3. 缺少心智操作策略

在学校中,我们经常发现,花费同样的时间去学习同样的内容,有的学生效率很高,事半功倍;有的学生却效率很低,事倍功半。造成这种结果的关键性原因,是个体是否使用了心智操作策略。所谓心智操作策略是指个体用于指导支配自己的注意、记忆、思维等心理活动的技能。

在学习的过程中,我们发现缺少心智操作策略的个体主要有以下表现:在记忆方面,大量使用机械识记,死记硬背、简单重复,最终导致识记又慢又差;复习不及时,形式单一,影响了记忆的巩固;保存在头脑中的知识缺乏有效组织,导致记忆内容的杂乱,影响提取的速度和准确性。在思维方面,主要表现在解决问题的思维活动中,缺乏有效的、简便的、灵活的、富有新意的方式来分析问题、解答问题,使得解题花费的时间长、效果差、方式单一、缺乏新颖性。

导致青少年存在学习策略问题的原因主要有三个方面:教师在教学中,往往只注重知识的传授,很少教授有效的学习策略。调查研究发现,教师普遍认为对学生进行学习策略的培养有助于提高教和学的效率,但在实际教学中由于教师缺乏系统的学习策略知识,对学生学习策略的培养就大打折扣(杜小梅,焦艳存,王振力,2011;刘璐,2015)。这就使得学生失去了从这一方面习得学习策略的更多机会;学生在学习中,只注重学习任务的完成,而不注意教师在教学中偶尔提到的学习策略问题,自己也缺乏在学习过程中总结、提炼学习策略的意识;已有研究表明,缺乏学习动机的学生,往往更不关注学习策略的使用,教了学不会,学了不会用。研究发现,学习动机强弱与学习策略的使用关系密切。一般而言,高动机者相较于低动机者,采用的学习策略种类更多,频率更高(张丽娟,2010;杨海波,刘电芝,杨荣坤,2015)。

# 第三节 青少年学习心理问题辅导

青少年学习心理对青少年的学习有重要影响,但由于青少年心理发展的不成熟,使得青少年在学习心理方面存在诸多问题,因此有必要加强青少年学习心理辅导,以促进青少年身心健康发展。

## 一、学习动机辅导

学习动机对青少年学习活动具有激发、维持、调节和定向的作用,是学习过程中必不可少的心理要素。针对我国青少年学习动机存在学习动机缺失和学习动机过强两方面的问题,青少年学习动机辅导主要是激发学习动机和调节学习动机强度。

**1. 激发学习动机**

对于学习动机缺失的青少年学生,教师可以通过以下措施来激发他们的学习动机。

① 帮助学生了解学习的意义,树立正确的学习观。学习,是人类认识自然和社会、不断完善和发展自我的必由之路;学习,是改变命运、延续生命、演绎人生的重要途径,是人类社会从愚昧走向文明的永恒主题。教师作为教学的主导者,应当走进学生的生活,和学生促膝谈心,通过名人的励志故事,帮助学生重新建构学习对他们的意义,让学生明白学习是每个人的基本需要,更是一个人的社会责任;摆脱片面追求分数的社会刻板束缚,回归本源,开放自我;不断探索自我潜能,使自己成为自己的主人,成为一个真正有社会价值的人。

② 充分利用反馈信息,给予积极强化。心理学研究表明,来自学习结果的种种反馈信息,对学习效果有明显影响。这是因为,一方面学习者可以根据反馈信息调整学习活动,改进学习策略;另一方面学习者为了取得更好的成绩或避免再犯错误而增强了学习动机,从而保持了学习的主动性和积极性。例如,杨春和路海东(2015)一项研究中采用实验组对照组前后测实验设计考察不同评估反馈类型(个体反馈、任务反馈、社会反馈、无反馈)对大学生的学习动机和学习成绩的影响。结果发现,任务反馈(报告测验分数),即只关注任务本身的反馈方式有利于提高学生的学习动机,对学习成绩有积极影响。

---

**实践探索 9-4      论学习动机与学习效果的关系**

在学校中,每当临近期末考试的时候,无论平时是爱玩还是爱学的学生,在期末复习阶段,大都会表现得十分认真,那么促使学生如此努力复习的原因是什么呢?驱使着他们复习的学习动机又是什么呢?

我们发现,绝大多数同学除了为期末取得好成绩,促使学生不断学习的动机还包括以下三点。

首先,是为了证明自己,在一学期的努力后,每位同学都想取得一个满意的成绩,以此来证明自己没有荒废光阴,而这心理就可以归因为内部动机和认知内驱力的作用,因此纵使我们不能确定学生本身是否对学习有兴趣,但是其最终想获得的结果是为了证明自己,而不是由外界的某些其他因素决定的,那我们就可以确定,这就是内部动机在发挥作用。

那么这种学习动机与学习效果有怎样的关系呢?从表面上看,这种动机无疑是促进学习的,学生往往会付出百倍的努力来证明自身的实力,因此当这种努力适度时,的确是可以带来较好的学习效果的,但是当这种努力的心理没有控制好而演变为一种急功近利的心态时,当学生付出的努力超出身体负荷时,那么不但不会带来良好的效果,反而会产生负面影响。另外,并不是所有的努力都会带来相应的回报,因此当学生并没有取得预期的成绩时,这样心理落差如果没有很好地排解,也会产生很多负面的情绪。这种情绪又会使学生变得更为焦虑,取得好成绩的愿望更加强烈,由此形成的恶性循环最终会导致学习成绩下降。

> 其次,学生希望通过优异的成绩为未来发展做准备。例如在学校中,学生的学习成绩在一定程度上影响未来发展,例如升入一个好的初中或高中,因此,在外部动力的驱使下,学生们也会相应地付出努力。这种动机的存在,可以让学生在较短的时间内爆发出极高的学习热情以及极强的学习能力。
>
> 最后,学生学习的动机还有是期望获得他人的赞许,这里的他人可以理解为老师、家长或同伴等。这种动机我们可以归类为附属内驱力,当这样的赞许和认可持续存在时,学生就会在此基础上不断地激励自己努力学习,是在这种情况下,学生的学习心理就由为自己学习转化为为他人学习,因此从长远角度来看也并不是十分可取的。
>
> (包仿冉,2016)

③ 适当地开展学习竞赛。学习竞赛对激发学习动机、鼓舞斗志、克服困难,具有一定的积极作用。因此,学习竞赛被看作是调动学习积极性的一种有效手段。但是竞赛就必然会产生某种竞争心理,以超过对方为目的,这样就会影响学生之间的合作与互相帮助,甚至会滋长个人名利思想;竞争中取得的优秀成绩往往是以高度的紧张为前提的,心理过度紧张容易影响身心健康发展;竞赛的结果总是少数人得名次,多数人为陪衬,一定数量的人为落伍者。获胜者受到鼓励,失败者会焦虑不安,忍受一定的心理压力。因此,为了充分发挥学习竞赛的积极作用,预防其消极影响,组织学习竞赛时,可按学生能力水平设高、中、低组,或单项竞赛,使不同能力水平的学生都有获胜的机会,从而达到激发学习动机的目的。

**2. 调节学习动机强度**

对于学习动机过强的青少年学生,教师可以通过以下措施调节他们的学习动机。

① 帮助学生建立适当的抱负水平。所谓抱负水平,就是欲将自己的行为活动达到何种标准的心理要求。一个人的抱负水平与他的学习动机密切相关,适当的抱负水平有利于学习动机的维持。适当的抱负水平应当比自己的一般水平略高一些,即"跳起来,够得着"。但是,抱负水平过高会使青少年制定的目标远高于实际可能达到的水平,易体验到心有余而力不足的懊恼和挫折感;而抱负水平过低会使青少年缺乏面对困难的勇气,惧怕困难、逃避困难。因此,要引导青少年学会正确认识自我,根据自身的实际能力设立奋斗目标,调整自身抱负水平,避免因抱负水平过高或过低而导致的心理挫折。

② 帮助学生正确协调短期目标与长期目标之间的关系。一些学生短期学习动机极强,如为了获得好成绩考前加班加点,甚至"开夜车"。这种功利性动机短期可能会有些效果,但会损害学生对学习的长远意义的理解,而且长远目标的实现需要持续努力,靠短期学习动机的爆发难以实现。还有些学生长期将学习动机维持在极高水平,为了学习可以

说放弃了太多的生活乐趣,如不和同学玩、长期熬夜。这往往对学生的身心健康造成伤害,进而损害长期的学习能力。因此,教师要帮助学生正确理解短期学习目标与长期学习目标之间的关系,引导学生注意在实现远期目标的过程中,建立一系列的短期目标,循序渐进,逐步实现远景目标。

③ 掌握一些自我调节的方法。对于短期动机过强的学生,采用认知调节法,学会把表面的学习动机转换为深层学习动机,淡化外在奖励特别是学业成就的诱因,正确对待荣誉与学业成绩。对于长期动机太强的学生,采用目标转移法,学会将一部分时间和精力转移到其他领域,如增加和同学沟通、参加社会实践,避免独学无友的不良交往模式;也可采取阶段目标法,每隔一段时间就进行适当放松,留出一些时间进行反思、总结和身心调整,为下一阶段积聚能量。

## 二、学习情绪辅导

青少年学习情绪方面的问题主要体现在学习厌倦、学习自卑、学习焦虑三个方面,教师要从以下三个方面有针对性地对学生开展学习情绪辅导。

**1. 提高学习兴趣**

面对学习厌倦的学生,首要任务就是设法提高他们的学习兴趣。我们知道,人的兴趣不是天生的,而是在后天的生活过程中逐渐形成和发展起来的,是以需要为基础的。学生的学习兴趣正是基于对知识的需要而发生的。同时,兴趣又是通过实践活动而形成的。它既是过去学习的产物,也是促进今后学习的手段。为此,教师可以通过以下三个途径来提高青少年学生的学习兴趣。

① 让学生获得学习的成功喜悦。所谓成功喜悦是指学生达到预定目标的一种愉快的情绪体验。当学生从成功中看到自己的智慧和力量时,就能产生成功喜悦,增强学习信心。美国的盖茨说:"没有什么东西比成功更能增加满足的感觉,也没有什么东西比成功更鼓起进一步追求成功的努力。"基于这一点,教师应该善于发现学生以前成功过的事、学生最能获得成功的事,从这些学生最容易获得成功的事做起,让每一个学生都有成功的体验,从而享受成功的满足和喜悦,使学生产生再接再厉、积极向上的力量。

② 以新颖的教学内容与方法诱发学生的学习兴趣。教师在教学中以丰富有趣的内容和生动的教学方法诱发学生对本学科的兴趣是很重要的。例如,一位物理教师讲"物体的导热性能"时,她拿出一块手帕,用手捏紧,然后划着一根火柴烧手帕,烧了一会,手帕烧不破。这是为什么?学生们议论起来了。这时老师从手帕里拿出一枚硬币,问大家道理何在?这样有趣的实验,比起简单地在黑板上写上"物体的导热性能"几个字,然后讲解一

番,更能调动学生的学习积极性。

③ 开展提高学习兴趣的团体辅导活动。教师可以选择多名缺乏学习兴趣的学生组成团体辅导小组,帮助同学宣泄对学习的不良情绪,共同探讨厌学的成因;分类探讨解决厌学问题的方法;通过团体成员之间的相互探讨和帮助,使成员获得有用的学习方法;通过活动找到学习快乐的真正源泉,激发学习兴趣,强化学习信念,促进自主学习动力的发展。

**2. 增强学习自信**

对于学习自卑的青少年,学习情绪辅导的关键是增强学生的学习自信。

① 引导学生进行合理归因。在学习过程中,成功和失败都是正常的。重要的是,学生对自己学业成败原因的解释,会影响他们的自信心。归因理论及其相关研究表明,能力和努力是各种因素中两个最为主要的因素,将成功归因于能力和努力,有助于增强个体的自我效能感,使人感到满意和自豪,进而有助于以后的学习;如果将失败归因于能力差,导致学生放弃努力,久而久之形成习得性无助;如果将失败归因于不努力,容易使人感到内疚,并能激发他更好地投入到以后的学习中去,通过努力来改变目前的境况。可见,积极进取的归因对于增强学生学习信心是十分必要的。归因倾向是后天形成的,教师可以根据学生的情况引导学生进行合理的归因,因势利导,培养和增强学生的学习信心。

### 知识小窗 9-1　　　　　归　因

归因是个体对事件结果原因的解释和判断。目前,在教育心理学领域影响较大的是韦纳(Weiner,1984)在前人研究基础上提出的成就归因理论(Weiner's attribution theory),他将行为成败的原因归结为任务难度、运气好坏、能力高低、努力程度、身心状态和外部环境六个方面,可划分为稳定性、因素来源和可控性三个维度,其中能力高低和努力程度是两个重要的方面。六个方面在三个维度上的具体划分见表 9-1。

表 9-1　成就归因理论的归因模式

| 维度<br>方面 | 稳定性 | | 因素来源 | | 可控性 | |
|---|---|---|---|---|---|---|
| | 稳定 | 不稳定 | 内部 | 外部 | 可控 | 不可控 |
| 任务难度 | | ★ | | ★ | | ★ |
| 运气好坏 | | ★ | | ★ | | ★ |
| 能力高低 | ★ | | ★ | | | ★ |
| 努力程度 | | ★ | ★ | | ★ | |
| 身心状态 | | ★ | ★ | | | ★ |
| 外部环境 | | ★ | | ★ | | ★ |

> 当个体将成功或失败的原因归因于努力程度,均比归因于能力这一稳定的、不可控的、内部因素时产生更为强烈的情绪体验。因为努力是可控的、可以变化的,不会威胁到自身能力与价值,而能力是不可控的,一旦归因为自己能力不行,那么意味着自身价值的丧失,对自身的否定。

② 引导学生积极自我评价。自我评价是个体对自己的思想、愿望、行为和人格特点的判断和评价。这种评价可能是积极的,也可能是消极的。正确积极地评价自己是获得成功的最重要条件之一。教师一方面要指导学生多做动态的纵向比较,即和自己的过去作比较,从中认识自己的进步;另一方面要教会学生多和自己能力相当的同学比较,从中发现自己的优势。学生只有通过纵横结合的多向比较,才能及时、准确、客观地认识自我,逐步形成积极的自我评价。

③ 引导学生进行自信心训练。增强学习自信的办法之一就是采用积极暗示的方法。自我暗示的力量是巨大的。如果人们暗示自己"我能行",人们就会逐渐变得更有能力;如果人们告诉自己"我不行",我们就会变得越来越笨。因此,教师要引导学生进行积极自我暗示,鼓励学生把平时的优点大声地复述给自己听,例如每天都对自己说"我行";"我正期待着……";"这次要干得漂亮"等;鼓励学生每日抽空想象自己正在变得成功、自信;帮助学生学会经常提醒自己,"你比你想象中的要好"。

---

### 知识小窗 9-2　　　　习得性无助感及其表现

**1. 何谓习得性无助感**

习得性无助感(learned helplessness)的研究始于 20 世纪 60 年代,美国心理学家塞利格曼(Seligman)和他的合作者在以狗进行学习试验时,发现了这一奇怪现象:狗遭受了无法逃避的电击后,当再次面临电击时,即使能够逃避,狗也不会逃避,反而消极地接受电击,表现出绝望感。没有经历过此类情境的狗却都能轻而易举地逃脱(Overmier & Seligman, 1967)。随后的研究表明,这类现象也会出现在人类身上。大学生被试在经历了一段不能解决问题的失败经验后,让他们解决比较简单的字谜问题也发生了困难。这项研究表明,一些遭遇过不可控事件的个体会削弱对以后可控事件的调节。所谓习得性无助感就是指个人经历了挫折与失败后,面临问题时产生的无能为力的心理状态和行为。它是一种个体认为事件不依赖自己反应的预期,实质是一种习得的消极动机。

**2. 习得性无助感的表现**

个体形成习得性无助感后的具体表现主要有两个方面。

(1) 学习方面:当学生形成习得性无助感后,在认知上会怀疑自己的学习能力,觉得自己难以应付课堂学习的任务;情感上心灰意懒,自暴自弃,害怕学业失败,并由此产生高度焦虑及其他消极情感;行为上逃避失败,如:在学习过程中倾向于选择容易的作业,一遇到困难就易放弃,害怕思考问题,常以"我不会""我不行"作为托词。一旦学生在学业上产生习得性无助感,就会对学习失去信心,丧失兴趣,从而导致成绩下降。

(2) 社交方面:具有习得性无助感的学生,渴望与人交往但又害怕遭受拒绝,对他人的行为反应极其敏感,他人说话时语调的变化,一时的不理会都会被其认为是对方在拒绝自己;总担心自己会触怒对方,担心他人不喜欢自己等。这种类型的学生往往比其他人更易将模糊的情境解释为拒绝,遭受拒绝后往往会产生退缩回避,易引起抑郁的产生。不论是学业上还是社交上的习得性无助感,一旦形成,就会对学生的发展产生不利的影响。

**3. 克服学习焦虑**

对于学习中的焦虑情绪,教师应给予高度重视,可以采用以下四种方法对学生进行辅导,从而避免焦虑情绪过度化。

① 排除焦虑产生的外因。如父母对子女的期望是否过高?如果是,对家长进行辅导,调整其期望水平,帮助他们重新确立对孩子的评价标准。

② 正确对待内因。如果学生的焦虑是因为自我要求过高,好胜心强,竞争意识过分强烈,则要帮助学生树立正确的成功观念,放弃过高的自我要求。根据自己的实际情况,树立切实可行的目标,体验成功感。

③ 学会合理认知。对于考试焦虑的学生,教师要引导学生正确看待考试,引导学生把考试看作发现自己学习不足的一种方式,而不过分注重考试的结果。

④ 掌握放松技巧。具体可以让学生通过运动、听音乐、深呼吸等方法来缓解紧张情绪。其中,深呼吸法的要点为:在座位上舒适地坐好,放松身体,闭上眼睛,双肩自然下垂,深深吸气,然后慢慢呼气,反复多次。结合系统脱敏法降低与考试焦虑有关的消极情绪反应。

**实践探索 9-5　　　　　冲 击 疗 法**

冲击疗法又称满灌疗法,是暴露疗法之一。暴露疗法是用来治疗恐惧和其他负性情绪反应的一类行为治疗方法,它是通过细心地控制环境,引导求助者持续一段时间暴露在现实的或想象的唤起焦虑的刺激情境中。现实冲击疗法是指持续一段时间暴露在现实的恐惧中而不采取任何缓解焦虑的行为,让焦虑自行降低,是一种被动的放松过程。想象冲击疗法基于相似的原理并遵循相同的程序,不同之处是暴露在想象的恐惧中而不是现实生活中。

想象冲击疗法优于现实冲击疗法的一点是,它对能被治疗的产生焦虑情境的性质无限制。想象冲击疗法可以用一种对求助者不会带来消极后果的方式再现创伤情境。

从原理上来看,冲击疗法是尽可能迅猛地引起求助者极强烈的焦虑或者恐惧反应,并且对这种强烈而痛苦的情绪不给以任何强化(哪怕是同情的眼光也不给一点),任其自然,最后迫使导致强烈情绪反应的内部动因逐渐减弱乃至消失,情绪反应自行减轻乃至消除,即所谓消退性抑制。因此,冲击疗法总是把危害最大的刺激放在第一位。

(张岭,2016)

## 三、学习意志辅导

青少年学习意志方面的问题主要有学习自制力差和学习坚持性缺乏,因此青少年学习意志辅导就需要提高青少年抗干扰能力和增强青少年的学习坚持性。

**1. 提高抗干扰能力**

保持良好的注意力,是大脑进行感知、记忆、思维等认识活动的基本条件。在我们的学习过程中,注意力是打开我们心灵的门户。一旦注意力涣散了或无法集中,心灵的门户就关闭了,一切有用的知识信息都无法进入。正因为如此,法国生物学家居维叶说:"天才,首先是注意力。"为了避免注意力分散,提高抗干扰能力,学生应注意以下三个方面。

① 学生逐步形成抗干扰意识。学生训练自己能在各式各样的环境条件下,专心学习或工作。一旦确定了要干的事,自己就有计划有目的地集中注意力,去干好要干的事,不受其他刺激的影响和干扰。毛主席在年轻的时候为了训练自己注意力集中的能力,曾经给自己立下这样一个训练科目,到城门洞里、车水马龙之处读书。为了什么?就是为了训练自己的抗干扰能力。苏联心理学家普拉托诺夫说:"要想使自己成为一个注意力很强的人,最好的方法是,无论干什么事,都不能漫不经心!"因此,无论读书学习还是干事情,学生都把它们当作锻炼注意力的机会和场合,久而久之,抗干扰能力就提高了。

> **实践探索 9-6    培养注意力集中的练习方法**
>
> 科学实验表明,通过集中注意力的训练,可以提高抗干扰力。你要练习的就是把你的注意力集中到特定的也是唯一的物体上,关键是物体的数量只有一个。
>
> (1) 拿一个网球,把它放在你面前,盯着它看,把你的注意力完全集中在它的上面。让你的脑子里只有这个网球,试着逐渐增加训练的时间。(外部视觉的)
>
> (2) 闭上双眼,想象这个球,并把注意力集中在球上面,试着逐渐增加训练的时间。(内部视觉的)
>
> (3) 拿一个节拍器,打开它,把你的注意力集中在节奏上,让你的脑子里充满这个节奏,如果你的脑子里有别的东西出现,就让它像一片云一样飘过。(外部听觉的)

(4) 选一句话或一个字,最好是比较积极的,然后重复对自己说。在你的脑子里像放录音一样一遍遍地反复。试着逐渐增加训练的时间。(内部听觉的)

(5) 注意你的呼吸。去感觉空气进出你的肺,并且让呼吸使你平静。每一次吸气时,就好像使你注意力集中的能力增大,每一次呼气时,就好像把其他的杂念都呼了出去。用鼻子吸气,用嘴呼气。(外部听觉的和内部动觉的)

② 消除杂念,保持内心平静。例如,把忧心的事情、带来很大压力的事情列一个清单,先放在一边,然后留待以后抽空解决。这样会让你的心里感到安慰,让你暂时忘却这些难题,集中精力在眼前的学习上。生活的规律性有助于稳定情绪,因此也可以帮助学生维持学习、生活的规律性,让学生每天可以花一定的时间做自己喜欢的运动或者休闲一下;还可以提醒学生在学习前,先同学、老师沟通、宣泄,释放内心压力。

③ 学习和掌握几种简单的抗干扰的方法。如学生可以通过意志来控制自己,也可以通过对要完成的任务进行时间限定来自我控制,从而提高自己的自我约束性;还可以掌握一些心理暗示的方法和沟通技巧。比如说,在噪声大、干扰多的环境里做作业时,学生们可以反复在心里说:"让他们吵吧,我照样能专心学习……"直到自己坚信不疑。

**2. 增强学习坚持性**

古人云:"勤学如春起之苗,不见其长,日有所增;辍学如磨刀之石,不见其损,日有所亏。"学贵有恒,学习成败的关键在于是否具有勤奋的态度,是否持之以恒。因此,教师要注重在日常学习过程中引导青少年增强学习的坚持性。

① 树立榜样,引导学生自觉培养学习坚持性。榜样的力量是无穷的。在教学实践活动中,教师可用古今中外科学家坚韧不拔地追求真理的事迹去激励学生,如我国古代数学家祖冲之锲而不舍、坚持不懈,终于在圆周率计算上取得了杰出成就;意大利画家达·芬奇在雕塑家费罗基俄指导下天天对着蛋画,坚持了3年,终练就扎实的基本功,奠定日后大师之路的基础。还注意让学生在自己生活的圈子里找一个特别善于坚持学习的同学,暗暗地将他作为自己的榜样,处处去模仿他。使学生懂得没有学习的坚持性、坚韧性,是不可能攀登科学高峰的。

② 创设疑难情境,让学生在磨砺中培养学习坚持性。学习坚持性,即学习毅力,不是生来就有的,而是学生从小磨砺、锻炼而来的。教学中,教师应针对学生的不同情况和个性差异,因材施教,创设适当的疑难情境,磨炼学生的意志。在此过程中,还要注意给予学生必要的指导和鼓励,让学生在亲身体验中磨炼自己的意志行为,让学生排除干扰,坚持

既定目标,克服惰性,战胜困难,锻炼自身的学习毅力,增强学习坚持性。

③ 要培养学生良好的学习习惯,以促进学习坚持性的提升。在日常的生活中,一旦良好的习惯成为潜意识的东西,那么,一切将出乎于随心,顺乎于自然。学习坚持性便成为习惯的结果。良好的学习习惯可使学生不必付出太大的意志努力就能很好地完成学习任务。教学中,教师要注意明确目的要求,反复训练,使学生在完成任务、克服困难与缺点的过程中形成良好的学习习惯,同时锻炼学生的意志品质,提升青少年的学习坚持性。

## 四、学习策略辅导

青少年学习策略方面的问题主要表现在学习规划、时间管理和心智操作三个方面,因此青少年学习策略辅导也从这三个方面开展,来优化学习效果,提高学习效率,使青少年的学习充满智慧。

**1. 学习规划策略**

学习规划包括学习目标和学习计划两个方面。这里的学习目标是长期的,而学习计划是短期适用的。就青少年现实来看,学习规划方面的问题更主要地体现在学习计划方面。学习计划是高效率利用时间的保障,分为三个部分:一是学习时间的安排,具体规定每天的哪一段时间用于学习活动,哪一段时间安排休闲或其他活动;二是具体的学习内容,事先规定好在不同的时间段,安排相应的学习科目以及具体内容;三是规定学习的任务量,确定学习目标以及检验的方法,以便及时获取反馈信息。学习计划要灵活机动,要能够与当时的学习状况相协调,规定得太死会使学习计划缺乏实际操作性。制定一个好的学习计划,需要注意以下四个方面。

① 先保证预习和复习两个环节。无论作业量多大,也要保证预习和复习的时间。复习可以采用复述、"过电影"、翻看书籍、笔记等方式来进行,是对当天学过内容必要的巩固,以免忘记后又要花费更多时间重新学习,得不偿失。而预习则是了解第二天学习内容中的重点、难点,既有利于掌握听课节奏,做到关键知识滴水不漏,又可以训练注意力,可谓一举两得。

② 文理科学习内容交叉搭配。大脑左右两半球分工不同,文理科内容交替进行,可以帮助大脑两半球轮流休息,消除疲劳。另外,文理科交叉进行,也使人不易产生单调感或枯燥感,提高学习兴趣。

③ 注意劳逸结合。适当的休闲和放松是恢复脑力、体力的必要条件,所以制定学习计划时一定要注意劳逸结合,适当安排一些休息、娱乐、锻炼的时间,这样才能保证计划的

合理性,便于落实。

④ 安排时间应参照生物钟。通常人的体力周期为23天,智力周期为33天。情绪周期为28天,每个周期都有高潮期、低潮期、临界日。体力临界日时,全身疲乏;情绪临界日时,心烦意乱;智力临界日时,思路不清。三个临界日每年都有一次重合,重合时,人很难把握自己。当三个周期都处于高潮期时思维敏捷,浑身是劲,情绪高涨。每个人的生物钟只要留意就能知道。学生要学会因势利导,在高潮期时,增加任务量,提高效率;低潮期时,保持正常的任务量,做好充分的心理准备,防患于未然。

**2. 时间管理策略**

时间是获得好的学习成绩的重要资源,一个学生在学业上的成败很大程度上取决于他对时间的利用率。而成绩与时间又不是简单的正比关系,耗时多未必成绩好。时间的利用,关键在于掌握利用时间的方法和技巧(黄希庭,张志杰,2001;杨俊,2014)。只有巧妙地管理时间、合理地利用时间,才能发挥时间的最大价值。

① 分清轻重缓急,是高效学习的重要原则和基本方法。先做重要的、必须做的事。不要尽挑最容易、最喜欢的事下手,否则造成重要且紧急的学习任务被耽搁。

② 高效利用最佳学习时间。首先要弄清自己的最佳学习时间。人的大脑在一天中有一定的活动规律。一般来说,上午8时大脑具有严谨、周密的思考能力;下午3时思考能力最敏捷;晚上8时记忆力最强;推理能力在白天12小时内逐渐减弱。当然,这里也有较大的个体差异,所以要根据这些规律,结合自己的实际,合理安排学习活动,充分利用最佳学习时间。在最佳学习时间内,更要珍惜寸金寸光阴,克服干扰,力戒心不在焉的习惯,加强自我约束。例如:不完成学习计划就不出去玩,不看电视;对同学不合理的要求学会说"不"。

③ 保证学习进度。每个人总会遇到一些突发事件,会让行动计划中断,这是不可避免的。因此,学生要学会灵活调整自己的计划,找出处理问题的最佳方式,保证学习进度。例如:老师布置的作业记不清了,如果电话可以问就不要跑到同学家去。

④ 学会随时评估。古语云:静坐常思己过。在实施行动计划后,给自己打个分数,评估任务完成效果。建议不妨在晚上睡觉前躺在床上时,回忆一下当天做过的事情,就像放电影一样在脑海里将当天做的事重新放映一次,以便发现问题及时调整。

⑤ 巧利用时间的"边角料"。饭前饭后、候车排队、上学放学的路上,都可以挤出一些时间来巧妙安排辅助性学习:或练听力,或背诵单词,或阅读短文,或回忆要点,或思考问题,等等。俗话说"巧裁缝不厌零头布,好木匠不丢边角料",几分几秒的时间,看起来微不足道,但汇合起来就大有可为。

**3. 心智操作策略**

在青少年学习活动中,记忆和思维是涉及最多的,也是最主要的认知心理过程。青少年心智操作策略也主要涉及记忆策略和思维策略。因此,加强青少年在这两方面的心智操作策略的辅导,将有助于改善学生记忆的品质和解决问题的能力,提高学习效果。

(1) 记忆策略

记忆策略主要包括精加工策略、复述策略、组织策略和复习策略,它们分别用于记忆的不同环节,以有效提高记忆效果。

① 精加工策略。该策略用于识记前对所要识记的材料进行加工处理的环节。所谓**精加工**(elaboration)策略是指通过把所要识记的信息与头脑中已有的知识联系起来,以增加新信息的意义,达到提高记忆效果目的的认知策略。这里有许多具体的方法可采用:当识记材料的意义性不强时,可用谐音法(声音记忆)、形象法(图形记忆)、数字运算法(符号记忆)等;当识记的材料彼此缺乏联系时,可用口诀法、串字法等;当识记的材料意义性较强时,可用首字概括法、数字概括法、关键字概括法、主题概括法、内容概括法等。例如,在记易写错的"染"字时,可运用形象法,在头脑中出现一家染料店的形象,心想"染料店里怎么会卖中药丸呢"。这样就不会在"染"字里的"九"上加一点了。又如,运用口诀法,记忆元素周期表、24个农历节气、人体206根骨头的名称等,能记得又快又牢。"一个中心两个基本点""五讲四美""八荣八耻"等,能运用数字概括法来提高记忆效果。

② 复述策略。该策略用于识记过程中对所要识记的材料进行加工处理的环节。所谓**复述**(rehearsal)策略是指对所要识记的信息不断进行重复,以便能准确、牢固地记住这些信息的认知策略。这里可采用试图回忆法、过度学习法、限时识记法、适量识记法、整记—分记结合法、多种感官协同记忆法等。例如,读10遍书能把内容记住的话,那么读15遍(过度50%)的效果最好,少了易忘,再多无明显改善,这就是过度学习法的要义。又如,每次复述不宜大量,否则会大大降低记忆的效率。一位心理学工作者用诗作为识记材料实验,比较整体学习记忆法与分段学习记忆法哪种记忆效果要好,结果发现,记20行诗,整体记忆所需时间为14分17秒,分段记忆所需时间为16分12秒,整体记忆节省1分55秒;记40行诗,整体记忆节省时间为3分28秒;记90行诗,整体记忆节省17分32秒。依次类推实验进行到记忆240行诗。这一结果表明,整体记忆好于分段记忆效果。但整体记忆有个弊端,这样通篇识记容易使得脑神经感到疲劳,甚至使人产生一种厌烦感。若对各个部分不分轻重主次,统统使用整体记忆是不明智的。如果识记材料过长,更不宜整体记忆。根据脑神经的活动规律,采用整体与部分的交替学习方式效果可能更好。

③ 组织策略。该策略用于识记初步完成后对所要识记的材料进行加工处理的环节。

所谓**组织**(organizing)策略是指通过建构新识记的信息之间的内在联系达到有效保持的认知策略。布鲁纳(1982)曾指出:"关于人类记忆,经过一个世纪的充分研究,我们能说到的基本东西也许就是,除非把一件件事情放进构造好的模型里面,否则很快就会忘记。"这里所说的"构造好的模型",就是头脑中的认知结构。常用的组织策略有归类整理法、提纲挈领法、作图示意法等,就是旨在改善记忆材料在头脑中的结构化程度。例如,可运用归类整理法,把大量已识记的外语单词按同义、反义、相同词根、相同前缀或后缀等来分别归类存入大脑,就可大大提高单词在头脑中的组织程度,有利于牢固保存和快速提取。又如,用作图示意法将识记的大量概念按相互之间的关系连接起来,形成网络结构图,或将程序性的内容按先后顺序联系起来,形成流程图,都将有助于系统记忆。

④ 复习策略。该策略用于识记完成后一段时间再对所要识记的材料进行巩固性加工处理的环节。所谓**复习**(review)策略是指对已经记住的材料进行重复识记以巩固记忆的认知策略。该策略的要点是要注意复习的科学性:合理把握复习时间、复习频度、复习集中度、复习过程、复习形式等。例如,根据艾宾浩斯的遗忘曲线,在识记结束后的最初时间遗忘量最大,以后逐渐减少,因此复习应及时,不要等大量遗忘后才开始,以提高复习效率。又如,复习的频度也不要均衡,应该是先密后疏、先急后缓,才恰到好处。

### 知识小窗 9-3　　　　记忆材料性质的转化

记忆材料性质是影响记忆的一个重要因素,因此,在对记忆材料进行加工处理时,要尽可能使之转化为有利于记忆的材料。

记忆材料的操作化,即把要记忆的材料转化为操作活动的对象。例如,活动记忆法——通过动手操作来记住有关材料,笔记记忆法——通过抄写、批语、做卡片等笔记形式来记住有关材料,朗读记忆法——通过出声朗读来记住有关材料等。

记忆材料的形象化,即把要记忆的材料转化为形象材料。例如,在记一些易写错的字,如"纸"时,头脑中就可出现一张白纸的形象,心里马上想到:"白纸怎么会有污点呢?"这样把"纸"写成"纸"的错误便可纠正了。

记忆材料的诗歌化,即把要记忆的材料转化为诗歌。例如,我国历史朝代比较复杂,硬记不易,但编成诗歌则朗朗上口:"夏商周秦西东汉,三国两晋南北朝,隋唐五代有两宋,元明以后是清朝。"教学中流传的《英语字母歌》《汉语拼音歌》《珠算口诀》等都是运用此法的成果。

记忆材料意义化,即把要记忆的材料转化为意义材料,也就是赋予机械性材料以一定的意义性。例如,采用谐音法,借助谐音赋予材料以意义,把化学中用石蕊试纸鉴定碱性溶液呈蓝色的规律用"橄榄"(碱蓝)这一谐音词记忆,不仅不会忘记,而且"酸红"的记忆也简单化了。

(卢家楣,魏庆安,李其维,2004)

（2）思维策略

思维活动是在解决问题的过程中发生的。思维策略也就是旨在帮助青少年学生在学习活动中提高解决问题的思维活动的效率，以取得事半功倍的效果。下面介绍一些在学习中常用的思维策略。

① 逆向思维法。顾名思义，逆向思维法就是反过来想一想，不采用人们通常思考问题的思路，而是从相反的方向去思考问题。逆向思维法具有挑战性，常能出奇制胜，取得突破。

② 系统思维法。是指在考虑解决某一问题时，不是把它当作一个孤立、分割的问题来处理，而是当作一个有机关联的系统来处理。

③ 辩证思维法。是指以变化发展的视角认识事物的思维方式，通常被认为是与逻辑思维相对立的一种思维方式。在逻辑思维中，事物一般是"非此即彼""非真即假"，而在辩证思维中，事物可以在同一时间里"亦此亦彼""亦真亦假"而无碍思维活动的正常进行。

④ 立体思维法。是指跳出点、线、面的限制，能从上下左右、四面八方去思考问题的思维方式。立体思维实际上是一种发散思维。这种思维方法强调占领整个立体思维空间，并有纵向垂直、水平横向、交叉重叠的组合优势，把研究对象摆在三维空间中去思考，让思维细胞在立体中撞击和接通，扩大思维活动的跨步，拓宽可能性空间。

---

**实践探索 9-7　　　　作文逆向思维训练教学**

在写作中运用逆向思维，可以使文章的命题立意新颖独到，不落窠臼。教师举例说明逆向思维在生活中的妙用，使学生通俗形象地理解什么是逆向思维：改进圆珠笔。圆珠笔被西方人发明后，给人们的书写提供了极大的便利，也大大提高了人们书写的速度，因而备受欢迎。可是很快就出现了问题：圆珠笔被用过一段时间后，笔油还没有用完，笔珠由于磨损便开始漏油，人们不得不改进圆珠笔。人们想尽各种方法，使用各种不同的材料替换圆珠笔的笔珠，但都没有解决问题，圆珠笔依然漏油。五十年过去了，一个日本人却轻而易举地解决了圆珠笔漏油问题，办法非常巧妙，而且特别简单。

请同学们思考：这个人用什么样的办法解决了问题？

答案：减少圆珠笔笔管内的笔油，让笔油在笔珠磨损之前用完。

教师引导学生讨论归纳，明确逆向思维及其特点，进一步指导学生运用逆向思维进行作文立意训练。

阅读下面材料，完成后面的练习：

烈日下，沙漠中，两个疲惫的旅行者，取出唯一的水壶，摇一摇。一个旅行者说："哎呀，太糟糕了，我们只剩半壶水了。"而另一个旅行者却高兴地说……

> (1) 运用逆向思维补写出旅行者所说的话。
> (2) 两个旅行者所说的话分别说明了什么?
> (3) 如果从这两个旅行者的角度立意,可以得出哪些结论?
> 教师引导学生展开充分的讨论,完成上述练习。
>
> 参考答案:
> (1) 旅行者高兴地说:"哎呀,太好了,我们还剩半壶水呢!"
> (2) 第一个旅行者面对半壶水看到的是更遥远的路,凭这半壶水恐怕难以走出茫茫的沙漠,充满忧虑和悲观。第二个旅行者面对半壶水看到的则是希望,坚信有这半壶水足以帮助他们克服困难,走出沙漠,充满乐观和自信。
> (3) 立意
>
> 第一个旅行者的角度:
>
> 正面:在困难面前忧虑悲观,会使人丧失斗志,无法战胜困难。
>
> 反面:逆境中忧虑悲观能够给人以警醒,促使人想方设法摆脱困境。
>
> 第二个旅行者的角度:
>
> 正面:面对困难乐观自信,会竭尽全力,克服困难。
>
> 反面:身处逆境盲目乐观,易忽视困难,陷入被动。
>
> (刘振平,2012)

⑤ 联想思维法。是指人们在头脑中把一事物与另一事物联系起来,将关于一事物的思想或表象,推移到另一事物上去的一种思维方法,并由此形成创造构想和方案。

⑥ 直觉思维法。简称直觉,是一种在解决问题时不经过一步步的严密分析和推理,而迅速地对问题答案作出合理猜测、设想或突然领悟的思维形式。

⑦ 形象思维法。是指用直观形象或表象来进行思维活动、解决问题的方法。它是用表象来进行分析、综合、抽象、概括的过程。当个体利用他已有的表象解决问题时,或借助表象进行联想、想象,通过抽象概括构成一幅新形象时,这种思维过程就是形象思维。

⑧ 水平思维法。简单地说就是左思右想,思前想后。这种思维大都是从与之相关的事物中寻找解决问题的突破口。思维方向大多是围绕同一个问题从不同的角度去分析,或是在对各个与之相关的事物的分析中寻找答案。

⑨ 模糊思维法。是指思维主体在思维过程中,以反映思维客体的模糊性为特征,并使思维过程运用非精确性的认识方法而达到思维结果的清晰性的一种思维方式。精确思维用精确的、数字化的指标分析事物,是以定量分析为基础的纯理性思维;与之相对照,模糊思维主要依靠定性分析,从整体上认识和把握事物,具有更多的感性色彩。

让我们回到本章开头提到的案例。小容是一个学业不良的学生,在她身上存在着一系列的学习心理问题,要加以辅导、帮助。首先,她对自己学习的动机不足,学习目标不明确,以致到考试前两个星期才开始学习,而且一边学习还一边听 MP3。因此,应该帮助她树立明确的学习目标,激发学习动机。其次,她的学习情绪也有问题,主要是对数理学习的效能感低,即缺乏自信。这又源于她错误的学习归因,将数理学习不好归因于自己缺乏这方面的学习能力,久而久之,导致习得性无助感。因此,需要帮助她转变归因方式,将学不好归因于自己的努力程度不够。同时教师还应帮助她在设置合理的学习目标前提下,将目标细化成若干呈阶梯状的经过努力可以达到的小目标,使其能"跳一跳,够得着",从而使她不断获得尝试成功的体验,从而增强其学习的自信心。再有,她还缺乏时间管理策略,到临考才"抱佛脚",缺乏学习的计划性。对具体学习也缺乏心智操作策略,以为复习文科科目只要死记硬背就行。殊不知,这里还应有记忆策略和思维策略的运用。因此,还需要教她掌握和运用一些具体的学习策略。

## 本章小结

- 广义的青少年学习心理指的是青少年在完成学校教育任务过程中发生的学习活动中表现出的心理现象。狭义的青少年学习心理则主要是指对青少年学习活动有重要影响的那些心理现象,主要涉及学习动机、学习情绪、学习意志和学习策略。
- 青少年学习心理问题是指青少年在学习活动中出现的、影响其学习活动进行的心理问题。它可分为两种类型:一是指影响青少年学习活动正常进行的心理问题;二是指影响青少年学习潜力被充分发掘的心理问题。
- 青少年常见学习心理问题:学习动机缺失和学习动机过强;学习厌倦、学习自卑、学习焦虑等;学习自制力差和学习坚持性差;不能合理规划学习、缺乏时间管理策略和缺少心智操作策略等。
- 青少年学习动机辅导主要是激发学习动机(使学生了解学习的意义,树立正确的学习观;充分利用反馈信息,给予积极强化;适当地开展学习竞赛)和调节学习动机强度(建立适当的抱负水平;正确协调短期目标与长期目标之间的关系;掌握一些自我调节的方法)。
- 青少年学习情绪辅导主要是提高学习兴趣(让学生获得学习的成功喜悦;以新颖的教学内容与方法诱发学生的学习兴趣;开展提高学习兴趣的团体辅导活动)、增强学习自信(进行合理归因;积极自我评价;进行自信心训练)和克服学习焦虑(排除焦虑产生的外因;正确对待内因;学会合理认知;掌握放松技巧)。
- 青少年学习意志辅导主要是提高抗干扰能力(逐步形成抗干扰意识;消除杂念,保持内心平静;掌握抗干扰的方法)和增强学习坚持性(树立榜样,引导学生自觉培养学习的坚持性;创设疑难情境,在磨砺中培养学习坚持性;培养良好学习习惯,以促进学习坚持性的提升)。
- 青少年学习策略辅导主要是教授学习规划策略(保证预习和复习两个环节;文理科学习内容交叉搭配;注意劳逸结合;安排时间应参照生物钟)、时间管理策略(分清轻重缓急;高效利用最佳学习时间;保证学习进度;学会随时评估;巧妙利用时间的"边角料")和心智操作策略(掌握记忆策略;掌握思维策略)。

## 思考题

- 青少年学习心理的内涵是什么?
- 青少年常见的学习心理问题主要有哪些?
- 青少年学习动机过强有什么不好? 如何辅导? 试举例说明。
- 青少年考试焦虑现象如何克服? 请结合实际,说说你的看法。
- 为什么说掌握学习策略有助于提高青少年学生的学习效果?

## 问题探索

- 请你设计一份调查问卷,了解中学生的学习方法和策略,并考虑如何针对部分学习方法和策略不良的学生进行辅导。
- 假如一个班级,有一部分同学存在学习动机不强的现象,试设计一个活动对他们进行辅导。

# 第十章　青少年社会交往与辅导

---

**本章细目**

**本章要点**

**第一节　社会交往概述**

一、社会交往的内涵

二、社会交往中的人际关系

1. 人际关系的含义与类型
2. 人际交往的测量与评价

三、社会交往对青少年心理发展的意义

1. 社会交往是青少年社会化的必要条件
2. 社会交往是青少年心理健康发展的必要条件
3. 社会交往是青少年自我发展、获得成就的必要条件

**第二节　青少年社会交往的特点**

一、青少年社会交往的一般特点

1. 交往需要日益强烈
2. 交往的社会化水平日益提高
3. 容易在交往中产生多种心理问题
4. 发展与异性的交往

二、青少年社会交往中的人际吸引因素

1. 邻近吸引
2. 熟悉吸引
3. 相似吸引
4. 互补吸引
5. 优越吸引

三、青少年社会交往中的心理效应

1. 首因效应
2. 近因效应
3. 刻板效应
4. 光环效应
5. 投射效应

四、青少年社会交往中的团体心理

**第三节　青少年社会交往的辅导**

一、帮助青少年正确树立交往观念

二、指导青少年适宜选择交往对象

三、协助青少年妥善处理交往关系

四、教授青少年必要的交往技巧

1. 介绍自我
2. 了解对方
3. 化解矛盾

**本章小结**

**思考题**

**问题探索**

# 本章要点

- 社会交往的含义
- 青少年社会交往的特点
- 青少年社会交往中的人际吸引因素
- 青少年社会交往中的心理效应
- 进行恰当的社会交往的方式

---

**想试着回答一下吗……**

- 在和同学相处时,你是不是有时候会觉得自卑而不敢与人交往?
- 在生活中,你是否有过这样的经历:朋友有事想请你帮忙,可是因为种种原因,你没法答应,可又不知道该如何拒绝,感觉很难处理?
- 如果你到朋友家做客,是不是会首先问有没有不熟悉的人出席呢?如果得知有的话,是不是你的热情就会顿时下降了呢?
- 有的人在交往中会面红耳赤、紧张结巴、目光不敢与人对视,你知道这是什么原因吗?
- 你有网络交友的经历吗?你觉得网络交友是利大于弊还是弊大于利呢?
- 你是不是不太愿意与比自己地位高的人相处,比如说老师、班长等,你会不会感到这种交际很拘束,不自在呢?
- 如果老师告诉你有个班会将在星期一开,要你选择一项任务,你是愿意"主持会议"还是"做会议记录"?为什么呢?

---

小吴是一名刚上高中的学生,来自农村,在小学、初中时学习成绩都很优秀,和同学、老师的关系都很好。自从上了高中以后,由于和别人处在同一起跑线上,学习失去了原来的优势,不再像以前一样受到老师的重视。他的性格开始慢慢变得内向,不愿意和同学交往,总觉得现在的同学不如初中的同学好,认为同学们总是在取笑他,听到别人说他的名字就特别敏感,觉得又在拿他开玩笑。这样一来,小吴一方面很渴望与同学交流,另一方面又不知该如何跟他们交流。那么,我们应该如何帮助小吴解决他交往困难的问题呢?这将在本章的学习中找到答案。

# 第一节 社会交往概述

青少年时期是人生的一个关键时期。在这一时期，个体的生理和心理迅速发展，内部矛盾也急剧增多。其中交往需要是个体在青少年时期发展最迅速、表现最突出的心理现象之一。社会交往对青少年的社会性发展、个性和行为习惯的养成，甚至人生观、世界观的形成都有很大影响。由于生理和心理方面的种种原因，青少年在社会交往中也容易产生种种问题。因此，研究青少年社会交往的问题，并对其进行必要的辅导，使之通过健康的交往活动，形成良好的个性品质和行为习惯，应是学校教育的重要内容之一。

## 一、社会交往的内涵

**社会交往**(communication)一般简称交往，在社会学中称为互动，是指在社会生活中人与人、群体与群体之间通过接近、接触或手势、语言等信息的传播而发生的相互依赖性行为的过程。它包括两方面的含义：从动态的角度说，社会交往是指人与人之间的信息沟通和物质交换；从静态的角度说，社会交往是指人与人之间通过动态的相互作用而形成的情感联系，即我们通常所说的人际关系。

社会交往是社会中任何一个正常个体必然进行的活动，因为人作为社会的成员，必须进行人类赖以生存的物质产品的生产以及精神产品的生产，而这一过程必然包含人与人之间的协同活动，因而人与人之间的交往活动和由此产生的人际关系也是必然存在的。正如密集的树木组成了森林，交往使人"集合"成了社会，并在社会交往中协同完成社会中的经济、政治和文化等各种活动。另外，从个体发展来看，严格地说，在婴儿出生后，即开始了与父母等家庭成员的交往，但这时还处于接受呵护、抚养的被动交往阶段；到四五岁时，有了与同龄伙伴的主动交往；进入青少年期，随着个体生理、心理的成熟与社会化程度的加深，交往需要与社会交往活动迅速发展起来，这又突出表现为社会交往活动的内容和范围不断扩大。社会交往活动对青少年个体社会化进程、人格发展与心理健康都有着重要的意义和影响，所以，对于教育工作者来说，了解和掌握青少年社会交往的特点和规律是十分必要的。

一般而言，社会交往有以下三个特点。

首先，信息的传播与交流是社会交往的基本条件。在人与人接触和交往的过程中，信息的传播与交流是必然发生的，它有时表现为交往的手段，有时则既是手段又是目的，否则交往就无法发生。信息的传播与交流需借助一定的符号系统来完成的。社会交往的符号系统可以分为语言符号和非语言符号两大系统。语言符号包括书面语言和口头语言，非语言符号指体态、姿势、表情等身体语言,以及人际距离和语言表情(包括语音、语调、语速等)。人们常常认为语言系统在交往中起着主要作用,而不少研究结果则表明,在日常交往中,非语言符号发挥着更大的作用。传播学研究认为,在人类交往和信息传播中,65%的"社会含义"是通过非语言符号进行传递的。美国社会心理学家梅拉比安(Mehrabian)曾对面对面交谈的有效印象提出一个著名的比率公式:词语或言语(所说的话)占7%,声音(说话的方式)占38%,面部表情、动作举止占5%。这位心理学家专指的虽仅是"有效印象",但足以说明,非语言符号在传播信息中举足轻重的地位。非语言符号常常比语言符号更加简单、生动,而传达的信息往往更加真实可靠。比如"你真行"这句话,从字面上看,表示一种肯定、赞赏的意思,而若说话者的语调带有讽刺、怀疑,则显示的是否定、挖苦对方的意思。因此,人们常说"锣鼓听声,听话听音",表明了非语言符号的重要性。

其次,相互认知是社会交往的基本过程。交往过程是人与人之间的认知过程。在交往中,首先有对交往对象的知觉,在此基础上,这种知觉由外到内,达到对交往对象及其传播信息的深刻理解,于是形成了对对方的态度,并以此调节以后的交往行为。这种态度和行为的不同,还决定了人与人之间不同的人际关系。

最后,相互影响和作用是交往的必然结果。交往是思想和动作交流的过程,通过这种交流,可以影响交往对象的观念和行为,而主体自身的观念和行为也往往自觉或不自觉地发生了改变。

## 二、社会交往中的人际关系

在社会交往中必定会产生一定的人际关系,根据不同依据,人际关系可以被分成不同的种类。

**1. 人际关系的含义与类型**

(1) 人际关系的含义

社会交往产生的最直接的结果是人际关系。人际关系是人们在交往过程中形成的心理关系。它的亲密与否可用心理距离来表示。

从心理成分来看,人际关系包含着三个相互区别又相互联系的成分:认知成分、情感成分和行为成分。认知成分即人际认知,是交往过程中人对人的知觉、理解和评价。一个人只有了解与之交往的人,才可能确定彼此的关系,预测未来发展的前景,因此认知成分是人际关系得以形成的条件;情感成分是交往过程中人对人的情感体验。一个人可能对与之交往的人产生好感,交往时心情舒畅,也可能对与之交往的人产生厌恶,交往时情绪消极。因此,情感成分起着维持人际关系、决定人际关系状况的作用;行为成分是交往过程中人对人的行为表现,它是一个人认知和情感的外显,主要指举止活动、表情、手势和语言等,是人们日常判断人际关系状况的主要指标。如果一个人对与之交往的人在认识上认同,在情感上接纳,在行为上也会表现出接受,并可能积极与其交往,反之,则会在行为上表示拒绝或漠然。

(2) 人际关系的类型

根据人际关系的性质及心理距离的不同,可以把人际关系分为以下四种类型。

**竞争**(competition)是指人与人或群体与群体之间对于一个共同目标的争夺。如班级中对考试名次的争夺、班级之间对优秀班级荣誉的争夺等。可见,竞争的特点首先是目标的唯一性;其次是目标的难得性,即某一个人或群体一旦获得竞争的目标,就意味着他人或别的群体失去了得到此目标的机会;第三是对抗性,一般说,竞争必然会导致人与人之间的相互排斥或反对的关系。但应当指出的是,这种反对或排斥应当是间接的,而不应是自己直接针对他人,因为竞争的最终目的在于获得目标而不在于反对他人。但由于青少年心理的不成熟和社会认知的不完善,往往不能认清竞争的这一特点,而把竞争与排斥、反对他人等同起来,导致竞争中的某些不正当行为。因此,有的研究者认为,在学校和班级中,应多提倡团体之间的竞争,而不应当过分强调个体之间的竞争。

**合作**(cooperation)是在社会交往中,为达到对双方都有益处的共同目标而彼此相互配合的人际关系及行为表现。合作是社会交往中常见的一种人际交往形式,它的产生是因为一方的力量往往无法实现某一目标,只有通过合作才能最终达到目的。因此,合作是团体以及整个社会赖以存在的基础,要产生合作关系,必须有目标一致、认识接近、行动配合等条件。

合作与竞争基本上是相反的过程,但两者也可以达到有机的统一,如在团体间的竞争中,团体之间是一种竞争关系,而在团体内部的成员间则是合作关系。

---

**实践探索 10-1　　　　　合 作 的 力 量**

一个外国教育代表团来到上海的一所学校参观,领队的老太太邀请几位学生做个小实验,她取出随身携带的一只小口径瓶子,瓶子里放着 7 个穿着线的彩球,线的一端露在瓶外。她让学生明白要完成的任务:瓶子代表一幢房子,彩球代表屋里的人,房子突然失火了,只有在规定时间里逃出来的人才能生存。她请七名学生各持一线,听到哨声便以最快的速度将球从瓶中提出。怎么办呢? 瓶子的口径那么小,一次至多通过一个彩球! 突然,其中一个学生想出了主意,他低声向伙伴们叮嘱了几句,大家默默点头。实验即将开始,所有的目光都集中在瓶口,伴随着一声响哨,只见彩球被一个接一个地抽出,在场的人情不自禁地鼓掌欢呼。"三秒钟,太了不起了!"老太太一把搂住了出主意的小男孩,连声称赞"奇迹! 奇迹!"她激动地告诉大家,她曾在许多国家做过这个实验,从来没有成功过,至多能逃出一两个"人",其他人都被卡在"狭小的门口"。而今天中国学生的成功在于有一种与众不同的精神——合作精神。

**顺应**(obedience)是指交往中一方或双方主动地调整自己的行为,以实现相互适应和合作,从而达到行动目的的一种人际关系形式。在社会交往和人际关系中,由于立场、观点、自身利益等的不同,往往会产生认识和行动上的不一致,为解决这一矛盾冲突,达到行动目标,顺应是必要的。在交往中常见的和解、妥协、忍让、接受、调停等都是顺应的不同表现形式。比如,中国为了加入 WTO(世界贸易组织),与世界贸易组织的各个成员国进行了长达十几年的谈判,谈判即双方调整各自观点,解决矛盾冲突,从而达到行动目标,是一个顺应的过程。顺应使双方最终都达到了目标,中国加入 WTO 是对双方都有益的,即所谓达到了"双赢"。教育青少年在人际交往中顾全大局、权衡利弊,对于他们适应社会生活,掌握交往技巧有着十分重要的意义。

**冲突**(conflict)是人与人或群体与群体之间为了某种目标和价值观念而相互斗争、压制、破坏甚至消灭对方的一种人际关系和交往的形式。与竞争相比,冲突的直接目的就是要打败对方,在冲突中,主体与对方一般都有直接的接触,在行动方式上更为激烈,更具对抗性。在日常生活和社会交往中,常见的冲突方式有辩论、争吵、诉讼、斗殴等。由于青少年交往经验的不足,以及思想较为偏激、认识片面等原因,在交往过程中往往会发生冲突现象。冲突中会对一方或双方的身体或精神造成伤害,是被规章制度和法律禁止的,因此,应当引导青少年在交往中善于找到解决矛盾的方法,避免激烈冲突的情形发生。

**2. 人际交往的测量与评价**

(1) 社会测量法

1934 年心理学家莫雷诺首次提出了社会测量法,它的具体做法是,让被调查者依次说出几个在团体中最愿意与最不愿意接触和交往的人,然后再根据整个团体的调查情况进行统计分析。调查结果可以用矩阵图和靶形图两种形式表示。

矩阵图的做法是:先以分数表示出选择的程度和方向,如最喜欢的记 3 分,其次记 2 分,第三记 1 分;不喜欢的图,则以负分表示。表 10-1 就是一个在 5 人的团体中的人际关系矩形。

表 10-1 一个人际关系矩形图

| 选者<br>被选者 | A | B | C | D | E |
| --- | --- | --- | --- | --- | --- |
| A |  | 3 | 2 | 1 | −1 |
| B | 3 |  | 2 | 1 |  |
| C | 2 | 1 |  | −2 | −2 |

续表

| 选者<br>被选者 | A | B | C | D | E |
|---|---|---|---|---|---|
| D | 2 | -1 | 1 |  | 3 |
| E | 3 | 2 | -1 | 1 |  |
| 总计 | 10 | 5 | 4 | 1 | 0 |

从表10-1可以看出,在5人中,A最受欢迎,而E最不受欢迎。这样,通过矩阵图就把人际关系的状况进行了量化,方便进行对比。

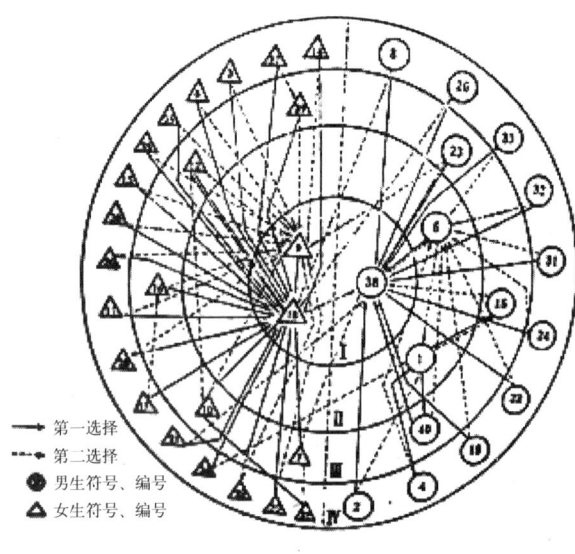

图10-1 一个人际关系的靶形图

靶形图是一种更为直观地表示人际关系情况的方法,在绘制靶形图时,将被选中最多的成员的标号置于图的中心,被选中越少,处于越外层。图10-1就是一个有40名成员的团体的人际关系靶形图。

(2) **距离尺度法**

距离尺度法是由美国社会心理学家布加达斯创立的,它的具体做法是:请每位成员给团体中的其他人评分,如可采用五级评分的方法:最喜欢的人评5分,较喜欢的人评4分,处于中间的人为3分,不太喜欢的人为2分,最不喜欢的人评1分。这样,每个人所得分数的总和就代表了社会距离,即得分越多,与他人的距离越近,否则就越远。

(3) **参照测量法**

参照测量法是苏联心理学家彼得罗夫斯基在社会测量法的基础上创立的。这是一种测量群体最能发挥作用和最有影响力人物的方法。具体做法是:先由研究者提出某些个人品质,如聪明、骄傲、谦虚、诚实等,要求群体成员进行相互评价,谁符合或具有这些品质;然后在评价完后,主试假意告诉被试:大家都想知道班上同学是怎样评价自己的,现允许你们了解5～8人是怎样评价自己的,按先后顺序写出"你最喜欢看谁的,其次是谁的"。将材料收齐后,则宣告实验结束了。一般地,每个人都希望看到在他心目中最有威信、最受人尊重与信赖的人对自己作出的评价,因而研究者通过各成员的提名,可以了解到群体中最受人尊重与信赖的人。这种方法可以隐去实验的真实目的,从而在不知不觉中了解被试的人际关系状况。

---

**热点聚焦 10 - 1　　　　网络人际交往**

作为一种新的人际交往方式,网络人际交往对青少年具有特别的吸引力。中国互联网信息中心公布的最新数据表明,中国学生互联网普及率达到 27.5%。网络人际交往扩大了青少年的交往范围,一定程度上缓解了他们在现实生活里的心理压力,并强化了民主、平等和自主的现代意识。

网络为人们进行人际交往提供了多种途径,E-mail、网络电话、BBS、网上聊天室、虚拟社区以及通过局域网进行的其他网上传输等是目前网络人际交往的主要形式。其中,对于青少年来说,最重要的是以下三种。

① 网络聊天。网络聊天是网络交往的最主要形式。一般是在聊天室中进行,但随着互联网的发展,也可以在聊天室之外的很多环境实现聊天功能,如网络游戏、BBS。使用者可根据自己的兴趣和特定的对象交谈,也可以和多个对象交谈。

② 电子邮件。电子邮件以其速度快、成本低、容易使用、最具灵活性而获得大多数互联网使用者的青睐,也成为青少年人际交往的强有力工具。

③ 网络游戏。网络游戏是赛博空间提供给网络交往者的可多人同时进行的网络在线游戏,实质就是互联网上的互动游戏。

(韩丽萍,2008)

---

## 三、社会交往对青少年心理发展的意义

社会交往是人的本质的内在要求,对人的成长与发展有着重要作用,对青少年的心理发展更是如此,它对青少年心理发展有着重要的意义。

**1. 社会交往是青少年社会化的必要条件**

社会化是个体学习有关社会的知识技能,从自然人成为一个社会人的过程。从某种程度上说,社会化过程就是个体在不断交往的过程中完成的。青少年时期是个体社会化最重要的时期,而社会交往活动则为社会化提供了必要条件,这是因为以下两方面的原因。

其一,交往活动为青少年演习、观摩社会规范,学习交往技巧提供了机会和场所。进入青少年期后,同龄伙伴成为青少年交往的主要对象,其心理发展的主要影响力量也来自与同龄人的交往。这种在交往中对社会规范和交往技巧的学习,能为他们今后适应更加复杂的社会生活和人际关系创造条件。

其二,在交往过程中"预习"不同的社会角色。在同龄人的群体中,不同的个体往往担任着不同的角色,担负着不同的任务,并且这种分工也不是固定不变的,可随着个人兴趣

爱好、能力倾向的不同而变化。从这个意义上看,群体内的活动实际上是社会生活的雏形,它为青少年今后在不同的社会生活情境中充当不同社会角色打下了基础。

**2. 社会交往是青少年心理健康发展的必要条件**

社会交往是任何一位正常个体最基本的社会需要之一。如果缺乏正常的交往活动,个体就会出现消极的情绪反应,久而久之,则会导致身心疾病。研究表明,长期的交往剥夺会引起个体恐惧的增加和类似抑郁症的情绪,还会导致言语功能退化和人格障碍。美国心理学家费斯廷格(Festinger)就把交往的功能分为传送信息和满足个人心理需要,以说明交往是维持人的生理健康、正常心理的一个必要因素。

正常的社会交往是心理健康的保障和标志,而与其他年龄阶段相比,青少年的交往需要更为强烈。如果缺乏与同龄人之间的交往或交往不正常,轻则会导致胆小、孤僻等不良个性,重则可导致自闭症、恐惧症等心理问题。因此,教师和家长积极引导青少年进行正常的社会交往活动是十分必要的。

从心理过程本身的发展来看,作为心理过程重要组成部分之一的自我意识,与交往活动有着密切的关系。因为自我意识是对自我的认识与评价,它并不是单纯地靠自我觉知而产生的,而是在与他人(特别是在各方面与自己相似的同龄人)交往过程中进行比较而获得的,通过种种比较与参照,个体才能得到真实自我的映像,这正是自我意识正常发展所必需的。

另外,个体的情感、意志、兴趣等心理现象的发展,也都是在交往活动中进行的,很难想象一个离群索居的人会发展出正常的心理。

**3. 社会交往是青少年自我发展、获得成就的必要条件**

社会交往对于青少年自我发展、获得成就来说是极为重要的。因为与成人之间的交往相比,青少年之间的交往关系是一种较平等的关系,他们之间有较多的共同语言,可以毫无顾忌地交换意见,畅谈感受,探索问题,而这正是学校和家庭教育所无法取代的。有一项调查表明,约85%的青少年认为自己的社会经验主要来自与同龄人的交往,而认为主要来自家庭的则不到10%。同龄群体的交往中,不仅有合作,更有平等的竞争,这种平等竞争的机会能激励青少年积极进取,对他们的自我发展很有利。

---

**学术研究 10-1　　　　　　中学生网络人际交往及原因**

2013年初发布的《第31次中国互联网络发展状况统计报告》显示,我国网民数量达到5.64亿,其中10~19岁的网民占24%,10~29岁的青少年网民占网民总数近55%。袁琳娜(2013)以中学生为调查研究对象发现,中学生上网的主要介质还是电脑,但智能手机的使用比例已达到36.2%;虽然在家中上网的学生超过 60%,仍有 10.2% 的中学生主要在网吧上网;即时通讯、QQ 空间、微博位列中学生网络社交工具选择的前三位;有 17.7% 学生上网目的主要是为了聊天社交;其主要社交对象还是同学;有高达 13% 的中学生群体认为,在网络平台上的社交完全能够替代现实交往;而根据修订的扬格网瘾量表调查结果显示 10.4% 的中学生有网络社交成瘾(倾向)。

而吸引中学生"无网不欢"的原因可能是:一、手机的日益多功能化。以前只能在电脑上使用的软件在如今的手机上使用成为可能,而且还大大地增加了网络社交的即时性和移动性。二、当代中学生自身和家庭的因素,中学生基本处于人生当中的青春期,受到年龄以及社会阅历的影响,他们对于科技进步带来的新鲜社交方式没有准确的定位,而且对于网络社交没有足够的抵制力。三、中国当前的教育制度以及经济发展模式,使得越来越多的中学生远离父母,从而造成他们情感的部分缺失,这使得他们就更容易对网络社交的虚拟情感产生依赖,最终沉溺于网络社交等。

(袁琳娜,2013)

# 第二节 青少年社会交往的特点

前一节我们探讨了社会交往的含义、社会交往中的人际关系,以及社会交往对青少年心理健康发展的意义。在此基础上,本节将着重深入讨论青少年社会交往的一般特点,社会交往中的人际吸引因素以及青少年社会交往中的心理效应和团体心理。

## 一、青少年社会交往的一般特点

人类的社会交往从古到今都是一直延续的,对人的全面发展是必不可少的。随着人类社会进入信息化时代,也呈现出了一些新兴特点。青少年的社会交往是社会交往中很特殊、很关键的一部分,它有着自己独特的特点。

**1. 交往需要日益强烈**

儿童期的个体在情感上最依恋的对象是父母,与同伴的交往需要并未明显地表现出来。进入青少年期后,自我意识水平不断提高,独立意识不断增强,他们要求摆脱对成人的依赖,情感依恋的重心自然从父母转向了同龄伙伴,而且这种需要随着社会化的加深表现出越来越强烈的倾向。国外的一项调查(Freedman, & Carlin, 1986)显示,无论是犯罪青年还是一般青年,大多数人在中学时期结交的朋友最多。研究发现,青少年在这一时期疯狂地渴望为同辈所接纳。他们追求成为有选择性的同辈群体中的一员,并努力从父母身边独立出来(曹华,2011;中国青年报,2014)。另一项研究(杨瑞丽,

1984)也表明,无论是青年工人还是大学生,都认为在高中阶段交友最多的占第一位,认为最要好的朋友是在高中结交的也占第一位。可见,青少年时期是交往需要快速发展的时期,而且这种需要在高中阶段(16~18岁)达到了高峰。

社会心理学家舒茨(Schutz,1958)提出人际需要的三维理论,舒茨认为,每一个个体在人际交往过程中都有三种基本的需要,即包容需要、支配需要和情感需要。其中包容需要是人际关系最基本的需要,是指希望与别人交往、建立和维持和谐关系的需要,它存在于任何年龄阶段;支配需要是指个体控制别人或被别人控制的需要,是个体在权力关系上与他人建立或维持满意人际关系的需要;情感需要则是指个体爱别人或被别人爱的需要,它贯穿于人的一生,只是在不同的年龄阶段其需要强度不同,一般说来,婴幼儿、青春期和老年期的感情需要比较强烈。

**2. 交往的社会化水平日益提高**

交往需要是随着自我意识的发展而发展的。随着青少年自我意识的发展,不仅其交往需要日益强烈,而且随着年龄的增长,其交往的社会化水平也日益提高。

在初中阶段,学生的交友圈较小,大多只有2~3个甚至更少关系密切的朋友;在交友对象的选择上,具有较多的随机性,一般因物理位置的接近和接触的次数多少而确定,如具有同桌、邻居等关系的同学最易成为好朋友;在交往的性别特征上,主要以同性朋友为主;在交往活动的内容上,则主要围绕学习活动进行。一项研究曾从我国的小学至大学阶段选取了被试进行了关于人际交往的相关调查,调查问卷中有一个问题是"你平时将自己内心想的事情经常对谁讲?"要求被试将所列的对象按其重要程度排出顺序。初中生的反应是:朋友、兄弟姐妹、父母。笔者曾对中学生同伴性话题沟通的现状调查研究发现,关于性方面的敏感话题,中学生更多是与同伴进行交流和讨论,愿意与同伴分享自己的心理困惑,而不是父母和教师。由此可以看出,在中学生心中,朋友关系日益变得重要。

而在高中阶段,随着社会交往需要的进一步发展,学生交往的特点有了明显变化。首先,交友圈扩大,大多数学生都有3~5个亲密的朋友,1~3个关系最密切的朋友。其次,交友的标准明确化,主要表现为交友选择的随机性减少,转向以性格、兴趣爱好、对事物的看法等标准选择交往对象,在交往中表现出更大的主动性。在择友标准上,高年级学生的友谊是以感情的共鸣和体验的分享为基础的,通常选择性情相投的同伴作为朋友。随着年级的升高,中学生对友谊的要求提高,友谊的标准也变得复杂。他们对同伴朋友的选择更强调相互理解、忠诚和亲密感,更看重的是同伴在心理上的相知默契和相互理解,他们认为同伴朋友应该相互给予心理上的支持,能保守内心的秘密,能达到思想、情感甚至人格上的分享。这种内心隐秘的分享是极有选择性的(邹泓,2005)。再次,在性别特征上,表现出与异性朋友交往的强烈愿望,一些高中生还表现出早恋的倾向。最后,交往过程中的活动范围扩大,表现在不仅与同龄伙伴一起进行与学习和学校有关的活动,而且还相当多地在课外或者校外进行感兴趣的活动。

**3. 容易在交往中产生多种心理问题**

虽然青少年有着强烈的交往需要,交往水平也在不断提高,但由于心理不成熟、社会经验缺乏等原因,在交往过程中容易产生种种心理问题。一般来说,在校青少年的心理问题最多来自学习,其次来自人际关系。概括起来,来自人际交往的心理问题主要有以下四种。

① 自闭与防御心理。进入青春期,青少年自我意识与独立倾向明显增强,自尊心很强,内心世界不愿向别人袒露,特别是在某方面受到挫折后,更容易出现自闭与防御心理。这种心理会加重思想负担,造成一定的心理压力。这种现象产生的原因是多方面的,有的是由于升学原因导致的对学习环境的变化不能适应,或不能在新环境中很快建立新的友谊;有的则是因为怕自己不能被人理解,怕别人嘲笑自己的想法,认为对方不会以诚相待、不会为自己保密等。

② 自卑与交往恐惧心理。由于种种原因,有的学生缺乏自信,常常有自卑感。这种心理会导致他们感情脆弱,抑郁孤僻,害怕别人看不起自己,不愿参加集体活动,不敢与人交往。也有的学生因为在交往中受到挫折和伤害,对交往怀有一种恐惧心理,在与人交往时紧张、手足无措,因此导致的交往失败体验则会加深这种心理。一般来说,这种心理在与异性或陌生人初次交往时较易出现。

---

**知识小窗 10-1　　　　社 交 恐 惧 症**

社交恐惧症是指在对他人的关系中所怀有的以强烈恐惧为特征的一种神经症。其症状表现为自我封闭、不敢交友、害怕社交;有社交的欲望而得不到满足,由此而产生焦虑、孤独;不敢面对挫折,觉得只有躲在没人的地方才安全。焦虑情绪出现时通常还伴有心慌、颤抖、出汗、呼吸困难等生理症状。

社交恐惧症可以分为一般社交恐惧症和特殊恐惧症。一般社交恐惧症是在任何地方、任何情境中,你都会害怕自己成为别人注意的中心;特殊恐惧症是只在一些特殊的场合或情境中产生恐惧情绪。

一般认为形成社交恐惧症有如下原因:1. 生理原因。2000 年上海召开的有关社交恐惧症的研讨会上,美国著名精神病学教授戴维·西汉先生认为社交恐惧症是因为人体内一种叫"5-羟色胺"的化学物质失调所致。这种物质过多或者过少都可以引起人们的恐惧情绪。2. 心理原因。社交恐惧症者一般自尊心较强,害怕被别人拒绝。3. 家庭原因。4. 社会原因。

③ 嫉妒与多疑心理。嫉妒是指一个人由于嫉贤妒能,对才能、名誉、地位等比自己强的人产生不愉快和怨恨甚至带有破坏性的情绪体验。周超、司继伟和卞玉龙(2012)研究发现,初中生嫉妒存在显著性别差异,女生较之男生更容易体验到嫉妒心理。同时嫉妒存在年级差异,初二学生嫉妒水平显著高于初一学生,即初二学生比初一学生更容易体验到嫉妒。与初一学生相比,初二学生面临更大的学业压力与竞争,这可能是导致他们更容易产生嫉妒心理的原因之一。而多疑心理是指在交往中的一种完全由主观推测而产生的不信任心理。猜疑者给人的感觉是心胸狭窄,过分注意自己的得失,他们希望别人相信自己,又怀疑别人看不起自己、不相信自己。多疑心理产生的主要原因有个性懦弱、缺乏自信,缺少"自我安全感",此外还可能是思维方式发生了偏差,并受到不恰当的他人暗示或自我暗示所导致。

④ 自我中心心理。具有自我中心心理的学生在与人交往的过程中,处处从自己的利益出发,一味希望别人能听从自己,为自己服务,而不考虑付出。这类学生唯我独尊,不能听取他人意见,往往有骄傲自满的情绪。这种心理最终会导致自己成为人际交往中的失败者。这类学生主要集中在两类群体中:一是以溺爱的家庭教养方式为主的独生子女;二是学习上经常获得成功体验、经常受教师表扬但对挫折的心理承受能力较差的"优秀学生"。

**4. 发展与异性的交往**

在整个青少年阶段,与异性的交往并没有一个统一的固定的特点,而是在青少年期经历了明显的三个阶段:疏远阶段、亲近阶段、依恋阶段。其中疏远阶段约在小学高年级到初中低年级,表现为对异性反感而采取回避态度,男女学生之间彼此冷落。亲近阶段约在初中高年级开始,表现为由对异性反感转向对异性的关注,开始努力吸引异性的注意。依恋阶段出现在高中时期,在这一阶段,个体产生了与异性密切交往、单独接触的强烈需要,青春恋也主要出现在这一时期。

北京大学社会调查研究中心发布《2015年中国人婚恋状况调查报告》,结果显示,全国34省份地区被调查对象中超过一半的人(51.09%)在18岁之前(含18岁)发生了人生中的初恋。不同年代人群的第一次恋爱年龄差异较大,且与年龄呈正相关。1980—1985年出生的人,第一次恋爱年龄平均为18.54岁。而到了90后,特别是95后,第一次恋爱年龄提前了很多,分别是15.18岁和12.67岁。从区域上看,各省份人群的第一次恋爱平均年龄在15~17岁之间。

## 二、青少年社会交往中的人际吸引因素

随着年龄的增长,青少年在交往对象的选择上,随机性逐渐减少,越来越重视交往对

象的个性、兴趣等特征。我们把在交往过程中,使交往的双方或一方倾向于选择对方作为交往对象的心理因素称为人际吸引因素。人际吸引因素是交往的重要基础,了解人际吸引因素,能使我们更好地掌握青少年人际交往的特点。一般说来,青少年社会交往中的人际吸引因素主要有以下五个方面。

**1. 邻近吸引**

邻近吸引是最简单、最常见的人际吸引因素。初中生交往对象的选择性不高,往往以同桌、年龄相仿的同学为最经常的交往对象。研究表明,邻近吸引产生的原因在于,人们在地理和空间位置上相距越近,越有了解彼此的愿望,相互的吸引力越大。由于邻近吸引产生的唯一条件是邻近性,所以随机性较强。一般来说,邻近性是交往产生的必要条件,它能导致交往的开始,但在多数情况下并不是决定交往进程的因素,而且个体年龄越小,邻近吸引表现得越明显。进入青少年期后,由于交往经验的丰富和交往能力的提高,这种因素越来越不明显。而且,距离相近也不是越近越好,距离相近也可能产生消极的因素,比如,由于地域相近,朝夕相处,如果情绪各异,就很容易产生冲突。

**2. 熟悉吸引**

熟悉能增加人们相互吸引的程度。心理学研究表明,人们更喜欢看过次数较多的照片。英国利托博士发现,实验者更喜欢那些他们曾经特别熟悉的面孔。他的一个实验是,先向实验者展示一系列眼距比较宽的面孔,然后让他们与另一张眼距比较窄的面孔进行对比。结果发现,实验者更喜好眼距较宽的面孔,这就暗示着大脑将熟悉程度与吸引力联系在了一起。

熟悉吸引和邻近吸引常常联系在一起的。邻近因素是熟悉的重要条件,处于物理空间距离较近的人,见面机会较多,容易熟悉,彼此的心理空间容易接近,从而产生吸引力。

**3. 相似吸引**

相似吸引指的是在交往过程中,交往双方的相似性因素往往成为相互吸引的原因。所谓"物以类聚,人以群分"就是这个道理。在这里,相似因素可以表现在生理特征方面,如身高、相貌等。随着年龄的增长,更多的表现在心理品质方面,如兴趣爱好、理想信念、处世态度等。心理学的研究证据已经表明,我们和他人的兴趣、态度、价值、背景或者人格上越是相似越容易产生人际吸引(Elliot Aronson, Timothy D. Wilson, & Robin M. Aker,2007)。进化心理学认为,尽最大可能将自己的基因传递下去是人类的本能,在近亲之外选择相似的伴侣可以使男女双方在不增加任何额外投资的情况下,将自身基因更多地传递给下一代,增加适合度(Štěrbová & Valentová, 2012)。

**4. 互补吸引**

互补吸引是指交往双方相反的特征会成为人际吸引的因素。最常见的是人格特征的互补性在交往中的作用,如支配型与被动型、外向型与内向型等。互补吸引的原因是它能使交往双方取长补短,满足彼此需要。从表面上看,互补吸引和相似吸引似乎是矛盾的,但若进一步探究就会发现,互补性其实是在更高层次上取得相似性。如交往中支配型和被动型的双方,实际上对各自在交往中的地位和关系有着共同的认识。有的研究者认为,当交往双方有相同的角色作用时,相似性多是产生吸引的因素,而双方具有不同角色时,角色差异越大,互补性产生的吸引就越明显,因为不同的角色需要不同的行为方式。

**5. 优越吸引**

优越吸引是人际交往中最常见、最稳定的吸引因素,它是指个体在身体相貌、智慧才干、社会地位、经济条件、人格特征等方面优于一般人的突出特征能成为在交往中吸引对方的因素。优越吸引的原因在于,在社会价值的观念的影响下,个体都会按照社会价值观中的成功标准去积极努力,以得到社会的认可和他人的尊重。若有人在某方面表现出符合这种价值观的特点,他自然而然就成为其他个体羡慕和仿效的对象,从而使他人产生进一步接触和了解他的愿望。优越吸引的结果是导致个体对交往对象突出优点的学习和模仿,会进一步强化个体积极向上的行为,交往对象实际上起着榜样和激励的作用。因此,只要引导得当,帮助青少年树立正确的价值观念,优越吸引的因素可以成为促使青少年努力进取的动力。

研究表明,身体外貌的优越因素的吸引在青少年交往中占有特别重要的地位。这主要是由于青少年自我意识强,对自己与他人外貌较为关注的缘故。但从实质上看,最终决定人际吸引的关键因素还是人格、品质等内在因素。因为首先,从年龄特点看,随着年龄的增长,身体外貌的因素在择友过程中的地位呈明显下降趋势,而内在特征越来越被重视;其次,从人际交往的具体过程来看,在交往的初期特别是首次接触时,外貌因素起着最重要的作用,而随着交往的加深,就逐渐重视对方的内在本质因素了。张裕遵(2015)总结了青少年同伴交往的特点及影响因素,并得出,青少年早期的友谊较肤浅,注重表面现象和活动的共性,比较在意"彼此是否要好,是否相互帮助"。随着青少年的成长,他们的友谊强调的是感情上的依赖,注重理解与情感支持,其中特别在意朋友是否忠诚、可信赖和尊重。个人品质是赢取同伴欢迎的最重要因素,更喜欢与自己性格、为人处世和爱好方面相似的同伴交往,讨厌同伴的不良品质。可见,青少年更注重内在因素的追求,这也是青少年逐渐成熟的标志之一。

> **实践探索 10-2　　比尔·盖茨的人际关系法则**
>
> 比尔·盖茨能成为世界首富的原因，一方面是因为他掌握了世界的大趋势以及他在电脑上的智慧和执着，另一方面就是比尔·盖茨的人脉资源相当丰富。就让我们来了解比尔·盖茨的人际关系法则。
>
> 第一，利用自己亲人的人脉资源。
>
> 他20岁时就签到了第一份合约，这份合约是跟当时全世界第一强电脑公司——IBM签的。当时，他还是个在大学读书的学生，没有太多的人脉资源。他怎么钓到这么大的"鲸鱼"？可能很多人都不知道。原来，比尔·盖茨之所以签到这份合约，其中有一个中介人——比尔·盖茨的母亲。比尔·盖茨的母亲是IBM的董事会董事，妈妈介绍儿子认识董事长，这不是很理所当然的事情吗？假如当初比尔·盖茨没有签到IBM这个单，相信他今天可能就不会拥有几百亿美元的个人资产了。
>
> 第二，利用合作伙伴的人脉资源。
>
> 大家都知道比尔·盖茨有很多合伙人，其中最重要的合伙人是保罗·艾伦及史蒂芬。他们不仅为微软贡献他们的聪明才智，也贡献他们的人脉资源。
>
> 第三，发展国外的朋友，让他们去调查国外的市场，并开拓国外市场。
>
> 比尔·盖茨有一个非常好的日本朋友叫彦西，他为比尔·盖茨讲解了很多日本市场的特点，为比尔·盖茨找到了第一个日本个人电脑项目，以此来开辟日本市场。
>
> 第四，雇用非常聪明、能独立工作、有潜力的人来一起工作。

## 三、青少年社会交往中的心理效应

社会心理学的研究表明，在人际交往过程中，由于交往者的主观因素的影响，在对交往对象的认知方面，往往会产生这样或那样的偏差，从而对交往过程产生影响。一般把其中的一些较稳定的、常见的偏差称为交往中的心理效应。青少年由于心理成熟、社会经验等水平相对较低，在交往中更易受种种心理效应的影响，其中最常见的心理效应主要有以下五种。

### 1. 首因效应

**首因效应**（primacy effect）是指在交往中对交往对象的最初印象能对交往产生较大影响。具体地说，个体在最初的交往中即使只获得有关对方的少量信息，也倾向于对其大量特性作出推断，以在头脑中形成一个完整统一的印象。因此，首因效应对交往的影响主要体现在个体往往依据第一印象的判断先入为主地认定对方，以此为基础决定以后交往的进程。

在卢钦斯（Luchins, 1957）的实验中，用描述一个名叫吉姆的人的个性的两段文字作为实验材料。这两段文字描述的是两种完全相反的性格：外向和内向。然后让两组水平相当的中学生阅读，其中第一组先阅读描述外向性格的材料，再阅读描述内向性格的材料。第二组所阅读的材料的顺序与第一组刚好相反。结果阅读后的评价表明，第一组有78%的学生认为吉姆是一个性格外向的人，而第二组只有18%的学生认为他是外向的人。

首因效应只在最初的交往中起作用，如果交往能够加深，随着对对方的日益了解，首因效应的影响就逐渐消除了。因此，青少年在交往过程中，应注意两点：一是重视首因效应的存在，尽量给交往对象留下良好的"第一印象"；二是提醒自己不要受首因效应的负面影响，尽量去获取关于对方的客观真实的信息。

**2. 近因效应**

**近因效应**(recency effect)即最后印象对人的认知及进一步交往的影响。例如，教师上课最后几分钟的精彩讲解，必会引起学生美好的遐想。由于第一印象往往最强烈、最清晰，所以对人的认知的影响也较大。上述卢钦斯的实验，后来被他本人加以修改，在被试两段材料的阅读之间加入了较长时间的间隔，结果发现，大部分被试变为以后面阅读的材料为准来判断故事中主人公的性格。由此可见，当关于交往对象的信息是以连续的形式传递给主体时，"第一印象"能给人以较深影响，首因效应较明显；而当关于对方的信息是以间隔的形式传递时，先得到的信息因时间的推移和后来信息的加入而淡薄，此时，近因效应便凸显出来。

首因效应和近因效应并不矛盾，而是各自反映了人们在交往活动中给人留下深刻印象的两个端点：始端和近端。一般来说，交往对象是陌生人时，首因效应比较明显；而交往对象是熟人时，则近因效应比较明显。

近因效应有时会产生对交往对象的认知上的偏差，从而对交往过程产生负面影响。应指导青少年在交往中全面综合地衡量对方的行为和个性特点，而不应"一叶障目，不见泰山"，只以眼前的一事一行来作出判断。另外，考虑到近因效应的影响，在交往中应做到善始善终，才能最终使交往获得成功。

**3. 刻板效应**

**刻板效应**(effect of stereotype)是指在交往过程中，主体往往不自觉地将交往对象归为头脑中某一类型，简单地认为交往对象也具有这一类型人的全部特征的心理效应。如认定北方人一定直率豪爽，南方人一定精明强干，独生子女一定娇生惯养等。

从实质上看，刻板效应是在交往之初，在对交往对象了解较少的情况下，根据以往的认识或经验对对方作出的先入为主的判断。这种判断往往会影响进一步的交往。客观地说，在获得有关对方的信息较少的情况下，刻板效应在一定程度上可以帮助主体迅速作出对交往对象的情况的判断,从而选择交往中应采取的态度和行为。因此,被控制在一定范围内的刻板效应对交往的负面影响并不明显。但若超出一定范围,处处以先入为主的态度与人交往,则会影响交往的顺利进行。这是因为,首先,刻板印象对人分类的依据,大都是以经验为基础的概括,缺乏科学的依据,有的甚至完全是道听途说;其次,即使这种分类在一定程度上有其正确性,但简单地把一种类型的人的共同特征套用在一个具体的人身上是有失偏颇的。它不仅忽视了人的个体差异,而且还会出现这样或者那样的偏差。虽然刻板效应常常不正确,但它在生活中普遍存在。李本华和杨国枢对我国台湾地区的大学生作了测试,结果发现,大学生对各国国民的认识具有刻板效应,如认为美国人是民主的、天真的、乐观的、友善的和热情;英国人是保守的、狡猾的、有教养的、善于外交的和庄重严肃的;日本人是爱国的、进取的、尚武的、善模仿的和有野心的等。

为克服刻板效应的负面影响,交往主体在与对方接触之初应克服偏见,避免简单地以一个人的家庭出身、籍贯、性别等特征来认定其能力和个性,同时应力求全面了解对方,尽快获得对方较多的信息,以利于进一步的交往。

**4. 光环效应**

**光环效应**(halo effect)又称晕轮效应,是指在交往中当了解到对方有某种突出的特点时,便想当然地认为对方在其他方面也应有与这种特点相似的突出特征。如一个对人热情的人很容易被他人认为是乐于助人的、乐观开朗的,一个待人较冷淡的人则易被认为是自私自利、骄傲自大的,等等。

光环效应产生的原因在于人的认知的整体性倾向,即以有限的信息去力求获得关于对方的完整印象,它的最大不足就在于"以偏概全""以点代面",在思维方式上表现为"肯定一切""否定一切",从而导致认知偏见。如在日常生活中,相较于长相一般的婴儿,长相可爱的婴儿得到了成人更多的关注和照料,漂亮的儿童往往被认为是更加聪明、可爱,更容易得到老师的宠爱,更可能被委任为孩子中的领导者。这说明这种面孔吸引力发挥着举足轻重的作用。这种光环效应对生活中的影响力是很大的(Schein & Langlois, 2015)。

在现实生活中,光环效应的负面影响是随处可见的。如有的青少年盲目"追星",甚至达到痴迷的程度;有的老师只看重学生的学习成绩,而忽略认识学生的其他品质和特点。这就是光环效应在起作用,即以对方的突出才能推及其全部特征。要消除光环效应对交往活动的负面影响,最重要的是自觉防止对别人认知"以偏概全"的倾向,应全面综合地认识交往对象,避免在评价交往对象时的简单和偏激。

> **实践探索 10-3　　　　　光环效应的消极作用**
>
> 人们常说"一好百好,一坏百坏",如果老师过于看重学生的学习成绩,那么学习成绩就会像光环一样罩住学生,并向周围弥漫、扩散,从而掩盖了学生的其他品质和特点,这种以偏概全的认识是对于教育和师生关系都是不利的。我们不妨来看以下案例。
>
> **案例1**
>
> 小强是一所市重点中学的高一学生,他学习成绩优秀,几乎年年名列班级第一,他是全校公认的"优秀生",也是班主任杨老师的得意学生。可有一天,公安局调查人员走进了杨老师的办公室,他们告诉杨老师,小强因偷窃被公安局拘留了,希望了解一些他的情况。杨老师不住地摇头说:"不可能!不可能!小强决不会偷东西的,你们一定是搞错了。"不论公安人员如何解释,杨老师都难以相信,他认定小强是绝对不会干偷窃这种坏事的。
>
> **案例2**
>
> 小彬是一名初二的学生,他喜爱体育,特别擅长踢球,平时也很关心集体和同学,但由于学习成绩不好,被老师视为班级里的"差生"。有一次,语文老师让学生写一篇自命题作文,小彬放学后写了一篇题目为"我和足球"的作文,文章写得生动而有趣,称得上一篇"佳作"。可第二天,语文老师看到了这篇作文,一口咬定是"抄袭"的。为什么会这样呢?

### 5. 投射效应

**投射效应**(projection effect)是指在与人交往时以己度人,把自己的情感、意志、特征投射到他人的身上,强加于人,认为他人也是如此的一种内在心理的外在化过程。投射的结果往往是对他人的情感、意向作出了错误的判断,而造成人际交往的障碍。

投射效应的实质就在于"强加于人",即把自己的特性、爱好、情感和愿望投射到认知对象身上,以为对方也是如此,从而作出不合乎实际的评价。

具体来说,投射效应主要有三种表现。一是相同投射,在与陌生人交往时,因为互相不了解,相同投射效应就特别容易发生,通常在不知不觉中就已然从自我出发作出判断。如有的老师在讲课时对于某些概念不加说明,以为这是十分简单的基本常识,但是,在老师看来很简单的东西,在学生看来则不一定简单。这种投射作用发生的主要机制在于忽视自己与对方的差别,在意识中没有把自我和对方区别开来。二是愿望投射,即把自己的主观愿望强加于对方的投射现象。比如男女交往时,一个小伙子看上了一个漂亮的姑娘,并且希望对方爱自己,则很可能把对方一些无意识的行为和言语看成寓意深刻且富有爱意的举动,以为对方爱上了自己。三是情感投射,简单说就是人们对自己喜欢的人越看越觉得有很多优点;对自己不喜欢的人,则越看越讨厌。

在现实生活中,要克服投射效应,首先在交往中要正确地理解别人,我们在认知他人时要联系以往的经验,把评价对象放在以往经验的背景中去加以评价;其次要分析自己的人格特征,把握自己内心的思想、欲望或行动倾向,避免可能的投射效应发生,从而做到公正地评价每一个人。

## 四、青少年社会交往中的团体心理

在青少年社会交往中,团体既是交往产生的结果,又是交往进行的环境。因此,团体对交往有着重要的影响。

团体又称群体,可分为正式群体和非正式群体两种。

**正式群体**(formal group)是社会成员按照共同的目标和要求,通过规章制度结成的群体。班集体是青少年学生生活中最典型的正式群体。班集体除了一般正式群体具有的完成共同目标、满足成员交往需要的功能外,对于学生来说,它还是一个小型化的社会。在班集体中学生能学会交往,认识到自我需要与他人需要的关系、个人需要与集体需要的关系等,有助于加快学生社会化的进程。班级中最基本的人际关系是合作与竞争。前者如为完成学习任务相互帮助等,后者如对考试名次的竞争等。除班集体外,学校中共青团组织、学生社团、课外活动小组等也都属于正式群体。其中围绕共青团组织进行的活动和交往,能培养学生的社会责任感和对社会公益事业的热情,而社团组织和课外小组由于多由学生自我管理,所以在这类正式群体中的交往活动对培养青少年的管理能力、学习交往技巧等往往起着重要的作用。

**非正式群体**(informal group)是指在交往需要的支配下,以感情为基础自发形成的无明确规章制度约束的群体,群体内成员间的关系一般较亲密。在学校和班级中,非正式群体即被老师和家长称作"小团体"。它的规模较小,一般只有几人;成员间交流频繁,且具有难以替代性;群体内靠非正式的控制(如伦理道德、习惯、默认的群体内的规范等)来维持群体的正常运转。学生的非正式群体的主要功能之一与正式群体一样,就是能促进成员的社会化。因为学生进入学校后,大部分时间都是与"小伙伴"一起度过的,这样,非正式群体的影响就可能超过学校和家庭的影响。而且在非正式群体中,成员的活动往往是以兴趣为中心进行的,他们可以独立地对与活动有关的事宜作出判断与决定,这也正是学校和家庭所不能替代的。非正式群体的功能之二是能满足成员的情感和交往的需要。由于正式群体是为实现某一目标而组织起来并围绕着目标的实现而运转的,所以在满足成员的情感和交往需要方面,非正式群体往往起着正式群体所不能替代的作用。

正式群体和非正式群体相互影响。首先,正式群体的规范价值观念和活动目标对非正式群体的活动内容与形式产生影响。如学生自发形成的学习小组的活动受到班级中学习内容和目标的影响。其次,非正式群体对正式群体的影响具有双重性。即若非正式群体与正式群体的目标相一致或对正式群体目标的实现起促进作用,则具有正面作用,否则具有负面作用。有的教师把学生中的"小团体"一概视为"有害无益"的,这是片面的。

在涉及青少年交往中的群体时,教育者要区分不同的情况分别对待。首先,要不断巩固和发展正式群体,明确正式群体的目标制定并切实执行有关规章制度,并注意在正式群体中满足成员交往、归属感等心理需要,这样能使正式群体为非正式群体起到引导作用。其次,对于非正式群体,可引导其成员相互学习,取长补短,开展健康有益的活动;教师亦可利用非正式群体了解学生的思想状况,也可把非正式群体的活动纳入正式群体的活动中来。对于消极的非正式群体,则应采取措施,进行教育、引导、争取和改造。

---

**知识小窗 10-2　　　　团体中的从众现象**

课堂上,老师提问时,当你看到大多数同学的答案与你不一致,你便会担心自己出错了,于是放弃了自己的答案,选择与大多数同学保持一致。这就是从众现象。

从众(conformity)是指群体成员行为或信念上的改变,这种改变是真实的或想象的群体压力的结果。这个定义的实质是,群体压力使得个体改变其行为,并以某种方式来行动,这种行动方式在没有群体压力时,个体是不会这样做的。

影响从众的因素主要从三个方面来研究:个体的特点、群体的特点、任务的特点。

从众具有双面性,消极的一面是抑制人格发展,束缚思维,扼杀创造力;积极的一面是有助于学习他人的智慧经验,扩大视野,修正自己的思维方式,减少不必要的烦恼。

在生活中,我们要发挥从众的积极面,避免从众的消极面,努力培养自己的独立思考和明辨是非的能力,既要慎重考虑多数人的意见和做法,也要有自己的思考和分析,从而做到正确判断,并以此来决定自己的行动。

---

## 第三节　青少年社会交往的辅导

一方面,交往对于青少年有着特别重要的意义,也是青少年最强烈的需要之一;另一方面,又由于心理不成熟,社会经验缺乏,青少年在交往进程中往往容易产生多种心理问题，需要教育工作者对其交往问题进行必要的辅导。这种辅导可以从以下四方面进行。

## 一、帮助青少年正确树立交往观念

交往观念是个体对人际交往的手段、目的、途径等的看法，它决定着个体在交往中采取的基本态度和行为。因此，树立正确的交往观念是进行健康、有益的交往活动的前提条件。

由于在校青少年缺乏经验，在成人感的心理特点的影响下，容易简单接受社会上种种不正确的交往观念，从而对其交往活动产生负面影响。在当前青少年中最突出和最常见的不正确的交往观念主要有两种：一是功利主义倾向，即单纯从自身利益出发，以能否获得功利为标准来指导交往活动。持这种交往观念的青少年在交往中处处以自我为中心，不考虑他人的利益和需要，在个人利益与他人利益发生冲突时，不惜损害他人利益以满足自己的需要，这实际上是"人不为己，天诛地灭"的错误观念在交往中的反映。根据一项对大学生人际交往关系问题的研究发现，随着市场经济的发展，在一定程度上导致了拜金主义的滋生，利益关系不可避免地渗入到人际交往中，大学生的人际交往目的展现出情感和功利性并存的特点，如有的同学更多地去结交家庭环境优越的同学(刘娟，2014；舒真珍，2012)。二是"义气"用事的倾向，即在交往中是非观念不明，事事从"哥们儿义气"出发行事，信奉"为朋友不怕两肋插刀""士为知己者死"，在关键时刻为了小团体的利益而把行为规范和道德准则置于脑后，作出害人害己、违法乱纪的事。

对青少年进行正确交往观念的教育，可以结合古今中外著名人物的友谊故事以及中华民族传统文化中重义轻利的交往信念来进行，帮助他们认清物质利益和精神满足的关系、索取和付出的关系、利他与利己的关系等，并指出在新的社会环境下的"义"的正确含义，让青少年理解为什么"真诚""互助"才是友谊的真谛。

---

**知识小窗 10-3　　　　社会交往中的著名法则**

**1. 手表定理**

两只手表都不能告诉一个人准确的时间，反而会让看表的人失去对准确时间的信心。尼采说过："兄弟，如果你是幸运的，你只需要一种道德而不要贪多，这样你过桥更容易些。"如果每个人都"选择你所爱，爱你所选择"，无论成败都可以心安理得。然而，困扰很多人的是，他们被"两只表"弄得无所适从，心身憔悴，不知自己该信仰哪一个。还有人在环境、他人的压力下，违心选择了自己并不喜欢的道路，为此而郁郁终生,即使取得了受人瞩目的成就,也体会不到成功的快乐。手表定理告诉我们的是,每个人都不能同时挑选两种不同的价值观,否则,你的行为将陷入混乱。

**2. 马太效应**

《新约·马太福音》中有这样一个故事:一个国王远行前,交给三个仆人每人一锭银子,吩咐他们:"你们去做生意,等我回来时,再来见我。"国王回来时,第一个仆人说:"主人,你交给我们的一锭银子,我已赚了十锭。"于是国王奖励他十座城邑。第二个仆人报告说:"主人,你给我的一锭银子,我已赚了五锭。"于是国王例奖励了他五座城邑。第三个仆人报告说:"主人,你给我的一锭银子,我一直包在手巾里存着,我怕丢失,一直没有拿出来。"于是国王命令将第三个仆人的一锭银子也赏给第一个仆人,并且说:"凡是少的,就连他所有的也要夺过来。凡是多的,还要给他,叫他多多益善。"

现实生活中朋友多的人会借助频繁的交往得到更多的朋友;缺少朋友的人会一直孤独下去。金钱方面更是如此,即使投资回报率相同,一个比别人投资多十倍的人,收益也多十倍,这就是马太效应的具体体现。

## 二、指导青少年适宜选择交往对象

随着年龄的增长,青少年的交往范围日益增大。他们不满足于狭小圈子内的人际交往,而是倾向于在更广阔的范围内择友和交友。如许多中学生不仅有本班级内的朋友,而且与学校内其他班级的学生交往,甚至还在课外活动中认识其他学校的朋友,以及通过书信往来所交的"笔友"。一些青少年盲目相信"朋友多了就是好""多个朋友多条路",在交往中不加选择,只重数量而不重"质量",再加上社会经验不丰富很容易上当受骗。

对青少年进行交友选择的辅导,主要从以下两方面着手。

其一,摆正交友与学习的位置,让他们认识到人际交往是人正常活动的需要,但在校青少年的主要任务是学习,人际交往也应体现出在校学生的这一特点。因此,正确的交往态度应是在努力完成学习任务的前提下,妥善处理好与周围同学和老师的关系,并在学习中积极发展和巩固这种关系。在此基础上,再考虑扩大社会交往的问题。而考虑到青少年学生的特点,社会交往应在同龄人之间,以共同的兴趣和爱好为基础进行,如"球友""邮友""书友"等。

其二,通过种种途径教给青少年一些必要的、与交往有关的认识他人、保护自己的知识,并对其交往过程中出现的偏差及时予以纠正,以引导青少年正确把握人际交往的方向和重点,做到在交友中有所选择、有所控制、真情实意、取长补短,最终达到在学习中交往,通过交往促进学习的理想境界。

## 三、协助青少年妥善处理交往关系

与成人相比,青少年的交往关系比较简单,但在实际交往中,由于交往经验少、处理交往中复杂事件的能力较低,因而仍存在许多不能很好独立处理的关系。教育工作者有必要根据青少年面对的各种交往关系,有针对性地进行具体指导。

第一,同学关系。大多数在校学生的同学关系是有明显的亲疏之分的,即在小团体内部关系相当密切,而与小团体之外的其他同学的关系相对疏远。因此,对同学关系的指导主要从以下几个方面进行:对待学生中的小团体,要注意分析其活动内容和性质,对有积极倾向的小团体应给予表扬和鼓励,可以将其活动纳入班级正式群体的活动中来,以扩大学生的交往面;而对待有消极倾向的小团体则应及时教育引导,以消除对其他成员的不良影响。

此外,一方面青少年由于年龄相近,爱好相似,又在同一集体中学习和生活,这是有利于相处的方面;另一方面,青少年学生在生活习惯、个性等方面也存在着一定的差异,空间距离过小(如同一寝室的同学),交往频率过高,在交往中就难免会出现这样或那样的冲突。如果不加以引导,则会产生矛盾。

第二,师生关系。一般来说,与其他交往关系相比,青少年在师生关系方面面临的困扰较少。这可能是因为从小学起,师生关系就已稳定地存在,直到青少年时期,其特点和性质均无大的变化。师生交往是建立良师益友关系的主要渠道和重要保障。师生关系的理想形式是尊师爱生,教学相长。但在青少年时期,师生关系存在的最大问题是,由于青少年独立意识的增强,学生与教师的交往相对减少,关系相对疏远,不愿与教师交流思想,这在一定程度上给教育工作者带来困难。

要建立良好的师生关系,需要师生双方共同努力,但主要应从教师入手。首先,教师自身要有良好的素质,包括高尚的思想品德、突出的业务能力、渊博的知识等,只有这样,才能在学生中树立威信,赢得学生的尊重和喜爱,为建立良好的师生关系打下基础;其次,在与学生交往时,教师应采取正确的态度,做到平易近人,关心理解学生,细心观察学生的变化,以了解学生的思想状况,使学生消除顾虑,使之能与教师交流想法,为有效的教育打下基础。

第三,亲子关系。进入青少年期后,子女与父母的关系发生了很大变化。这主要表现为,随着他们生活自理能力和独立意识的增强,对父母的依赖减少,想要摆脱父母约束,自主管理自己的愿望日益强烈。再加上生活范围、活动内容发生变化,青少年会在不同程度上与父母产生这样或那样的"冲突",这就是一般所说的"代沟"。

实际上,对于具体的个体来说,"代沟"并不是客观存在的,它的存在与否以及表现程度取决于两代人交往中的态度、观念和对对方的理解程度等。因此,在对与父母关系的辅导方面,教育者应引导青少年产生移情性反应,即学会设身处地地从父母角度设想和考虑问题,最终达到两代人之间的和谐交流。

第四,同龄异性间的关系。进入青春期后,随着个体生理的快速发育,性心理和性意识也有一个从萌动到发展的过程。他们往往在这一问题上采取不恰当的处理方式,如常见的早恋,与异性交往困难等现象。对青少年进行与异性交往的辅导,最重要的是帮助他们认识自身与异性的生理心理特点,消除对异性的神秘感,对正常的异性同学之间的交往不应采取禁止、限制的态度,而应引导他们在交往中相互了解、共同进步,对产生与之有关的心理问题和不恰当行为的学生,则应个别教育和辅导,而不要当众批评,以保护他们的自尊心,避免矛盾激化。

---

**实践探索 10-4　　　　对异性交往的引导**

压抑和限制某一种正常存在的心理欲求,反而起一种强化作用。如果我们要压抑自己不去想某种事或某个人,结果反而适得其反,越不愿意想就越去想。心理学家韦纳(Bernard Weiner)曾作了个有趣的实验,他让一些参加实验的学生千万不能想到"白熊",如果有谁不自觉地想到了"白熊",则要按铃并记录在录音机里。结果这些学生在短短五分钟里,平均有一分钟是在专门想"白熊"的。这表明越禁止自己想什么,自己就偏偏不自觉地去想。

今天的社会是开放的多元化社会,异性交往是人际交往中的重要组成部分,是客观存在的。回避正常的异性交往不仅会影响到学生健全人格的建立与发展,还会影响到他们今后的成长。

在异性交往的过程中也要遵循一定的原则:

1. 健康、文明的原则;
2. 选择场所与时间适当的原则;
3. 保持一定距离的原则。

---

## 四、教授青少年必要的交往技巧

了解并运用必要的交往技巧,能使个体顺利进行交往活动,减少交往的紧张感和因交往失败带来的心理压力。这对于交往经验不多却又对交往活动有强烈需要的青少年是很有必要的。

学习交往技巧的最佳途径是具体的交往活动。但教育者运用有关知识和规律进行的指导能减少青少年在交往中探索的时间和失败的次数,起到事半功倍的效果。一般说来,青少年最需要掌握的交往技巧主要有以下三种。

**1. 介绍自我**

这里涉及在初次交往时让对方了解自己的技巧。它需要根据交往时的情境、交往的目的、对方的情况等灵活变化,是交往成功的第一步。

初次交往由于有首因效应在起着作用,对以后交往的进程发生较大影响。掌握介绍自我的技巧有利于达到交往目的。一般说来,初次交往时介绍自我应把握以下三个原则:一个是要举止得体,保持良好的精神状态,切忌随意松散,心不在焉;二要简洁,突出重点,即根据交往的场合和目的,除姓名、年龄外,向对方表明自己的最主要的特长、兴趣爱好等对方最关心、最希望了解的信息,切忌长篇大论,哗众取宠;三要热情待人,在自我介绍时要表明对对方的好感,表达出希望继续交往的愿望,并确定再次交往的时间、地点、联系方法等,切忌态度傲慢,居高临下。

当然,在介绍自己的同时,还要注意自己的仪表以及言行举止,仪表能展示自己的才华和修养,能给人良好的印象。而行为举止更是一个人内在气质、修养的表现。良好的仪表和行为举止才能让人有与你进一步交往的愿望。

**2. 了解对方**

在交往过程中要综合运用在交往中获得的信息,了解对方的个性、需要、品质、特长等特点,以对进一步的交往行动进行调整。在交往中不顾对方的情况与特点,一味我行我素,是交往难以顺利进行的一个重要原因。因此,了解对方是交往成功的关键。

了解对方,最重要的是客观与全面。因此,在一般情况下,应注意不受前述的首因效应、近因效应、刻板效应等的影响,才能对他人有一个正确的了解,即一定要避免先入为主的态度。另外,在日常生活中应注意搜集对方的言谈举止等信息,并根据这些信息进行综合判断,不能凭借零星的印象或只言片语就认定对方的品质或个性。最后在某些特殊情况下(如紧急情况、个人利益与他人利益激烈冲突的情况等),人的真实的一面最能明显地表现出来,因此此时最能有助于我们全面地了解一个人。因此,在综合判断一个人的个性、品质等的所有依据中,特殊情况下的表现占有更大的权重。

**3. 化解矛盾**

在交往中,由于双方个性特点、兴趣爱好以及对问题的看法等的不同,往往会产生不同程度的矛盾冲突。了解怎样调整双方的观点和利害关系,对化解矛盾冲突就很必要。化解矛盾的技巧可以说是交往成功的保证。

一般地,化解矛盾的第一步是冷静分析双方产生冲突的原因以及分歧的焦点,这是化解矛盾的最关键、最重要的一步。因为矛盾发生时,冲突的双方往往都处在较激烈、冲突的情绪状态中,较难达到冷静。第二步是,在可行的范围内找出一个双方能共同接受的解决方案。这种解决方案可以是一方被说服、作出让步或观点保留与改变,也可以是双方均作出让步或调整观点。这一过程的难点在于冲突各方出于"保全面子"的思想,往往不愿主动让步,所以必要时可通过第三方进行调整。当然,解决矛盾时的让步应是有原则的、可被接受的,而不是无原则的妥协与退让。

> **实践探索 10-5　　　人际交往中的一些小技巧**
>
> 1. 叫对方的名字。我们都很自恋,喜欢听别人叫自己的名字,问问别人的名字并且用名字称呼他们,和别人聊天时要经常提到对方的名字。
> 2. 微笑——要发自内心!当有人真心实意地微笑时,幸福会感染对方。
> 3. 倾听(不只是用耳朵)。可以用肢体语言、眼神交流和言语上的确认来表明你在听对方说话。
> 4. 言语确认。人们喜欢听到他们的话被附和,这能提高他们的自信。
> 5. 对话回想:证明你在注意听。为了真正表明你在注意听,你可以试着提出对方之前提过的话题。
> 6. 批评要委婉。如果有人犯错误了,不要当着一群人的面说出来。你可以考虑在批评前后都称赞对方。
> 7. 做一个真正的人,不做机器人。人们喜欢看到个性和真实的一面,努力表现得自信但有礼貌。
> 8. 善于讲故事。讲故事是一门艺术,需要对语言的理解并注意语速。掌握这种好的口述故事方法,人们就会聚集在你身边奉你为诗人。
> 9. 征求意见。征求意见表明你看重他们的想法也能显示你的尊重。每个人都喜欢被需要以及他们很重要的感觉。
> 10. 问问题。问别人一些关于他们生活、兴趣或爱好的问题是赢得友谊屡试不爽的方法。
>
> http://learning.sohu.com/20160606/n453155616.shtml

让我们回到本章开头提到的那个案例。该案例属于典型的新生适应不良症。小吴之所以会感到适应不良,主要因为学习成绩不再像以往那么优秀,自己也不再受到以往那样的重视,因而自己对自己产生怀疑,并产生自闭防御心理和多疑心理,不愿和同学交往,并怀疑同学,进而使自己更加自闭、不适应。

小吴要改变现状,首先要找人倾诉自己的状况,可以找老师来帮助自己。其次,在老师的帮助下,分析自己现在的问题,在学习上要改变自己的学习方法;在和同学的人际交往中,要主动和人说话,让同学能了解自己,自己也能展现自己的内在品质。最后,在老师的帮助下适当调整交往方式。

## 本章小结

- 社会交往是指在社会生活中人与人、群体与群体之间通过接近、接触或手势、语言等信息的传播而发生的相互依赖性行为的过程。
- 社会交往的基本条件是信息的传播与交流,社会交往的基本过程是相互认知,社会交往的必然结果是相互影响和作用。
- 青少年社会交往的特点主要有:交往需要日益强烈;交往的社会化水平日益提高;容易在交往中产生多种心理问题;发展与异性的交往。
- 青少年在交往中常常会出现自闭与防御心理、自卑与交往恐惧心理、自我中心心理等问题。
- 在社会交往方面对青少年进行辅导,可从如下方面着手:帮助青少年正确树立交往观念,摆脱功利主义和"义气"用事的不正确观念;指导青少年适宜选择交往对象;协助青少年妥善处理交往关系,包括同学关系、师生关系、亲子关系以及同龄异性间的关系;教授青少年必要的交往技巧。

## 思考题

- 何谓社会交往?其基本条件是什么?
- 人际交往的类型有哪些?
- 社会交往中,影响人际吸引的因素有哪些?
- 简述人际交往中常见的心理效应。
- 何谓非正式群体,其作用有哪些?
- 如何帮助学生处理好各种人际关系?
- 如何让学生学会与人交往的一般技巧?

## 问题探索

- 通过调查,了解自己所在小组中成员间的人际关系情况,并作出一个人际关系的靶形图。
- 请你设计一堂"送出赞美心"的心理主题课程,目的是让同学之间互相表达认可、感谢、鼓励等,增进同学间的人际关系。

# 第十一章　青少年行为适应不良问题与辅导

───────── 本章细目 ─────────

**本章要点**
**第一节　青少年行为适应不良问题概述**
一、青少年行为适应不良问题的界定
1. 适应与适应不良的概念
2. 青少年行为适应不良的概念
二、青少年行为适应不良问题的分类
1. 与能力相关的问题
2. 与器质性能力缺陷相关的问题
3. 首次行为问题
三、临床常见行为适应不良问题的评估诊断
1. 拒学
2. 注意缺陷与多动障碍
3. 学习困难

4. 网络使用过度行为
5. 过激行为

**第二节　青少年行为适应不良问题的表现和原因**
一、拒学
1. 拒学的表现
2. 拒学的原因
二、注意缺陷与多动障碍
1. 注意缺陷与多动障碍的表现
2. 注意缺陷与多动障碍的原因
三、学习困难
1. 学习困难的表现
2. 学习困难的原因
四、网络使用过度行为
1. 网络使用过度行为的表现
2. 网络使用过度行为的原因

五、过激行为
1. 过激行为的表现
2. 过激行为的原因

**第三节　青少年行为适应不良问题的辅导**
一、拒学的辅导
二、注意缺陷与多动障碍的辅导
三、学习困难的辅导
四、网络使用过度行为的辅导
五、过激行为的辅导
1. 自杀的危机信号和识别
2. 过激行为的干预

**本章小结**
**思考题**
**问题探索**

## 本章要点

- 适应与适应不良的概念
- 青少年行为适应不良问题的分类与识别
- 青少年学生中拒学的表现、原因及其辅导
- 青少年学生中注意缺陷与多动障碍的表现、原因及其辅导
- 青少年学生中学习困难的表现、原因及其辅导
- 青少年学生中网络使用过度行为的表现、原因及其辅导
- 青少年学生中过激行为的表现、原因及其辅导

---

**想试着回答一下吗……**

- 有些学生上课注意力不集中,不认真听讲,总是东张西望,动来动去,下课了也坐不住,到处乱跑。有人说这是多动症,凭这些症状可以作出诊断吗?
- 拒学和厌学是相同的吗? 如何进行区分?
- 有些学生在朗读的时候不会正确地停顿,有时还漏字、添字,甚至歪曲字词的正确含义。这样的学生会不会是大脑发育迟缓或智力低下?
- 为什么有些学生能很好地适应周围的环境,有些学生则不可以?
- 对于沉迷网络而影响学习的学生该怎么办?

---

张老师班上的一个学生上学期连续三天没来上课。从他发来的一封电子邮件才知道,他去另一城市会网友了!

他是孤儿,被叔父收养,学习跟不上进度,也很不守纪律,令多数老师头疼、讨厌。

有一次,张老师试着和他谈心,他问张老师:"老师,你爱玩游戏吗?"张老师没直接告诉他不应该上网玩游戏,而是委婉地说:"说真的,我也是个网虫,对上网很感兴趣,可就是不会玩游戏,你能教教我吗?"在以后的时间里,他和张老师接近了,教张老师打游戏,也开始和张老师说心里话了。

他说他在家里感觉不到家庭的温暖,可是在游戏里却能体验到温暖和快乐。当他过关斩将的时候,会有人为他喝彩;当他取得成功的时候,会有人向他表示祝贺。他还

> 说自己学习成绩差,多数老师都不喜欢他,对他另眼看待,而在游戏的虚拟世界里却得到了满足,体验到了成功的喜悦和被重视的快乐。
>
> 张老师听后默默无语,心里非常难过,那么他该怎么做呢?

我国中长期教育规划中特别强调了心理健康教育,可见政府对学生心理健康的极度关注。当今学校的教育正越来越重视学生心理健康的发展,不同的学校都在逐步建立起学生心理辅导室,尤其在教学活动中增加了心理健康教育课,通过教师对有关心理学知识的讲解、心理游戏活动的开展,学生心理健康水平有所提高,但同时也发现一些学生存在若干行为适应不良的问题。但是,由于教师缺乏对这些问题的相关知识以及相应的应对策略和方法,有些学生的行为适应不良问题未能得到及时的辅导干预,导致这些学生的学业失败、心理健康水平的下降。因此,本章通过对行为适应不良的概念、青少年行为适应不良问题的分类与识别的阐述,重点介绍五种常见的青少年行为适应不良问题(拒学、注意缺陷与多动障碍、学习困难、网络使用过度行为和过激行为)的临床表现、评估诊断、形成原因及辅导方法,便于老师们对这类问题学生有更深刻的理解并给予帮助。

# 第一节 青少年行为适应不良问题概述

了解行为适应不良问题,首先要了解适应的基本概念,不管是动物还是人类,要想在自己所处的环境世界里生存,就得学会适应,适者生存指的就是这一法则。本节从对适应的基本概念的解释来说明什么是适应与适应不良以及行为适应不良问题的分类,并通过对五个案例的一一描述,帮助我们加深对发生在青少年时期的拒学、注意缺陷与多动障碍、学习困难、网络使用过度行为和过激行为这五种行为适应不良的理解。

## 一、青少年行为适应不良问题的界定

**1. 适应与适应不良的概念**

**适应**(adaptation)是指个体为增加生存机会而对自身的改变。它是来源于生物学的一个概念,现已广泛应用于心理学领域。适应在心理学是指个体为了更好地生存而不断调整自己的心理，以取得与周围环境的和谐、平衡。适应是一种过程，它会随着环境的变化而改变。当环境发生变化而个体不能作出与之相应的改变，就会产生不适应。所谓适应不良就是指个体不能与环境发生有效的交互作用，或者说个体无法调节自己以达到与环境的和谐、平衡，且得到的是来自周围环境的否定评价，即为不适应或适应不良。适应不良一般表现为心理性不安全感和不稳定感。比如小学生初入校门，对校园环境感到陌生不适应，会表现出哭闹、拒学等适应不良行为。

**2. 青少年行为适应不良的概念**

当上述的适应不良现象表现在个体的行为上便出现了行为适应不良问题。行为适应是指个体通过调整其行为来适应环境、处理问题的能力，也是评判个人对社会适应能力的指标。当青少年无法调整自己的行为以适应环境、处理问题时，就会表现出心理及行为问题并影响其自身的发展，这就是青少年适应不良。

青少年行为适应不良问题，也可称作"问题行为"。本来，因行为而表现出的精神症状在精神医学的疾病分类上属于行为障碍（behavior disorders）范畴，但是在欧美国家将"问题行为"用于青少年时，这一术语等同于"反社会性行为"。同时，他们将具有品行不良行为的孩子称作"问题儿童"，现在又将这一概念扩大了。当今，所谓的"问题行为"指的是不仅仅在精神医学或心理学方面谁存在问题的概念，而且还包含社会学方面的含义。

问题行为包含诸如谁发生了问题，或什么样的问题，对问题持什么立场，或怎么样应对，怎样判别问题等各种各样的要素。比如，临床心理学家和教师在看待学生问题行为的立场上有所不同，且评估的方法也有所不同，即临床心理学家比较重视个人的问题，而教师比较侧重从学校和社会的角度看问题。这样，由于对问题的视点和职业角色的不同，对问题的处理也就不同。另外，由于对问题的立场不同，看问题的内容也会不同。在学校对问题的评估中，从团体辅导的视点来看，学校中容易产生的问题可能有暴力、盗窃、顺手牵羊、性行为不良、违纪违规等反社会行为；而从心理临床视点来看，问题行为还包括诸如拒学、注意缺陷与多动障碍、欺负与被欺负以及学业不振等。

## 二、青少年行为适应不良问题的分类

本节中我们引用了洛蒂特（C. M. Louttit）关于青少年问题行为（行为适应不良）的分类标准。洛蒂特从临床心理学的角度，以能力缺陷和身体缺陷为标准对学生的问题行为进行了划分，而不是以可能导致能力缺陷和身体缺陷的原因为标准进行分类。以下就是洛蒂特的分类。

**1. 与能力相关的问题**

① 弱智：智力发育迟滞且智商低于75以下者。

② 学业不振：智力发育迟滞以外的各种原因引起的学业成绩极度不良者。

③ 特定学科的学业不振：特定学科的成绩很差而其他成绩没大问题者。

④ 智力能力拔群，但适应能力较差者。

**2. 与器质性能力缺陷相关的问题**

① 感觉器官能力缺陷：盲、聋、听力障碍、肢体不自由及身体虚弱者等。

② 神经系统与生理方面的能力缺陷：脑炎、癫痫、营养不良、结核病等。

**3. 首次行为问题**

(1) 动作行为上的问题

这也就是指直接的一次性行为问题

① 社会性的轻微问题。A. 特别与家庭相关的问题：a. 进食的问题，如食欲过剩、食欲不振、进食行为不规范及进食漫不经心、拒绝进食、慢吞吞地进食、吵闹进食、食欲倒错（异食）等；b. 排泄的问题，如大小便失禁、便秘、腹泻等；c. 睡眠的问题，如失眠症、睡眠不足、夜惊、噩梦、梦魇、睡行症（梦游）、不规则的睡眠习惯、睡眠与觉醒节律紊乱、磨牙、嗜睡等；d. 性的问题，如自慰、对性的恐惧、过分对性的好奇、恋物症、同性恋及其他不良性行为等；e. 神经性怪癖，如身体各部位的触摸、吮指、咬指甲、抠鼻、将非食物类物品放入口中等；f. 交友问题，如朋友很少或没有朋友、交友困难、交友年龄不确定、男女性别不确定、没人气、缺乏协调技能、玩耍困难、拒绝玩耍、嘲笑过多、虐待过多等。B. 与家庭、学校及邻近的相关的问题：a. 吹牛；b. 谩骂、庸俗、猥亵；c. 打架；d. 破坏性；e. 坏习惯（熬夜、迟到等）；f. 恐吓、虐待、残忍。

② 社会性的重大问题。A. 盗窃；B. 旷课；C. 性品行不良；D. 乞讨、流浪；E. 伤害、威胁、杀伤；F. 纵火；G. 自杀或自杀未遂。

③ 说话能力问题。

(2) 人格上的问题

这也就是指间接的一次性问题。

① 攻击性问题。包含前述的动作行为上的问题。

② 退缩性问题。A. 轻度的适应困难：a. 自卑感，自信缺乏，如排斥他人、腼腆、羞耻、畏缩、怕开口、敏感、猜疑、依赖、沮丧、忐忑不安、自我惩罚倾向等；b. 自我中心，如骄傲自满、支配欲、任性、炫耀、自负等；c. 嫉妒；d. 恐惧、懦弱、焦虑、冥思苦想；e. 空想、出

神；f. 对他人他物的拒绝，如拒绝爱情、忘恩负义、不尽义务、狡猾、神秘等；g. 猜疑心、偏执倾向、被鄙视、被迫害感；h. 疏忽大意、冷漠无情、懈怠、注意集中困难。B. 极度的适应困难或无能：a. 神经症；b. 精神病。

> **热点聚焦 11-1  教师、学生及家长对问题行为的看法**
>
> 在学校系统中，由于教育制度、教师的素质、学生的素质、地域的差异等因素导致学生存在各种各样的问题。哪个学生会存在这些问题？这些问题在与谁的交互关系中会突显出来？对此教师、学生、家长的看法并非一致。因为，以上所谓的问题行为在发生的时间和场合方面存在差异，比如在有些场合被认为是问题的行为，但在别的场合可能被认为是一般的行为。尽管有的行为是相同的，但由于对象不同，则在不同的对象上会引起不同的问题行为。在学校中，特别是教师对问题行为怎么看，采取什么样的应对方法，是对学生产生直接影响的因素。
>
> 对于学校中存在问题的看法，教师、学生、家长三者的观点是各不相同的，大致有以下 10 种情境。
>
> 情境 1. 只有教师认为有问题，而学生与家长不认为有问题；
> 情境 2. 教师与学生认为有问题，而家长不知道，或不认为是问题；
> 情境 3. 教师、学生、家长都认为有问题；
> 情境 4. 家长与学生觉得有问题，但教师不知道或没觉察到；
> 情境 5. 学生感觉有问题，教师与家长不知道或没觉察到；
> 情境 6. 家长与教师认为有问题，但学生根本不放在心上；
> 情境 7. 只有家长感觉到有问题，而教师与学生根本不放在心上；
> 情境 8. 教师、家长、学生都未觉得有问题，但以专家的视点，看到了问题行为；
> 情境 9. 个人的状态有问题或可能有问题，但由于健全的环境使问题行为没有得到发展；
> 情境 10. 尽管环境条件存在问题或可能有问题，可是由于个人状态的健全而使问题行为没有发展。

上述青少年的问题行为并非全部会发生，但是在针对这些现实问题时，我们必须考虑这些问题在什么情境下容易产生。除此之外，还必须理解经过不同的发展阶段，这些问题发生了怎样的变化，在个人的世界中这些问题意味着什么，与周围环境的交互中这些问题又有何意义。

## 三、临床常见行为适应不良问题的评估诊断

从上述的青少年行为适应不良问题的分类可知，青少年行为适应不良种类之多，难以一一介绍，限于篇幅，我们将学校临床中常见的诸如拒学、注意缺陷与多动障碍、学习困难、网络使用过度行为和过激行为这五种行为适应不良问题的评估诊断作若干介绍。

### 1. 拒学

**实践探索 11-1**　　　　　【案　例　一】

小华(化名)妈妈如下诉说道："我的女儿今年应该上高二,不知道为什么她不想上学了,不管我们怎么鼓励、劝说、批评和教育,她就是不上学,我们没有办法就给她办了休学手续。孩子在家都快一年了,不出家门,待在家里上网、看书,大部分时间是发呆,偶尔也会哭泣。我们也带孩子去了医院的心理诊疗科。医生说是孩子抑郁,开了百忧解之类的药物,孩子不愿吃,每次都要劝说孩子半天她才勉强吃,但药物治疗持续一周没有效果以后,孩子坚决抵制后就再也不吃药了,抑郁、哭泣的情况更为严重了。自从孩子有了问题不上学后,我们的家庭也开始烦躁,经常吵架,但又找不到解决方法,整个家庭都烦躁且压抑,家里将近一年都没有一个笑容了。最近孩子不止一次说要自杀、活着没有什么意思之类的话语,甚至不愿意下楼和我们一起吃饭。我们都开始紧张、恐慌,都没有心思上班了。我们就这一个孩子,每天要有一个待在家里陪着孩子。哎!现在,心理医生的治疗也没有效果,我们都不知道该找谁了,应该怎么办?"说完之后,小华妈妈眼圈一红,头一低,眼泪簌簌地滚落下来,接着控制已久的哭泣也因无法自持而爆发出来。

上述小华的种种行为表现就是典型的拒学现象。那么,什么是拒学呢?

(刘录护,2013)

20世纪60年代,"拒学"(school refusal)曾被称作"学校恐惧症"(school phobia)和"不上学"(non-attendance at school)。为了与神经症分类中的恐惧症相区别,鉴于拒学的客体的不确定性及概念的扩大,且它并未达到恐惧症的临床标准,而是更接近学生的行为适应问题,基于拒绝上学这一现象,故将之称为"拒学"。然而,20世纪70年代之后的日本一直沿用着"不上学"(不登校)这一术语。值得注意的是,这里的拒学排除了由于某些疾病的治疗而不能上学,由于贫困、家长的不理解而不能上学以及品行不良原因导致厌学所显示的不上学。另外,也排除了由于精神病理的问题而不上学等现象。除上述之外其他的拒学现象均称为"不上学"。国内学者将它称为"拒学"。

综上,所谓拒学是指有若干的心理性或情绪性原因,而不能正常上学的状态。虽然可能会出现各种各样躯体症状、心理症状,但是因身体疾病、精神疾病、家庭经济困难等原因而不能上学者以及厌学或不良少年不去上学者,一般不称为"拒学"。

### 2. 注意缺陷与多动障碍

**实践探索 11-2**　　　　　【案　例　二】

B男孩,12岁,初中预备班。上课不专心听讲,注意力难以集中,易受外界的影响,小动作时常不断,学习成绩很差,还伴有攻击行为,甚至引起一些伤害事故,令父母极为烦恼。

> B男孩从上学时起就出现调皮、多动、作业拖拉或不能按时完成作业、马虎等症状。上课表现为坐立不安、小动作多,喜欢咬铅笔或切碎橡皮,乱涂课本,乱刻桌椅,不专心听讲、与邻座同学讲话,有时摇椅子、敲课桌椅。影响他人,破坏纪律,多次受老师的批评而不改正,真可谓"屡教不改"。B男孩放学回家的路上总是心不在焉,东荡西逛,不按时回家。在家做作业时,把课本、作业本、铅笔、橡皮及文具盒摊满了一书桌,且边做边玩,作业拖拉、马虎、潦草。成绩极速下降,几乎不及格。但是最令他父母感到棘手的是撒谎、逃学、与人吵架等品行问题。因此,由母亲陪同前来求助。当母亲知道孩子是"多动症"后,并不感到惊讶,因为早已听到且怀疑自己的孩子是此症。但是,此症的干预必须是医学、教育、心理相结合的综合性干预,而且需要长期的治疗,疗效并不一定会理想,要随着孩子注意及自律性行为的发展才会改善。
>
> 这是一个典型的注意缺陷与多动障碍学生的案例。那么,什么是注意缺陷与多动障碍呢?

所谓**注意缺陷与多动障碍**,即**多动症**,是指比普通孩子明显地易忘、情绪不稳定、坐立不定、精神分散、不能集中在一件事物上,同时由于其情绪不稳定造成特别容易兴奋、易怒、冲动等行为表现,结果处于一种被环境所不容、与社会不适应的状态。

根据美国精神病学会编制的《精神障碍统计与诊断手册》(DSM-Ⅳ,1994)与中华医学会精神科分会编制的《中国精神障碍分类与诊断标准第三版》(CCMD-3,2001),多动症(hyperactive)被称为"注意缺陷与多动障碍"(attention-deficit/ hyperactivity-disorder, ADHD)。它是一种以注意涣散、冲动任性和活动过度等症状为主,表现出不能适应家庭、学校和社会生活的心理障碍。据流行病学统计,患病率约为3%~6%。在幼儿园早期就显示出明显的症状,大多数孩子则在小学时得到确诊。

注意缺陷与多动障碍的症状特征主要有3个:① 粗心大意(心不在焉、注意力不能持续集中);② 多动(坐立不定、手脚不停);③ 冲动(会有突发性的行为出现,易发火)。需要说明的是,这里的粗心大意是指与其他孩子相比注意力持续集中的时间明显地缩短。而多动和冲动是指不能控制自己的欲望和冲动行为。在《中国精神障碍分类与诊断标准》(CCMD-3)中,就注意障碍与多动的表现分别列举了各9项,两者均需符合4项以上,且同时出现这些症状的原因不是由其他的病症(如弱智或自闭症等)所致,而且症状在两个以上场所(家庭和学校或幼儿园等)持续出现6个月以上,才可以被诊断为注意缺陷与多动障碍。

**3. 学习困难**

**实践探索 11-3**　　　　　【案　例　三】

> C男孩,14岁,初一学生。从小学开始,学业情况就比较落后,在二年级时曾进行过智商测试,IQ为89。据母亲回忆,当时在卷面上有关逻辑测试的部分,他基本无法回答。小学阶段,因为成绩不好,受到老师的

讨厌和同学的鄙视。曾三次转学,并且在这个过程中产生过对学校的恐惧心理,性格非常阴郁。从那时候开始,眼睛发生了抽搐现象。在压力很大的时候,甚至晚上睡觉时身体也会抽搐。后来由于其亲戚是某重点初中老师,因而转到此初中后情况有所好转,但是仍旧伴随有脸部的抽搐。

  C男孩从小唯一没有改变的兴趣是对电器和机械的热爱。喜欢旋转物体,可以长时间地玩。但是注意力非常容易涣散,即使看电视、玩电脑游戏维持的时间也不长。刻板重复的行为不多,但是能就自己喜欢的话题,重复不停地说几遍。据C男孩的班主任反映,C男孩的注意力维持时间非常短,通常15分钟是极限,否则就会浑身难受、狰狞、抽搐。他上课几乎不听讲,东张西望,难以自控,上课会影响、干扰其他同学,甚至一个人会无缘无故地笑出声来。他的表达能力非常匮乏,老师与之谈话时,几乎没有眼神交流,老师感觉他此举对自己非常不尊重。其记忆能力还可以,但是几乎没有逻辑推理能力,几何、语文阅读能力都是极差的。情绪经常会失控,会用拳头砸桌子,对同学会有攻击行为。据母亲报告,C男孩出生比预产期晚了一周,母亲临产前打过3次催产素,四个月时他曾从床上摔下来过,后脑勺着地,当时肿了个大包,去医院观察四小时,因为没有任何异常反应,没有打针吃药。从小身体情况良好。

  这就是一个在阅读、几何及逻辑思维等多个领域的能力有明显问题的学习困难儿童的案例。那么,什么是学习困难呢?

  **学习困难**(learning disability)又称**学习失能或学习障碍**,由"全美学习困难共同委员会"(NJCLD)于1988年提出并在1990年将其定义修订为,"学习困难是用以描述异质障碍群体的概念性术语,障碍主要表现为在获取和使用听、说、读、写、推理或数学能力等领域的明显困难,这些障碍源于个体内部,可能由中枢神经系统的功能失调引起,并可能在一个人的一生中存在"。通常,那些学习困难的学生学习吃力,成绩糟糕,是老师眼中的劣等生,甚至有时被看成是智力低下。他们承受着来自各个方面的压力和嘲讽,不能很好地与老师、同学交流,也无法和同学很好地相处,情感上经常处于孤独的状态。有研究表明,这类孩子的情绪大多不够稳定,容易情绪化,在外界因素的干扰下容易产生焦虑、紧张、易怒、抑郁,并引起睡眠障碍。由于他们的情绪反应过分强烈,情绪一旦激发很难平静下来,因此,他们对外界的刺激非常敏感。在家庭和学校容易看到这样的孩子顶撞老师、家长,甚至发生冲动行为或攻击行为。

**4. 网络使用过度行为**

**实践探索11-4**　　　　　　【案　例　四】

  D同学,男,16岁,高中一年级。父母均为高级白领,工作繁忙,疏于与孩子的相处,使孩子产生不断上网打游戏的行为,以至于影响学业及生活。D同学从小很听话、乖巧,个性比较内向,读书成绩一直不错,是家人眼中的好孩子。

初中毕业后,D考上了一所重点高中,家人都为之高兴,一学期下来之后,觉得自己的成绩不如其他同学,期终考试成绩为班上中等,由于学习进程比较快,有跟不上的体验,自觉压力过大,为缓解压力,D会上网打游戏,觉得上网后感觉很好,学习压力得以释放。他最喜欢玩《魔兽》的游戏,在游戏中,他的级别很高,攻击力很强,可以轻易击倒许多怪兽,备受大家崇拜。于是为了获取别人的尊重和自豪感,D则几乎每天沉溺于网络游戏中,甚至连吃饭都会忘记,一旦受到父母的劝阻时,起初,只是应允但无行动。之后,对父母的劝阻以发脾气抗拒,乃至与父母争吵,甚至摔东西,父母已感到他完全变了一个人似的。父母曾将电脑收掉,D却去网吧游戏,以致不归。刚开始老师家访时,还能听老师的劝阻,不久对老师的劝说也无很大的反应,若坐在教室里,注意的指向不是老师和课堂的内容,有时像发呆似的,头脑一片空白,有时想象网络游戏中的情景,有时干脆睡觉,导致学习越来越差,且不与同学交往,只有当同学们谈论起网络游戏时,他像变了一个人似地参与讨论中,觉得与他们切磋游戏而获得自豪感。当同学们谈论起学习时,就退缩了起来,一点兴趣也没有了。若不上网游戏,自觉极度的不适感,表现为情绪低落、不思饮食、烦躁不安、焦虑等。网络使用过度行为的干预需要比较长的时间,通过教师与他一起玩游戏建立起良好的关系,帮助其逐步摆脱对网络游戏的依赖,并通过家庭关系的辅导使其得到家庭的支持,以此获得的满足来替代其从网络游戏中获得的满足。

这是一个典型的网络使用过度行为的案例,那么什么是网络使用过度行为呢?

目前关于网络使用过度行为的问题,有两种指称方式,其一是用"成瘾"来指称,其二是用"依赖"或者"病态"等词来称呼。虽然有一些争议,但是还是达成了一定的共识,**网络使用过度行为**是指由于重复使用网络导致的一种慢性或同期性的着迷状态,并产生难以抗拒的再度使用的愿望,同时会产生想要增加使用时间的张力与耐受性、克制、退瘾现象,对于上网带来的快感会一直有心理与生理上的依赖(王馨,静进,彭子文,魏薇,暴芃,2011;刘璐,方晓义,张锦涛,刘凤娥,陈超,赵会春,申子姣,2013;管婷,2014)。

**5. 过激行为**

### 实践探索 11-5　　　　　【案　例　五】

E同学,男,17岁,高三年级学生,学习勤奋刻苦,智商中等。性格古怪,与同学相处困难,脾气暴躁,容易冲动,带有攻击性,经常不信任别人甚至出现敌对的态度。只要看到不顺眼的事、心情不好、不如意时,就会不分场合、不分时间和不分对象地大吵、大打出手,甚至扰乱课堂秩序,做出一些让老师和同学匪夷所思的事情。有一次考试之后评讲试卷,其他同学都在认真订正,坐在他前面的一位同学不小心碰到他一下,他突然把课桌上的书本全部推到地上,站起来就骂前面的同学。

通过了解,该生家庭健全,父亲常年在外打工,母亲在家务农,还有一个大他八岁的哥哥。他哥哥从小就听话懂事,而且学习成绩一直很好,亲戚朋友、邻里乡亲都非常喜欢这个孩子。后来有了他,生下来就没有他哥哥俊俏,而且从小被送到外婆家带养,母亲则专心培育已上初中的哥哥,后来哥哥上了重点高中,又考进了名牌大学,并被保送了研究生。现已毕业,被一家外资公司录用,月薪不菲。本来家庭环境已经变好,

> 母亲也转而随他一起陪读,可他的学习成绩却一直下滑。直到高中,甚至多次提出要退学,在母亲与哥哥的一再劝说下,才勉强同意继续读书,但脾气越来越古怪。在一次与母亲的争吵中,他道出了心声。原来,他从小就生活在哥哥的阴影下,身边的每个人都不时地提醒他要像哥哥一样优秀,在他犯错误或考试不理想时,这种压力就越大,渐渐地,他越来越没有信心,越来越像个不受人欢迎的小丑,与人交流处处存有戒心,生怕别人将他和哥哥进行比较,遇到意见不统一时,听不进别人的看法,要么就不理不睬,要么就跟别人吵架,甚至摔东西或动手打人,直至后来发展成厌学甚至厌世。
>
> 这是一个过激行为的案例,那么什么是过激行为呢?

**过激行为**是指在一些情境或某些刺激下人的一些不当或过度行为反应,包括伤人、攻击和自伤。青少年的过激行为多表现为他们在一些情境或刺激下作出过度的反应,不能有效地用理智来控制,尤其表现在过激伤人和自杀事件上。过激行为就是"过头""过分""超越理智""不当"的有违传统道德和公共规范的一种丧失理智的行为。

近期,新闻媒体报道了大量关于中学生过激行为伤人以及自伤事件。这些事件的发生严重危害了学生的学习、生活和身心健康,并引发了一系列教育问题。为此,学校及家长、社会对学生的心理健康问题给予了高度重视。青少年正处于成长发育的关键时期,对其行为、表现的深入理解和有效指导是帮助青少年心理健康发展的重要内容。

过激行为一般都是因某种特殊环境和事件的强烈刺激而引起,当事人有可能因情绪上的不稳和过于激动而无法控制自己的行为。如在学校,受教师的批评,同学之间意见不合发生冲突,考试失利或被别人嘲笑;在家里,受父母的打骂甚至歧视等。在这些情境和刺激下,当事的青少年有时候会出现过度的行为反应,如与人发生较大的冲突,有暴力行为,包括对父母、对自身。过激行为与犯罪有本质的区别。过激行为受外界因素的影响较大,只有在特定的环境和事件中才可能发生,而犯罪则主要受自身的主观意识控制,不大可能因外界因素的改变而改变。虽然过激行为不是犯罪,但它的社会危害性则是显而易见的,如伤害他人、影响公共秩序和不良的社会影响,等等。过激行为是很容易转化为犯罪的,这就是有很多过失犯罪的案例发生的根本原因所在,因此在平时一定要控制自己的情绪和行为,尽量让这种过激行为少发生或不发生。

本节对拒学、注意缺陷与多动障碍、学习困难、网络使用过度行为和过激行为这五个个案的报告及它们的基本概念作了介绍,我们从中获得了对这类行为适应不良问题的基本知识的了解,知道了什么是拒学,什么是注意缺陷与多动障碍,什么是学习困难,什么是网络使用过度行为,什么是过激行为。但是,我们还不清楚这类问题为什么会发生,发生的原因有哪些,它们的临床表现有哪些,如何去识别它们,只有弄明白这些问题,才能对患有这类问题的学生有更深的理解。

# 第二节 青少年行为适应不良问题的表现和原因

当我们对青少年时期拒学、注意缺陷与多动障碍、学习困难、网络使用过度行为和过激行为这五种行为适应不良问题概念的了解之后,我们该如何判断这些问题?这就需要我们对患有行为适应不良问题学生的临床表现进行了解并学会识别,同时,通过对这些行为适应不良问题发生原因的了解,我们能够更好地理解适应不良问题的心理病理机制,从而能更好地把握这些学生的行为适应不良问题。本节着重介绍青少年时期上述五种行为适应不良问题的临床表现与发生原因。

## 一、拒学

在心理咨询的临床中经常碰到一些由父母陪同而来的不愿意上学或已经不去上学的拒学学生,而且数量在不断增加,拒学的临床治疗有较大的难度,这也应当引起我们的深思。在学校里面,面对数量增加的拒学学生,学校和老师既无奈又着急,在当今的教育制度和良好的教育环境下,为什么不断地出现拒学的现象,产生拒学的原因何在,学校、老师和家长对此困惑不已。在此,借助国外的研究,就拒学的表现、拒学的诱因和拒学的类型进行讨论。

**1. 拒学的表现**

拒学学生大致都有以下三个反应阶段的临床表现。首先,出现躯体症状的表现;其次,进入焦躁和攻击性言行的表现;最后,陷入自闭性生活的表现。

(1) 躯体症状反应期

这一阶段的拒学学生主要表现为头痛、头晕、腹痛、食欲不振、恶心、呕吐甚至低热;症状主要好发于早晨,到了黄昏和晚上有所减轻,甚至能达到正常状态;到医院的内科或儿科就诊,没有发现躯体上的异常病变,但是父母感到不安。

(2) 攻击性言行反应期

这一阶段的拒学学生主要表现为外表上看起来很平静,但是内心感到焦躁不安;对父母的言语反应过于敏感,毁物,甚至暴力,拒绝与父母说话,打乱日常的生活规律,但是躯体症状不明显。

(3) 自闭性生活反应期

这一阶段的拒学学生主要表现为若家里的人不出现言行的刺激,则不会出现暴力,但会出现行为退缩,逃避家人,也不与他人交往,而是将自己封闭在房间里,足不出户,昼夜颠倒;过着看电视、听音乐和打电脑游戏的生活。

**2. 拒学的原因**

迄今为止,拒学的真正发生原因尚未清楚,但是大量病因学研究认为与以下若干原因有关。

(1) 家庭因素

母亲过分溺爱或过分干涉的养育方法导致孩子分离焦虑的状况,引起孩子拒学;父亲在家庭中存在感的缺乏和母亲过分重视教育,期望值过高及父亲权威性的缺乏等因素也能引起孩子拒学。

(2) 学校因素

随着经济的高速发展,过分追求高学历,学校以学习成绩作为评估的手段公开排名,使学生不堪重负,导致压力过重而使学生害怕上学。同时,随着学校中的问题增加,诸如教师的频繁更换,致使有些学生难以适应教师变动带来的教学方法的转变;或教师对学生的态度粗暴,致使有些学生因害怕而逃避;同学的欺负行为也是导致某些被欺负的学生拒绝上学的原因之一。这些都是引起学生拒学的因素。

(3) 社会因素

学校的问题其实也是社会的问题,比如就业偏重高学历,这就增加了学生的压力;过分追求物质需求,导致学生产生只有在校期间获得好的成绩,进入好的学校以及好的大学,找到好的工作,有份高收入的职业才能获取物质的满足等想法,一旦有些学生在校学习期间遭到失败挫折,就可能不敢面对而拒学。

(4) 个人因素

在以学习为中心的生活中,孩子非常看重学习成绩,以此形成唯一的价值观,若能够顺利度过的孩子没什么问题,但不能顺利度过的孩子,就可能在这激烈竞争的环境中过早放弃。其一,尝试错误体验的缺乏。错误尝试对青少年来说是他们必须有的特殊经历,通过这个可以让他们学会努力、学会挑战、学会在失败面前不害怕,这对青少年非常重要。这一过程应该在父母的保护下践行,但是现实中家长过于溺爱或过分的保护使孩子缺乏这一体验。比如,家长过分担心孩子一个人乘车而接送孩子上学,因为家长不希望孩子得到尝试错误的体验,而是尽量让孩子集中于学习,那么这样的孩子很可能成为抗挫折能力弱的孩子。其二,玩的体验不足。我们知道,孩子的人际关系是通过与同龄人的玩耍建立起来的,或从中学会与人交往,但是,现代的核心家庭已经将这一机会剥夺了,使孩子自我为中心的心理持续着,相反,青少年缺乏建立好友关系的意识,以至于得不到他人的认同,甚至对他人产生敌意或憎恨。还有个人因素的其他方面,比如,自我控制能力衰退,忍耐性缺乏,对他人的评价敏感等也是影响青少年拒学行为的重要因素。

> **知识小窗 11-1　　　　　　拒学与厌学的鉴别**
>
> 如果拒学行为比较长的话,则会使日常生活的规律打破,就会导致自闭而失去生活及个人的目标。但这里须与厌学加以鉴别,因为在应对方面差别是很大的。拒学者具有对拒学行为感到羞耻和烦恼倾向的特征;厌学者没有此特征,但有部分厌学者可能具有品行不良的倾向。拒学与厌学的不同点如下表所示。
>
> | 拒学与厌学的比较 | | |
> | --- | --- | --- |
> | 内　容 | 拒　学 | 厌　学 |
> | 上学态度 | 想去上学但不愿去,并感到羞耻 | 不想去上学 |
> | 学习欲望 | 有(有时感到无兴趣) | 没有,讨厌学习 |
> | 学习成绩 | 常见良好 | 差 |
> | 人际关系 | 表面交友,但朋友很少 | 有好朋友,并有小团体 |
> | 父母养育态度 | 热衷于教育,过分溺爱、过分干涉 | 放任、不关心 |
> | 不良行为 | 没有 | 有 |
> | 拒学时的生活 | 足不出户 | 外出 |
> | 躯体症状 | 逐渐出现 | 没有 |

## 二、注意缺陷与多动障碍

近年来,注意缺陷与多动障碍越来越受到教育工作者、家长、心理临床工作者及医护人员的关注。从过去只关注在多动等行为方面的表现,到逐渐关注这些孩子的问题同时伴有注意障碍及冲动等表现,并在病因学研究中,更多地集中在神经生物学及围产期的研究,取得了若干进展。

**1. 注意缺陷与多动障碍的表现**

根据《中国精神障碍分类与诊断标准第三版》(CCMD-3,2001)的标准,注意缺陷与多动障碍主要表现在注意障碍与多动行为和冲动两方面。

(1) 注意障碍的表现

患有注意缺陷与多动障碍的学生在注意障碍方面主要表现为学习时容易分心,听见任何外界声音都要去探望;上课很不专心听讲,常东张西望或发呆;做作业拖拉,边做边玩,作业又脏又乱,常少做或做错;不注意细节,在做作业或其他活动中常常出现粗心大意的错误;丢失或特别不爱惜东西(如常把衣服、书本等弄得很脏很乱);难以始终遵守指令,去完成家庭作业或家务劳动等;做事难以持久,常常一件事没做完,又去干别的事;与他说话时,常常心不在焉,似听非听;在日常活动中常常丢三落四。

(2) 多动行为与冲动的表现

患有注意缺陷与多动障碍的学生在多动行为与冲动方面主要表现为需要静坐的场合,他难于静坐或在座位上扭来扭去;上课时常做小动作,或玩东西,或与同学讲悄悄话;话多,好插嘴,别人问话未完就抢着回答;十分喧闹,不能安静地玩耍;难以遵守集体活动的秩序和纪律,如游戏时抢着上场,不能等待;时常干扰他人的活动;好与小朋友打斗,易与同学发生纠纷,不受同伴欢迎;容易兴奋和冲动,有一些过火的行为;在不适当的场合奔跑或登高爬梯,好冒险,易出事故。

---

**知识小窗 11-2　　儿童多动症 DSM-Ⅳ 诊断标准**

1. 下列症状持续 6 个月以上,并且达到适应不良、与所处发展水平不一致的程度。
   □ 通常不能注意到细节或者在学校作业、工作或其他活动中粗心大意。
   □ 通常很难集中注意参加游戏。
   □ 通常不能遵循指示,不能完成学校作业、家务活或工作任务。
   □ 通常难以组织工作和活动。
   □ 经常逃避或厌恶要求保持注意的任务。
   □ 经常丢失完成任务或活动所必需的东西。
   □ 经常被外来刺激分心。
   □ 在日常活动中经常表现出健忘。
   □ 经常在座位上坐立不安,玩弄自己的手和脚。
   □ 经常在教室里或其他要求坐在座位里的情境中离开自己的座位。
   □ 经常在不恰当的场合中乱跑乱爬。
   □ 通常难以安静地参与休闲活动。
   □ 经常保持运动或活动状态,就好像坐在一辆摩托车上。
   □ 经常说很多的话。
   □ 经常等不到问题问完,就说出答案。
   □ 通常难以安静地等候。
   □ 经常干扰或侵扰别人。
2. 这些症状出现的年龄_____岁。
   这些症状表现在下列哪些情境中? □家里　　□学校　　□_____

(王霄,2009)

**2. 注意缺陷与多动障碍的原因**

目前,注意缺陷与多动障碍的发病原因尚未清楚,但是大量科学家对病因的研究,更关注在神经生物学方面和围产期方面,虽然病因还不清楚,但目前的病因学研究认为与以下若干原因有关。

① 围产期因素。如患儿母亲在怀孕或围产期有较多的并发症,有大量吸烟、酗酒、感染或中毒史等。

② 遗传因素。如患儿的血缘兄弟及父亲等亲人中,若有较多多动或注意缺陷表现的,则患儿患多动症的概率比较高;双生子中单卵双生子的患病率高达 51%～64%;亲属中酒精中毒、反社会人格及癔症者其后代患多动症的也比较多。

③ 神经递质及酶的因素。神经递质、酶的研究结果虽然常互相矛盾,但不失为对本症病因的一种研究途径。

④ 铅中毒因素。严重的铅中毒可产生致命的中毒性脑病、痴呆等神经系统损害,但轻微的铅中毒是否可产生多动症,至今尚无结论。

⑤ 家庭、社会、心理因素。如不良的社会环境和家庭条件(破裂的家庭、经济的贫困、住房的拥挤、父母的不良性格、酗酒、吸烟及有精神病等),均可成为发病的诱因,并影响病程的发展与预后。

## 三、学习困难

在前一节中已对学习困难的概念进行了描述,但需要注意的是,此学习困难并非过去将学习成绩差的孩子都视作学习困难者,而是在某个特定学习技能的领域发生显著的困难,当我们了解了学习困难的表现和原因之后,我们就会真正地理解学习困难的孩子。

根据《中国精神障碍分类与诊断标准第三版》(CCMD-3,2001)的标准,学习困难主要表现在特定阅读障碍、特定拼写障碍和特定计算障碍等方面。

**1. 学习困难的表现**

① 特定阅读障碍的学生主要表现为阅读的准确性或理解力明显的障碍,标准化阅读技能测验评分低于其相应年龄或年级儿童的正常水平,或相应智力的期望水平,达 2 个标准差以上;同时,持续存在的阅读困难,严重影响与阅读技能有关的学习成绩或日常活动。

② 特定拼写障碍的学生主要表现为文字符号书写表达的学校技能障碍,其准确性和完整性均差,标准化书写表达能力测验评分低于其相应年龄或年级儿童的正常水平,或相应智力的期望水平,达 2 个标准差以上,但阅读与计算技能可在正常范围;同时,持续存在的书写表达困难,严重影响与书写表达技能有关的学习成绩或日常活动。

③ 特定计算技能障碍的学生主要表现为基本运算、推理能力障碍,标准化计算测验评分低于其相应年龄或年级儿童的正常水平,或相应智力的期望水平,达2个标准差以上,但阅读准确性、理解力和书写表达能力可在正常范围;同时,持续存在的计算困难,严重影响与计算技能有关的学习成绩或日常活动。

学习困难除了上述某些领域的技能发生障碍之外,还伴有认知方面的问题,比如认知能力的偏误、认知发展变化的不平衡、社会认知发展障碍;同时还可能伴有情绪行为方面的问题,比如过度的情绪反应、多动、攻击、逃避等行为以及还可有社会性障碍的表现。有学习困难的学生亦可能出现本体感差的表现,比如动作不协调、平衡能力差,对光、声等外界刺激没有最基本的反应,稍大孩子的后天症状还表现为不能减速或增速等变速运动、写字读书出现严重颠倒等。

**知识小窗 11-3　　表扬四步法激发学习困难生学习兴趣**

表扬比惩罚更有效果,尤其是对学习困难生。通过使用表扬四步法来应用于与学习困难生的沟通当中,取得明显的效果。表扬四步法的做法如下。

第一步表达自己感受。学困生按要求完成作业,无论怎样,老师都表扬他,老师的感受会让孩子获得情感的认同和满足,也是对孩子行为认可的具体表达方式。

第二步陈述事情经过。对孩子的表扬要具体,在陈述事情经过的时候要明确指出孩子的哪些行为值得表扬的。

第三步指出亮点。把值得表扬的行为上升为精神品格。

第四步提出希望。给孩子进一步努力的目标、不断给予学困生取得学习进步的信心。

最后再陆续把学习困难生存在的一些问题提出来,希望他们能改进。每次都说:"如果你……的话,就会……"这样既说出自己的观点,又让学习困难生感觉不是被强加的,因而会思考老师的建议,而且更加乐于接受老师的建议,更加愿意按照老师说的去做,效果也就出来了。

表扬四步法是很实用的技巧,的确能够推动一个人快速地提升他的素质,进而享受更大的成功快乐。教育工作者可以运用表扬四步法,关心引导每一个学困生,尊重他们,帮助他们寻找自身的"闪光点",从而树立信心,培养学习的兴趣,享受成功的快乐。

(庄巧红,2016)

**2. 学习困难的原因**

尽管学习困难的原因,目前还不清楚,但是研究发现还是与以下四种因素有关。

① 生物学因素。与患儿母亲在怀孕或围产期的并发症有关。研究发现,学习困难学生也可能是因为神经心理缺陷及大脑左右半球功能失衡所致。

② 心理因素。认知功能的缺陷,研究发现,学习困难是某种类型的脑功能失调导致的认知加工过程的紊乱所致;学习技能的发展障碍,患有学习困难障碍的孩子在发育的早期就存在获得正常学习技能的紊乱,这种紊乱不是简单的缺乏学习机会的后果,也不是后天因为脑外伤或脑中毒脑感染所致,这种障碍的学生在学习过程中,存在着听、读、写、拼音、理解、计算等学习技能的严重困难,最终导致学业失败,学习困难学生的严重程度与其年龄、学校教育、家庭辅导和智力水平明显不相称,不是感觉、学习动机、情绪及注意缺陷障碍等因素的直接后果,但是学习困难的学生可能伴有这些问题。

③ 家庭因素。家长误认为患儿不用功、贪玩、缺乏上进心等而对患儿斥责、打骂等,采用简单的方法乱加惩治,使患儿十分苦恼,从而加重了患儿的学习困难。

④ 学校因素。与家长一样,教师误认为患儿的学业失败也是因为不用功、贪玩等所致,因此加大作业量给予惩罚。但患儿由于学习困难障碍而无法完成,因此加重了患儿原先的学习困难。

大多数患儿因长期完不成作业而产生厌学、逃学等不良行为,有一部分孩子发展为品行问题和触犯法律的行为;也有部分孩子可能导致成年期社会适应不良,继而出现抑郁、自杀和其他精神障碍。

## 四、网络使用过度行为

可以说网络使用过度行为是伴随科学技术发展而来的行为问题,而且相当严重,甚至影响到使用者的社会功能且给自己、家人带来痛苦。我们可以通过了解这一棘手的问题行为的表现和原因,加深对网络使用过度行为学生的理解。

**1. 网络使用过度行为的表现**

网络使用过度行为,也曾被冠以"病理性网瘾",它有类似于习惯与冲动控制障碍的表现,尽管目前还未被纳入中国精神障碍分类与诊断标准(CCMD)系统,但已受关注。这一障碍表现在个人生活中占据统治地位的、持久(至少已1年)和频繁地反复发作的上网行为,并对社会、职业、财产及家庭的价值观念和义务都已造成损害。这一障碍者会置学习、工作于不顾,为得到金钱而撒谎、违法,目的在于能持久地从事上网活动。他们自称对上网有一种难以控制的强烈渴望,脑子总不断浮现上网的想法、行为以及网上的场面。在生活处于应激(压力)状态时,这种网络使用过度的行为会加剧。如果得不到满足就会产生极度的不适感,表现为情绪低落、睡眠减少、烦躁不安、焦虑等。由于长时间的上网行为,导致其昼夜颠倒、睡眠过少、疲乏、头晕、食欲不振等症状。严重者会出现把自己封闭起来,与社会隔离,孤独、懒散、思维迟缓、精力下降、社会性退缩等,明显的社会功能和学习、职业功能受损。

> **学术研究 11-1　网络使用过度行为的诊断标准**
>
> 1996年全美心理学年会在加拿大多伦多举行，Young博士在会议上发表了《网络成瘾：一种新出现的临床心理疾病》论文，系统地介绍了研究成果，并对病理性赌博的诊断标准加以修订，制定了网络成瘾的测量工具。该诊断标准有八个题项，如果被试对其中的五个以上题项给予肯定回答，就被诊断为网络成瘾。这八个题项是：(1) 我会全神贯注于网际或在线服务活动，并且在下网后总念念不忘网络上的事情；(2) 我觉得需要花更多的时间在线上才能得到满足；(3) 我曾努力过多次想控制或停止使用网络，但并没有成功；(4) 当我企图减少或停止使用，我会觉得沮丧、心情低落或是脾气容易暴躁；(5) 我花费在网络上的时间比原先打算的要长；(6) 我会为了上网而甘愿冒着重要的人际关系、工作、教育或工作机会损失的危险；(7) 我曾向家人、朋友或他人说谎以隐瞒涉入网络的状态；(8) 我上网是为了恶意逃避问题或试着释放一些感觉诸如无助、罪恶感、焦虑或沮丧。
>
> （顾海根，2007）

**2. 网络使用过度行为的原因**

这是一种伴随着科学技术发展而来的问题行为，虽已引起各界广泛关注，迄今为止，网络使用过度行为的真正发生原因尚未清楚，但是从病因学研究中看到与以下若干原因有关。

① 自身原因。首先，青春期的孩子好奇心、好胜心强，精力旺盛，自控能力较差，所以对于网上污染抵制能力差。价值观和世界观正处于不成熟阶段，更加减弱了对外界诱惑和吸引力的抵制能力。网络游戏、色情和聊天，恰好对应了青少年的心理需求，这种新异的刺激、浪漫和惊险就容易导致青少年沉迷其中。其次，还有一些学生因为学习成绩不好，压力很大，缺乏自信，导致满足感的缺失，而网络却能弥补这些缺失，让他们得到在现实世界中得不到的认同。再次，同伴和朋友的缺失也是一个重要的影响因素。中国很多家庭都是独生子女，家庭同伴为零。而繁忙的城市生活和封闭的家庭生活也减少了孩子寻求同伴的机会。另外，有些学生因性格的因素不太会与周围的人相处，就更得不到同伴的鼓励和支持。网络就在此时乘虚而入。另外，游戏的缺失也是青春期孩子沉迷网络的一个重要原因。有很多人认为孩子在中学时期不需要游戏了，其实是错误的。青春期的孩子仍然需要游戏，只不过更加复杂和社会化的游戏，这些游戏能帮助他们更好地成长。而沉重的学习压力导致游戏时间的减少。现在很多中学体育活动不仅少，而且男生的活动时间和内容与女生差不多。男生在游戏中是需要一定的身体接触的，甚至肢体冲突的。当现实世界无法满足时就会去网络中寻找替代品，这个时候网络中的战斗性游戏就很容易得到迷恋。

② 家庭原因。不当的家庭教育也是中学生网络使用过度的重要原因。这类家庭大多有这样的特征，家庭父母不和谐或离异、父母管教过严或过松等。这种成长环境下的孩

子,当家庭矛盾被激化的时候,逆反心强的孩子极可能离家出走,网吧就成为"最好"的选择。对于有些已经沉迷于网络的孩子,家长实施打骂及家庭暴力,或是干脆放弃对孩子的教育,最终错过了对孩子进行挽救的最好时机,毁了孩子的学业。还有些家长对网络和电脑认识不够,认为只要自己孩子接触电脑就有害,不许孩子接触电脑,家长的这种"恐惧"心理反而会增强孩子的上网欲望。

③ 学校因素。大部分中小学已经开始普及信息技术课程的教育,但是受到"高考指挥棒"的影响,大多数学校并不重视信息技术课程的教学,课程形同虚设或者只重视技能的传授,德育内容渗透很少,对学生上网并未做好指导、引导工作,对网瘾的预防不重视,工作措施不多。

④ 社会因素。很多学校处于人口密集的地区,网吧就利用这个方便条件,在学校周围普遍开设,更甚至有些网吧为了招徕生意不择手段,提供不良信息来吸引学生上网。而社会对此并无多大关注,而且相关的政策法规也不健全,就让不法分子有了可趁之机。

综上所述,网络使用过度行为的形成是涉及多方面复杂因素的,学生与学生的情况总有所不同,因此不能一概而论,一定要具体原因具体分析。当然,随着手机的迅速普及,手机上网变得更加便捷和快速。通过手机上网的学生越来越多,于是,学生沉迷手机上网对学习的影响、手机对学生健康的影响等一系列问题逐渐成为学校和社会关注的问题。

## 五、过激行为

过激行为导致伤人和自伤的事件屡屡发生在我们面前。面对这种问题,作为家长和老师应该如何去面对以及如何对学生进行更好的教育和预防,这一点是非常重要的。在进行教育之前应首先充分了解过激行为的表现和原因,这样才能更好地进行辅导和教育。

**1. 过激行为的表现**

青少年的过激行为多表现为他们在一些情境或刺激下作出过度的反应,不能有效地用理智来控制。过激行为常由一些情境或刺激引发,这些情境和事件包括在学校或在家里有所出现,如在学校,受教师的批评,同学之间意见不合发生冲突,考试失利或被别人嘲笑;在家里,受父母的打骂甚至歧视等。在这些情境和刺激下,当事的青少年有时候会出现过度的行为反应,如与人发生较大的冲突,有暴力行为,包括对父母、对自身。有的表现出强烈的逆反行为,不让做什么偏做什么。比如,父母不让玩电脑游戏,偏要找机会到网吧去玩,甚至通宵;不让谈恋爱,非和某一异性要好。有的受父母的责骂后离家出走。这个时期的他们会产生逆反心理,和家长、老师对着干,似乎是一种英雄行为,敢做别人不敢做的事情,敢穿别人不敢穿的衣服,敢说别人不敢说的话等来表现自己。极端的过激行为还有自杀、破坏行为等。比如有的学生会因为老师或同学的一些侮辱而自杀。还有的会因为父母的争吵或离异而产生过激行为而自杀。这些都是青少年过激行为的表现。

**2. 过激行为的原因**

有一点是不可否认的,青少年的过激行为对学生的学习和生活以及社会都产生了重要的影响。对于青少年的过激行为让家长和老师都感到困惑,不知道这种行为产生的原因是什么。为了让家长、老师更好地了解和教育青少年的过激行为,我们主要从以下三个方面进行分析。

*(1) 青少年的自身因素*

生理发育问题。根据美国心理健康研究院和中国科学院心理研究所的研究,额叶对青少年的不成熟行为有重要的影响,在人的大脑中,边缘系统及其中的核团与人的情绪密切相关,所以青少年的过激行为可能部分与生理发育不完全有关。

心理原因。青少年时期年龄一般指12~25岁的少年及青年,是心理上的"断乳期",他们开始渴望独立,不过度依赖父母。这一心理变化就导致青少年用过激行为来表达。比如周末几个同学想出去玩,告诉父母后,父母反对,就此跟父母争执,然后摔门就走,很晚才回家。这种现象反映了青少年的一个重要特点,就是他们不善于用语言来表达内心世界,总认为自己长大了,自己的事情自己作出决定,等等。

根据心理学家埃里克森的理论,青少年这一时期处于自我统一性确立时期。处于这一时期要完成的一个重要的心理任务就是弄清:我是谁?青少年阶段可能是人一生中最困难的时期。这一时期的青少年,会从许多层面思考关于自我的问题。在这一时期,青少年非常在意父母、教师还有同学的看法。如果父母或老师对自己的成绩或行为进行了否定,那么对于学生来说是巨大的伤害。一般面对这种伤害,他们就会以家长或老师不喜欢的方式呈现,或者作出伤害自己的行为。

过激行为的表现,有时是青少年在表达另外一种心理,即我可以做别人不敢做的事情,以此证明自己的价值。在应试教育为主的情况下,有些青少年学习不理想,就更容易在学习之外对一些事情作出过度的反应以引起他人的注意。因此,就引起了青少年强烈的逆反行为,认为跟教师、家长对着干,似乎是一种英雄行为,如受到教师的批评时,敢当着其他学生的面顶撞教师;敢纠集一伙人威胁或殴打对自己不满的同学。这些都是在向别人显示他们有本事,不同一般。总之,青少年的过激行为与他们的心理发育过程不成熟、不善于控制自我的情绪有关。

*(2) 家庭和学校因素*

青少年一个重要的成长环境就是家庭和学校。一个孩子的成长是否健全和家庭是否和睦有重要的关系。独生子女的家庭越来越多,导致家长过分溺爱孩子,独生娇惯,奉小孩为上帝。在这样家庭长大的孩子养成了以自我为中心,过分强调自我价值的习惯。而且他们的抗挫折能力特别弱,遇到一些自己想不开的事情就容易采取过激的行为进行应对。有的家长干涉孩子的个人生活,过度保护,导致孩子逆反心理的形成。有的家长对孩子漠不关心,放任自流,不懂得去爱孩子,他们忙于事业,生活中完全忽视了孩子。这种环境下成长的孩子缺乏关爱,大多数思想早熟,久而久之就会产生一种逆反心理:报复父母,惩罚父母。不良的家庭气氛影响,如父母离异、父母的不良行为示范等同样会影响到孩子。

在学校因素方面,有的老师的教育方式方法简单、不科学,当学生回答问题错误时,他们就会用难听的话语去讥讽学生,过多的讽刺会让学生失去自尊、自信,他们会用过激的行为来回应这种老师。学校不良气氛对于学生的影响也是很大的,如学生不良团体,坏学生的负面影响等。学校管理制度的不完善,对学生管理不严格。管理不善就会让学生的行为缺乏监管,自控能力差的青少年就会作出过激行为,损害校园财产,甚至违法犯罪。

(3) 社会因素

青少年与社会上的人结交不当,误入歧途。这种原因类似于学校不良团体的影响,意志力差的青少年很难抵御诱惑,一旦于社会上的不法分子结交,就可能走上犯罪的道路。不健康的影视文化和传播不当的大众媒体,也会对青少年过激行为产生重要的影响。

---

**热点聚焦 11-2  青少年自杀危机**

青少年自杀的问题已经成为这个时代不容忽视的沉重话题。据相关媒体报道,仅 2008 年九十月间就连续发生了多起震惊全国的青少年自杀事件。2008 年 9 月初,仅开学两天,上海就连续发生 4 起中小学生跳楼事件;9 月 24 日,武汉某中学高三 17 岁女生小芬(化名)因与母亲发生争执,跳下长江大桥身亡;10 月 13 日,福建泉州某小学五年级的 13 岁男孩王某,自教学楼 6 楼走廊处,跳楼身亡;10 月 25 日,北京 14 岁女孩芳芳(化名)与父母争吵后,用围巾在屋内上吊自杀身亡……

而根据卫生部公布的一项调查结果表明,我国每年至少有 25 万人自杀,200 万人自杀未遂,其中青少年人群和女性人群是自杀的主要群体;2008 年 10 月 22 日,中国青少年研究中心在参考国家有关部门公布的权威数据的基础上,通过对全国 13 个省市、108 个县(市、区)的青年进行抽样调查,历时一年多形成了"中国青少年权益状态报告"。报告显示,在全国 15~34 岁的青年和青少年人群中,自杀已成为第一位的死亡原因。

无论是相关媒体的报告,还是权威部门的调查结果,都令人触目惊心、发人深省。频繁的青少年自杀事件使得我们必须作出深刻的反思:当代青少年的心理为什么会如此脆弱?造成青少年自杀的原因是什么?学校、家长和社会应当承担起什么样的责任?我们该如何减少和避免相同的悲剧再次发生?……

当我们了解了拒学、注意缺陷与多动障碍、学习困难、网络使用过度行为和过激行为这五种行为适应不良问题的基本概念、临床表现、诱发原因等知识之后,似乎我们也有了能识别和评估这类问题的能力及方法,知道这样的学生有什么行为适应不良问题,可是,不知道如何应对和处理仍然是不行的,因此了解和掌握若干相应的辅导方法和策略是至关重要的,这样才能使教师面对这类问题时既能识别诊断,又能积极应对并给予及时和恰当的辅导,使他们能及时得到帮助和矫正,从而健康地成长。

## 第三节 青少年行为适应不良问题的辅导

我们已对上述五种青少年行为适应不良问题的临床表现、诱发原因的机制等知识有了初步了解,而且能对这类行为适应不良问题进行识别诊断,接着如何应对和处理这些问题,就需要我们学会并掌握若干应对与辅导的方法。本节分别对拒学、注意缺陷与多动障碍、学习困难、网络使用过度行为和过激行为这五种行为适应不良问题提供若干心理辅导的策略与方法。

**卡尔夫**(Dora M. Kalff,1904—1990)

瑞士心理学家,荣格的弟子,是荣格分析心理学派的主要代表人物之一。以创立沙盘游戏治疗(sandplay therapy)而驰名,国际沙盘游戏疗法学会第一任主席。沙盘游戏疗法,让一个孩子自主地使用玩具在沙盘中进行玩耍并自由地表达,使孩子在玩的过程中投射并整合他(她)们的内心世界,以此促进孩子的自我发挥和自我治愈的能力,从而使治疗者能读懂和理解孩子的心理世界。

### 一、拒学的辅导

当我们对拒学的基本概念、临床表现和诱发原因的知识了解之后,我们将如何帮助和辅导这类学生?这里综合临床干预经验,提出若干相关的辅导策略。

① 辅导目标:帮助拒学学生实现复学的愿望。

② 辅导的基本策略:力争理解拒学的学生;提高拒学学生的自尊心;肯定拒学学生的积极方面;父母给予拒学的孩子足够的信任;不强迫拒学学生上学。

③ 对躯体症状的辅导策略：转介到精神卫生中心、综合性医院的内科或儿科；尽管没有器质性疾病，但必须承认症状的存在。

④ 对刚开始拒学学生的辅导策略：创造安心温暖的家庭气氛；制止家庭内暴力；教师应该做家庭访问；重新恢复家庭内的生活规律；帮助重建打乱的家庭生活规律；欢迎同学来家游戏；帮助其获得良好的自尊心；帮助温习失缺的学习内容；支持拒学学生实现复学愿望；上保健室学习；转校。

⑤ 对较长时间拒学学生的辅导策略：心理咨询；心理治疗；必要时入院治疗。

日本在应对拒学方面有较好的经验，可供我们借鉴。比如2005年由文部科技省（相当于我国的教育部）实施了一项计划，即由国家政府买单（提供经费），派遣获得临床心理师资格的心理临床工作者去各类中小学校为这类拒学的学生以及其他行为适应问题的学生进行长期的心理辅导，并在各市区教育委员会（相当于我国区县的教育局）下设适应指导教室，主要就是针对拒学的学生，为他们复学建立一个过渡的平台，且承认他们的出勤及学习状况。若康复后就可以返回原来的学校，恢复到拒学前的状态，完成自己的学业。

## 二、注意缺陷与多动障碍的辅导

目前注意缺陷与多动障碍的辅导多采用综合干预，以心理干预和药物干预为主，其他干预为辅。在干预中强调家长、教师、医生、心理咨询工作者及全社会的共同参与，尤其是家长和教师的参与非常重要，各方面相互协调，共同努力，才能取得良好的干预效果，从而帮助多动症学生矫正情绪、行为等心理过程的异常，提高学习成绩，提高自信和自尊，充分发挥他们的潜能。

① 在校时注意缺陷与多动障碍学生的辅导策略。建立简明易懂的日常活动；把班级里的规章制度写得短小精悍，贴在容易看到的地方；把学习、日常生活的目标简单归纳，也贴在容易看到的地方；做得好的话当场给予表扬，或者贴一个五角星，给一个小奖品（累积到目标数就奖励）；一有机会就告诉他什么是让老师满意的行为；与多动症学生定一个私人暗号，一有必要就作出来；尽可能地与家长保持密切联系；上课来回走动时，尽量频繁地走到多动症学生身边；对于不影响上课的小问题视而不见；尽量把座位靠前，安排在模范学生旁边；绝对不能让两个都是多动症的学生坐在一起；不要在旁边放置容易分散注意力的东西；上课时尽量在学生中来回走动；与他对话时，眼睛直接看着他；尽可能地把指示简明扼要地说明，避免冗长的说教；批评时，不要针对学生个人，而是针对学生的"行为"，不要在其他同学面前进行；即使批评，也要避免会刺伤学生人格的讥讽嘲笑；在进行困难的学习或活动时，中间设置简短的休息；请求其他老师的协助，与前任老师多联系；不要声音

太高,用低沉平稳的声音说话。

② 建议注意缺陷与多动障碍学生的家长及时接受精神卫生中心和儿科的心理医生的药物治疗。临床应用已证实了利他林、匹莫林等中枢神经兴奋剂的疗效。

> **知识小窗 11-4　　　　儿童多动症的干预**
>
> **1. 治疗**
>
> 治疗一般采取训练和药物治疗相结合。训练有感觉统合训练、自我控制训练、放松训练等。感觉统合训练对多动症儿童有一定疗效,坚持训练和掌握正确的训练方法是成功的关键。自我控制训练是应用操作性条件作用原理,通过训练使多动症儿童在头脑中形成做事前必须经过的、一系列简单固定的自我命令,从而学会控制自己行为的节奏。放松训练矫正儿童多动行为是近些年的新尝试,并取得了一定的成效。放松训练主要采用生物反馈疗法和指导语放松法。
>
> 药物治疗一般采用一些中枢神经兴奋药,如利他林、苯丙胺、匹莫林等。
>
> **2. 心理咨询**
>
> 心理咨询一般采用支持疗法、行为疗法和家庭治疗。支持疗法强调改变减少患儿的挫折感。行为疗法是由治疗者提出治疗计划,来改变多动症儿童存在的注意力难集中、多动及情绪问题。家庭治疗要求家庭中的每一个成员都参与进来,每个成员既是治疗者又是被治疗者。
>
> **3. 家校辅导**
>
> 多动症儿童的治疗需要多方合作,家庭和学校发挥的作用尤其重要,在药物、训练治疗的同时,配合心理咨询,家校联合,对多动症儿童的治疗效果是有帮助的。
>
> (杨犀子,2014)

## 三、学习困难的辅导

对学习困难的辅导应该是多学科综合性的,既有医学取向辅导,又有心理学取向辅导,以及教育学取向辅导等,以下介绍两种辅导策略。

① 预防。预防学习困难的发生,要从母孕期做起,加强围产期保健,尽可能避免会造成胎儿脑损伤的因素;在婴幼儿期和儿童期应注意心理活动的全面发展,包括感知觉、思维活动、言语表达、数字概念、精细运动和社会环境适应能力方面。发现某一方面不足时,应尽早进行咨询,接受专业人员的指导,及早纠正偏差;加强科普教育。应对教师和家长加强有关少年儿童的心理卫生宣传工作,介绍少年儿童期心理障碍各种表现的特点,以便及早发现、早期诊断、早期治疗;鼓励孩子参加体育锻炼、进行户外活动和家庭劳动,创造条件增加社会交往机会。

② 综合教育训练。培养良好的习惯和技能需要时间,学习困难学生的功能恢复更是如此,在明确困难的具体类型和神经心理缺陷后,需要专业人员、指导教师、家长的共同协作,对基本技能进行有针对性的训练,比如可用感觉统合法,开发大脑右半球的功能,加速左右半球信息的传递和整合,用形象思维促进抽象思维发展,训练粗大运动和精细运动,等等;综合教育训练要及早进行,因材施教是必须遵循的原则,教育方法要个别化、有针对性。教育内容不要图快贪多,要分成小单元,先易后难地进行,教育工作中特别注意要结合多种奖励方式进行,鼓励学习困难的孩子克服困难,取得成绩,加强正强化的作用,家长及特殊教育工作者对他们极大的耐心和灵活性是辅导取得效果的重要保证;教育训练要持之以恒,形式要多样且富有情趣;生活安排要有张有弛,注意劳逸结合。

## 四、网络使用过度行为的辅导

学生的网络使用过度行为需要的是家长、学校和社会的综合性辅导,对于学校和老师来说,需要从以下四点做起。

① 开展网络教育。加强网络道德教育,提高青少年思想道德素质,做到对网络不良信息诱惑的抵制;重视责任意识教育,让学生明确自己的责任,对自己的言行负责。包括以下四条原则:a. 发展性原则,即遵循学生的身心发展规律,根据学生身心需要,提出符合学生年龄段特点的责任教育目标;b. 系统性原则,即从教育目标的制定、教育形式与方法的选择和教育效果的评价等各方面都要有系统的规划;c. 渗透性原则,即责任意识的教育要渗透到学生的各个方面和学校的各项工作中去;d. 激励性原则,即多表扬,多鼓励,激发学生的信心,并适当地树立榜样,激发他们模仿的热情。另外,帮助学生提升自我保护意识;采取一些积极的措施,让青少年在上网时头脑中有根"弦",不要轻信他人的谎言,避免上当受骗。

② 密切师生关系,发挥教师的主导作用,主要体现在以下三个方面:a. 建立良好的师生关系。给学生多一些关注和爱,与学生多进行沟通,可以有效地防止学生沉迷网络的虚拟世界。b. 形成良好的班级氛围,建立团结互助的同学关系。同学和朋友之间的交流,让学生在人际交往过程中不断地成长和提高,充分展现自我,并在活动中找到友谊和自信心。c. 帮助学生解决学习生活中的具体困难,让学生体会到现实世界中各种真实的感情和温暖,就不用从网络世界中寻求。

③ 实施素质教育,减轻学习负担,丰富课余生活。实施素质教育是预防网络使用过度行为最有效的措施。通过减轻学习负担,减轻学生压力,能有效地防止学生通过网络缓

解压力的途径。

④ 对于沉迷网络比较严重的学生,老师要积极寻求社会支持。寻求学校心理辅导室的帮助;向学校反映,并在学校的帮助下向上一级部门寻求帮助。

## 五、过激行为的辅导

对青少年过激行为的辅导,我们要从多方面进行教育,包括提供给青少年学生一个良好的社会环境和良好的家庭环境,对青少年学生进行健康的思想政治教育,等等。

**1. 自杀的危机信号和识别**

自杀前的心理特征:① 心理活动呈矛盾状态,处于摆脱痛苦与求生欲望的矛盾之中。② 其自杀行为多具有冲动性,可被日常生活的负性生活事件触发,且自杀冲动常常仅持续几分钟或几小时。③ 自杀者在自杀时的思维、情感及行动明显处于僵化中,常常以悲观主义的先占观念看待一切。

自杀前的危险识别。生理上,睡眠不好,辗转反侧;食欲下降,体重减轻;食欲暴涨,体重猛增。心理上,长时间的悲伤、情绪低落;坐立不安,急躁、易激惹;沉默寡言,闷闷不乐;胡言乱语,不知所云。生活学习中,无故缺课,不交作业,没有参加考试;性格、行为突然改变,像变了一个人似的;无缘无故收拾东西,向同学道谢、告别,归还所借物品,赠送纪念品。

**2. 过激行为的干预**

(1) 自杀行为危机干预

① 针对一般人群及潜在人群。普及心理健康知识,普及心理卫生常识,矫正不良的认知及行为;普及有关预防自杀的知识;减少自杀工具的可获得性;提高对抑郁症、精神分裂症、物质滥用、人格障碍等精神疾病的识别和防治;对各种媒体报道进行规范和必要限制,避免不良诱导。

② 对有自杀危险的人早期发现、早期诊断、早期治疗。对相关医务人员的心理咨询工作者进行培训,提高对自杀危险信号的识别和正确处理能力;加强高危人群的心理健康维护,提高心理健康水平;提醒和教育照料者提高对自杀的防范意识。建立自杀预防机构;对精神疾病患者的自杀预防。

③ 降低死亡率及善后处理。建立自杀的急诊救治系统,提高对自杀者的救治水平,降低死亡率;发现和解决自杀未遂者导致自杀的原因,必要时采取药物和心理治疗,消除原因,预防再次自杀;同情和理解有自杀行为者,不要歧视,帮助其重新树立生活的勇气和信心,重新适应社会;适当解决环境不良因素的影响,避免不断受到影

响再度自杀。

(2) 对外过激行为的干预

① 加强教育，正确引导。青少年，明天就是我们祖国的保卫者和建设者，是祖国的未来和希望。因此，关心青少年的成长，尤其是加强青少年的教育，是我们教育机构和教育工作者必须高度重视的问题。青少年时期正处在身体发育和学习知识的关键时期，是树立正确的人生观、价值观、是非观和法制观的重要时期。我们要通过正确的教育和引导，让青少年接受正确的东西，养成遵纪守法的良好习惯，树立法制观念和意识；让他们从小学法懂法，知道什么行为是合法，什么行为是违法或犯法，什么事情能做，什么事情不能做。学校可以举办一些法制讲座，开展法律知识竞赛，观看法律知识视频等。还要对青少年学生进行全面的素质教育，形成较好的思辨力；对青少年学生进行健康的情感教育，使之具有良好的思想首先品质等等。

② 提高教师的综合素质。青少年在学校接受教育，与老师接触的时间最长，老师的一言一行对学生的影响很大。如果教师具有良好的法律素养和师德，那么学生也就会从老师那里得到正确的引导。现在社会中就存在老师对学生进行侮辱和打骂，这种现象的发生也会导致学生的过激行为；严重的可能会导致学生产生自杀的倾向。

③ 加强学生情感自控力和意志力的培养。对学生进行心理健康是十分必要的。意志与情感是密切相关的，情感过程中发散的能量是在意志的支配下推动发散的。心理学认为，情感是意志的动力，意志又是情感的阀门。比如两名青年学生在一次争执过程中，某生突然掏出了一把水果刀，他肯定知道自己拿刀是要干什么，后果多半也能预见，问题在于某种受辱的心理障碍无法克服，意志力太差，最后酿成惨剧。因此，克服心理障碍，培养青少年学生坚强的意志力就成为当今青少年成长中的重要问题之一。只要我们坚持不懈地对青少年学生进行正确的心理教育，不断提高他们的情感自控力和意志力，就有助于消除青少年学生各种早期过激行为的出现。

④ 父母要多与孩子进行思想交流，不要一味地溺爱孩子或者给孩子施加太大的压力。如果父母与孩子缺乏沟通，就会导致孩子的猜疑心理进一步膨胀，隔阂心理加重，势必会导致孩子的过激行为再次发生。因此，当你的孩子产生过激行为的时候，家长一定要静下心来与孩子进行交流。父母在教育孩子的方式上应该张弛有度，只有让孩子轻松地学习和生活，才能降低过激行为发生的可能性。家长应该多花一些时间观察和了解孩子，给孩子一些抒发自己心情的机会，在合适的时机给予其鼓励与支持，这样对化解孩子的偏执情绪，消除过激行为也是很有好处的。

通过学习对拒学、注意缺陷与多动障碍、学习困难、网络使用过度行为和过激行为这五种行为适应不良问题的针对性的辅导策略,在今后的教育实践中,一旦遇到这类学生,我们就可以在给予相应的评估识别的同时,还可采取这些辅导的策略和方法,及时帮助他们,使他们的行为问题得到缓解。当然,基于教师没有受过心理咨询和心理治疗的专业培训,没能掌握更专业的干预技术,因此,当我们帮助和辅导这类问题学生的效果不显著时,则可以转介心理咨询与心理治疗的专业机构。

> 让我们回到本章开头提到的那个案例。通过本章对于青少年若干行为适应不良问题的介绍之后,已经可以看出来,张老师的学生表现出的是网络使用过度行为。针对学生出现的这个问题,张老师在接下来的日子里,设法给他温暖,在生活上关心他,把他请到家里让他上网,也和他交流游戏经验,让他与别的老师沟通,帮助他补习文化课。两个月后,他在虚拟世界体验到的,张老师让他在真实世界也体验到了。渐渐地,他开始回归,回归到真实的大集体中,回归到朋友中,成绩也有了明显的进步。张老师运用的就是本章介绍的针对网络使用过度孩子的辅导策略,在这个过程中,张老师付出的是真心与真诚,得到的也是爱的回报。

## 本章小结

- 青少年行为适应问题指的是个体对周围环境难以适应而引起的心理与行为的变化,即适应问题。本章主要阐述了适应的基本概念及问题行为的分类,讨论了青少年学生若干问题行为(诸如拒学、注意缺陷与多动障碍、学习困难、网络使用过度行为和过激行为)的发生原因、评估诊断及辅导策略。学校教育中,教师对诸如此类的问题行为能正确地理解、评估并能掌握若干应对和辅导的策略及方法是非常必要的。

## 思考题

- 何谓适应?
- 何谓适应不良?
- 何谓青少年行为适应不良?
- 拒学发症的经过有哪几个阶段且伴有哪些特征?
- 注意缺陷与多动障碍的诊断依据是什么?
- 何谓学习困难?
- 学习困难产生的心理因素有哪些?

- 对网络使用过度的学生应该怎么办?
- 过激行为产生的原因有哪些?

## 问题探索

- 某初中一名女生已经连续两周不去学校,班主任家访被其拒之门外。家长描述说,孩子一听去学校就哭,不去就平静了。偶尔能与父母正常交流,但不能讨论有关学校的话题。请你分析该女生的问题,并考虑心理辅导的方法。
- 询问周围的老师、朋友或者家长,调查他们中能正确鉴别出常见儿童青少年行为适应不良问题的比例,以及有多少人会对常见的青少年行为适应不良问题比如多动症、拒学等产生误解,并向他们讲述青少年行为适应不良问题的正确内容。

# 参考文献

## 一、中文部分

安纳耶夫(1968).人是认识的对象[M].列宁格勒:教育出版社.

包仿冉(2016).论学习动机和学校效果[J].科学大众(科学教育),(7):150.

包克冰,徐琴美(2006).学校归属感与学生发展的探索研究[J].心理学探新,(2):51-54.

贝克(2001).认知疗法:基础与应用[M].翟书涛,等,译.北京:中国轻工业出版社.

布鲁纳(1982).教育过程[M].北京:文化教育出版社.

蔡琼华(2008).广州市中学生学习动机的特点及影响因素[J].中国健康心理学杂志,16(8):884-886.

曹华(2011).竞争激烈和群体分化严重我国青少年人际交往问题突出[EB/OL].(2011-03-17).http://society.people.tom.cn/GB/86800/14172225.html.

曹晓君,陈旭(2009).试论儿童元记忆监测能力的发展[J].江苏教育学院学报(社会科学版),(3):15-18.

岑国桢(1999).学校心理辅导基础[M].南宁:广西教育出版社.

常崇煌(1993).全国生育节育抽样调查报告集[M].北京:中国人口出版社.

陈辉(1988).短时记忆容量的年龄特点和材料特点[J].天津师范大学学报,(4):25-30.

陈会昌(1987).中小学生爱祖国观念的发展[J].心理发展与教育,(1):10-18.

陈会昌(2004).道德发展心理学[M].安徽:安徽教育出版社.

陈家麟(2002).学校心理健康教育——原理与操作[M].北京:教育科学出版社.

陈兰,布仁门德,许纯玲(2005).转型期大学生学习心理分析与研究[J].教育与职业,(13):46-48.

陈蔓莉(2015).六年级小学生注意力训练课程研究[D].长沙:湖南师范大学硕士学位论文.

陈培玲(2003).中学生学习策略知识与应用水平的比较研究[D].南京:南京师范大学硕士学位论文.

陈麒(2006).中国心理咨询发展的历史回顾与前景趋势[J].中国临床康复,10(46):158-160.

陈彦方(2001).CCMD-3相关精神障碍的治疗与护理[M].济南:山东科学技术出版社.

陈怡名(2011).青少年学生考试焦虑的原因与相应对策分析[J].卫生职业教育,29(8):33.

陈英和(1992).关于儿童获得概念能力的培养研究[J].心理发展与教育,(3):1-6.

陈志娟(2014).情绪与创造性的关系,效价、激活与调节定向的作用[D].西安:陕西师范大学硕士学位论文.

陈仲舜(1989).大中学生的心理障碍及其调适[M].天津:天津大学出版社.

程俊玲(1998).学习焦虑研究述评[J].教育理论与实践,18(4):49-52.

程笑珍(2014).高中生人格特质、人际关系与学校归属感的关系研究[D].南昌:江西师范大学硕士学位论文.

崔馨淇(2014).体形内隐刻板印象及体形对招聘决策的影响研究[D].西安:陕西师范大学硕士学位论文.

崔哲,张建新(2005).镜中的自我是否完美——简析中学生的自我评价及其影响因素[J].中国教育报.

戴维·R.沙弗(David R. Shaffer)(2005).发展心理学——儿童与青少年(第六版)[M].邹泓,等,译.北京:中国轻工业出版社.

邓京华,彭祖智(1987).从系统论的观点看儿童心理发展的动力——兼谈对内因动力说的总看法[J].湖南师范大学社会科学学报,(5):7-12.

邓京华,郑和钧,陈娉美(1984).中学生辩证逻辑思维发展的实验研究[J].湖南师范大学社会科学学报,(5):42-48.

邓明昱(1986).试论我国性心理学的普及与研究[J].医学与哲学,(6):41-43.

邓明昱(1989).青少年青春期性生理及性心理的调查研究[J].心理科学,(1):50-53.

邓铸,张庆林(2000).青少年元记忆能力发展的认知研究[J].心理学探新,20(1):38-41.

邸秀娟(2012).高中生自尊结构、发展特点及其学校影响因素的研究[D].大连:辽宁师范大学硕士学位论文.

丁大为,钟燕,游诚,等(2014).身材矮小儿童的自我意识及其与父母养育方式关系研究[J].中国儿童保健杂志,22(12):1296-1298.

董奇(1989).10～17岁儿童元认知发展的研究[J].心理发展与教育,(4):11-17.

董奇(1993).儿童创造力发展心理[M].杭州:浙江教育出版社.

董奇,周勇(1994).论学生学习的自我监控[J].北京师范大学学报(社会科学版),(1):8-14.

董奇,周勇(1995).10~16岁儿童自我监控学习能力的成分、发展及作用的研究[J].心理科学,(2):75-79,127.

董奇,周勇(1995).关于学生学习自我监控的实验研究[J].北京师范大学学报(社会科学版),127(1):84-90.

董奇,周勇(1996).中小学生自我监控学习策略的作用、发展与影响因素[J].教育科学研究,(5):12-18.

董妍,俞国良(2007).青少年学业情绪问卷的编制及应用[J].心理学报,39(5):852-860.

杜锡来(2001).青少年创造力发展的特点及培养[J].教育探索,(5):13-14.

杜小梅,焦艳存,王振力(2011).高中英语教师学习策略教授情况调查[J].河北师范大学学报(教育科学版),13(2):85-88.

杜晓新(1992).15~17岁少年元记忆实验研究[J].心理科学,(4):17-23,63-64.

樊琪,张继玉,王芳(2000).大学生自我价值感的调查与研究[J].苏州大学学报(哲学社会科学版),(1):128-131.

方富熹,方格(2005).儿童发展心理学[M].北京:人民教育出版社.

方富熹,方格,刘范(1988).略论儿童认知发展是阶段性和连续性的统一[J].心理学报,(1):1-6.

方晓义(1997).青少年最亲密同性友伴的相似性[J].心理学报,(3):278-285.

冯源(2008).中学生道德责任感的结构及特点研究[D].重庆:西南大学硕士学位论文.

冯忠良,冯姬(2002).心理健康教育概述[J].中小学心理健康教育,(5):7-8.

弗洛伊德(1987).精神分析引论新讲[M].苏晓离,刘福堂,译.合肥:安徽文艺出版社.

符惠群,郭敏,彭小兰,李玲(2010).儿童强迫症、抑郁症患者血小板5-羟色胺浓度的比较研究[J].现代生物医学进展,10(15):2932-293.

福特(2005).咨询和治疗中的沟通分析技术[M].黄峥,译.北京:中国轻工业出版社.

傅安球(2006).心理咨询师培训教程[M].上海:华东师范大学出版社.

傅荣(2002).网络教育与青少年心理发展[J].中小学心理健康教育,(11):7-9.

高平(2001).对中学生自我意识发展水平的调查分析[J].天津师范大学学报(基础教育版),2(3):48-50.

高雪屏,于素维,张丹,孙红(2003).城乡学龄儿童的自我意识比较研究[J].中国行为医学科学,12(2): 207-208.

格莱德勒(2005).学习与教学——教育心理学[M].陈红兵,等,译.南京:江苏教育出版社.

格莱因(1983).儿童心理发展的理论[M].长沙:湖南教育出版社.

葛吉艳,郭德俊,王峥(2005).13~15岁儿童对愤怒表情觉察的特点[J].心理发展与教育,(4): 34-39.

龚超(2007).当代青少年思想道德现状的研究综述[J].中国青年研究,(9): 19-23.

顾海根(1999).中小学生爱国情感的发展[J].上海师范大学学报(教育版·中小学教育管理),28(10): 34-37.

顾海根(2007).青少年网络成瘾预防与治疗[M].上海:华东师范大学出版社.

顾海根,梅仲荪(1999).爱国情感教育心理学研究[M].北京:人民教育出版社.

顾石生(2004).初中学生情绪变化规律及情绪教育对策[J].青少年研究,(3): 25-26.

顾宇莲,何成森,张玉(2012).初中生感觉寻求、学习焦虑及其相关研究[J].中国健康心理学杂志,(6): 897-899.

关艳(2009).静思对小学低年级学生课堂学习情绪影响的研究[D].西宁:青海师范大学硕士学位论文.

关忠文(1982).青年心理学[M].哈尔滨:黑龙江人民出版社.

管婷(2014).某综合性大学大学生网络过度使用情况研究[D].石河子:石河子大学硕士学位论文.

郭克峰,关菊香,郭珊,杨文清,朱银星,吴群强,张建设(2005).学习困难青少年的心理特征及其相关因素分析[J].中国临床康复(临床研究),9(27): 86-87.

国家体委群体司(1997).1995年全国学生体质调研数据[J].中国学校体育,(1): 55-57.

国家体育总局.2014年国民体质监测公报[EB/OL].人民网,http://sports.people.com.cn/n/2015/1125/c3586227855794.html.

国家体育总局(2007).第二次国民体质监测报告[M].北京:人民体育出版社.

国家体育总局群体司(2002).2000年国民体质监测报告[J].北京:北京体育大学出版社.

海德(1987).妇女心理学[M].陈主珍,等,译.广州:广东高等教育出版社.

海登(1986).妇女心理学[M].范志强,周晓虹,译.昆明:云南人民出版社.

韩进之(1990).中国儿童青少年心理发展与教育[M].北京:中国卓越出版公司.

韩进之,王宪清(1986).德育心理学概论[M].上海:上海人民出版社.

韩进之,魏华忠(1985).我国中、小学生自我意识发展调查研究[J].心理发展与教育,(1):11-18.

韩进之,杨丽珠,魏华忠(1987).我国大学生自我意识发展特点研究[J].心理发展与教育,(4):1-7.

韩丽萍(2008).青少年网络人际交往心理分析及引导策略[J].学校党建与思想教育,(1):68-69.

何进军,刘华山(1996).10~14岁优差生的认知策略及发展研究[J].心理科学,3:165,189-190.

何美蓉(2015).学生学习动机激发案例[J].读与写:上,下旬,(7):295.

侯东风(2006).长春市中小学注意品质特点的研究[D].长春:东北师范大学硕士学位论文.

胡桂英,许百华(2003).中学生学习自我效能感、学习策略与学业成就的关系[J].浙江大学学报(理学版),30(4):477-480.

胡卫平,胡耀岗,韩琴(2006).青少年语文创造力的发展研究[J].心理发展与教育,(3):70-74.

胡卫平,林崇德(2003).青少年的科学思维能力研究[J].教育研究,(12):19-23.

胡卫平,周蓓(2010).动机对高一学生创造性的科学问题提出能力的影响[J].心理发展与教育,26(1):31-36.

黄莉(2006).动机强度对外语学习策略使用的影响[J].中国科技信息,(20):233-237.

黄希庭(2006).大学生心理健康辅导[M].上海:华东师范大学出版社.

黄希庭,张志杰(2001).论个人的时间管理倾向[J].心理科学,24(5):516-518.

黄煜峰,傅安球,林崇德,沈德立(1986).儿童与青少年情绪发展的实验研究[J].心理发展与教育,(1):1-14.

黄煜峰,雷雳(1993).初中生心理学[M].杭州:浙江教育出版社.

黄志法(2000).现代学校心理辅导理论与实务[M].上海:上海人民出版社.

黄志坚(2003).谁是青年——关于青年年龄界定的研究报告[J].中国青年研究,(11):31-41.

纪林芹,张文新(2015).青少年早期社会性—情绪的发展[C].中国心理学会发展心理专业委员会第十三届学术年会摘要集.

季颖,单德红,于素维(2005).少年儿童自我意识的城乡差异及与父母文化程度的关系[J].中国临床康复,9(15):184-185.

贾晓波,陈世平(2002).学校心理辅导实用教程[M].天津:天津教育出版社.

贾雪玲(2013).月亮山苗族鼓藏仪式的个体社会化功能研究[D].重庆:西南大学博士学位论文.

贾雪玲(2015).关于民族地区学校教育个体社会化功能的反思——基于对贵州月亮山苗族祭祖仪式的田野考察[J].黔南民族师范学院学报,(5):72-76.

贾远娥,韦斯林,李宏翰,苏文忠(2007).新形势下中学生学习动机发展特点研究[J].浙江教育科学,(2):19-22.

姜英杰,严燕(2013).4～6岁儿童元记忆监测判断的发展[J].心理科学,(2):406-410.

姜运秋,杨海燕,莫运坤,等(2015).9～14岁青少年选择性注意功能的发展[J].中国儿童保健杂志,23(12):1257-1259.

蒋长好,郭德俊,赵仑,张钦,王振宏,方平(2007).大学生对悲伤与愉快面孔区分的特征比较[J].心理发展与教育,(4):38-44.

焦海涛,张乐华(2008).初中生元情绪发展特点研究[J].中国健康心理学杂志,16(1):68-70.

金凤仙,程灶火,刘新民,周晓琴,王国强(2016).违法青少年家庭环境、教养方式和人格特征的对照研究[J].中国临床心理学杂志,(1):53-55.

柯雪琴,范雪瑾(2005).杭州市中小学生自我意识水平调查[J].中华预防医学杂志,39(3):223-224.

科恩(1983).青年心理学[M].史民德,等,译.南宁:广西人民出版社.

科恩(2009).青年心理学[M].陈华平,等,编译.兰州:甘肃人民出版社.

孔维民(2002).情感心理学新论[M].长春:吉林人民出版社.

赖文龙(1999).深圳中学生学习心理素质的调查[J].广东教育学院学报,(5):85-89.

乐国安(2002).咨询心理学[M].天津:南开大学出版社.

雷雳,张雷(2003).青少年心理发展[M].北京:北京大学出版社.

雷霞(2007).青少年的人际关系运作能力及其培育[J].中国青年研究,(11):78-81.

冷熙亮(1999).14岁至35岁:当代青年的年龄界限[J].中国青年研究,(3):21-22.

李百珍(2006).做学习的主人:学习心理辅导[M].北京:科学普及出版社.

李伯黍,燕国材(1993).教育心理学[M].上海:华东师范大学出版社.

李春玲(1996).北京市中学生性生理、性知识、性道德及异性交往经历调查[J].青年研究,(6):8-12.

李冬梅(2005).青少年心境动态发展特点及不同调节策略对其心境变化影响的研究[D].北京：首都师范大学博士学位论文.

李光奇(1994)."青年"年龄划分标准管见[J].青年研究,(5)：3.

李洪曾,王耀明,陈大彦,等(1987).中小学学生注意稳定性的研究[J].心理科学通讯,(6)：13-17.

李锦堂,李洪娟(2015).泉州市初中生同伴交往与学习倦怠关系[J].中国学校卫生,36(12)：1879-1881.

李景杰(1989).元认知：10~15岁少年儿童记忆监控能力的实验研究[J].心理学报,(1)：86-93.

李倩(2015).高中生创造性思维的发展特点、影响因素及干预研究[D].济南：济南大学硕士学位论文.

李文虎(1985).大学生自卑感的心理分析[J].青年研究,(8)：37-41.

李晓萍,孟祥昕(2000).大学生人际交往的心理问题及其矫治[J].河北青年管理干部学院学报,(4)：45-47.

李艳玮,李燕芳(2010).儿童青少年认知能力发展与脑发育[J].心理科学进展,(11)：1700-1706.

李英霞,赵章留(2008).青少年合作策略的发展特点及相关因素的研究[J].衡水学院学报,(10)：112-115.

李瑛(2003).大学生网络使用行为、成瘾状况与人格特质及社会支持的相关研究[D].重庆：陕西师范大学硕士学位论文.

李正云(2002).学校心理咨询[M].北京：中国轻工业出版社.

李支勇(2013).初中生同伴关系与人格特征、自我表露、归因方式的相关研究[D].济南：山东师范大学硕士学位论文.

李仲平(2015).幼儿面部表情分辨和匹配的眼动研究[D].桂林：广西师范大学硕士学位论文.

励骅(2004).青少年网络人际交往行为初探[J].教育与职业,(18)：47-48.

梁好翠(1999).数学学习态度学习策略与数学学业成绩关系的研究[J].广西师范学院学报(自然科学版),16(4)：111-116.

梁宁建(2006).心理学导论[M].上海：上海教育出版社.

梁艳(2011).青少年早期日常情绪体验的发展特点及影响因素的研究[D].西安：陕西师范大学硕士学位论文.

林崇德(1989).品德发展心理学[M].上海：上海教育出版社.

林崇德(2002).发展心理学[M].杭州:浙江教育出版社.

林崇德(2005).人际关系心理学[J].北京:人民教育出版社.

林崇德,李庆安(2005).青少年期身心发展特点[J].北京师范大学学报(社会科学版),187(1):48-56.

林崇德,杨治良,黄希庭(2003).心理学大辞典(上、下)[M].上海:上海教育出版社.

林镜秋(1988).关于测定注意力转移品质的实验报告[J].心理科学通讯,(6):39-41.

林镜秋(1996).大中小学生注意转移的实验研究[J].天津师范大学学报,(6):33-37.

林镜秋,杨广兴,李桂荣,张乃宽(1994).关于中学生注意品质的实验报告[J].天津市教科院学报,(5):21-22,28.

林孟平.辅导与心理治疗[M].香港:商务印书馆(香港)有限公司,1997.

林斯坦(1995).学生学习意志综论[J].教育评论,(5):28-30.

凌文铨,方俐洛,白利刚(1999).我国大学生的职业价值观研究[J].心理学报,1999,31(3):342-348.

刘金花(1997).儿童发展心理学[M].上海:华东师范大学出版社.

刘金敏(2016).高中女生考试焦虑的心理咨询案例[J].读与写:上,下旬,13(7).

刘景全,姜涛(1993).关于小学生某些注意品质的实验研究[J].天津师范大学学报,4:32-35.

刘娟(2014).大学生人际交往关系问题研究[D].太原:山西财经大学硕士学位论文.

刘林平(1997).爱的误区:中小学生成长问题备忘录[M].北京:中国人事出版社.

刘录护(2013).一例中学生拒学案例矫正的行动研究[J].青年探索,183(5):70-77.

刘璐(2015).江西农村初三学生英语听力教学的障碍及应对策略[D].南昌:江西科技师范大学硕士学位论文.

刘璐,方晓义,张锦涛,刘凤娥,陈超,赵会春,申子姣(2013).大学生网络成瘾:背景性渴求与同伴网络过度使用行为及态度的交互作用[J].心理发展与教育,(4):424-433.

刘明(1998).高中学生自尊水平与学业、人际成败归因方式关系研究[J].心理科学,21(3):281-282.

刘世保(2007).青少年公民责任感建设研究[J].中国青年研究,(2):34-36.

刘守旗(1997).当代青少年心理与行为透视[M].合肥:安徽人民出版社.

刘小禹,刘军(2012).团队情绪氛围对团队创新绩效的影响机制[J].心理学报,44(4):546-557.

刘晓霞(2016).多措并举有效利用时间[J].课程教育研究,(10):193.

刘晓新,毕爱萍(2003).人际交往心理学[M].北京:首都师范大学出版社.

刘效贞,张影侠,司继伟(2009).初中生的数学估计能力及其与元认知监控的关系[J].心理发展与教育,(2):35-40.

刘宣文(2002).心理辅导活动课的设计与评价[J].教育研究,(5):58-64.

刘勇,谭小宏(2008).中学生社会责任心的结构与发展特点研究[J].中国特殊教育,(5):78-82.

卢家楣(1986).对情感分类体系的探讨[J].心理科学,(4):57-62.

卢家楣(1989).现代青年心理探索[M].上海:同济大学出版社.

卢家楣(1993).情感教学心理学[M].上海:上海教育出版社.

卢家楣(1999).青少年心理与辅导[M].上海:上海教育出版社.

卢家楣(2000).情感教学心理学[M].上海:上海教育出版社.

卢家楣(2002).对中学教学中运用情感因素现状的学生调查[J].课程·教材·教法,(9):73-78.

卢家楣(2002).以情优教——理论与实证研究[M].上海:上海人民出版社.

卢家楣(2005).对情绪智力概念的探讨[J].心理科学,28(5):1246-1249.

卢家楣(2009).论青少年情感素质[J].教育研究,(10):30-36.

卢家楣(2009).我国当代青少年情感素质现状调查[J].心理学报,(12):1152-1164.

卢家楣(2009).学习心理与教学——理论和实践[M].上海:上海教育出版社.

卢家楣(2010).我国青少年道德情感现状调查研究[J].教育研究,(12):83-89.

卢家楣,卢盛华,闫志英,蔡丹(2010).中国当代青少年人际情感现状调查研究[J].心理科学,(6):1313-1318.

卢家楣,汪海彬,陈宁,田学英(2012).我国青少年理智情感现状调查研究[J].教育研究,(1):110-117.

卢家楣,魏庆安(2006).心理学:基础理论及其教育应用(修订本)[M].上海:上海人民出版社.

卢家楣,魏庆安,李其维(2004).心理学——基础理论及其教育应用[M].上海:上海人民出版社.

卢英(2014).初中生几何思维水平的发展研究[D].重庆:西南大学硕士学位论文.

陆士桢(2009).给未来一份责任——中小学该如何抓好学生社会责任感教育[J].人民教育,(7):2-5.

栾庆芳,陶琼(2008).初中生数学情感现状的调查与分析[J].教育学术月刊,(3):30-32.

罗杰斯(2004).当事人中心治疗——实践、运用和理论[M].李孟潮,李迎潮,译.北京：中国人民大学出版社.

罗杰斯(2004).个人形成论——我的心理治疗观[M].杨广学,尤娜,潘福勒,译.北京：中国人民大学出版社.

罗军,朱晓霞,李青卿(2013).杭州市中小学生性成熟年龄调查[J].浙江预防医学,25(2)：62-63.

骆伯巍,陈家麟(1986).农村中小学生心理健康问题研究[J].教育研究,(6)：115-126.

骆伯巍,高亚兵,叶丽红,周丽华,彭文波(2005).青少年学生体像烦恼现状研究[J].心理发展与教育,(4)：89-93.

马芳芳(2012).小学儿童时间元记忆的发展[D].长春：东北师范大学硕士学位论文.

马国勋(2013).建构中小学社会责任教育主题活动序列的行动研究[J].思想理论教育,(8)：75-78.

马惠霞,王福兰(1994).282名高中学生焦虑状况的调查研究[J].教育理论与实践,14(6)：47-51.

马啸(2012).4~6岁幼儿动态表情识别能力发展特点[D].西安：陕西师范大学硕士学位论文.

毛莉婷,陈加,王权红(2010).高中生焦虑状况调查研究[J].保健医学研究与实践,(1)：56-58.

孟昭兰(1994).普通心理学[M].北京：北京大学出版社.

孟昭兰(2005).情绪心理学[M].北京：北京大学出版社.

糜志雄,杨天武(2004).论高校大学生就业指导中的"全员观指导"和"全程观指导"[J].苏州市职业大学学报,15(1)：82-83.

米尔顿,波尔马,法布里修斯(2005).精神分析导论[M].施琪嘉,曾奇峰,译.北京：中国轻工业出版社.

米尔腾伯格(2000).行为矫正的原理与方法[M].胡佩诚,等,译.北京：中国轻工业出版社.

米尔腾伯格(2004).行为矫正的原理与方法(第三版)[M].石林,等,译.北京：中国轻工业出版社.

莫泊桑(1979).莫泊桑短篇小说选读[M].上海：上海译文出版社.

纳尔逊(2008).实用心理咨询与助人技术[M].江光荣,等,译.北京：中国轻工业出版社.

聂衍刚(2005).青少年社会适应行为及影响因素的研究[D].广州：华南师范大学博

士学位论文.

聂衍刚,曾雨玲,李婉瑶(2014).青少年自我意识的发展特点研究[J].教育导刊,(2):27-30.

帕特森(2009).心理咨询的过程——多元理论取向的整合探索[M].高申春,等,译.北京:高等教育出版社.

潘安成,刘爽(2013).社会性偷闲能"偷出"团队创造力吗?——一个案例的探索性研究[J].管理世界,(8):154-166,185.

潘发达,王琴,丁锦宏,等(2010).青少年学校归属感研究的现状与展望[J].交通医学,(3):262-264.

潘柳燕(2012).心理健康教育中的价值问题研究[D].武汉:武汉大学硕士学位论文.

庞丽娟,陈琴(2002).论儿童合作[J].教育研究与实验,(1):52-57.

庞维国(2003).自主学习:学与教的原理和策略[M].上海:华东师范大学出版社.

彭聃龄,杨旻,杨丽珠(1985).情境线索与面部线索在表情判断中的作用[J].心理科学,(2):26-32.

彭虹斌(2013).道德人格形成的实践机制研究[J].教育科学,29(2):28-31.

彭凯平,陈仲庚(1989).北京大学学生价值观倾向的初步定量研究[J].心理学报,(2):149-155.

钱铭怡(1994).心理咨询与心理治疗[M].北京:北京大学出版社.

钱苹(1980).教育心理学[M].台北:文风出版社.

乔建中,朱晓红,孙煜明(1997).学习焦虑水平与成败归因倾向关系的研究[J].南京师大学报(社会科学版),(1):77-80.

邱明正(1993).论审美心理结构的建构[J].文艺理论研究,2:11-12.

裘指挥,张丽(2010).学校社会规范教育存在的问题及对策[J].教育研究,(10):41-45.

曲冰(2016).高中生考试焦虑情绪的社会工作介入实践[D].长春:长春工业大学硕士学位论文.

任胜涛(2016).青少年厌学现象的成因及心理辅导机制构建[J].中国青年研究,(4):90-94,102.

荣越(2016).初中生父母教养方式、自尊与学习主观幸福感的关系研究[J].社会心理科学,(8):40-54.

塞奇·莫斯科维奇(2003).群氓的时代[M].许列民,薛丹云,李继红,译.南京:江苏人民出版社.

赛瑟,沃斯戴尔(2008).干预与技术[M].安芹,译.北京:北京大学医学出版社.

邵敏(2015).农村留守中学生自我概念、心理健康与学业成绩的关系研究[D].成都:四川师范大学硕士学位论文.

邵雨香(2009).教师心理健康标准[J].中国教育先锋网.

佘双好(2007).青少年思想道德现状与分析[J].当代青年研究,(11):1-19.

申荷永(2003).社会心理学原理与应用[M].广州:暨南大学出版社.

申田,王芳芳(2003).初中生的自我意识现况及其影响因素研究[J].中国校医,17(6):481-483.

沈德立(2005).高效率学习的心理学研究[M].北京:教育科学出版社.

沈德立,阴国恩(1990).非智力因素与人才培养[M].上海:华东师范大学出版社.

沈汪兵,刘昌,施春华,袁媛(2015).创造性思维的性别差异[J].心理科学进展,(8):1380-1389.

施晓慧(2004).中英中学生学习方法比较[J].教师博览,(6):18-20.

施学忠,何春华,张焕峰,吴敏(2001).郑州中学生学习焦虑状况研究[J].中国学校卫生,22(2).

石国亮,鲁慧(2008).国外青春期性教育模式及其启示[J].中国青年研究,(12):13-17.

石国兴,杨海荣(2006).中学生主观幸福感相关因素分析[J].中国心理卫生杂志,(4):238-241.

时蓉华(1986).社会心理学[M].上海:上海人民出版社.

舒真珍(2012).浅析当代大学生价值取向功利化的表现及成因[J].出国与就业(就业版):54-55.

司琪(2016).小学生注意力品质现状调查与提升训练[D].重庆:重庆师范大学硕士学位论文.

斯科塔(2003).创造能力教与学[M].刘晓陵,曾守锤,译.上海:华东师范大学出版社.

宋广文(2001).成长导航——中学生心理健康辅导[M].济南:山东人民出版社.

宋广文,刘培友(1996).当代大学生成才问题的调查与分析[J].山东青少年研究,(1):25-27.

宋广文,阎凤林(1996).对中小学生择业观念的调查与分析[J].教育与职业,(4):26-29.

宋磊(2007).高中生物教学中的情感教育现状及对策[D].济南:山东师范大学硕士

学位论文.

粟丹,凌辉,孙中平(2016).青春期发动时相对男生抑郁、焦虑及问题行为的影响[J].中国健康心理学杂志,24(5):775-779.

孙海鹏(2013).初中生特质情绪智力与同伴关系的研究及培养良好同伴关系的教育建议[D].天津:天津师范大学硕士学位论文.

孙士梅(2006).青少年学业情绪发展特点及其与自我调节学习的关系[D].济南:山东师范大学硕士学位论文.

孙晓敏,孙晓玲(2015).浅谈情绪稳定性培养与促进心理健康[J].医药与保健,(7):179-180.

孙月吉,庞鑫鑫,林媛(2011).中学生考试焦虑相关影响因素的路径分析[J].中华行为医学与脑科学杂志,(12):1116-1119.

覃胜贤(2007).高中生数学学习情感的调查研究[D].桂林:广西师范大学硕士学位论文.

谭忠选(2006).初中生数学学习情感调查与分析[D].昆明:云南师范大学硕士学位论文.

童秀英,沃建中(2002).高中生创造性思维发展特点的研究[J].心理发展与教育,(2):22-26.

万晶晶,方晓义,邓林园,等(2007).青少年期母子性格与家庭亲密度的关系:性格喜好的作用[J].心理学探新,(2):63-68.

王长虹(2001).临床心理治疗学[M].北京:人民军医出版社.

王称丽,贺雯,莫琼琼(2012).7~15岁学生注意力发展特点及其与学业成绩的关系[J].上海教育科研,(12):51-54.

王丹(2007).心理咨询师的言语策略研究[D].长春:吉林大学硕士学位论文.

王登峰,谢东(1993).心理治疗的理论与技术[M].北京:时代文化出版公司.

王芳,傅宏(2007).美国心理健康工作中保护青少年权利的方法及其启示[J].中国心理卫生杂志,(21):867-880.

王极盛,丁新华(2003).初中生主观幸福感与生活事件的关系研究[J].心理与行为研究,(1):96-99.

王佳宁,于璐,熊韦锐,等(2009).初中生亲子、同伴、师生关系对学业的影响[J].心理科学,(6):1439-1444.

王俊山,卢家楣,解登峰,周炎根,刘林艳,李晓娟,许鹏,刘啸莳(2016).中国当代大学生人际情感现状调查研究[J].心理科学,(6):1310-1317.

王立花(2007).青少年亲密感发展的特点及其自尊的关系[D].济南:山东师范大学硕士学位论文.

王立花(2011).青少年亲密感的发展特点研究[J].山东省团校学报,(6):46-50.

王玲,刘学兰(2005).心理咨询[M].广州:暨南大学出版社.

王仁欣(1987).青年心理学[M].吉林:吉林教育出版社.

王荣芳,王一青,王媛(2011).淄博市矮小儿童自我意识情况调查[J].中外医疗,30(1):20-21.

王希永(1999).北京中学生心理健康状况调查[J].青年研究,(9):23-27.

王希永(2000).中学生学习焦虑及其并发症[J].青年研究,(2):30-33.

王细燕(2011).小学生情绪表情识别及其情绪词掌握量的关系研究[D].南昌:江西师范大学硕士学位论文.

王霄(2009).多动症儿童的自尊与社会适应性关系研究[D].上海:华东师范大学硕士学位论文.

王小明(2009).学习心理学[M].北京:中国轻工业出版社.

王馨,静进,彭子文,魏薇,暴芃(2011).广州市中学生网络过度使用倾向现况分析[J].中国学校卫生,32(6):667-669.

王学风,张霞(2010).青少年生命意识与生命教育现状的调查报告——以广州市为个案[J].现代中小学教育,(3):10-12.

王忆军,等(2005).中学生考试焦虑表现的性别差异[J].中国临床康复,9(40):24-26.

王毅,姚正宁(2011).不同身体形态女大学生的心理健康状况分析[J].宁夏医科大学学报,33(10):961-964.

王英春,邹泓,张秋凌(2006).初中生友谊的发展特点[J].心理发展与教育,(2):52-56.

王颖,张林,鲁兵(2003).初中学生学习策略发展特点研究[J].健康心理学杂志,11(6):461-472.

王有智,沈德立,欧阳仑(2008).中学生心理健康素质特点研究——兼及心理健康研究中的几个问题[J].心理科学,31(3):514-519.

王振宏,郭德俊(2003).Gross情绪调节过程与策略研究述评[J].心理科学进展,11(6):629-634.

王振宏,郭德俊,马欣笛(2007).初中生情绪反应、表达及其攻击行为[J].心理发展与教育,(3):93-97.

魏萍,康冠兰,丁锦红,郭春彦(2014).奖赏预期对面孔情绪加工的影响:一项事件相关电位研究[J].心理学报,(4):437-449.

沃建中,曹凌雁(2003).中学生情绪调节能力的发展特点[J].应用心理学,9(2):11-15.

沃建中,林崇德,马红中,等(2001).中学生人际关系发展特点的研究[J].心理发展与教育,(3):9-15.

沃建中,王烨晖,刘彩梅,林崇德(2009).青少年创造力的发展研究[J].心理科学,32(3):535-539.

吴凤岗(1991).青少年心理学[M].北京:北京师范大学出版社.

吴烨宇(2002).青年年龄界定研究[J].中国青年研究,(3):36-39.

吴莹(2015).中学生异性交往现状研究[D].济南:山东师范大学硕士学位论文.

吴增强(2000).学习心理辅导[M].上海:上海教育出版社.

吴增强(2001).学校心理辅导研究[M].上海:上海科学技术文献出版社.

吴增强(2003).当代青少年心理辅导:向成熟发展的学科[M].上海:上海科学技术文献出版社.

吴增强,等(1996).学校心理辅导活动指南[M].上海:上海科学技术文献出版社.

吴振云,孙长华,吴志平,等(1992).记忆训练对改善少年、青年和老年人认知功能的作用[J].心理学报,(2):190-197.

武田彻(1990).当代青年心理探幽[M].王国栋,译.北京:知识出版社.

武珍,黄宪姝,周秀章,阴国恩,陈英和(1987).儿童和青少年表情认知发展的实验研究[J].心理科学,(1):19-25.

夏凌翔(2005).自立、自强特征的对比研究[J].心理科学,(6):1379-1381.

夏学銮(2003).青少年心理健康与问题面面观[J].中国青年研究,(6):4-8.

谢静涛(2011).儿童青少年强迫症的认知行为理论研究探讨[J].学与哲学(人文社会医学版),32(3):39-40

辛长青(2008).高中生考试焦虑状况的调查[J].中国校医,22(3):365-366.

徐本华(2005).青少年情感自主及其与家庭亲密度的相关研究[D].开封:河南大学硕士学位论文.

徐光华(2007).中小学生常见心理障碍及其克服策略研究指导[R].《区域性推进农村中小学心理健康教育工作研究》工作报告.

徐光兴(2000).学校心理学——心理辅导与咨询[M].上海:华东师范大学出版社.

徐辉(2015).心理健康含义和标准的再思考[J].马克思主义学刊,(3):206-213.

徐俊(2015)."个体个性化"与"个体社会化"究竟是什么关系——兼论学校的教育功能[J].上海教育科研,(8):18-21.

徐俊冕,季建林(1999).认知疗法[M].贵阳:贵州教育出版社.

徐坤英(2008).中学生学校归属感及其与心理健康的关系研究[D].重庆:西南大学硕士学位论文.

许远理(2000).情绪智力魔方[M].北京:北京广播学院出版社.

许远理(2001).元情绪在中学生心理健康教育中的作用[J].教育探索,(9):67-69.

许政援(1994).儿童语言和认知(思维)发展的关系[J].心理学报,26(4):347-352.

薛文霞(2008).中学生自豪感、外显自尊及抑郁的关系研究[D].长春:东北师范大学硕士学位论文.

严和骎,彭瑞聪(1987).关于WHO西太区第三次精神卫生协调会情况[J].中国心理卫生杂志,1(5):223-224,229.

颜茵(2005).当代中学生人际交往的表现、特点以及归因分析[J].安顺师范高等专科学校学报,7(4):18-21.

燕国材,崔丽莹(1998).超越情商[M].上海:学林出版社.

杨春,路海东(2015).不同形式的评估反馈对大学生的学习动机和学习成绩的影响[J].心理与行为研究,13(2):237-241.

杨帆(2014).医学生心理健康现状分析及教育策略研究[D].武汉:华中科技大学博士学位论文.

杨海波,刘电芝,杨荣坤(2015).学习兴趣、自我效能感、学习策略与成绩的关系——基于Kolb学习风格的初中数学学习研究[J].教育科学研究,(10):52-57.

杨海荣,石国兴,崔春华(2005).初中生应对方式与生活满意度、心理健康的相关研究[J].中国行为医学科学,(2):20-21.

杨建锋,徐小燕,张进辅(2003).关于中学生情绪智力的调查研究[J].西南师范大学学报(自然科学版),28(4):650-654.

杨俊(2014).时间管理在护理管理人员中的应用与思考[J].医学与社会,(6):40-42.

杨宁,胡士襄,张述祖,等(1994).中小学生记忆组织的发展[J].心理科学,17(6):321-327,384.

杨勤,陈非(2001).胖症的行为心理影响因[J].现代康复,5(9):14-15.

杨庆举(2014).皮亚杰辩证法思想研究[D].保定:河北大学硕士学位论文.

杨铁成,杜玉凤(2006).大学生网络使用情况与人格特质的相关分析[J].承德医学院学报,(1):103-104.

杨犀子(2014).关于儿童多动症病因、诊断及干预的简述[J].中学生导报(教学研究),(9).

杨晓莉,邹泓(2008).青少年亲子沟通的特点研究[J].心理发展与教育,(1):49-54.

杨秀君,孔克勤(2004).学习成功感的影响因素研究[J].心理科学,27(6):1292-1295.

杨震,等(2004).中小学心理健康教育的理论与实践[M].合肥:合肥工业大学出版社.

杨治良,叶奕乾,祝蓓里,等(1981).再认能力最佳年龄的研究——试用信号检测论分析[J].心理学报,(1):42-49.

姚本先(2002).学校心理健康教育导论[M].合肥:中国科学技术大学出版社.

姚本先,伍新春(2008).学生心理健康教育[M].北京:中国轻工业出版社.

姚佩宽(1985).青春期的教育[M].桂林:广西科学技术出版社.

姚佩宽(1993).培养青少年健康的性态度——中、日青少年性问题、性教育的比较[J].当代青年研究,(6):23-28.

姚佩宽(1993).我国青春期性教育研究和实践[J].青年研究,(5):7-13.

姚佩宽(1994).当代青春期教育研究[M].郑州:河南人民出版社.

姚佩宽,陈树恒,郭贞(1986).中学生青春期教育[M].上海:上海社会科学院出版社.

叶奕乾,何存道,梁宁建(1997).普通心理学[M].上海:华东师范大学出版社.

依田新(1981).青年心理学[M].杨宗义,张春,译.北京:知识出版社.

易法建(1993).转载自钱铭怡,苏彦捷,李宏(1995).女性心理与性别差异[M].北京:北京大学出版社.

易法建,等(2006).心理医生[M].重庆:重庆大学出版社.

易晓明(2007).初中生上网自控能力、上网自控动机与网络使用行为的关系研究[D].开封:河南大学硕士学位论文.

易晓明(2007).寻找失落的艺术精神:儿童艺术教育的人文化建构[M].北京:高等教育出版社.

阴国恩(1993).学习负担的心理学分析[J].天津师范大学学报(社会科学版),(2):31-37.

阴国恩,戴斌荣,金东贤(2000).大学生职业选择和职业价值观的调查研究[J].心理发展与教育,(4):38-60.

游轶(2015).小学生归因方式、自我意识现状及与学业成绩的关系研究[D].成都:四川师范大学硕士学位论文.

于华丽(2013).高中生性教育现状及实施对策研究[D].大连:辽宁师范大学硕士学位论文.

余建华(2002).初中生阅读理解监控能力的研究[D].上海:华东师范大学硕士学位论文.

余强基(1985).中小学生个性发展某些特点的初步调查研究[J].心理发展与教育,(2):13-17.

余小鸣(2002).青春期性与生殖健康[M].北京:方正出版社.

余小鸣,阮明杰,等(2006).北京市城区中学生性态度取向及与性行为的交互作用[J].中国儿童保健杂志,14(6):554-556.

俞国良(2006).社会心理学[M].北京:北京师范大学出版社.

俞国良,董妍(2005).学业情绪研究及其对学生发展的意义[J].教育研究,(10):39-43.

俞志芳(2003).学生习得性无助感的形成及其教育对策[J].教书育人,(8):34-35.

袁琳娜(2013).中学生网络社交:现状、危机与反思——基于四川某地中学生网络媒介使用的调查[D].合肥:安徽大学硕士学位论文.

袁茜(2006).中学生偏爱流行音乐的心理分析及策略研究[D].长沙:湖南师范大学硕士学位论文.

曾芊,翟群,游旭群(2008).中学生自我价值感发展特征及其影响因素研究[J].华南师范大学学报(社会科学版),(3):122-127.

张承芬,孙维胜(1997).学生心理健康[M].北京:警官教育出版社.

张冲,邹泓(2009).中学生情绪智力和创造性倾向发展特点及其关系研究[J].中国特殊教育,(9):70-75.

张春兴(1998).教育心理学——三化取向的理论与实践[M].杭州:浙江教育出版社.

张德秀(1984).青少年创造性思维能力的探测[J].心理科学,(4):20-25.

张德秀(1985).教育心理研究[M].北京:教育科学出版社.

张德秀(1990).创造性思维的发展与教育[M].长沙:湖南师范大学出版社.

张宏,沃建中(2003).中学生学习动机类型和自身学习能力评价的关系[J].心理发展与教育,(1):25-30.

张建人,杨喜英,熊恋,凌辉(2010).青少年自我同一性的发展特点研究[J].中国临床心理学杂志,(5):651-663.

张景芳(2007).小组辅导的三个课题[J].中小学心理健康教育,(9):28-29.

张景焕,张广斌(2004).中学生创造性思维发展特点研究[J].当代教育科学,(5):52-54.

张俊,卢家楣(2008).情绪智力结构的实证研究[J].心理科学,(5):1063-1068.

张丽娟(2010).高职非英语专业学生英语学习策略和学习动机关系的调查研究[J].民办教育研究,(5):63-68.

张岭(2016).冲击疗法对一例戒毒人员"严重心理问题"咨询的案例报告[J].社会心理科学,(Z1).

张宁,张海明(2006).大学生职业选择的SWOT战略分析[J].教育理论与实践,26(12):27-29.

张佩珍,刘业雄(1997).敢问路在何方——择业心理新探[M].上海:华东理工大学出版社.

张平平(2014).中学生思维方式与应对方式、心理健康的相关研究[D].重庆师范大学硕士学位论文.

张琪(2015).初中生归因方式、核心自我评价对学习倦怠的影响研究[D].乌鲁木齐:新疆师范大学硕士学位论文.

张日昇(2000).同一性与青年期同一性地位的研究:同一性地位的构成及其自我测定[J].心理科学,23(4):430-434.

张素娟(2015).以流行音乐为起点,为初中音乐教材助力[D].成都:四川师范大学硕士学位论文.

张索玲(2009).中小学生自尊发展特点及其相关影响因素研究[D].沈阳:辽宁师范大学硕士学位论文.

张文新(1997).初中生学生自尊特点的初步研究[J].心理科学,20(6):504-575.

张文新(2002).青少年发展心理学[M].山东:山东人民出版社.

张文新,林崇德(1998).青少年的自尊与父母教育方式的关系——不同群体间的一致性与差异性[J].心理科学,(6):489-494.

张文渊,卢家楣(2012).青少年探究感的影响因素及其培养的实证研究[C].第十五届全国心理学学术会议论文摘要集.

张向葵(2002).发展心理学[M].吉林:东北师范大学出版社.

张向葵,张林,王颖(2003).中学生学习策略应用特点的研究[J].心理与行为研究,1(2):110-115.

张学民,杜英萍,申继亮,等(2008).小学生和成人不同注意条件下的感数与计数加工的比较研究[J].应用心理学,14(4):336-342.

张亚林(1999).行为疗法[M].贵阳:贵州教育出版社.

张瑛秋,徐刚,甄志平(2007).青春发育突增期不同发育类型学生的性发育、性教育状况及其干预[J].北京体育大学学报,30(7):916-918.

张玉静(2013).不同趋近动机强度的积极情绪对心理旋转整体优先效应的影响[D].北京:首都师范大学硕士学位论文.

张裕遵(2015).青少年同伴交往的特点、影响因素及教育对策[J].法制与社会,(11):239-240.

张蕴(2013).高中音乐欣赏教学中流行音乐的作用[J].艺境(山西艺术职业学院学报),(1):42-45.

赵俊茹,李幼穗(2003).交流方式对儿童青少年合作行为影响的发展研究[J].心理科学,(3):545-546.

赵丽霞,袁琳(2006).中学生学习压力的现状调查[J].天津市教科院学报,(2):18-22.

赵启媛,金平,汪凯(2016).综合医院心理咨询门诊中学生心理健康调查[J].中国健康心理学杂志,(4):603-606.

赵媛,曹克广(2001).对大学生学习动机与心理特点的探讨[J].承德石油高等专科学校学报,3(3):48-50.

郑冬琳(2013).动漫爱好与中学生身体意象的关系研究[D].福州:福建师范大学硕士学位论文.

郑和钧,邓军华(1993).高中生心理学[M].杭州:浙江教育出版社.

郑剑虹,黄希庭(2004).自强意识的初步调查研究[J].心理科学,(3):528-530.

郑剑虹,李启立,黎家安(2010).高中生的自强人格与自强观[J].心理研究,(1):89-93.

郑日昌(1997).中学生心理咨询[M].济南:山东教育出版社.

郑日昌,肖蓓苓(1983).对中学生创造力的测验研究[J].心理学报,(4):445-452.

郑雪(2004).中学生心理健康教育[M].广州:暨南大学出版社.

中国青年报(2014).为什么高中时建立的友谊特别牢固[N].中国青年报.

中国青少年发展服务中心(2005).心理健康辅导——基础理论分册[M].北京:世界图书出版公司.

中国青少年研究中心(2008).中国未成年人数据手册[M].北京:科学出版社.

中国心理学会(2007).中国心理学会临床与咨询心理学工作伦理守则[M].中国心理

学会临床与咨询心理学专业注册系统.

中华医学会精神科分会(2001). CCMD-3 中国精神障碍分类与诊断标准(第三版)[M]. 济南：山东科学技术出版社.

周爱保,杨天成,程晨,马小凤,赵静(2015). 多篇章学习中提取练习策略对高阶技能的影响[J]. 心理学报,47(7)：928-938.

周超,司继伟,卞玉龙(2012). 初中生情绪调节、应对方式与嫉妒的关系[J]. 山东省团校学报(青少年研究),(2)：44-48.

周冬华(2015). 同伴关系不良初中生的社会技能干预[D]. 济南：山东师范大学硕士学位论文.

周世杰,龚耀先(2004). 学龄期儿童记忆发展特点研究[J]. 中国心理卫生杂志,(9),610-612.

周秀菊(2010). 初中学生厌学情况调查分析及矫正——滕西中学学生厌学调查报告[J]. 学周刊,(4).

周秀章,等(1986). 儿童及青少年基本情绪认知发展的实验研究[J]. 天津师范大学学报(社会科学版),(6)：21-24.

朱小蔓(2000). 育德是教育的灵魂,动情是道德教育的关键[J]. 教育研究,(4)：7-8.

朱晓红(2011). 中学生学习动机缺失量表的编制[D]. 南京：南京师范大学博士学位论文.

朱新宇(2014). 中学生"大五"人格与心理健康关系的研究[J]. 中小学心理健康教育,(6)：17-20.

朱永新(2002). 新教育之梦[M]. 北京：人民教育出版社.

朱智贤(1979). 儿童心理学[M]. 北京：人民教育出版社.

竺培梁,卢家楣,张萍,谢玮(2010). 中国当代青少年情感能力现状调查研究[J]. 心理科学,33：1329-1333.

庄巧红(2016). 表扬四步法激发学习困难生学习兴趣[J]. 师道(教研),(1).

宗培,白晋荣(2009). 宽恕干预研究述评——宽恕在心理治疗中的作用[J]. 心理科学发展,17(5)：1010-1015.

左其沛(1985). 自我意识的发展与少年期的特点[J]. 心理学报,(3)：257-263.

## 二、外文部分

Alister, I., & Christopher, H. (1998). *Contemporary Jungian Analysis*. London：Routledge.

American Psychiatric Association (1994). *Desk Reference to the Diagnostic Criteria*

From DSM-Ⅳ.

American Psychiatric Association (2000). *Desk Reference to the Diagnostic Criteria from DSM-Ⅳ-TR.*

Anderman, E. M. (2002). School effects on psychological outcomes during adolescence. *Journal of Educational Psychology*, 94, 795-809.

Anderson, N. H. (1968). Likableness ratings of 555 personality-trait words. *Journal of Personality and Social Psychology*, 9(3), 272-279.

Atwater, L. E., & Yammarino, F. J. (1992). Does self-other agreement on leadership perceptions moderate the validity of leadership and performance predictions? *Personnel Psychology*, 45(1), 141-164.

Ausubel, D. P. (1958). *Theory and Problems of Child Development*. New York: Grune and Stratton.

Balint, M. (1968). *The Basic Faul*. London: Tavistock Publications.

Bar-On, R. (1997). *Bar-On Emotional Quotient Inventory: Technical Mannaual*. Toronto: Multi-Heath Systems Ins.

Bayley, N. (1970). Development of mental abilities. In P. Mussen (Ed.), *Carmichael's Manual of Child Psychology* Vol. 1 (3rd Ed.). New York: Wiley.

Bion, W. R. (1999). *Experiences in Groups and Other Papers*. Florence, Kentucky: Psychology Press, Routledge.

Birdwhistell, R. L. (1970). *Kinesic and Context*. Philadelphia: University of Pennsylvania.

Blyth, D. A. (1981). The effects of physical development on self-image and satisfaction with body-image for early adolescent males. *Research in Community and Mental Health*, 2, 43-73.

Book, W. F., & Norvell, L. (1922). The will to learn, an experimental study of learning incentives. *The Pedagogical Seminary*, 29, 305-362.

Brackett, M. A., & Mayer, J. D. (2003). Convergent, discriminant, and incremental validity of competing measure of emotional intelligence. *Personality and Social Psychology*, 29(9), 1147-1158.

Brim, O. G. J. (1965). Adolescent personality as self-other systems. *Journal of Marriage and the Family*, 27(2), 156-162.

Bugental, J. F. T. (1987). *Art of the Psychotherapist: How to Develop the Skills that Take Psychotherapy beyond Science*. London: W. W. Norton & Company Ltd.

Buhrmester, D. (1996). Need fulfillment, interpersonal competence, and the developmental contexts of early adolescent friendship. In W. M. Bukowski, A. F. Newcomb, & W. W. Hartup (Eds.), *The Company They Keep: Friendship in Childhood and Adolescence* (pp. 158–185). New York: Cambridge University Press.

Cameron, J., & Pierce, W. D. (1994). Reinforcement, reward, and intrinsic motivation: A meta-analysis. *Review of Educational Research*, 64(3), 363–434.

Cameron, J., & Pierce, W. D. (2002). *Rewards and Intrinsic Motivation: Resolving the Controversy*. Westport, CT: Bergin and Garvey.

Case, R. (1985). *Intellectual Development: Birth to Adulthood*. Rlando, FL: Academic Press.

Ciarrochi, J., Chan, A. Y. C., & Bajar, J. (2001). Measuring emotional intelligence in adolescents. *Personality and Individual Differences*, 31, 1105–1119.

Clausen, J. A. (1975). The social meaning of differential physical and sexual maturation. In S. E. Dragastin & G. H. Elder (Eds.), *Adolescence in the Life Cycle: Psychological Change and Social Context*. Oxford: Hemisphere.

Conger, J. J. (1977). *Adolescence and Youth: Psychological Development in a Changing World* (2nd ed.). Oxford: Harper and Row.

Cooly, C. H. (1902). *Human Nature and the Social Order*. New York: Charles Scribner's Sons.

Corey, G. (2005). *Theory and Practice of Counselling and Psychotherapy*. Belmont: Thomson Higher Education.

Cropley, A. J., & Clapson, L. (1971). Long term test-retest reliability of creativity tests. *British Journal of Educational Psychology*, 41(2), 206–209.

Dittmar, H., Lloyd, B., Dugan, S., Halliwell, E., Jacobs, N., & Cramer, H. (2000). The "body beautiful": English adolescents' images of ideal bodies. *Sex Roles*, 42(9/10), 887–915.

Dornyei, Z. (2001). *Teaching and Researching Motivation*. 北京：外语教学与研究出版社.

Elliot Aronson, Timothy D. Wiison, & Robin M. Akert (2007). 社会心理学[M]. 北京：中国轻工业出版社.

Erikson, E. H. (1959). *Identity and the Life Cycle: Selected Papers*. Oxford:

International Universities Press.

Erikson, K. T. (1966). *Wayward Puritans: A Study in the Sociology of Deviance*. New York: Wiley.

Extremera, N., Fernandez-Berrocal, P., & Salovey, P. (2006). Spanish version of the Mayer-Salovey-Caruso Emotional Intelligence Test (MSCEIT). Version 2.0: Reliabilities, age and gender differences. *Psicothema*, 18, 42–48.

Fechner, G. T. (1876). *Vorschule der Sthetik Leipzig*. Germany: Breitkopf & Hrtel.

Fenichel, O. (1999). *The Psychoanalytic Theory of Neurosis*. Florence, Kentucky: Routledge.

Festinger, L. (1957). *A Theory of Cognitive Dissonance* (pp. 291). Stanford: Stanford University Press.

Flavell, J. H., & Gordon, F. R. (1977). The development of intuitions about cognitive cueing. *Child Development*, 48(3), 1027–1033.

Fredrikson, M., & Öhman, A. (1979), A cardiovascular and electrodermal responses conditioned to fear-relevant stimuli. *Psychophysiology*, 16 (1), 1–7.

Freedman, M., & Carlin, L. (1986). How the computer revolution never happened, or, What does steve jobs have in common with Bob Dylan? *Library Journal*, 111 (2), 62–63.

Frisk, M., Tenhunen, T., Widholm, O., & Hortling, H. (1966). Psychological problems in adolescents with advanced and delayed development. *Adolescence*, (1), 126–140.

Fromm, E. (1956). *The Art of Loving*. London: Uniwin Books.

Gelman, R. (1972). *Advances in Child Development and Behavior*. H. W. Reese (Ed.). Oxford: Academic Press.

Gilligan, C. (1982). *In a Different Voice: Psychological Theory and Women's Development*. Cambridge, Mass: Harvard University Press.

Giordano, P. C., Phelpsa, K. D., Wendy, D. et al. (2008). Adolescent academic achievement and romantic relationships. *Social Science Research*, 37(1), 37–54.

Goetz, T., Frenzel, A. C., Pekrun, R., Hall, N. C., & Ludtke, O. (2007). Between-and within-domain relations of students'academic emotions. *Journal of Educational Psychology*, 99, 715–733.

Goetz, T., Pekrun, R., Hall, N., & Haag, L. (2006). Academic Emotions from asocial-cognitive perspective: Antecedents and domain specificity of students' affect in the context of Lati instruction. *British Journal of Educational Psychology*, 76, 289–308.

Goleman, D. (1995). *Emotional Intelligence*. New York: Bantam Books.

Grinder, R. E. (1973). *Adolescence*. Oxford: John Wiley and Sons.

Gruzelier, J. H., Thompson, T., Redding, E., Brandt, R., & Steffert, T. (2014). Application of alpha/theta neuro feedback and heart rate variability training to young contemporary dancers: State anxiety and creativity. *International Journal of Psychophysiology*, 93(1), 105–111.

Hammill, D. D., Leigh, J. E., McNutt, G., & Larsen, S. C. (NJCLD, 1988). A new definition of learning disabilities. *Learning Disability Quarterly*, 11(3), 217–223.

Hankin, B. L., & Abramson, L. Y. (1999). Development of gender differences in depression: Description and possible explanations. *Annals of Medicine*, 31(6), 372–379.

Hankin, B. L., & Abramson, L. Y. (2001). Development of gender differences in depression: An elaborated cognitive vulnerability-transactional stress theory. *Psychological Bulletin*, 127(6), 773–796.

Hankin, B. L., Abramson, L. Y., Moffitt, T. E., Silva, P. A., McGee, R., & Angell, K. E. (1998). Development of depression from preadolescence to young adulthood: Emerging gender differences in a 10-year longitudinal study. *Journal of Abnormal Psychology*, 107(1), 128–140.

Havighurst, R. J. (1972). *Developmental Tasks and Education* (3rd Ed.). New York: McKay.

Hinshelwood, R. D. (1994). *Clinical Klein: From Theory to Practice*. New York: Basic Books.

Huebner, E. S., Drane, W., & Valois, R. F. (2000). Levels and demographic correlates of adolescent life satisfaction reports. *School Psychology International*, 21(3), 281–292.

Hurlock, E. B. (1968). *Developmental Psychology* (2nd Ed.). New York: McGraw-Hill.

Inhelder, B., & Piaget, J. (1958). *The Growth of Logical Thinking: From Childhood to Adolescence* (pp. 107–122). New York: Basic Books.

Izard, C. E. (1977). *Human Emotions*. New York: Plenum Press.

James, W. (1890). *The Principles of Psychology* (pp. 704). New York: Henry Holt and Company.

James, W. (1999). *The Principles of Psychology*（影印本 Vol. 1）. 北京：中国社会科学出版社.

Jones, H. E. (1958). Consistency and change in early maturity. *Vita Humana*, 1, 43–51.

Jones, M. C. (1957). The later careers of boys who were early-or late-maturing. *Child Development*, 28(1), 113–128.

Jones, M. C., & Bayley, N. (1950). Physical maturing among boys as related to behavior. *Journal of Educational Psychology*, 41(3), 129–148.

Joseph, B. (1989). *Psychic equilibrium and psychic change: Selected papers of Betty Joseph* (pp. 230). M. Feldman & E. B. Spillius (Eds.). Florence: Taylor and Frances/Routledge.

Kagan, J., & Coles, R. (1972). *Twelve to Sixteen: Early Adolescence*. Oxford: W. W. Norton.

Kagan, V. E. (1981). Nonprocess autism in children: A comparative etiopathogenic study. *Soviet Neurology and Psychiatry*, 14(1–2), 25–30.

Kawash, G. F., Kerr, E. N., & Clewes, J. L. (1985). Self-esteem in children as a function of perceived parental behavior. *Journal of Psychology*, 113(3), 235–242.

Kenneth, A. K., & Steven, R. F. (2000). What definitions of learning disability say and don't say: A critical analysis. *Journal of Learning Disabilities*, 33(3): 239–256.

Kohut, H. (1977). *The Restoration of the Self* (pp. 345). Chicago: University of Chicago Press.

Korn, S. J. (1975). To cast some light on the shadow of death. *PsycCRITIQUES*, 20(1), 49–50.

Krech, D., Crutchfield, R. S., & Ballachey, E. L. (1962). *Individual in Society*. New York: McGraw-Hill.

Landy, D., & Sigall, H. (1974). Beauty is talent: Task evaluation as a function of the performer's physical attractiveness. *Journal of Personality and Social Psychology*, 29(3), 299–304.

Lerner, R. M., & Korn, S. J. (1972). The development of body build stereotypes in males. *Child Development*, 43, 912–920.

Livson, N., & Peskin, H. (1967). Prediction of adult psychological health in a longitudinal study. *Journal of Abnormal Psychology*, 72, 509-518.

Livson, N., & Peskin, H. (1980). Perspectives on adolescence from longitudinal research. In J. Adelson (Ed.), *Handbook of Adolescent Psychology*. New York: Wiely.

Louttit, C. M. (1956). Psychology in nineteenth century high schools. *American Psychologist*, 11(12), 717.

Luchins, A. S. (1957). A variational approach to empathy. *The Journal of Social Psychology*, 45, 11-18.

Lyon, D. O. (1965). *Memory and the Learning Process*. Oradell, NJ: Warwick & York, Inc.

Marcia, J. E. (1966). Development and validation of ego-identity status. *Journal of Personality and Social Psychology*, 3(5), 551-558.

Marcia, J. E. (1967). Ego identity status: Relationship to change in self-esteem, general maladjustment and authoritarianism. *Journal of Personality*, 35(1), 119-133.

Maslow, A. H. (1962). *Toward a Psychology of Being*. Princeton: D Van Nostrand, 157-167.

Mayer, J. D., Caruso, D., & Salovey, P. (1999). Emotional intelligence meets traditional standards for an intelligence. *Intelligence*, 27, 267-298.

Mayer, J. D., & Salovey, P. (1997). What is emotional intelligence? In P. Salovey & D. Sluyter (Eds.), *Emotional Development and Emotional Intelligence: Implications for Educators* (pp. 3-31), New York: Basicbooks, Inc.

McCarroll, E. M., Lindsey. E. W., MacKinnon-Lewis C. et. al. (2009). Health status and peer relationships in early adolescence: The role of peer contact, self-esteem, and social anxiety. *Journal of Child Family Study*, 18, 473-483.

McKinney, F. (1945). Four years of a college adjustment clinic. I. Organization of clinic and problems of counselees. *Journal of Consulting Psychology*, 9(5), 203-212.

Miles, W. R. (1943). *Principal Mental Changes with Normal Aging*. Philadelphia: WB Saunders Co.

Milner, M. (1969). *The Hands of the Living God*. New York: International Universities Press.

Mussen, P. H., & Jones, M. C. (1957). Self-conceptions, motivation, and interpersonal attitudes of late-and early-maturing boys. *Child Development*, 28(2), 243-256.

Nasser, F. T. , & Benson, J. (1997). The structure of test anxiety in Israeli-Arab high school students: An application of confirmatory factor analysis with miniscales. *Anxiety, Stress and Coping*, 10(2), 129-152.

Neisser, U. (1967). *Cognitive Psychology*. New York: Appleton-Century-Crofts.

Newcomb, T. M. (1961). *The Acquaintance Process* (pp. 71-96). New York: Holt, Rinehart and Winston.

Nielson, V. M. , & Metha, A. (1994). Parental behavior and adolescent self-esteem in clinnical and nonclinnical group. *Adolescence*, 29(115), 525-542.

Nolen-Hoeksema, S. , & Girgus, J. S. (1994). The emergence of gender differences in depression during adolescence. *Psychological Bulletin*, 115(3), 424-443.

Overmier, J. B. , & Seligman, M. E. P. (1967). Effects of inescapable shock upon subsequent escape and avoidance responing. *Journal of Comparative and Physiological Psychology*, 63, 23-33.

Pekrun, R. , Goetz, T. , Titz, W. , & Perry, R. P. (2002). Academic emotions in students' self-regulated learning and achievement: A program of qualitative and quantitative research. *Educational Psychologist*, 37(2), 91-105.

Peskin, H. (1967). Pubertal onset and ego functioning. *Journal of Abnormal Psychology*, 72, 1-15.

Peskin, H. (1972). Multiple prediction of adult psychological health from preadolescent and adolescent behavior. *Journal of Consulting and Clinical Psychology*, 38, 155-160.

Peskin, H. , & Livson, N. (1972). Pre-and postpubertal personality and adult psychologic functioning. *Semin Psychiatry*, 4(4), 343-353.

Petersen, A. C. , Compas, B. E. , Brooks-Gunn, J. , Stemmler, M. , Ey, S. , & Grant, K. E. (1993). Depression in adolescence. *American Psychologist*, 48(2), 155-168.

Petrides, K. V. , & Fumham, A. (2000). On the dimensional structure of emotional intelligence. *Personality and Individual Differences*, 29, 313-320.

Piaget, J. , & Inhelder, B. (1959). *The Genesis of the Elementary Logical Structures*. Oxford: Delachaux and Niestle.

Piaget, J. , & Inhelder, B. (1969). *The Development of Physical Number Concepts in Children: Maintenance and Atomism*. Oxford: Ernst Klett.

Piaget, J., & Inhelder, B. (1969). *The Psychology of the Child*. NY: Basic Books.

Pintrich, P. R. (1996). *Motivation in Education: Theory, Research, and Application*. Eaglewood Cliffs: Prentice-Hall.

Raina, M. K., Srivastava, A. K., & Misra, G. (2003). Exploration in literature creativity: Some preliminary observations. *Psychological Studies*, 48(1), 69.

Reed, E. S., & Jones, R. K. (1982). Perception and cognition: A final reply to Heil. *Journal for the Theory of Social Behaviour*, 12(2), 223–224.

Reed, S. K. (1982). *Cognition: Theory and Applications*. Monterey, CA: Brooks/Cole.

Rest, J., Turiel, E., & Kohlberg, L. (1969). Level of moral development as a determinant of preference and comprehension of moral judgments made by others. *Journal of Personality*, 37(2), 225–252.

Rice, J. (1984). Sex-related differences in depression: Familial evidence. *Journal of Affective Disorders*, 7(3–4), 199–210.

Roe, A. (1957). Early determinants of vocational choice. *Journal of Counseling Psychology*, 4(3), 212–217.

Rogers, C. R. (1977). *Carl Rogers on Personal Power: Inner Strength and its Revolutionary Impact*. Oxford: Delacorte.

Rogers, C. R. (1985). Toward a more human science of the person. *Journal of Humanistic Psychology*, 25(4), 7–24.

Rogiers, V. (1977). The application of an improved gas-liquid chromatographic method for the determination of the long chain non-esterified fatty acid pattern of blood plasma in childen. *Clinica Chimica Acta*, 78, 227–233.

Rosenfeld, H. A. (1965). *Psychotic States: A Psycho-Analytical Approach* (pp. 263). Oxford: International Press.

Rosenfeld, H. A. (1987). *Impasse and Interpretation: Therapeutic and Anti-therapeutic Factors in the Psychoanalytic Treatment of Psychotic, Borderline, and Neurotic Patients* (pp. 324). New York: Tavistock/Routledge.

Rottenberg, J., Ray, R. D., & Gross, J. J. (2007). Emotional elicitation using films. In J. A. Coan & J. B. Allen (Eds.), *The Handbook of Elicitational Assessment* (pp. 9–28), London: Oxford University Press.

Rowe, I., & Marcia, J. E. (1980). Ego identity status, formal operations, and moral development. *Journal of Youth and Adolescence*, 9(2), 87 - 99.

Ryan, R. M., & Deci, E. L. (2001). On happiness and human potentials: A review of research on hedonic and eudaimonic well-being. *Annual Review of Psychology*, 52, 141 - 166.

Sandler, J. (1987). *From Safety to Superego: Selected Papers of Joseph Sandler* (pp. 348). New York: Guilford Press.

Schein, S. S., & Langlois, J. H. (2015). Unattractive infant faces elicit negative affect from adults. *Infant Behavior and Development*, 38, 130 - 134.

Schutz, W. C. (1958). *A Three-Dimensional Theory of Interpersonal Behavior*. Oxford: Rinehart.

Simmons, R. G., Blyth, D. A., & Steven, C. F. (1983). The adjustment of early adolescents to school transitions. *The Journal of Early Adolescence*, 3(1 - 2), 105 - 120.

Slater, E., & Shields, J. (1969). Genetical aspects of anxiety. In M. M. Lader (Ed.), *Studies of Anxiety* (pp. 62 - 71, 130, 201 - 210). London: Royal Medico-Psychological Association.

Spranger, E. (1963). *Der geborene Erzieher*. Heiderberg: Quelle & Meyer.

Sternberg, R. J. (1985). Implicit theories of intelligence, creativity, and wisdom. *Journal of Personality and Social Psychology*, 49(3), 607 - 627.

Sternberg, R. J. (1999). *Handbook of Creativity*. New York: Cambridge University Press.

Sternberg, R. J., & Okagaki, L. (1989). Continuity and discontinuity in intellectual development are not a matter of "either-or". *Human Development*, 32(3 - 4), 158 - 166.

Stewart, H. (1992). *Psychic Experience and Problems of Technique* (pp. 151). New York: Tavistock/Routledge.

Super, D. E. (1986). *The Values Scale: Theory, Application, and Research*. CA: Consulting Psychologists Press.

Thatcher, R. W. (1991). Maturation of the human frontal lobes: Physiological evidence for staging. *Developmental Neuropsychological*, 7(3), 397 - 419.

Thompson, R. A. (1991). Emotion regulation and emotional development. *Educational Psychological Review*, (3), 269 - 307.

Thurstone, L. L. (1955). Differential growth of mental abilities. *Science*, 121, 627.

Torrance, E. P. (1962). *Guiding Creative Talent*. Englewood Cliffs: Prentice-Hall.

Torrance, E. P. (1967). Creativity in a cage. *PsycCRITIQUES*, 12(3), 146, 148.

Štěrbová, Z., & Valentová, J. (2012). Influence of homogamy, complementarity, and sexual imprinting on mate choice. *Anthropologie*, 50, 47–59.

Tsai, A. G., & Fabricatore, A. N. (2006). Obesity: psychological and behavioral consideration. *American Family Physician*, 74(5), 867–868.

Van Dijk, M., & Van Geert, P. (2007). Wobbles, humps and sudden jumps: A case study of continuity, discontinuity and variability in early language development. *Infant and Child Development*, 16 (1), 7–33.

Vispoel, W. P., & Austin, J. R. (1995). Success and failure in junior high school: A critical incident approach to understanding students' attributional beliefs. *American Educational Research Journal*, 32(2), 377–412.

Vygotsky, L. S. (1978). *Mind in Society: The Development of Higher Psychological Processes*. M. Cole, V. John-Steiner, S. Scribner, & E. Souberman (Eds. and Trans.). Cambridge, MA: Harvard University Press.

Vygotsky, L. S. (1981). The development of higher forms of attention in childhood. In J. V. Wertsch (Ed.), *The Concept of Activity in Soviet Psychology*. Armonk, New York: Sharpe.

Wallen, R. (1948). Food aversions in behavior disorders. *Journal of Consulting Psychology*, 12(5), 310–312.

Weatherley, D. (1964). Self-perceived rate of physical maturation and personality in late adolescence. *Child Development*, 35(4), 1197–1207.

Wechsler, D. (1955). *Manual for the Wechsler adult Intelligence Scale*. Oxford: Psychological Corporation.

Weiner, B. (1984). *Research on Motivation in Education*. Orlando: Academic Press.

Winnicott, D. W. (1958). The capacity to be alone. *The International Journal of Psychoanalysis*, 39, 416–420.

Winnicott, D. W. (1965). *The Family and Individual Development* (pp. 181). Oxford: Basic Books.

榊原洋一(2001).注意力不能集中的孩子[M].方颖轶,译.上海:上海科学普及出版社.

吉福伸逸(1989).自己成長の基礎知識1[M].春秋社.

カール・ロジャーズ(畠瀬直子監訳,1984).人間尊重の心理学[M].創元社.

氏原寛,東山紘久,一瀬正央共編(1989).臨床心理学[M].东京：培風館.

小此木啓吾(1998).現代の精神分析[M].日本評論社.

小此木啓吾,成瀬悟策,福島章(1998).臨床心理学大系(第七巻)心理療法①[M].金子書房.

山中康裕,森野礼一,村山正治(1995).臨床心理学(第一巻)原理・理論[M].創元社.

日本LD学会,編(1997).LDとは何か——基本的な理解のため[M].日本文化科学社.

日本LD学会,編(1997).LDの見分け方——診断とアセスメント[M].日本文化科学社.

安香宏,小川捷之,河合隼雄編集(1999).臨床心理学大系14 教育と心理臨床[M].金子書房.

村瀬孝雄,村瀬嘉代子(2004).ロジャーズ　クライエント中心療法の現在[J].日本評論社.

河合隼雄,村瀬孝雄,水島恵一(1997).臨床心理学大系(第九巻)心理療法③[M].金子書房.

河合隼雄,福島章,村瀬孝雄(2000).臨床心理学大系(第一巻)臨床心理学の科学的基礎[M].金子書房.

海保博之(1997).「温かい認知」の心理学——認知と感情の融接現象の不思議[M].金子書房.

稲村博ら編集(1988).親と教師のための思春期4——学校[J].情報開発研究所.